감정의 언어적 표출과 소통:
횡단문화적 탐구

Linguistic Expression and Communication of Emotion:
A Cross-Cultural Exploration

情感的语言表达与沟通：一项跨文化探究

감정의
언어적 표출과 소통

이성범 지음

횡단문화적 탐구

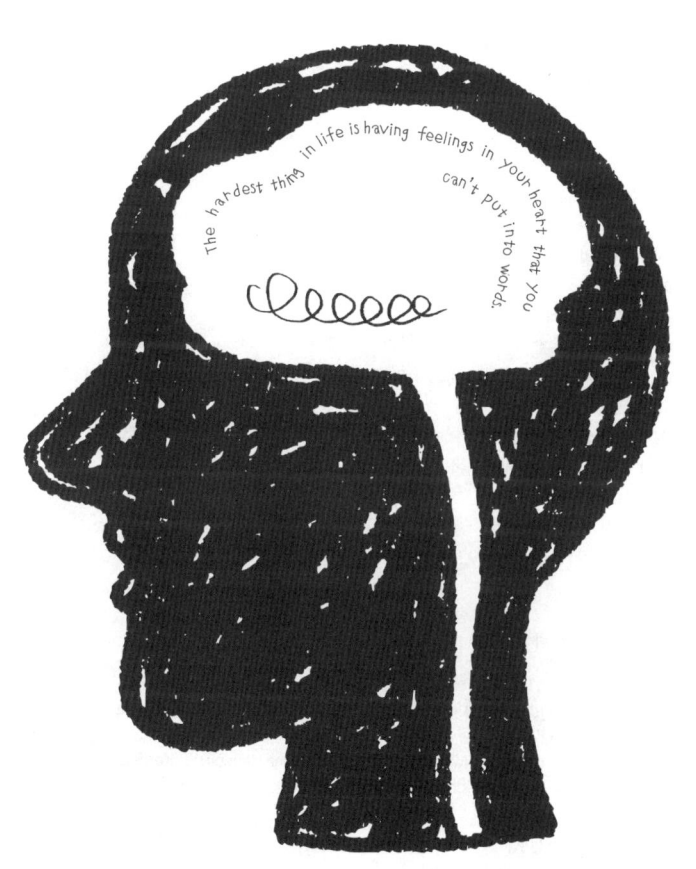

The hardest thing in life is having feelings in your heart that you can't put into words.

한국문화사

감정의 언어적 표출과 소통:
횡단문화적 탐구

1판 1쇄 발행 2025년 9월 15일

지 은 이 | 이성범
펴 낸 이 | 김진수
펴 낸 곳 | 한국문화사
등   록 | 제1994-9호
주   소 | 서울시 성동구 아차산로49, 404호(성수동1가, 서울숲코오롱디지털타워3차)
전   화 | 02-464-7708
팩   스 | 02-499-0846
이 메 일 | hkm7708@daum.net
홈페이지 | http://hph.co.kr

ISBN 979-11-6919-350-4 93700

· 이 저서는 2020년 대한민국 교육부와 한국연구재단의 저술출판지원사업의 지원을 받아 수행된 연구임
(NRF-2020S1A6A4042923)
This work was supported by the Ministry of Education of the Republic of Korea and the National
Research Foundation of Korea (NRF-2020S1A6A4042923)

오류를 발견하셨다면 이메일이나 홈페이지를 통해 제보해 주세요.
소중한 의견을 모아 더 좋은 책을 만들겠습니다.

서문

　감정과 언어에 대한 생각을 가다듬어 보았다. 뮤지션 주윤하는 〈여섯째 밤〉에서 조물주는 "우리가 살면서 느껴야 할 수많은 감정들을 대체 어떻게 설계할 수 있었을까. 난 아직도 이보다 더 놀라운 얘기를 알지 못해"라고 고백하였다. 이 "놀라운 얘기"를 밝히는 것은 천기누설일지 몰라도 신의 영역에 도전했다가 혹독한 형벌을 받은 프로메테우스처럼 학문을 하는 사람이라면 어떤 대가를 치르더라도 포기하거나 외면할 수 없는 숙명처럼 다가온다.

　조물주의 설계이든 진화의 결과이든, 인간의 모든 행위는 감(感)으로 시작해서 입력된 정보의 처리와 사회적 교류 과정을 거쳐 최종적으로 정(情)으로 마무리된다. 한자에서 정(情)은 '뜻'이라고 풀이되는데 모든 감각 정보는 정, 즉 뜻으로 귀결된다. 이처럼 모든 인간의 삶은 대상에 대한 감각과 이에 대한 의미 부여의 결합인 '감정'의 연속으로 이루어진다. 인공 지능 로봇 역시 자신에게 장착된 센서들을 통해 각종 정보가 입력되면 이를 신속하게 처리하여 상황에 최적화된 판단을 내린다. 다만 그런 최종 결과물이 '정'으로 남는 인간과는 달리 로봇은 '정'의 단계까지 이르지 않는다. 이른바 뒤끝이나 여운, 회한 등이 없다. 감정은 인간에게는 본성이지만, 로봇에게는 학습을 통해서만 이해할 수 있는 비본질적 요소이다. 여기에 감정을 둘러싼 인간과 로봇 간의 건널 수 없는 바다가 존재한다. 인간은 로봇과 달리 감정의 지배를 받고 자칫 그 노예가 될 위험성이 있지만 그런 감정 때문에 생존을 유지할 수 있고, 더 나아가 인생의 의미와 추억을 논할 수 있으며 자기 자신과 주변을 되돌아볼 수 있다. 요컨대 감정은 인간의 삶과 소통에 핵심적인 역할을 하며, 언어는 이러한 감정을 표현하고 이해하는 데 가장 중요한 도구이다. 언어를 통해 드러나는 사람의 감정 세계를 폭넓게 탐구함으로써 인간의 본성과 사회적 상호작용에 대한 깊이 있는 통찰력을 얻을 수 있을 것이라고 어렴풋이 생각하고 이 탐구를 시작하였는데 이제 그 탐구의 끝자락에서 그 생각은 또렷하게 확신으로 자리 잡았다.

언어학자에게 감정은 "볼매"라고 할 수 있다. 처음에는 뭐가 뭔지 확실하지 않고 어떻게 접근해야 할지 몰라 여간 까다롭지 않지만, 연구할수록 재미있고 감탄을 자아내게 하여 좀처럼 손에서 뗄 수 없는 연구 주제이다. 언어는 감정을 표현하는 가장 강력하고 정교한 도구 중 하나이다. 감정도 중요하고 언어도 중요하다. 인간에게 감정만 있고 언어가 없었더라면 오늘날과 같은 문명사회를 건설할 수 없었을 것이며, 언어만 있고 감정이 없었더라면 로봇들의 세계와 별반 다르지 않았을 것이다. 기쁨이나 슬픔, 외로움, 분노 등을 적절하게 표현하는 다양한 어휘들과 구문, 비유적 표현, 담화 전략 등을 통해 인간은 복잡하고 미묘한 감정을 전달한다. 언어학자는 이러한 언어적 자원이 어떻게 감정을 표현하고 구성하는지 분석하여 이들의 관계를 밝혀낼 의무가 있다. 특히 사람들이 실제 대화나 글에서 감정을 어떻게 표현하고 이해하는지 분석하는 것은 감정 소통의 메커니즘을 밝히는 중요한 작업이다. 또한 유아들이 언어를 배우면서 감정 어휘를 습득하고, 감정을 표현하고 이해하는 능력을 발달시키는 과정은 언어학적으로 흥미로운 연구 주제이며 언어 장애나 정신 질환을 가진 사람들의 감정 표현 방식과 언어 사용의 특징을 연구하는 것은 언어와 감정의 신경학적, 심리적 연결고리를 이해하는 데 기여할 것이다. 마지막으로, 서로 다른 언어와 문화를 사용하는 사람들 사이에서 감정을 표현하고 이해하는 방식에는 엄연한 차이가 존재한다. 우리는 이러한 문화 간 차이를 연구하여 보편적인 감정 표현과 문화 특유의 감정 표현 방식을 구분하고, 문화적 맥락이 감정 소통에 미치는 영향을 밝혀내야 한다. 세상의 수많은 언어들은 제각기 특정 감정을 나타내는 다양한 어휘를 가지고 있으며, 이러한 어휘들은 그 언어가 사용되는 곳의 문화적 가치관과 감정 개념을 반영한다. 우리는 감정 어휘의 의미와 조직, 사용 양상, 맥락과의 역할 등을 연구하여 특정 문화에서 감정을 어떻게 이해하고 전달하는지 탐구해야 한다. 정말이지 할 일이 너무 많다.

요즘에는 흔히 백세인생을 논한다. 우스개소리로 인생의 학교에서 1학년인 10대부터 6학년인 60대까지는 인생초딩이라 하고, 70대는 중딩, 80대는 고딩이며, 90대는 되어야 비로소 대학생이라 하니 아직도 갈 길이 멀다. 돌이켜보면 저자 인생의 초반 3분의 1까지는 앞으로 강단에 서고 연구를 할 수 있도록 준비하는 시간이었다. 진달래가 만발한 관악캠퍼스에서 처음 언어학을 접하게 되었을 때 마치 새로운 세계에 들어온 앨리스처럼 경이와 호기심으로 내 눈은 번쩍 뜨였고 인생의 행로는 이때 바로 결정되었다. 용렬하기만 했던 제자를 처음 학문의 세계로 인도해주신 여러 은사님들께 깊이 감사한다. 좋은 선생님들을 많이 만날 수 있었던 것은 큰 행운이 아닐 수 없다. 라일락 향기가 교정을 가득 채운 1990년 봄 예일대학교에서 박사학위를 받고 바로 모국으로 돌아와 첫 직장인 한양대학교에서 2학기 첫 강의실 교단에 올라 학생들을 바라볼 때의 전율은 내 맥박에 영원히 각인되어 있다. 그렇게 교수 생활을 시작하여 또 다른 33년을 십년창하(十年窓下) 우직하게 한우물만 파고 교육과 연구에 몰두하였다. 별다른 재주가 없기도 했고 세상 다른 일에 한눈을 팔 겨를도 없었기 때문에 교직은 자연스럽게 내게 하늘이 부여한 천직이 되었다.

그런데 아무리 열심히 책을 읽고, 사색하고, 글을 써 봐도 심오한 언어의 세계는 모든 진리를 쉽게 보여주지 않았다. "내가 세상에 어떻게 보일지는 모르겠지만, 나 자신에게는 그저 바닷가에서 놀고 있는 소년과 같았습니다. 평범한 것보다 더 매끄러운 조약돌이나 더 예쁜 조개껍데기를 때때로 발견하며 즐거워했을 뿐입니다. 반면에 진리의 거대한 바다는 내 앞에 전혀 발견되지 않은 채로 놓여 있었습니다."라는 아이작 뉴턴(Isaac Newton)의 말이 언제나 머릿속에서 떠나지 않는다. 뉴턴은 자신이 이룬 엄청난 과학적 업적에도 불구하고, 스스로를 "바닷가에서 놀고 있는 소년 (a boy playing on the sea-shore)"에 비유하며 자신이 발견한 지식이 광대한 진리의 바다에 비하면 지극히 작은 부분에 불과하다고 겸손하게 표현했다. "진리의 거대한 바다(the great ocean of truth)"가 인간이 탐구해야 할 무궁무진한 지식과 이해의 영역을 상징한다면 "매끄러운 조 약돌"이나 "예쁜 조개껍데기"는 그의 중요한 과학적 발견들을 의미하지만, 이는 아직 탐험되지 않은 진리의 거대한 대양에 비하면 아주 작은 부분일 뿐이라는 것을 강조한다. 이 거인의 비유는 과학 탐구가 끝이 없는 여정이 며, 아무리 많은 것을 발견하더라도 아직 밝혀지지 않은 진리가 무궁무진 하게 남아있다는 것을 암시한다. 하물며 천학비재(淺學菲才)인 나로서는 예쁜 조개껍데기도 하나 제대로 건지지 못하고 그저 진리의 바다에 압도 된 채 소일했음을 솔직하게 고백할 수밖에 없다.

그럼에도 불구하고 또 다른 위인의 말씀으로부터 작은 위안을 얻게 된 다. 생전에 살아있는 성자라고 칭송받던 마더 테레사(Mother Teresa)는 "We ourselves feel that what we are doing is just a drop in the ocean. But the ocean would be less because of that missing drop (우리가 하는 일이 바다에 던져지는 한 방울의 물과 같다고 생각될지라도, 그 물방울이 없다면 바다는 줄어들 것이다)."라고 하였다. 아무리 작은 노력이라도 무의미한 것은 없고 긍정적인 결과를 불러일으키는 데 기여할 수 있음을 시사한다. 저자는 비록 예쁜 조개껍데기를 발견하지 못했을지 몰라도 그런 것을 찾으려고 나름대로 무던히 애썼다고 자부할 수 있다. 솔직히 지금 이 순간에도 새로운 아이디어가 떠오르는 것을 느끼고 당장 저 푸른 바다로 다시 뛰어 들어가고 싶은 욕망을 누를 수 없다. 이처럼 우리 인간이 이룬 지식은 광대한 우주의 진리에 비하면 미미한 부분이지만, 그래도 과학적 탐구는 계속되어야 할 끝없는 공동의 여정임을 부인할 수 없다. 저자 자신 그런 여정의 한 구석에 몸담을 수 있어서 영광스럽고 행복했다고 말하고 싶다.

수많은 동료, 제자, 선후배들과 소중한 인연을 맺고 용맹정진(勇猛精進)하던 게 엊그제 같은데 정년을 맞아 매화꽃 피어나는 서강캠퍼스를 뒤로 하고 눈 쌓인 산자락 우거로 돌아오게 될 때의 홀가분함과 아쉬움은 내 얼굴의 주름과 흰머리 속에 남게 되었다. 이제 겨우 언어가 무엇이고 언어학은 어떻게 공부해야 하는지 생각이 트이기 시작하고 본격적으로 달려볼까 했는데 마지막 커튼이 내려진 것이다. 이것이 인생이다. 한때 큰 뜻을 품고 바다를 건너 학문의 세계에 몰두한 후 이제 백세인생의 마지막 3막을 어떻게 지내야 할 지 난 잘 알지 못한다. 다만 하루가 다르게 몸도 자라고 지혜도 총명해지는 어린 나무와 같은 손자들, 은호, 이현, 이찬을 보며 하늘의 뜻을 기다리면서 여생을 즐거운 마음으로 지내고 싶다. 이런 심정을 어설프지만 7언절구의 한시로 표현해 보았다:

昔日向西而渡江　　지난날 서쪽으로 나아가 물을 건넜네
潛心硏學漸揚名　　마음을 다해 학문 연구하여 점차 이름을 떨쳤네
如今歸山看幼樹　　이제 산으로 돌아와 어린 나무들 바라보며
靜待天命心自寧　　고요히 하늘의 뜻을 기다리니 마음 절로 평안하네

마지막 챕터를 닫으면서 감사할 사람들이 너무나 많다. 누구보다 학창 시절에 처음 만나 47년을 꿈과 같이 동고동락한 인생의 벗 아내에게 진심으로 감사한다. 아내의 지지와 헌신이 없었다면 오늘의 내 모습도 많이 달라졌을 것이다. 또한 본 연구를 가능케 해준 한국연구재단과 날카로운 지적을 해주신 패널들에게 감사하며 특히 인문학 연구자들에게 큰 힘이 되어주는 인문학저술지원팀에 감사한다. 인공지능의 시대를 맞아 역설적으로 인간적인 것에 대한 관심과 연구가 심화되고 있다. 문외한들이 보기에 인공지능과 인문학은 큰 연관성이 없다고 생각할지 몰라도, 인문학도에게 인공지능은 위기가 아니라 기회가 될 수 있음을 한국연구재단의 본 프로젝트를 통해 다시금 인식하게 되었다. 아울러 이 책에 반영된 외국어 자료들에 대해 관련 학자들에게 감사한다. 특히 언제나 친절하고 후의를 베푸는 중국의 여러 학자들을 기억하며 저자에게 좋은 연구 기회를 제공해준 유풍광(劉风光) 부총장님과 진염평(陈艳平) 교수님을 비롯한 대련외국어대학의 관계자들에게 심심한 사의를 표한다. The current investigation was supported by the Center for International Cooperation and Disciplinary Innovation ('111 Center'), hosted by Dalian University of Foreign Languages (Project number: D25023). 학문을 통한 양국우의는 계속될 것으로 믿는다. 또한 본 저서의 출판을 수락해주신 한국문화사와 편집과 교정의 어려운 작업을 맡아주신 한병순 부장님과 표지 작업을 맡아주신 강인혜 과장님께 감사의 마음을 표한다. 끝으로 한 번도 뵌 적은 없지만 말없이 이 책을 읽는 독자들을 생각하며 부디 부족한 이 책이 그들의 책장에서 작은 빛을 발할 수 있기를 바랄 뿐이다.

푸른 산을 바라보며

이성범 識

목차

PART 1
감정과 마음: 감정의 심리적 측면

PART 2
감정과 의미: 감정의 언어적 측면

PART 3
감정과 문화: 감정의 사회문화적 측면

표 목차

그림 목차

PART 1
감정과 마음: 감정의 심리적 측면

"나는 얼마 전까지 그 여자와 주고받던 얘기들을 다시 생각해 보려 했다. 많은 것을 얘기한 것 같은데 그러나 귓속에는 우리의 대화가 몇 개 남아 있지 않았다. 좀 더 시간이 지난 후, 그 대화들이 내 귓속에서 내 머릿속으로 자리를 옮길 때는 그리고 머릿속에서 심장 속으로 옮겨갈 때는 또 몇 개가 더 없어져 버릴 것인가. 아니 결국엔 모두 없어져버릴지도 모른다."

-김승옥, 〈무진기행〉 중에서-

"Believe me, every heart has its secret sorrows, which the world knows not, and oftentimes we call a man cold, when he is only sad."

-Henry Wadsworth Longfellow, 〈Hyperion〉 중에서-

우리는 이제 사람의 감정에 대한 인문학적 탐구 여행을 떠나고자 한다. 이 탐구는 심리학, 언어학, 문화인류학 등에서 제공하는 여러 이론적 도구들을 사용하여 감정이란 무엇이고 어떻게 표현되며, 서로 다른 문화에서 감정이 어떻게 소통되는지에 대해 실증적으로 분석하고 그 결과를 횡단문화적 관점에서 살펴보는 데 목적이 있다. 이를 위해 우리는 이론적 검토 외에도 실제 사용된 언어 표현들을 중심으로 감정이 어떻게 표출되고 이해되며 대화참여자들 사이에서 또는 저자와 독자 사이에서 어떻게 교환되고 수용되는지를 알아보고자 한다.

위에 제시된 두 글 중 1964년에 발표된 작가 김승옥의 〈무진기행〉에 나온 첫 번째 글은 화자 '나'가 과거에 어떤 여자와 나누었던 대화에 대한 기억이 점차 시간이 지남에 따라 희미해지는 것에 대한 안타까움과 불안감을 표현하고 있다. 이 글을 이해하기 위한 핵심은 '기억의 변화'와 그로 인한 '감정'에 초점을 맞추는 것이다. 화자는 "많은 것을 얘기한 것 같은데 그러나 귓속에는 우리의 대화가 몇 개 남아 있지 않았다"라고 말하며, 이미 많은 대화 내용이 잊혀졌음을 인지하고 있다. 이는 인간 기억의 한계, 즉 시간이 지남에 따라 기억이 흐릿해지고 소실될 수 있다는 점을 보여준다. 또한 작가는 기억이 저장되는 단계를 비유적으로 표현하고 있는데 '귓속'은 가장 최근의 기억, '머릿속'은 조금 더 시간이 지난 기억, '심장 속'은 깊이 새겨진 기억을 의미한다고 해석할 수 있다. 이러한 비유를 통해 기억은 시간이 흐르면서 점차 옅어지고 결국에는 완전히 사라질 수도 있다는 화자의 불안감을 드러낸다. 특히 마지막 문장은 이러한 불안감을 극대화하고 있는데, 소중했던 대화의 기억이 완전히 사라질지도 모른다는 두려움은 상실감과 아쉬움으로 이어질 수 있다.

　이 글은 단순히 대화 내용을 잊어버리는 것에 대한 아쉬움을 넘어, 소중한 사람과의 관계와 그 관계를 통해 형성된 기억이 사라지는 것에 대한 두려움을 나타내는 것이다. 대화는 관계를 형성하고 유지하는 중요한 요소이며, 그 기억이 사라진다는 것은 관계의 일부가 소실되는 것과 같은 의미를 지닐 수 있다. 그런 의미에서 우리 모두는 아주 작은 치매 증상을 매일 경험하는 것일지도 모른다. 대화에서 말소리는 순간적이고 머릿속에서 해석되는 그 뜻은 일시적일지 몰라도 가슴 속에 묻어두는 감정은 이들보다 그 실체는 덜 분명하지만 그 기억은 더 오래 간다고 저자는 말하고 있다. 하지만 고정불변인 것은 없고, 기억 또한 영원하지 않다는 사실은 인간에게 극복하기 어려운 슬픔과 불안감을 필연적으로 안겨준다. 저자는 이러한 보편적인 감정을 개인적인 경험을 통해 섬세하게 표현하고 있다.

반면 1839년에 발표된 작품에서 시인 롱펠로우(Longfellow)는 우리 모두가 남들에게 드러내지 않는 내면의 슬픔을 가지고 있다고 말한다. 겉으로 보기에는 평범하고 아무렇지 않아 보이는 사람일지라도 마음속 깊은 곳에는 남들에게 차마 말할 수 없는 고통이나 슬픔을 간직하고 있을 수 있다는 것이다. 겉보기에 차가운 모습은 슬픔의 표현일 수 있으므로 다른 사람의 냉담함이나 무관심을 단순히 성격적인 결함이나 차가움으로 치부해서는 안 된다고 한다. 때로는 그들의 냉담함이 내면의 슬픔이나 고통을 감추기 위한 방어 기제일 수 있고, 슬픔을 표현하는 방식이 서툴러 차갑게 보이는 것일 수도 있다. 감정은 언어적으로나 비언어적 수단으로 표현되는데 온전히 분명하게 전달되지 않는 경우가 허다하다. 따라서 사람들의 겉모습만 보고 그를 쉽게 판단하지 말고, 그들의 내면에 숨겨진 고통과 슬픔을 이해하려는 노력이 필요해진다. 결국 이 시인의 말은 타인에 대한 공감과 이해의 중요성을 일깨워주는 문장이라고 할 수 있다. 감정은 개인적인 것에서 시작하지만 공유가 불가능한 것은 아니다. 감정의 공유로서 공감은 사회적 존재인 인간이 할 수 있는 가장 아름다운 행위 중의 하나이다. 그렇다면 공감은 어떻게 가능한가? 감정의 솔직한 표출과 소통이 그 열쇠인데 이 책은 그런 열쇠를 찾아 나서는 지적 여정이다.

들머리

　앞서 말했듯이 우리는 감정의 언어적 표출과 소통에 대해 횡단문화적 관점에서 접근한다. 이때 '횡단문화적 연구(cross-cultural study)'란 보통 두 가지 다른 개념으로 쓰이고 있어 종종 혼동을 일으키기도 한다. 즉 이 말은 '하나의 언어나 문화에 국한되지 않고 여러 지역에서 비교 방법을 사용하는 연구'라는 뜻과 '다문화적 상황에서의 상호 작용에 대한 연구'라는 두 가지 뜻이 있다. 본 연구에서는 예를 들어 미국이나 한국과 같이 하나의 대표적인 주류 언어가 지배적인 지위를 갖고 있는 사회에서 다른 문화를 가진 사람들 사이에서의 언어적 상호 작용을 연구하는 데 초점이 있는 것이 아니라, 서로 다른 문화를 넘나들며 각각의 문화에서 언어가 어떻게 감정을 표출하고 소통하는지를 대조적으로 탐구하는 것으로서 '횡단문화적 연구'의 첫 번째 개념에 해당한다.

이러한 목적을 위해 우리는 우선 감정이란 무엇이고 어떤 유형의 것들이 있는지에 관해 대표적인 심리학적 분석을 살펴보고자 한다. 또한 감정 연구 중 언어와 밀접한 관련이 있는 몇 가지 모델들을 알아보고 이 모형을 실제 언어 자료와 연결하여 설명함으로써 감정의 산출과 이해 과정을 밝히려고 한다. 우리는 특히 하나의 텍스트에는 그 텍스트를 생산해 낸 사람의 감정이 깃들여 있는데 이를 어휘 분석과 구문 분석 등을 통해 그 텍스트의 감정 표출의 정도를 수치화한 감정 표출 지수를 계산해 낼 수 있다고 보고 구체적인 예를 통해 그 방법을 제안하고자 한다. 이와 함께 감정심리학에서 중요하게 논의되는 저인지(hypocognition), 감정 세분(emotion granularity) 등의 개념을 언어학적 측면에서 재검토하며, 각 언어에서 사용하는 주요 감정 표현 기제들에는 어떤 것들이 있고 이들 사이의 공통점과 차이점은 무엇인지를 살펴본다. 이를 위해 우리는 Wierzbicka(1999)가 주창한 자연언어의미 상위언어(Natural Semantic Metalanguage)의 이론적 관점을 채택하여 주요 감정 어휘들을 분석하고 이런 언어적 기제들의 작동 원리를 거시화용론적 관점에서 파헤친다. 아울러 다양한 언어적 표출 수단들이 구체적인 대화나 담화 맥락에서 사용될 때 각 언어가 속한 문화의 규범과 가치 체계가 어떤 영향을 주는지에 대해 Goddard(2006) 등의 '문화 대본(culture script)'의 시각에서 비교, 검토하고자 한다. 마지막으로 이런 언어학적 분석과 병행하여 Matsumoto et al.(2008)과 Hofstede(2001), Schwartz (1992, 2012) 등의 문화 이론을 적용하여 주요 문화 유형에서 감정의 표출 규칙과 소통 방식에 대해 살펴보고자 한다. 감정은 개인적 차원에서 저마다 그 표현 방식에 차이가 있을 수 있지만 더 나아가 같은 규범이나 제도, 가치, 문화를 공유하는 집단의 차원에서도 정형화되고 일반적으로 수용되는 감정 소통의 스타일이 다를 수 있다. 이런 집단의 감정 표출을 규정하는 집단의 가치 의식이나 문화적 배경을 면밀히 분석하는 것은 원활한 문화 간 소통에 크게 기여할 것으로 보인다. 마지막으로 바야흐로 인공지능의 시대를 맞아 인간이 로봇과 같은 기계와 감정을 정확하고 효율적으로 소통하는 것이 날로 중요해지고 있다. 이를 위해 우리가 풀어야 할 과제들은 무엇인지에 대해서도 알아보고자 한다.

감정은 인간이라면 누구나 갖고 있지만 감정이 개념화되고 언어로 표현되며 사회적으로 소통되기까지는 언어와 문화, 사회라는 감정 외적인 조건에 의해 상당한 차이를 보일 것으로 생각된다. 이런 차이는 다시 그 언어와 문화, 사회의 특성을 규정하는 데 일조를 한다. 따라서 Wierzbicka(1999)나 이성범(2019b)도 지적했듯이 언어나 문화의 역할을 고려하지 않고 일부 심리학자들이 제공하는 원형적인 감정만을 생각하다 보면 자칫 다른 언어에서의 감정 표현의 의미를 오해할 수도 있다. 예를 들어 한국 사람의 "나는 행복합니다"라는 말과 중국인의 "我很幸福"라는 말, 그리고 프랑스인의 "Je suis heureux"라는 말의 의미는 기본적으로는 비슷하지만 미세하고도 중요한 차이가 있다. 즉 사람에게 행복감을 주는 요인은 문화마다 다를 수 있는데 한국 문화에서는 '행복'을 개인적인 감정보다는 조화와 안정 속에서 오는 것으로 보는 경향이 있다. 일회적이고 가변적인 개인적 만족감을 나타낼 때는 보다 구어적인 "기분(이) 좋다"라는 말을 사용할 때가 많고 "나는 행복합니다"라는 말은 다소 격식을 갖춘 표현으로 현재의 삶에 대한 보다 지속적인 만족과 감사함을 표현하는 경우에 사용된다. 이는 "우리 자식들이 다 반듯하게 커서 애비는 행복합니다"와 같은 문장에서처럼 말을 하는 사람 자신이 직접 얻어낸 일이 아닐 때에도 사용이 가능하다. 중국 문화에서도 다른 사람과의 관계에서 느끼는 좋은 감정을 표시할 때 '행복'이란 단어를 사용하지만 "我很幸福"라는 표현은 그밖에도 화자 자신이 이루어 낸 개인적인 성공이나 만족을 강조하며, 미래에 대한 긍정적인 기대를 내포하는 경우도 많다. 마지막으로 프랑스 문화에서는 '행복'을 개인의 자유와 즐거움 속에서 찾는 것으로 보는 경향이 있다. "Je suis heureux"라는 표현은 현재의 즐거움이나 만족감을 강조하며, 개인적인 경험과 감정을 중요하게 생각하는 경향을 반영한다. 한국어의 "나는 행복합니다"는 일반적으로 겸손하고 차분한 느낌을 전달하며 자신의 감정을 직접적으로 드러내기보다는, 주변 사람들과의 조화로운 관계 속에서 행복을 느끼는 것을 표현하는 경우가 많다. 반면에 중국어의 "我很幸福"는 개인의 자신감 있고 긍정적인 느낌을 전달한다. 자신의 능력과 노력을 통해 행복을 얻었다는 것을 강조하며, 미래에 대한 기대감을 표현하는 경우가 많다. 프랑스어의 "Je suis heureux que le candidat que je soutiens ait été élu président (내가 지지하는 후보가 대통령에 당선되어서 나는 행복합니다)"처럼 자유롭고 즐거운 느낌을 전하는데 개인적인 취향과 개성을 존중하며, 현재의 감정을 솔직하게 표현하는 경우가 많다. 이처럼 의미상으로 같다고 생각되는 표현도 실제로 그것이 사용되는 동기나 맥락에서는 차이가 있을 수 있다.

반대로 같은 상황에서 같은 감정을 갖고 있어도 문화마다 다른 언어 표현이 사용되기도 한다. 예를 들어 Ide(1998)에 의하면 일본인은 누군가로부터 선물을 받을 경우 감사의 뜻으로 "すみません(미안합니다)"이라고 말하는 것이 이상하게 들리지 않으며 그 말을 들은 사람도 그가 자신의 선물에 감사의 마음이 없다고 판단하지 않는다고 한다. 반면 같은 상황에서 미국인은 아마도 "Excuse me"나 "I'm sorry"라고는 하지 않고 "Thank you"라는 말로 감사의 뜻을 표시할 것이다. Ide(1998)는 이런 감정을 "상대방에 미안해 함(sorry for your kindness)"이라고 했는데,

이는 영어 모국어 사용자는 이해하기 어려운 표현일 것이다. 마찬가지로 한때 한국에서는 학교나 가정에서 아이를 사랑하기 때문에 체벌을 가하는 것이 용납되었던 시절에는 "사랑의 매"란 표현이 어색하지 않게 들렸지만, 이제는 학교나 가정에서의 폭력을 용납하지 않는 사회적 분위기로 바뀌면서 이런 표현은 설 자리를 잃고 있다. 그렇다면 같은 감정을 왜 다르게 표현하는지 그리고 유사하게 보이는 감정 표현이라도 어떤 차이가 있는 것인지 등에 대해 이해하는 것이 특히 국제화 시대에 날로 빈번해지고 있는 문화 간 소통을 위해 매우 중요한 과제가 된다.

감정은 우리 생활의 중심에 있다. 호주의 유전학자이자 신학자로서 과학과 종교 양면에 조예가 깊었던 Birch(1995, ix)는 "감정이 삶에서 가장 중요한 것"이라고 하여 감정의 중요성을 강조한 바 있다. 물론 감정을 얼마나 자주, 얼마나 강하게, 그리고 어떤 방식으로 표출하는지, 감정 표출의 강도나 빈도, 방식 등은 개인마다 차이가 있겠지만 감정 자체가 아예 없는 존재는 영혼이 없는 로봇이나 영화 〈Star Trek〉에 나오는 외계인을 떠올릴 정도로 감정이 인간다움의 필수적 요소라는 점을 부인할 수는 없다. 더 나아가 모든 생명체 중에서 인간만이 감정을 다양하게 표현할 수 있는 언어적, 비언어적 체제를 갖고 있고 특히 인간의 언어는 미묘하고도 다양한 감정의 표출과 이해를 가능케 해주는 현재 우리가 알고 있는 가장 고효율적인 수단이다. 반면에 이런 언어는 저마다 복잡다단한 감정의 표출과 소통의 작동 원리를 갖고 있어서 이를 지키지 않거나 이해하지 못할 경우 사회적 생활에서 지불해야 하는 비용도 만만치 않은 양날의 검과 같다는 점에 유의해야 한다. 개인적인 수준 뿐 아니라 사회 전체적으로도 다른 집단의 감정 표출을 이해하려는 사회적 공감 능력이 건전한 사회를 만들 수 있다. 여론조사 기관인 갤럽(Gallup)은 한때 싱가포르에서의 여론을 조사한 결과 싱가포르가 물질적인 풍요는 이룩한 경제적 선진국이지만 행복지수가 현저히 떨어지고 감정 소통에 장애가 있어서 "감정이 없는 사회"로 진단한 바 있다. 반면 현재 대한민국 사회는 누구나 공감과 배려를 원하지만 실제로는 혐오와 분노 등의 부정적 감정의 표출이 만연하고 있고 이해가 상충하는 문제들의 처리에서 감정 과잉이 사회문제가 되고 있는데 이 점에 대해서는 이 책의 후반부인 3부에서 더 자세히 다루도록 한다.

감정이란?

우리 삶의 중심에서 인간을 인간답게 만드는 '감정'이란 무엇인가? 표준국어대사전에는 '감정'이 '어떤 현상이나 일에 대하여 일어나는 마음이나 느끼는 기분'으로 나와 있고, Merriam-Webster Online Dictionary는 감정을 뜻하는 영어 단어 'emotion'의 의미를 '1)a strong feeling; 2)the affective aspect of consciousness; 3)a conscious mental reaction subjectively experienced as strong feeling usually directed towards a specific object and typically accompanied by physiological and behavioral changes in the body'로 세분하고 있다. 한국어의 '감정'은 말 그대로 '정'을 느끼는 것인 반면 영어의 'emotion'은 사람이 인지할 수 있을 정도의 강한 느낌으로서 의식의 영역에서 일어나는 정신 작용으로 해석된다. 그런데 영어의 'emotion'이란 말은 라틴어의 emovēre에서 온 것인데 이는 '밖으로'를 뜻하는 접두사 e-와 '움직이다'를 뜻하는 어간 movēre로 이루어진 것으로 '밖으로 움직이다'의 뜻이다. 즉 emotion은 마음속에서 일어나는 느낌을 자각하고 이에 대해 신체적으로나 행동적으로 일정한 반응을 보이는 것을 말한다.

'감정(感情)'이라는 용어를 공유하고 있는 한국어와 중국어, 일본어는 감정의 여러 측면 중에서 주로 수동적 감각(sense)에 초점을 맞춘 반면, 'emotion'이란 용어를 공유하는 영어와 불어, 스페인어 등은 능동적 처리(process)에 초점을 맞춘 것으로 볼 수 있다. 이러한 용어의 차이는 감정의 발생에 대한 생각에서도 다른 시각을 보여준다. 동양에서는 전통적으로 감정이 욕망(desire)에서 비롯되었다고 보는 '오욕칠정론(五慾七情論)'이 대표적인 감정 발생 이론이라고 한다면, 서양 철학이나 심리학에서 감정은 대체로 자아(self)와 외부 세계와의 관계로 파악된다. 예를 들어 '인간의 본성은 악하다. 선한 것은 수양에 의해서일 뿐이다'라고 생각하는 성악설로 유명한 순자(荀子)는 "인간의 본성이 좋아함, 싫어함, 기쁨, 분노, 슬픔, 즐거움으로 발현된 것을 정(情)이라 한다"고 했다. 이는 '감정'의 발생 과정을 개괄적으로 논한 것이라고 볼 수 있는데 보다 구체적으로 〈예기(禮記)〉에서는 감정은 외부의 사건이나 상황에 반응하는 과정에서 생겨나는 것으로 인간이면 누구나 갖고 있는 다섯 가지 욕심인 식욕, 물욕, 수면욕, 명예욕, 색욕의 오욕으로부터 생겨나는 것이 그 유명한 희(喜), 노(怒), 애(哀), 구(懼), 애(愛), 오(惡), 욕(慾)의 일곱 가지 감정이라고 하였다.[1] 이는 감정의 발생 과정 및 기본적인 감정의 종류를 명시한 것일 뿐만 아니라 "인간의 7정을 경험하는 것은 배우지 않고도 누구나 가능하다"고 하여 감정의 보편성과 선험성을 주장한 것이라고 볼 수 있다. 이처럼 동양 철학에서의 감정에 대한 초기 논의는 이후 사변적이고 형이상학적 논의로 이어지면서 근대 과학적 접근과는 거리가 생기게 되었다. 예를 들어 주자(朱子)나 이황(李滉)은 이기이원론적인 입장에서 〈맹자(孟子)〉의 사단(四端), 즉 측은

---

1 칠정의 목록에 대해서는 일정하지 않고 경전에 따라 조금씩 차이가 있는데 현대에서 가장 일반적으로 받아들이는 칠정은 〈예기〉에서 말한 두려움을 뜻하는 '구(懼)' 대신에 즐거움을 뜻하는 '락(樂)'을 넣어 '희, 노, 애, 락, 애, 오, 욕'이라고 말하는 게 보통이다. 또한 불가에서는 '희, 노, 우(憂), 구(懼), 애, 증(憎), 욕'으로 칠정을 논하기도 한다.

지심(惻隱之心)·수오지심(羞惡之心)·사양지심(辭讓之心)·시비지심(是非之心)은 이(理)가 발현한 것이고, 〈예기〉의 칠정은 기(氣)가 발현한 것이라고 주장하였다. 특히 퇴계의 주리론에서는 서구적 개념으로서 이성이라고 할 수 있는 이가 감성인 기를 제어하지 못하면 사리사욕을 추구하는 짐승과 같은 존재가 된다고 보는 도덕론적 입장을 취해서 이성의 우위를 신봉한 대부분의 고전 서구 철학과 일맥상통한다.

감정의 적절한 제어가 이루어지지 않을 경우를 경계한 퇴계의 주리론과 유사하게 서양에서도 절제되지 않은 방식으로 분출될 수 있는 감정은 위험한 것으로 간주되어 왔다. 대표적인 경우로 스토아학파는 감정을 이성적인 판단의 오류로 보았다. 그들은 감정에 휘둘리지 않고 이성적인 판단에 따라 행동하는 것이 중요하다고 강조했는데 외부의 사건이나 상황에 의해 마음이 동요되지 않는 초연함인 아파테이아(apatheia)를 추구했다. 아파테이아는 모든 원초적인 욕망과 감정에서 벗어나 자유로운 상태를 가리키는 것으로 파토스(pathos)로부터의 해방을 말한다. 특히 근세 이후 이성(reason)에 대한 믿음이 확고했던 유럽에서는 감정은 이성과 동떨어진 것으로 분리하여 생각하였다. 그러나 현대 심리학은 감정이 의식의 범위 안에서 이성적 사고의 결과로 나온다고 보고 있다. 감정이 말썽이나 문제를 일으키고 질서를 파괴하는 경우가 많기는 하지만, 적절하게 통제될 수 있다면 감정은 세상을 살아나가는 데 필수적이며 유용한 도구이다. 철학자인 헤겔(Hegel)은 감정 중에서 사사로운 감정이 아니라 권리나 윤리, 도덕에서 비롯되는, 그가 "Gefühlen"이라고 부르는 특별한 종류의 감정이야말로 역사를 움직이는 힘이라고 했다 (Findlay 2007). 이는 개인적 차원의 감정이 아닌 공적 차원의 승화된 감정의 위대성을 말하는 것으로서 변영로 시인이 논개를 칭하여 "거룩한 분노는 종교보다도 깊고"를 연상케 한다. 또한 일부 인사들이 이등박문을 사살한 안중근 의사를 테러리스트라고 폄하하는 것은 그의 거사를 개인적 감정의 충동적 분출쯤으로 깎아내리려는 의도로 사사로운 감정과 역사적 동기에서 비롯된 감정을 혼동하는 것이다. 그의 거사는 대한제국의 주권을 침탈하고 식민지화를 주도했으며 더 나아가 당시 동북아 평화를 위협했던 인물에 대한 정당한 저항이라고 평가하는 것이 역사학계의 정설이다. 마찬가지로 상해 임시정부를 이끌며 일제에 저항한 김구 주석에 대해 테러리스트의 우두머리라고 비하하는 사람도 있는데 2차 세계대전 중 영국에 망명해서 자유프랑스군과 레지스탕스를 이끌며 히틀러의 나치스에 맞서 싸운 드골을 개인적 원한에 사로잡힌 테러리스트라고 칭하지 않는 것을 유념할 필요가 있다. 이처럼 감정은 단순히 한 개체의 고립적이고 가변적인 느낌에 머물지 않고 역사적 배경을 가진 정서의 수준에까지 승화된다는 것을 주목해야 한다. 진화론자인 Darwin(1872)은 인간의 감정이 이렇게 진화해 온 것은 그것이 삶을 성공적으로 헤쳐 나가는 데 도움을 주었기 때문이라고 하여 감정의 효용 가치와 역할을 인정하였는데 우리는 감정의 사회적, 역사적 역할을 좀 더 과학적으로 분석할 필요가 있다.

널리 통용되는 이분법적인 사고에서 이성은 흔히 차가운 지성 또는 머리와 연결되고 감정은 따뜻한 가슴, 즉 심장과 연결되었으나, 합리주의 시대에 중요한 것은 이성이고 비이성적인 감정은 자칫하면 분란을 초래할 수 있는 위험한 것쯤으로 여기기도 했다. 이러한 사상이 지배하던 유럽에서 두 차례나 세계대전이 일어나고 이성으로는 도저히 설명할 수 없는 유태인 학살과 식민지 지배와 같은 일이 일어난 것은 이성 만능주의의 한계를 여실히 보여주고 인간의 얼굴을 한 야수의 민낯을 보여준다. 또한 이성을 그리스 철학에서의 로고스(logos)라고 보고, 감정을 파토스(pathos)라고 본다면, 감정이 없는 것은 '무감(apathy)'이 되는데 그렇다면 우리는 무관심한(apathetic) 존재가 되고 만다. 이는 앞서 본 스토아학파에서 추구한 아파테이아(apatheia)와 연결된다. 이에 반해 에피큐로스학파는 감정 자체를 완전히 배제하지 않되 외부 자극이나 감정에 흔들리지 말고 정신적 평정심을 유지하는 아타락시아(ataraxia)를 추구한다. 즉 내면의 평화와 안정을 통해 행복을 추구하자는 것이다. 그런데 근대 합리론의 대표자라고 할 수 있는 데카르트(Descartes)도 감정을 유물론적으로 설명하면서 감정이 없으면 진리 탐구가 불가능하다고 주장했다.[2] 비슷한 맥락에서 니체(Nietzsche)는 "마음(heart)을 붙잡아야 한다. 마음을 놓아 버리면 머리(head)도 곧 통제력을 잃게 된다"고 말했는데 이는 마음, 즉 감정을 단순히 이성의 종속적인 대상으로 보는 것이 아니라 오히려 잘 붙잡고 유지해야 할 중요한 요소로 여긴 것이다. 마음을 놓아 버린다는 것은 감정에 이리저리 휘둘리는 것을 뜻하며 이는 결국 이성적인 판단력과 통제력 상실로 이어진다. 감정과 이성 중 어느 한 쪽으로 치우치면 전체적인 인간의 기능이 저하되므로 이 둘 사이의 건강한 균형을 지키는 것이 중요하는 점을 강조한 것이다. 그럼에도 불구하고 "이성(理性)을 가져라. 아니면 목을 조를 끈을 가져라"라는 디오게네스(Diogenēs)의 명령이 마음속에 너무나 깊게 자리한 나머지, 대다수의 유럽 지식인들에게 이성과 반대인 감정은 비합리적인 것이어서 사고와 추론에 의존하지 않으며 "감정적"이란 말은 자제력을 잃고 합리적으로 행동하지 못한다는 의미로 쓰이게 되었다. 그러나 역설적으로 최근의 심리학 연구는 감정은 사고(thought)와 무관하지 않으며 오히려 사고와 추론이 없이는 불가능하다고 보고 있다. 17세기 네덜란드의 철학자 바뤼흐 스피노자(Baruch Spinoza)는 〈Ethica〉와 같은 저술에서 감정은 인간의 근본적인 요소로서 사람의 행동과 동기에 중요한 영향을 미친다고 주장했다. 스피노자는 감정은 외부의 영향에 대한 우리의 반응이라고 보고 인간의 모든 행동은

---

2 데카르트는 심신 이원론을 주장하며, 감정을 정신과 신체의 상호작용의 결과로 보았다. 그는 감정을 여섯 가지 기본 정념(놀라움, 사랑, 증오, 욕망, 기쁨, 슬픔)으로 분류하고, 이성이 감정을 통제해야 한다고 주장했지만 감정의 역할이 결코 작지 않다는 점을 역설하였다.

자기 보존의 욕구, 즉 코나투스(conatus)에서 비롯되며, 감정은 이 욕구를 충족시키거나 방해하는 과정에서 발생한다고 보았다. 코나투스는 인간이 자신의 존재를 유지하고 증진시키려는 내재적인 노력 또는 경향을 의미하는데 이는 단순한 자기 보존 본능을 넘어 자신의 능력을 최대한 발휘하고 완전함을 추구하려는 적극적인 힘을 뜻한다. 즉, 모든 사물은 외부의 힘에 의해 파괴되지 않는 한, 자신의 존재를 지속시키려고 노력하는 힘을 가지고 있다는 것인데 코나투스는 인간에게는 욕망과 의지의 형태로 나타나며, 모든 감정과 행동의 근본적인 동기가 된다. 여기서 한 가지 주목할 만한 점은 스피노자의 이론에서 감정은 능동적인 감정과 수동적인 감정으로 나뉘는데, 능동적인 감정은 이성에 의해 이해되고, 조절될 수 있는 반면, 수동적인 감정은 외부의 영향에 의해 발생하는 것으로 보았다는 점이다. 그런데 이런 이분법적 주장은 실험 등의 방법으로 보다 정교하게 검증되고 분석될 필요가 있다.

비슷한 맥락에서 18세기 스코틀랜드 계몽주의를 대표하는 철학자인 데이비드 흄(David Hume)은 인간의 본성과 도덕을 이해하는 데 감정이 중요한 역할을 한다고 주장했다. 1739년에 발간된 〈A Treatise of Human Nature〉에서 그는 이성보다 감정이 인간 행동의 더 큰 동기라고 보았는데 "이성은 감정의 노예"라는 유명한 말을 통해, 이성은 감정을 돕는 역할을 할 뿐, 궁극적으로 인간을 움직이는 것은 감정이라고 주장했다. 도덕적 판단 역시 이성적 사고보다는 감정에 기반한다고 보았는데 어떤 행위가 옳고 그른지를 판단하는 것은 이성적인 계산이 아니라, 그 행위에 대한 우리의 감정적 반응이라는 것이다. 뿐만 아니라 흄은 인간이 타인의 감정을 이해하고 공감할 수 있는 능력을 가지고 있다고 믿었고 이러한 공감 능력은 우리가 사회적 관계를 맺고 도덕적 판단을 내리는 데 중요한 역할을 한다고 보았다. 아직 공감(empathy)이란 용어와 개념이 확실히 정립되지 않은 18세기 중엽이지만 흄은 우리가 타인의 행복에 기뻐하고 불행에 슬퍼하는 공감 능력을 통해, 공동체의 구성원으로서 서로 협력하고 도울 수 있다고 믿었다. 그에 따르면 도덕적 감정은 인간 본성에 내재된 것으로서 우리가 선한 행위를 볼 때 느끼는 기쁨이나 악한 행위를 볼 때 느끼는 분노와 같은 감정들이 도덕적 판단의 기초가 된다고 주장했는데 이러한 도덕적 감정이 사회적 상호작용과 교육을 통해 형성되고 발전한다고 보았다. 흄으로부터 약 300년이 지난 현대 사회는 복잡하고 다양한 가치관이 공존하는 사회이다. 그러나 흄의 감정 이론은 이러한 사회에서 우리가 어떻게 도덕적 판단을 내리고 사회적 관계를 맺어야 하는지에 대해 여전히 중요한 시사점을 제공한다. 특히, 흄이 강조한 공감 능력은 서로 다른 배경과 가치관을 가진 사람들이 함께 살아가는 데 필수적인 요소라고 말할 수 있는데 공감에 대해서는 이 책의 다음 장에서 더 자세히 살펴보기로 한다.

감정 이론

감정의 본질과 과정을 학문적으로 탐구하는 것은 감정을 둘러싼 모든 문제를 이해하는 중요한 첫 걸음이 된다. 19세기 후반부터 주로 심리학을 중심으로 대두된 대표적인 감정 이론에는 제임스-랑거(James & Lange) 등의 고전적인 생리학 이론(physiological theory)과 Lazarus & Folkman(1984) 등의 인지이론(cognitive theory) 및 Vygotsky, Averill(1982) 등의 사회구성주의 이론(social constructivism)이 있다. 이들은 물론 기본 가설이나 연구 주제 등에서 차이가 있지만 심리학에서 주된 감정 이론의 공통점은 감정이 어떤 개인적으로 중요한 자극이나 경험을 기반으로 하며, 생물학적, 심리적 반응을 유발한다는 것이다.

먼저 미국의 심리학자인 William James와 덴마크의 생리학자인 Carl

Lange가 각자 주장한 감정의 생리학적 이론은 감정이 사건에 대한 생리적 반응의 결과로 생겨나는 것으로 신체적 반응이 감정 경험을 형성한다고 본다. Livingston(2019)은 이 두 학자의 견해가 완전히 일치하지 않기 때문에 하나의 이론으로 부르는 것에 문제가 있다고 주장하지만, 일반적으로 이 두 사람은 다윈의 진화론에 영향을 받아 공통적으로 신체적 반응에 기초한 감정 연구를 선도했다는 점에서 하나의 이론적 틀로 간주된다. 이들에 따르면 감정은 적응 문제를 해결하기 위해 발전된 것으로 감정은 우리 유전자들의 생존 가능성을 높이기 위해 기능한다고 한다. 이 이론은 현대 심리학에서 가장 초기의 감정 이론으로서 생리적 자극(각성)이 자율신경계의 반응을 유발하고, 이런 반응은 개인으로 하여금 감정을 경험하게 한다고 가정한다. 신경계의 반응에는 심장 박동 수 증가, 근육 긴장, 발한 등이 포함될 수 있다. 이 이론에 따르면 생리적 반응이 감정적 행동에 앞서 일어난다. 이를 요약하여 James(1948)는 "[O]ur feeling of the same changes as they occur is the emotion(그러한 변화가 일어나는 바로 그 순간의 우리의 느낌, 이것이 바로 감정이다)"이라고 하였다. 제임스의 이 말은 우리가 어떤 자극에 반응하여 신체적인 변화를 겪을 때, 그 변화를 느끼는 바로 그 순간의 주관적인 경험이 곧 감정이라는 그의 감정 이론의 핵심 내용을 간결하게 표현한 것이다. 이는 우리가 슬퍼서 우는 것이 아니라, 울기 때문에 슬픔을 느낀다는 그의 유명한 주장의 기반이 되는 생각이다.

감정의 생리학적 이론은 인간의 감정은 물질적이라고 생각하는 유물론(materialism)적 입장으로서 모든 것은 심정적이라고 보는 유심론(mentalism)과 대립된다. 이 감정 이론에 따르면 실재 세계의 본성은 정해진 물리적 조건에 따르는데 예를 들어 두려움이라는 감정은 어떤 외부 대상을 인지하고 몸을 떤다든지 흥분한다든지 등의 보편적인 신체적 증상(bodily symptoms)이라고 한다. 즉 숲속에서 곰을 마주치게 되면 자기도 모르게 몸이 떨리고 맥박이 높아지게 된다. 이런 생리적 반응은 두려움이라는 감정으로 해석된다. 즉 "I am trembling. Therefore I am afraid"라는 결론에 도달하게 된다는 것이다. 그밖에도 분노, 놀라움, 슬픔, 기쁨 등의 기본 감정은 전형적인 신체 표시가 있고, 기쁨과 놀라움의 혼합체로서 즐거움과 같은 복합 감정은 그 감정을 형성하는 각 기본 감정의 신체적 증상을 모두 보여준다고 주장한다. 이를 그림으로 나타내면 다음과 같다.

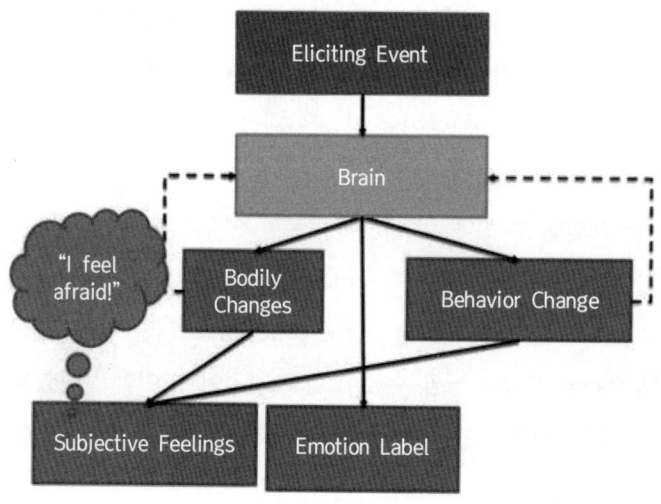

[그림 1] James-Lange의 감정 모델 (James, 1884; Lange, 1885)

James-Lange 모델에서 감정은 외부 사건에 우리의 신체가 대응하는 방법으로서 뇌에서 감지되어 신체와 행동의 변화를 일으키게 되고 그런 변화를 일컬어 부르는 각각의 이름표가 바로 '슬픔'이나 '기쁨', '분노', '혐오' 등의 각종 감정 명칭(emotion label)이다. 즉 감정은 우리의 신체 반응을 해석한 결과물로서 사건이 발생하면 우리는 신체적으로 여러 반응을 일으키는데 그 신체적 반응들은 갖가지 다른 감정으로 해석된다는 것이다.

이상에서 살펴본 James-Lange의 감정 이론에 대해 1920년대 후반부터 비판이 제기되었는데 그 대표적인 연구자는 Cannon(1927)과 Bard(1934)이다. Walter Cannon과 Philip Bard의 이름을 딴 Cannon-Bard 감정 이론은 James-Lange 이론을 반박하기 위해 개발되었는데 이 이론에서는 신체 변화와 감정이 연속적으로 일어나는지에 초점을 맞춘다. 즉, 위 그림의 플로우차트에서는 개인의 주관적인 느낌이 신체나 행동의 변화가 일어난 다음에 발생하는 것으로 표시되어 있지만 Cannon이나 Bard는 그와는 정반대로 느낌이 일어난 후 신체적, 행동적 변화가 발생할 수 있다고 보았다. 즉 신체의 변화 자체가 감정의 지표가 될 수 없고 사건에 대한 개인의 해석이나 지각이 오히려 더 강력한 감정의 지표가 된다고 주장한다. Cannon-Bard 이론은 사건에 대한 해석으로서 인간의 인지적 평가(cognitive appraisal)가 감정 경험을 이해하는 데 중요하다고 보았으며 특정 신체 변화가 특정 감정과 반드시 일치하지는 않는다는 점을 지적하였다. 예를 들어 우리가 공포심을 갖게 되면 위경련을 느끼게 되는 경우가 많은데 이는 비단 공포의 감정에만 국한된 것이 아니라 극도로 흥분하거나 화가 날 때에도 같은 현상이 일어난다는 것이다. 행동에 있어서도 누군가를 좋아할 때에 대상에 접근하는 모습을 볼 수 있는데 이는 화가 날 때에도 비슷하게 일어날 수 있다. 따라서 어떤 생리적, 행동적 변화만으로 감정의 이름표를 정할 수는 없다는 것이다. James-Lange 이론의 또 다른 문제점은 그들이 주관적인 느낌과 인지적 평가라는 감정의 두 측면을 분명히 구분하지 않고 혼동했다는 점이다. Cannon-Bard 이론은 자극적 사건이 감지되면 정보가 동시에 편도체와 대뇌 피질로 전달된다는 신경생물학적 연구 결과와 궤를 같이 하는데 이것이 사실이라면 각성과 감정은 동시에 발생하는 사건이다. 반면에 Richard Lazarus와 Folkman 등이 개발한 감정에 대한 인지평가 이론(Cognitive Appraisal Theory)은 감정을 경험하기 전에 생각이 발생해야 한다고 본다. 즉, 사람은 먼저 자극을 경험하고, 생각하고, 그 다음에 생리적 반응과 감정을 동시에 경험한다는 것이다.

감정에 대한 생리학적 이론을 따르는 사람들은 세계의 다른 언어나 문화에 속하는 사람들의 감정이 얼굴 표정에서는 거의 유사하게 드러난다는 Ekman(1993) 등의 초기 연구 결과를 강력한 증거로 제시한다. 특히 감정에 대한 얼굴 피드백(Facial Feedback) 이론은 얼굴 표정이 감정을 경험하는 데 중요하다고 주장한다. 이 이론은 Charles Darwin이나 William James의 연구와 연결되어 있는데 얼굴 표정이 감정에 대한 반응이 아니라 감정에 영향을 미친다고 가정하며 감정이 얼굴 근육의 물리적 변화와 직접적으로 연결되어 있다고 주장한다. 이들은 기본 감정을 표현하는 얼굴 근육의 움직임은 오랜 인류 진화의 결과로서 어떤 언어나 문화든 두루 보편적인 성격을 갖고 있다고 한다 (Tomkins & Izard 1965, Izard 1980, Ekman 1993). 예를 들어 Izard(1980)는 피험자들에게 흥미-흥분, 즐거움-기쁨, 놀람-경악, 걱정-비통, 혐오-경멸, 분노-격노, 수치-창피, 두려움-공포의 8가지 다른 감정 범주를 각기 나타내는 얼굴 사진을 보여주고 각 얼굴 표정과 감정 범주 사이의 일치도를 조사하였다. 그 결과 미국에서는 83.4%가 일치했고, 영국은 77.9%, 독일은 80.6%, 스웨덴은 83.4%, 프랑스는 82.2%의 일치도를 보여 조사 대상자의 대부분이 모국어나 문화에 상관없이 얼굴 표정과 감정 범주 사이의 높은 수준의 보편적 상관성이 있다는 결론에 도달하였다.

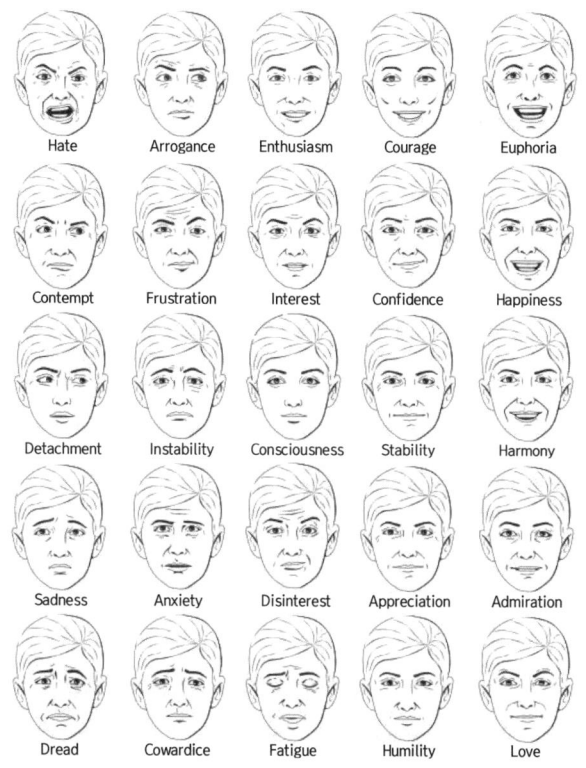

[그림 2] 얼굴의 감정 표정
(출처: The Atlas of Personality, Emotion and Behaviour by Anthony Mobbs)

이 주장에 대해 바로 제기되는 의문점은 그런 보편적이라고 생각되는 것은 가장 기본적인 5~8개의 감정일 뿐, 그 밖의 수십 가지가 넘는 복합적, 고차원적인 감정은 얼굴 표정만으로 구별이 되지 않거나 표정 자체가 일정하지 않은 경우가 허다하다는 점이다. 예를 들어 행복과 같은 기본 감정은 거의 보편적임에도 불구하고 이렇다 할 특정한 신체적 징후가 없고, 두려움이나 분노, 기쁨과 같은 상이한 종류의 감정들도 때에 따라서는 숨이 가빠지는 것과 같은 동일한 생리적 증상을 보인다는 점에서 신체적 감각만으로 감정을 구별하는 것은 한계가 있다. 또한 Kamide et al

.(2010)의 연구에서는 한국, 중국, 일본인들이 각기 평온한 표정과 행복한 표정, 화난 표정에서 어떻게 다른지에 대해 기하학적 형태측정학 (geometric morphometrics) 방식으로 분석하여 표정 표현의 차이를 검토하였다. 그 결과, 주성분 분석을 통한 대략적인 표정에서는 이 세 나라 사람들 사이에서 큰 차이는 보이지 않았다. 3국 모두 평온한 표정과 화난 표정에는 현저한 차이가 없었고, 반면에 평온한 표정과 행복한 표정을 비교했을 때에는 비교적 명확한 차이가 나타나는 것으로 나타났다. 연구 자들이 세 나라 사람들의 얼굴 표정 부위를 자세하게 검토한 결과, 입가의 특징점에서 문화 간 표정 차이가 있음을 발견했는데, 한국과 일본에서는 화난 표정과 평온한 표정이 별로 다르지 않지만, 중국에서는 이 차이가 비교적 큰 것으로 드러났다. 이 연구는 흔히 서양인들이 보기에 일본인들 이나 한국인들은 가만 있어도 화가 난 듯하다고 느끼는 것을 입증하며, 얼굴 표정 자체에 문화적 차이가 존재할 수 있음을 시사한다.

언어적으로도 이른바 보편적이라 생각되는 기본 감정조차 맥락마다 그 미묘한 의미를 효과적으로 표현하기 위해서는 신체언어만으로는 한계가 있다. Briggs(1970)의 Inuit 감정 표현 연구나 Lutz(1988)의 Ifaluk어 감 정 연구 및 Ilongot에 대한 Rosaldo(1980) 등의 인류언어학 연구에 따르 면 기본 감정이라도 얼굴 표정은 일정하지 않고 민족이나 문화마다 다양 한 변이가 있다고 한다. 그 결과 모든 언어에서는 감정 어휘와 표현 범주 및 표출 방식 등을 나름대로 발전시켜 같은 모어사용자들끼리 공유하고 사용하는데 이는 그 언어가 쓰이는 사회문화적 요인들에 의해 영향을 받 는다. 바로 이 부분이 감정의 사회적, 횡단문화적 연구가 필요해지는 부분 이다. 여기서 우리는 용어 사용을 좀 더 명확히 할 필요가 있다. 이른바 '감정의 보편성 가설(universality hypothesis of emotions)'은 생물학, 심리학, 인류학, 언어학에서 조금씩 다른 의미로 사용되어 자칫 혼란을 유발할 수 있다. 이 보편성 가설은 마치 하나인 것 같지만 자세히 들여다보면 감정의 보편성을 주장하는 사람들은 다음의 세 가지 측면을 이야기하고 있다.

감정의 보편성 가설:
 문화나 언어, 인종, 사회적 배경에 상관없이
  1) 모든 사람이 공유하는 보편적인 감정이 존재한다.
  2) 감정의 얼굴 표현은 보편적이다.
  3) 감정 표현이 모든 사람에게 동일한 의미를 가진다.

위에서 가설 1)은 생물학적으로 인간이라는 종이 갖고 있는 특성 중 하나로 감정의 실체를 인정하고 그것의 보편성을 말하는 것인 반면, 가설 2)는 그런 감정은 종종 얼굴 표정으로 드러나게 되는데 이런 표정은 모든 사람에게 공통적으로 해석될 수 있는 부분이 있다는 것이며, 가설 3)은 어떤 감정을 언어적 수단이든 비언어적 수단이든 표출하면 이는 번역 가능한 수준에서 공유되는 의미가 있다는 것이다. 일단 뇌 과학자들은 우리 인간의 뇌에서 감정을 다루는 영역이 특화되어 있음을 발견해냈다. 즉 대뇌변연계(limbic system)가 바로 그것인데, 변연계는 한 덩어리로 이루어진 것이 아니라 스트레스를 통제하는 시상하부와 위험을 감지하고 불안이나 공포 등의 각종 정서를 느끼는 것을 담당하는 편도체 등이 연결되어 있다. 또한 전전두피질(prefrontal cortex)은 수치심이나 동정심 등의 보다 복잡한 사회적 감정의 조절과 관련이 있는 것으로 알려져 있는데 이는 오랜 진화의 산물이라고 생각된다. 전전두피질 중 좌측 전전두피질은 기쁨이나 행복과 같이 긍정적 감정이 발생할 때 활성화되고 우측 전전두피질은 슬픔이나 고통과 같은 부정적 감정과 연결되는 방식으로 각기 측화되어 있다. 인간의 뇌가 사회적 정보를 어떻게 처리하는지를 연구하는 '사회인지뇌과학(social cognitive neuroscience)'이라는 용어를 처음 사용한

Matthew Lieberman은 부정적 감정을 느낄 때 이를 언어로 표현하면 편도체의 반응이 줄어들고 전전두엽 활동이 증가하여 부정적 감정을 조절하는 데 도움이 된다는 연구 결과를 발표했다. 부정적 감정의 언어적 표출은 사회적으로는 불편한 상황을 만들 수 있지만 당사자에게는 일종의 해방구 역할을 하여 뇌의 부담을 줄여준다는 것이다. 그런 점에서 감정을 가진다는 것 자체는 인류보편적이라고 볼 수 있는데 다만 모든 인종이나 문화에서 공유되는 기본적 감정의 종류에 대해서는 아직 완벽하게 알려져 있지 않으며 감정의 얼굴 표정에서의 보편성 또한 다윈 이래로 많이 연구되어 왔지만 이 역시 논란의 여지가 있다. 이는 주로 심리학과 사회인류학의 연구 주제인데 대신 이 책에서 우리는 감정의 언어적 표현의 보편성이라는 가설 3)에 대해 초점을 맞추어 그 타당성을 검토하고자 한다. 감정과 언어의 관계를 본격적으로 살펴보기에 앞서 마지막으로 감정의 사회문화적 구성에 대해 알아보자.

감정 연구는 개인의 내면에 초점을 맞추는 대신 사회적, 문화적, 역사적 맥락에서 감정을 이해해야 한다는 주장이 여러 연구자들에 의해 봇물 터지듯 나오고 있다. 가장 대표적인 인물로서 Margaret Wetherell과 Lisa Feldman Barrett을 들 수 있다. 먼저, 뉴질랜드의 University of Auckland 심리학과에서 강의하면서 감정에 대한 담화적 접근(discursive approach)을 주창한 Wetherell은 2012년에 발표한 〈Affect and Emotion: A New Social Science Understanding〉에서 감정과 정서에 대한 새로운 이해를 제시한다. 이 책에서 Wetherell은 기존의 감정 연구가 개인의 내면에 초점을 맞추는 경향을 비판하며, 감정을 사회적, 문화적, 역사적 맥락 속에서 이해해야 한다고 주장한다. 즉 감정은 단순히 생물학적인 반응이 아니라 사회적 상호 작용과 문화적 규범에 의해 형성되며 우리는 사회적으로 학습된 방식으로 감정을 경험하고 표현한다는 것이다.

특히 Wetherell & Potter(1987)는 담화 분석(discourse analysis)을 통해 사람들이 감정에 대해 어떻게 이야기하고, 그러한 이야기가 사회적 관계와 권력 구조를 어떻게 반영하는지를 보여준다. 이들에 의하면 감정은 개인의 정체성 형성에 중요한 역할을 하는데 사람들은 특정한 감정을 경험하고 표현함으로써 자신이 어떤 사람인지, 사회에서 어떤 위치를 차지하는지를 드러낸다고 한다. 또한 감정은 권력 관계를 유지하고 강화하는 데 사용될 수 있는데 예를 들어, 분노는 저항의 표현이 될 수 있지만, 동시에 타인을 통제하고 억압하는 데 이용될 수도 있다. 아울러 감정은 사회 변화의 동력이 될 수 있는데 사회 운동은 종종 공유된 감정, 예를 들어 불의에 대한 분노, 연대감 등을 기반으로 발생한다는 점을 지적한다. Wetherell(2012)은 다양한 사례 연구를 통해 자신의 주장을 뒷받침하는데 뉴질랜드에서 백인(Pākehā)과 마오리족 간의 관계, 남아프리카 공화국의 인종 차별, 영국의 계급 갈등 등을 분석하며 감정이 사회적, 정치적 맥락에서 어떻게 작동하는지 보여주고 있다. 이 연구들은 감정이 단순히 개인의 내면에서 발생하는 것이 아니라, 사회적 관계와 권력의 역학 속에서 구성되고 표현된다는 점을 강조하고 있다. 특히 뉴질랜드의 경우 식민주의의 역사가 마오리족과 백인 사이의 감정 표현 방식에 깊은 영향을 미쳤다고 주장한다. 식민주의는 마오리족에게 억압과 차별, 문화적 소외를 가져왔고, 이러한 경험은 마오리족들에게 분노, 슬픔, 좌절 등의 감정으로 이어졌다. 반면, 백인들은 지배적인 위치에서 자신들의 감정을 상대적으로 자유롭게 표현할 수 있었다. Wetherell의 연구는 마오리족과 백인이 특정한 상황에서 감정을 표현하는 방식에 차이가 있음을 보여주는데 예를 들어, 마오리족은 공동체적 가치를 중시하고 감정 표현을 통해 관계를 유지하려는 경향이 있는 반면, 백인은 개인주의적 성향이 강하고 감정을 개인적인 영역으로 간주하는 경향이 있다. 또한, 마오리족은 슬픔이나 분노와 같은 감정을 집단적인 의례나 행위를 통해 표현하는 경향이 있는 반면, 백인은 이러한 감정을 개인적으로 처리하려는 경향이 강하다.

감정 표현은 권력 관계와 밀접하게 관련되어 있어서 지배적인 집단은 자신들의 감정을 더 자유롭게 표현할 수 있는 반면, 소외된 집단은 자신들의 감정을 억제하거나 다른 방식으로 표현해야 하는 경우가 많다. Wetherell(2012)의 연구는 뉴질랜드 사회에서 백인이 마오리족에 비해 더 큰 권력을 가지고 있으며, 이러한 권력 관계가 감정 표현의 차이로 이어진다고 지적한다. 이 점은 한국에서도 과거 양성평등의 개념이 없고 남존여비사상이 지배했던 시대에는 "암탉이 울면 집이 망한다"든지 "여자가 시집을 오면 벙어리로 3년, 귀머거리로 3년, 장님으로 3년을 보내야 한다"는 말이 통용되었을 정도로 여성의 적극적인 감정 표현과 자기 주장을 억제하는 사회적 체제가 있었다. 유독 한국에서는 각종 설화나 민담에 등장하는 영적 존재로서 귀신이 젊은 여성인 경우가 많은데 이는 그만큼 여성이 온전한 인격체로 인정받지 못한 채 한을 안고 어려운 삶을 살도록 강요당한 결과로 남성우월사회의 집단적 잠재의식이 양심의 가책을 불러 일으킨 것으로 볼 수 있다. Wetherell(2012)의 연구는 감정 연구에 사회 문화적 관점을 도입하여 감정이 개인적인 차원을 넘어 사회적, 역사적 맥락 속에서 이해되어야 함을 보여주었다는 점에서 큰 의의를 지닌다. 특히 식민주의의 역사가 현재 사회의 감정 표현 방식에 미치는 지속적인 영향을 보여주며 아직도 끝나지 않은 마오리족과 백인 사이의 갈등 관계를 이해하는 데 중요한 통찰력을 제공하여 문화 간 이해와 소통을 증진시키는 데 기여하고 있다.

감정의 사회구성주의적 관점을 대표하는 또 다른 학자로서 미국의 Association for Psychological Science의 회장을 지냈고 학제적 정동 과학 연구소(Interdisciplinary Affective Science laboratory)를 이끌면서 Emotion Review라는 학술지의 초대 편집장을 역임한 L. F. Barrett

은 감정구성론(constructivism)을 제시하며, 감정이 생리적 반응과 문화적 학습의 상호 작용을 통해 구성된다고 주장한다. 특히 Ekman과 달리 감정이 보편적이지 않으며 문화상대적이라고 주장하는데 감정이 생리적 반응과 문화적 학습의 상호 작용을 통해 구성된다고 본다. 즉 기본 감정이든 복합적인 감정이든 모든 감정은 우리 몸의 신체적 특성 및 환경에 지배를 받는 유연한 뇌, 그리고 우리가 몸담아온 문화와 양육의 결합으로 우리 자신이 만들어내는 것이라고 말한다. 예를 들어 Barrett(2017)에 따르면 미소를 짓는 것은 동물과는 달리 인간만의 특질로서 중세시대에 발명된 것인데 서구에서 치과 진료를 더 잘 받을 수 있게 된 18세기에서야 비로소 대중화되었다고 주장한다. 르네상스 시대에 다빈치의 초상화 〈모나리자〉가 사람들을 매혹시킨 것은 그 신비로운 미소에 있었는데 이런 미묘한 감정의 특출한 표현은 당시만 해도 충격으로 다가왔을 것이다. 한국의 경우도 조선 시대까지만 해도 웃는 모습을 그린 초상화는 찾기 어렵다. 최근까지도 일반인들의 사진에도 미소를 짓고 찍은 경우가 드물고 근엄한 표정이 대부분인데 외국인들도 19세기에 들어가면서 미소를 띤 초상화나 사진이 폭발적으로 늘어나게 되었다. 이는 감정 표현이 보편적이고 본능적이라기보다 사회적으로 제어된다는 점을 시사한다. Barrett과 비슷한 맥락에서 Wetherell 역시 감정에 대한 기존의 개인주의적 관점을 넘어 사회적, 문화적 맥락을 강조하는데 특히 주목할 점은 언어의 사용, 즉 담화 분석을 통해 감정의 사회적 구성 과정을 면밀히 분석한다는 점이다. 이를 통해 감정이 권력 관계, 정체성 형성, 사회 변화와 밀접하게 연관되어 있음을 보여주고 있다.

Wetherell과 Barrett은 모두 감정에 대한 기존의 개인주의적 관점에서 벗어나 사회적, 문화적 맥락을 강조한다. 이들은 감정이 개인 내면의 고정된 것이 아니라, 사회적 상호 작용, 문화적 규범, 역사적 배경 등 다양한 요인에 의해 구성된다는 점에 동의하는데 Wetherell은 담화 분석을 통해 사람들이 감정에 대해 어떻게 이야기하는지를 연구했고, Barrett 역시 언어가 감정을 구성하는 데 중요한 역할을 한다고 보았다. 다만 Wetherell은 감정이 사회적 상호 작용을 통해 형성되고 변화하는 사회적 현상으로서 사회학, 심리학, 언어학 등 다양한 학문을 융합하여 감정을 사회적 현상으로 분석하는 데 중점을 두고 특히, 담화 분석을 통해 권력 관계, 정체성 형성과 같은 사회적 과정에서 감정이 어떤 역할을 하는지 탐구하는 반면 Barrett은 감정을 뇌가 예측 오류를 처리하고 생존에 유리하도록 행동을 조절하는 과정에서 발생하는 신체적 반응과 인지적 해석의 복합체로 보고 신경과학을 기반으로 감정을 뇌의 구성 과정으로 설명한다. 즉 감정은 뇌가 신체 감각과 과거 경험을 바탕으로 능동적으로 만들어내는 것이라고 주장한다. 이상에서 살펴본 Wetherell과 Barrett을 요약하면 다음과 같다.

〈표 1〉 Wetherell과 Barrett 이론

특징	Wetherell	Barrett
이론적 기반	사회학, 심리학, 언어학	신경과학
감정의 본질	사회적 구성물	뇌의 구성물
연구 방법론	질적 연구 (담화 분석 등)	양적 연구 (뇌 영상 등)

결론적으로, 두 학자는 모두 감정이 사회적, 생물학적 요인이 복합적으로 작용하여 만들어진다는 데 동의하지만, 감정을 설명하는 데 있어 강조하는 부분과 연구 방법론에 있어 차이를 보인다. Wetherell은 감정의 사회적 의미와 권력 관계에 초점을 맞추는 반면, Barrett은 감정의 신경학적 기반과 뇌의 기능에 대한 이해를 심화시키는 데 기여했다. 두 학자의 이론을 함께 고려하면, 감정이라는 복잡한 현상을 보다 포괄적으로 이해할 수 있다. 즉, 감정은 사회적 상호 작용과 문화적 규범에 의해 형성되며, 동시에 뇌의 생물학적 과정과 밀접하게 연관되어 있다.

감정을 신체적 반응으로 해석하는 생리학적 이론은 어떤 사건에 대해 이렇다 할 생리적 반응이 없으면 감정이 없는 것인지의 의문이 제기된다. 또한 어떤 감정은 보편적인 생리적 반응을 보이지만 또 다른 감정은 생리적 반응이 개인마다 또는 민족마다 다른 경우가 발견되었는데 그럴 경우 이 감정은 다른 것인지의 문제가 대두된다. 즉 감정을 단순히 자극에 대한 반응만으로 보는 것은 감정이 지닌 다양성의 문제를 간과하는 것으로 볼 수 있다. 감정에 대한 유물론자들의 또 다른 문제는 감정에 대한 사람들의 믿음(beliefs)의 영향력을 고려하지 않았다는 점이다. 예를 들어 뱀을 보는 것만으로 자동적으로 두려움이라는 감정이 생겨나는 것이 아니라 그 뱀에 물리면 목숨을 잃을 수도 있다는 믿음이 두려움이라는 감정을 유발하는 것이라는 점이다. 그런 믿음이 없는 사람에게는 같은 자극도 다른 감정으로 해석될 수 있기 때문에 어떤 식으로든 믿음이라는 과정이 개입하게 된다.

따라서 Vanhoozer(2010) 같은 이는 신체적 감각 자체는 감정이 아니며 인간의 감정은 단순히 외적으로 드러나는 증상만으로 파악하거나 구별할 수 없다고 주장한다. 예를 들어 영어에는 dejected, distressed, downhearted, depressed, despondent 등과 같은 세분화된 감정 어휘가 있는데 이들은 겉으로 보기엔 다 같아 보이지만 실제로 이 단어들은 미세하게 다른 의미 부분을 갖고 있어서 생각과 느낌의 차이를 반영한다. 마찬가지로 영어에는 happy와 유사하지만 완전 동의어는 아닌 이른바 행복 어휘들이 수십 개나 있는데 이들을 신체적 증상으로 구별하는 것은 거의 불가능에 가깝다. 더 나아가 Ye(2016)의 지적처럼 영어의 happiness와 중국어의 xingfu(행복)는 동의어처럼 보이지만 그 의미가 같지 않아서 기계적인 번역은 종종 그 상황의 정확한 전달을 놓칠 수 있다. 이러한 이유로 감정의 유물론적 접근은 선도적 이론의 지위를 내려놓게 되며 대신 앞서 본 인지주의적 접근과 사회적 구성주의가 대안으로 대두되었다.

반면에 Lazarus 등의 감정에 대한 인지 평가 이론에서는 감정을 경험하기 전에 먼저 생각(thinking)이 일어나야 한다고 본다. 자극은 생각을 유발하고 이렇게 생긴 생각은 생리적 반응과 감정을 거의 동시에 낳는다고 한다. 앞에서 본 예처럼 숲속에서 곰을 보았을 때 나는 즉각적으로 위험에 처하게 되었음을 생각하게 된다. 이런 생각은 두려움의 감정을 경험하게 되며 도망을 칠 것인지 맞서 싸울 것인지와 관련된 신체 반응으로 이어지게 된다는 것이다. 이 이론은 감정이 상황에 대한 인지적인 평가에 따라 발생한다고 주장한다. 그 결과 같은 상황이라도 어떻게 해석하느냐에 따라 다른 감정을 느낄 수 있다. 예를 들어, 운동 선수가 시합에 졌을 때, '나는 실패자야'라고 생각하면 절망감을 느끼지만, '다음에 더 잘할 수 있어'라고 생각하면 희망을 느낄 수 있다. 이 이론은 모든 것은 생각하기에 달려 있다는 이른바 유심론과 연결되지만 감정의 물리적 부분을 완전히 부정하지는 않는다. 같은 상황에서 같은 곰을 보아도 어떤 사람은 전혀 두려워하지 않는 반면 어떤 사람은 기절할 정도로 공포심에 쌓이게 되는 것은 각자의 생각 차이에서 비롯된 것이라는 것이지만 이는 그의 신체적 특성과도 전혀 무관하지는 않다. Keltner & Haidt(1999)는 감정이 외부 자극에 대한 신경생리적, 심리적 반응으로서, 개인에 대한 사회적 통제(control)에 대처하는 기제라고 정의했다. 이런 정의는 감정의 '구성요소 처리 모델(CPM)'과 연결되는데 중요한 점은 감정이 개인의 감각(sense)과 지각(perception)에 기반을 둔 것이지만, 주관적인 수준에 머무르지 않으며, 오히려 객관적인 관찰과 측정이 가능하여 과학적으로 분석할 수 있는 간주관적(intersubjective) 현상이라는 점이다. 이에 대해서는 감정에 대한 사회구성주의 이론에서 다시 살펴보기로 하고 대표적인 감정 모델인 구성요소 처리 모델을 보기로 하자.

Shaver, Schwartz, Kirson, and O'Conner(1987)와 Scherer(2005)

등이 주장하는 감정의 처리 이론은 감정을 여러 세부 단계 또는 구성요소(component)들로 나뉜 연합체로 보고 그 단계 혹은 구성요소들이 상호 작용하여 감정을 만들어낸다고 본다. 이 이론에서 설정하고 있는 감정 처리 단계는 1)감정 유발 원인(물), 2)평가, 3)생리적 변화, 4)행동 경향, 5)제어의 다섯 개로 되어 있다. 즉 이 이론에서 감정은 '외부 자극에 대한 단기적, 인지적 반응'으로서 잘 정의된 조건 하에서 매우 복잡한 과정을 거쳐 체계적으로 생성되고 전달된다고 본다. 즉 분노나 공포, 행복, 혐오 등의 감정은 단순히 마음속에서 정지해 있는 상태로서의 느낌이 아니라 사람의 인지, 감각, 생체, 행동 등의 여러 부문에서 상호 작용하며 일어나는 변화라는 것이다. 이를 감정의 '구성요소 처리 모델(Component Processing Model)'이라고 하는데 Scherer(2005, 2010)에 의하면 감정은 그 감정을 일으키게 하는 물체나 사건으로 이루어진 감정 유발 원인의 컴포넌트가 있고 이에 대한 평가를 하는 부문이 있으며 이에 따른 생리적 변화를 담당하는 부문이 있다. 또한 지각된 감정을 범주화하고 그에 따른 행동 경향을 담당하는 부문이 있고 마지막으로 이를 제어하는 부문이 있다고 주장한다. 감각 기관에 의해 지각되고 전달되는 자극은 가장 먼저 생리적 반응을 불러일으킨다. 이런 생리적 작용에는 심장 박동수, 혈압, 혈류, 호흡, 땀, 소화 기능, 배변 기능, 분비, 동공 확장, 떨림, 호르몬 작용, 뇌파, 근육 경직 등이 있는데 이는 비교적 보편적인 반응이다.

그런데 우리 탐구의 초점인 사람들 사이의 대화에서 생리적 반응이 중요한 경우는 상대방의 참여를 나타내는 비언어적 신호에 반응하는 경우이다. 몸을 가까이 하거나 더 웃거나 고개를 끄덕이는 반응과 몸을 멀리하거나 눈을 마주치지 않거나 고개를 돌리는 반응에 각각 다르게 생리적으로 대응한다. 이런 생리적 작용의 일차적 기능은 그 후에 일어날 행동을 대비하는 것이다. 또한 행동 경향이란 감정에 기인하여 몸을 가까이 하거나 반대로 멀리 한다거나 울거나 소리를 지르거나 하는 것을 말한다. 문제는 소통적 관점에서 행동 경향은 표현이 되어야만 알 수 있다는 것이다. 화가 났다고 해도 꾹 참고 표현하지 않는다면 그 행동 경향을 알 수 없다. 그리고 특정 행동이 감정과 일대일로 대응되지 않는다. 예를 들어 어떤 사람이 나에게 모욕을 주어서 그 자리를 떠나기 위해 걸어 나가는 것과 물을 마시기 위해 걸어 나가는 것은 그 행동 자체는 같지만 그 동기가 다르다. 전자는 화가 나서 그 감정의 결과로 나타나는 것이고 후자는 그저 목표를 달성하기 위한 행동이다.

예를 들어 설명하자면 슬픔이라는 감정의 처리 과정은 사랑하는 사람을 잃는다든지, 자신의 청혼이나 제안이 거부당하는 것 등과 같은 감정을 유발하는 사건으로 시작한다. 그런데 슬픔이라는 감정이 만들어지려면, 그 사건에 대해 부정적인 평가뿐 아니라 그 사건에 대해 아무 것도 할 수 없다는 평가가 내려져야 한다. 또한 슬픔이라는 감정에 대한 특정 행동이나 표현으로는 털썩 주저앉거나 말을 거의 안 하는 것, 접촉을 회피하는 것 등이 있다. 생리학적 변화로는 눈물이 나는 것, 흥분한 상태에 있는 것, 피곤함이 드러나는 것, 에너지가 적거나, 무기력한 것을 들 수 있다. 마지막으로 제어 과정은 슬픔 감정이나 사건에 대해 누군가와 말하는 것, 행동을 취하거나, 긍정적인 면을 생각하려하거나 다시 행복하게 행동하려고 하는 것이 있다. 이처럼 감정이란 팔색조와 같이 여러 부분이 협업하는 다면적 현상이라고 할 수 있는데 감정의 구성요소 처리 모델은 이를 효과적으로 범주화하여 분석할 수 있다. 다음 그림 3은 감정의 구성요소 처리 모델을 도식화한 것이다.

Scherer 모델의 핵심은 다섯 가지 구성 요소들이 순차적으로 상호작용하면서 다양한 감정 경험을 만들어낸다는 점이다. 즉, 어떤 사건에 대한 인지적 평가가 먼저 일어나고, 그 평가에 따라 동기적 변화, 생리적 반응 및 표현 등이 발생하며, 이러한 모든 변화를 종합적으로 인식하고 범주화하여 주관적인 감정 느낌을 경험하게 된다고 본다.

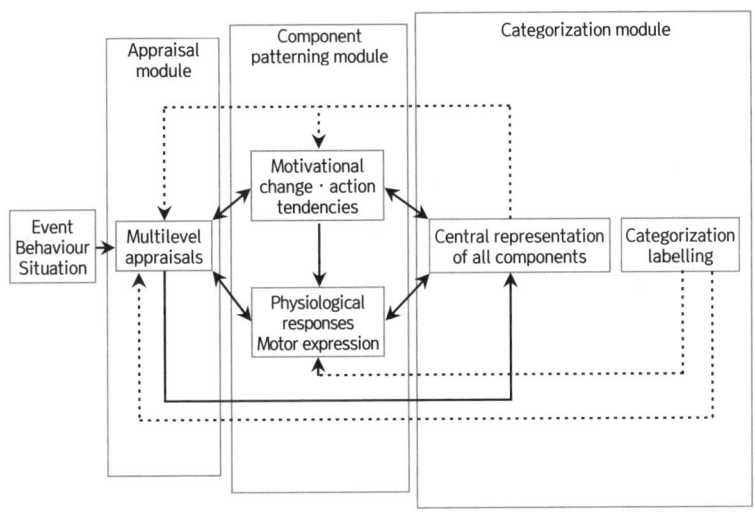

[그림 3] 감정의 구성요소 처리 모델 (Scherer, 2010)

이러한 감정의 처리 모델은 여러 이론에서 공통적으로 설정하는 부문들인 원인, 대상, 평가, 생리학적 변화, 행동, 제어 과정 등등 감정의 기본적인 구성 요소들을 범주화하고 구체화함으로써 범주별로 쉽게 접근할 수 있다. 이런 식의 접근은 비슷한 감정들이나 하나가 아닌 여러 섞인 복합 감정들, 그리고 정의되지 않은 감정들 사이에서의 미묘한 차이를 포함하는 다른 많은 감정들까지 일관성 있게 다룰 수 있고 심지어 이름이 없는 감정까지도 설명할 수 있는 장점이 있다. 또한 정확히 말해서 감정은 아니지만 감정과 흡사한 기분(mood)이나 감상(感傷, sentiment)과 같은 경험을 이해할 수 있는 방안을 제시할 수 있다는 점에서 유용한 모델이다. 예를 들어 사랑은 감정적 측면도 있지만 또 한편으로는 기분이나 감상적인 면도 있고 능동적 노력의 대상도 될 수 있다는 점에서 행동의 영역에 속하기도 하는데 사랑의 이런 다면성을 처리 모델은 유연하게 설명할 수 있다. 즉 감정의 다섯 가지 부문 중 어떤 부문이 있고 없고를 따져서 또는 얼마나 활성화되는지의 차이에 따라서 감정과 아직 감정이 아닌 것들을 가려서 이해할 수 있다. 또한 다섯 가지 부문이 모두 얼마나 완전하게 갖춰져 있는가에 따라 어떤 감정이 더 기본적이고 어떤 것은 아닌지 구분하는 데에 도움을 준다.

감정의 구성요소 처리 이론을 비롯한 많은 감정 이론에서는 감정 처리 과정이 대부분 무의식적으로 일어나며 순간적이 아니라 때로는 매우 짧게, 또 때로는 상당 시간 지속적으로 일어날 수 있다고 본다. 물론 그 결과로 생긴 감정 상태는 대개의 경우 일회적으로 있다가 종결되어 사라지거나 기억의 영역으로 이관된다. 문제는 사람들은 종종 자기 자신의 행동이 어떤 감정을 표현하는 것인지 충분히 심사숙고할 시간을 가지지 않기 때문에 그것이 어떤 감정인지 정확히 모를 경우가 많다는 것이다. 흔히 마음이 어지럽거나 감정의 혼란을 느낀다고 하는 것은 이런 상태를 반영하는 말이다. 이는 감정을 느끼는 사람뿐만 아니라 그 감정을 관찰하는 사람에게도 해당된다. 다만 이 구성요소 처리 모델은 감정을 정적인 상태가 아니라 여러 부문들이 협업하는 동적인 처리 과정으로 분석하면서 각 감정마다 특유한 과정을 분석하고 있어서 감정이 제대로 작동하는 경우 뿐 아니라 감정에 혼선이 일어나는 경우도 설명이 가능하다. 이런 장점에도 불구하고 언어학이나 인류학적 관점에서 볼 때 감정 처리 모델은 감정을 처리하는 모든 과정에서 흔히 대맥락(macro-context)이라고 부를 수 있는 개인의 외부 환경적 요인들의 역할과 기능이 드러나지 않는다는 점에서 아직 보완할 여지가 있다. 이를 위해 우리는 3장에서 감정의 사회적, 문화적 측면과 감정에 대한 사회구성주의를 검토하면서 감정 처리 모델과의 융합 가능성을 모색할 것이다. 마지막으로 이 모델은 뇌에서 감정을 다루는 특정 영역이 있다고 상정하지 않지만 최근의 신경과학에서는 변연계의 편도체가 감정과 관련된 정보를 독점적으로 처리하는 것으로 보고 있는데 이는 앞으로의 연구 추이를 주목할 필요가 있는 부분이다.

인간은 감정의 동물

"인간은 감정의 동물이다"라는 말은 인간의 행동과 의사 결정에 감정이 큰 영향을 미친다는 것을 강조하는 표현이다. 앞에서도 말했듯이 진화론자인 Darwin은 감정이 인간의 생존에 필수적인 역할을 해왔다고 주장한다. 그에 따르면 인간의 감정은 자연 선택을 통해 진화했는데 특정한 감정 표현은 생존에 유리한 방향으로 발달했다는 것이다. 예를 들어, 공포에 질린 표정은 눈을 크게 뜨고 주변을 살피게 하여 위험을 감지하는 데 도움을 주고, 분노에 찬 표정은 상대를 위협하여 싸움에서 유리하게 작용할 수 있다. 뉴질랜드 원주민인 마오리족은 전쟁터에서 적에게 자신들이 힘을 과시하기 위해 눈을 부릅뜨고 큰 소리로 구호를 우렁차게 외치며 위협적인 자세를 보이는 하카(haka) 춤을 추는 것으로 잘 알려져 있다. 마오리 하카 춤 뿐 아니라 사모아의 시바(shiva) 춤 역시 강렬한 동작과 함성으로 상대방을 압도하는 것으로 유명하다. 아마도 이런 의식은 과거 한때 자기 부족을 해치려고 하는 무리들에게 자신들의 용맹함을 보여주고 스스로 단결하게 만드는 데 큰 도움이 되었을 것이다. 다만 현대에 들어와 부족들 간의 전쟁이 사라지면서 하카나 시바는 더 이상 상대방에 대한 위협의 표출이 아니라 손님을 환영하고 존경하는 의식으로 그 의미가 바뀌었다.

[그림 4] 마오리족의 하카 춤

또한 마오리족의 결혼식이나 장례식 등 다양한 행사에서 하카는 기쁨과 슬픔을 표현하는 수단으로 사용되는데 어찌되었든 하카는 공동체의 유대감을 강화하고 감정을 공유하는 중요한 역할을 하고 있다. 부족 간의 경쟁이 생존을 위협하는 수준까지 치열했던 시절에는 그런 공격적 감정 표출이 가능했을 것이지만 환경이 바뀜으로써 그 행위가 표출하는 감정 역시 바뀌게 된 것이다.

다윈의 진화론적 감정 이론에서 특히 주목할 점은 감정이 신체 변화와 밀접하게 연관되어 있다는 주장이다. 그는 특정한 감정을 느낄 때 나타나는 신체 변화 (예: 얼굴 붉어짐, 심장 박동 증가) 자체가 감정 표현의 일부라고 보았다. 이러한 신체 변화는 감정을 더욱 강렬하게 만들고, 다른 사람에게 감정을 전달하는 데 도움을 준다. 다윈은 세계 각지의 다양한 문화를 조사하고, 동물들의 감정 표현과 비교하여 인간의 감정 표현이 특정한 기본 감정에서 비롯되며 인간의 감정 표현이 문화나 인종에 관계없이 보편적이라고 주장했고 이런 감정의 보편주의적 관점은 그 후로도 감정의 과학적 연구에서 하나의 큰 축으로 이어져 오고 있다.

현대 뇌신경학에서는 뇌에 있는 '거울신경세포(mirror neuron)'가 인간 감정의 열쇠 역할을 한다고 보고 있다. 이 생각이 옳다면, 흔히 이성은 뇌와 연결되고 감정은 심장과 연결된다고 말하지만 실제로 감정 역시 이성과 마찬가지로 뇌의 영역에 속하게 된다. 사람이 흥분을 하면 가슴이 두근두근하고 맥박 수가 올라가며 극도로 심할 경우에는 심장이 멎는 경우도 있어서 심장이 감정이 시작되는 기관인 것처럼 생각할 수 있지만 그런 심장의 움직임은 감정 발생의 결과일 뿐 원인은 아니다. 거울신경세포는 타인의 행동을 마치 거울처럼 반영한다고 해서 이런 이름이 붙여진 것인데 자신과 타인의 감정을 비춰보고 감정을 교류할 수 있게 해준다. 이 세포는 1990년대 이탈리아 파르마 대학 연구팀이 원숭이의 뇌를 연구하던 중 발견한 것인데 한 원숭이가 다른 원숭이의 행동을 관찰할 때 특정 신경세포가 활성화되는 것을 확인하였다. 이 특정 신경세포인 거울신경세포의 작용으로 인해 모방과 공감, 타인의 마음을 읽는 능력이 가능해진다. 그런데 Enticott et al.(2008) 의 경두개자기자극술(transcranial magnetic stimulation)을 이용한 실험 에 따르면 거울신경세포의 활성화와 얼굴 표정의 처리 사이에 연관성이 있다고 한다.

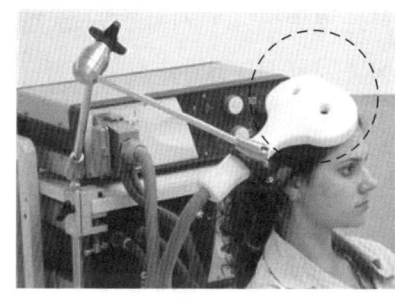 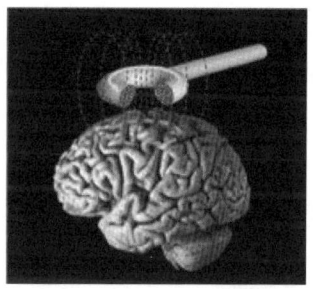

[그림 5] 경두개자기자극술 (우측은 좌측에 점선으로 표시한 부분을 이미지로 보여주는 것)

경두개자기자극술은 전자기 코일에서 발생한 자기장을 머리 표면을 통해 두개골을 통과시켜 두뇌 특정 부위의 신경세포를 활성하거나 억제하는 뇌 자극술인데 이 방법을 사용한 Enticott 등의 실험에서는 대뇌 전운동피질 (premotor cortex)에서의 거울신경세포의 활동 지표 (즉, 행동 관찰 중 경두개자기자극 정도)가 사회 인지(social cognition) 측정 수행 능력과 상관관계가 있다는 점을 보여준다.

사이코패스와 소시오패스

거울신경세포는 모든 사람이 다 같은 정도로 발달하거나 활성화되지 않는데 흔히 말하는 사이코패스(psychopath)는 이런 거울신경세포가 제

역할을 하지 못하는 사람이다. 그런 선천적 장애를 가진 사람이 반사회적 범죄를 저질렀을 때 정상적인 사람과 동일한 기준으로 처벌하는 것이 타당한 것인지에 대한 논란이 있을 수 있다. 사이코패스는 전통적인 성격장애 분류로, 반복적인 반사회적 행동, 공감 및 죄책감의 결여, 충동성, 자기중심성 등을 특징으로 한다. 현대 정신의학에서는 주로 반사회성 인격 장애((Antisocial Personality Disorder, 줄여서 ASPD)로 분류되지만, 사이코패스와 ASPD가 완전히 일치하는 것은 아니다. 사이코패스는 타인의 감정을 이해하고 공감하는 능력이 현저히 부족하지만 타인의 감정을 인지적으로 파악하는 능력은 있다. 그러나 자신의 행동에 대한 죄책감이나 후회를 느끼지 못하며 계획 없이 충동심에 사로잡혀 즉흥적으로 행동하는 경향이 있다. 1970년대 미국에서 30명 이상의 여성을 살해한 연쇄살인범인 테드 번디(Ted Bundy)는 체포 후 "나는 아무 것에 대해서도 죄책감을 느끼지 않는다. 나는 죄의식을 가진 사람들이 불쌍할 뿐이다"라고 소리쳤다. 또한 광대 분장을 하고 33명의 청소년을 연쇄 살인하여 광대 살인범(Killer Clown)이란 별명으로 유명한 존 웨인 게이시(John Wayne Gacy)는 1994년 약물 주사로 처형되기 직전 최후 발언에서 아무런 참회의 말 대신 "엿이나 먹어라(Kiss my ass)"라고 외쳤다고 한다. 이들은 자신을 매우 중요하게 생각하며, 타인을 이용하려는 경향이 있는데 말을 유창하게 하고, 다른 사람을 조종하거나 속이는 데 능숙하다. 이 점이 때때로 매력적으로 보일 수 있다. 실제로 테드 번디는 뛰어난 외모와 언변으로 주변 사람들을 속였으며, 여성들에게 호감을 사 접근한 후 범행을 저질렀다. 그는 사이코패스의 전형적인 특징인 '피상적인 매력', '거짓말과 속임수', '후회와 죄책감의 결여' 등을 보였다. 그런데 번디는 나쁜 사람은 미리 정해져 있지 않다면서 "사회는 악인이나 유해한 사람들을 구별해낼 수 있다고 믿고 싶어하지만 실제로는 그렇지 않다. 이런 정해진 스테레오타입은 없다"고 말했다 (Hirschtritt et al., 2018).

사이코패스는 인상이나 행동에 따라 주관적으로 판정되는 것이 아니라 과학적으로 통제되고 표준화된 조건에서 전문 임상의의 관리 하에 실시되는 엄격한 사이코패스 진단 개정판(PCL-R)에 의해 평가된다 (Hare 2003). PCL-R은 '달변(glib)/피상적 매력(superficial charm)', '과장된 자존감(exaggeratedly high estimation of self)', '병적인 거짓말(pathological liar)', '죄책감 결여(lack of guilt)', '무정함/공감 부족(shallow affect/superficial emotional responsiveness)' 등과 같은 20개의 항목으로 이루어져 있고 각 항목별로 전혀 그렇지 않으면 0점부터 부분적으로 일치하면 1점, 상당히 잘 일치하면 2점을 부여한다. 총 40점 중 미국에서는 30점 이상, 영국에서는 25점 이상이면 사이코패스로 분류되는데 이들의 특징 중 언어 및 감정과 관련된 특징은 다음과 같다.

1) 유창하고 매끄러운 언어: 막힘없이 유창하게 말을 하며, 듣는 사람을 현혹시키는 능력이 뛰어나다. 예를 들어 테드 번디는 유명 변호사를 뺨치는 언변으로 자신의 범행을 호도하곤 하였다. 그는 자기 자신의 범행을 제3자(He)의 시각에서 술회하면서 "그(He)를 정말로 사로잡았던 것은 희생자들을 탐험하듯 찾아 나서서 사냥한다는 점이었으며, 집안의 화초나 그림, 포르쉐 자동차를 소유하듯이 희생자를 어느 정도 신체적으로 소유한다는 점, 말하자면, 이 인간을 가진다는 점이었다는 것을 인식했어야 했다"고 비유와 수사적 표현들을 동원하여 자신의 범행 동기에 대해 청산유수로 말했다.

2) 자기중심적인 대화: 사이코패스들은 대화의 주제를 자신에게 맞추거나 자신의 이야기만 하려고 한다. 앞서 본 테드 번디는 자신의 범행을 전혀 반성하지 않으면서 "우리 연쇄살인범들은 당신들의 아들이자 당신들의 남편으로 어디든 존재한다. 더 많은 당신의 자녀들이 내일

죽게 될 것이다"라고 말해 다시 한 번 사람들을 경악시켰다. 또한 소아성애자로서 수 명의 어린아이들을 살해하였고 그 범행의 명백한 증거가 드러난 앨버트 피쉬(Albert Fish)는 전기의자에 앉는 순간까지도 "내가 왜 여기에 있어야 하는지 모르겠다"고 자신의 무죄를 주장하였다. 2003년부터 2004년까지 한국에서 가장 많은 20명을 살해한 연쇄살인범 유영철은 "가장 무서웠던 순간은 잘린 머리가 수건걸이에서 떨어졌던 순간도, 머리 없는 몸뚱아리가 나에게 달려들었던 순간도 아니었다. 그 순간 걸려온 '아빠의 감기가 아직 안 나았느냐는 아들의 전화가 가장 무서웠다'라는 말을 하여 자기 아들을 생각하는 자상한 아빠의 면모를 과시하려 했지만 정작 피해자들에게는 일말의 가책이나 죄책감도 보이지 않는 이중성을 갖고 있다.

3) 과장된 표현과 허풍: 자신의 능력이나 경험을 과장하여 이야기하는 경향이 있다. 예를 들어 테드 번디는 "나는 여러분이 만날 수 있는 가장 냉혹한 놈입니다(I am the most cold-hearted son of a bitch you will ever meet)"라고 마치 자랑스럽다는 듯 태연스럽게 말했다고 한다.

4) 모순되는 이야기: 상황에 따라 말을 바꾸거나, 앞뒤가 맞지 않는 이야기를 한다. 1978년부터 1991년 사이에 미국 위스콘신주 밀워키 등에서 10대를 포함한 17명을 살해하고, 시간을 하였으며 사체를 절단하고 그 인육을 먹기도 한 연쇄살인범인 제프리 다머(Jeffrey Dahmer)는 왜 그런 짓을 저질렀냐는 질문에 처음에는 "제가 한 일은 양날의 검과 같습니다. 피해자도 상처 받았고, 저 또한 상처 입었습니다... 제가 왜 그랬는지, 무슨 생각을 하고 그랬는지 모르겠습니다"라고 마치 자신도 피해를 본 사람인 양 책임회피성 발언을

하였다. 그러나 그는 자신이 무엇을 했는지에 대해 분명히 알고 있었고 때로는 철저하게 계획된 범행을 저지른 것으로 드러났다. 다머는 다른 곳에서 자신의 범행 이유에 대해 말할 때 "그것은 제게 완전한 제압감을 주었습니다. 내가 그들에 대해 원하는 대로 마음껏 할 수 있다는 것을 알았을 때 성적인 전율을 증가시킨 것 같아요"라고 가해자의 입장에서 상세하게 진술하였다.

5) 죄책감을 유발하는 화법: 사이코패스는 상대방에게 죄책감을 느끼게 하거나 책임을 전가하는 화법을 즐겨 사용한다. 1980년대와 90년대에 미국 북서부 태평양 연안 지역에서 49명의 여성을 살해한 일명 "Green River Killer"로 알려진 연쇄살인범 게리 리지웨이(Gary Ridgway)는 자신이 왜 그렇게 많은 여성을 살해했는지에 대해 "난 아주 많은 여자들을 죽일 수밖에 없었는데 그것은 내가 여자들이 바르게 살도록 하는 게 힘들었기 때문"이라고 책임을 피해자인 여성들에게 온전히 전가하였다. 놀랍도록 비슷하게 유영철도 "이 계기로 여성들이 함부로 몸을 놀리거나 하는 일이 없었으면 하고 부유층들도 각성했으면 합니다"라고 훈계하듯이 자신의 범행을 정당화하려고 하였다.

6) 감정적인 호소 부족: 감정을 표현하는 단어를 거의 사용하지 않거나, 그 진정한 의미는 생각하지 않고 피상적으로만 사용하는 경향이 있다. 사형이 집행되는 최종 순간에 테드 번디는 "내 가족과 친구들에게 사랑한다고 전해주세요(I'd like you to give my love to my family and friends)"라고 했다는데 여기서 그의 말은 자신의 이미지를 관리하기 위한 것일 뿐 그의 행동으로 미루어볼 때 허언에 불과하다는 것이 중론이다.

7) 도구적인 언어 사용: 사이코패스는 언어를 단순히 자신의 목적을 달성하기 위한 도구로 사용하는 경향이 있다. 이들은 자기의 말을 듣는 사람이 이해할 수 있는지 따위는 큰 관심이 없고 자기가 하고 싶은 이야기만 주저리주저리 늘어놓는 경향이 있다. 1989년에서 1990년 사이에 7명의 남성을 살해한 미국 최초의 여성 연쇄살인범인 아일린 워노스(Aileen Wuornos)는 2002년 약물 주사로 처형되기 직전 "나는 Rock호를 타고 항해한다. 6월 6일에 예수와 함께 독립기념일처럼 돌아올 것이다. 영화처럼, 큰 범선과 그 모든 것처럼 나는 돌아올 것이다"라고 최후 진술을 하였다. 이 말은 정상적인 사람들은 무슨 말인지 좀처럼 알아듣기 힘든데 아마도 예수의 재림을 언급함으로써 자기는 이 세상 죄인들을 대신해서 죽는 억울한 존재라고 강변한 것으로 보인다. 그러나 그녀는 결국 미국인들에게는 최대의 축제일인 독립기념일처럼 위풍당당하게 승리자로서 돌아올 것이라는 환상과 착각을 갖고 최후를 맞이한 것으로 보인다. 한국어에서 최근 일상적인 단어가 되다시피한 사이코패스란 용어는 정신병리학적 개념이며, 보통 사람들과는 다른 뇌 구조와 기능을 가지고 있을 수 있다. 사이코패스 진단은 전문가에 의해서만 이루어져야 하며 문분별하게 사용되는 사이코패스라는 용어는 낙인 효과를 유발할 수 있으므로 사용에 주의해야 한다.

사이코패시(psychopathy)와 함께 또 다른 정신 질환으로 소시오패시(sociopathy)가 있다. 사이코패시와 소시오패시는 모두 반사회성 인격 장애의 하위 유형으로 분류될 수 있고 대부분의 연구자들은 사이코패시가 소시오패시와 함께 같은 ASPD의 스펙트럼을 구성하는데 사이코패시가 보다 더 심각한 증상으로 생각하기도 하지만 (Douglas et al. 2015, Black 2015), 일반적으로 이 둘은 몇 가지 중요한 차이점이 있다고 생각된다.

첫째로, 사이코패시의 증상을 보이는 사이코패스는 공감 능력의 근본적인 결핍이 가장 두드러진 특징으로서 선천적인 뇌 기능 이상이나 유전적 요인이 강하게 작용한다고 여겨진다. 감정과 관련된 뇌 부분이 충분히 발달하지 않은 경우이다. 반면에 소시오패시의 증상을 보이는 소시오패스는 공감 능력이 완전히 결여된 것은 아니며 학대나 방임, 트라우마 등 주로 후천적인 환경적 요인의 영향이 크다고 여겨진다. 그럼에도 불구하고 소시오패스는 타인의 감정을 이해하려 하거나 신경 쓰지 않는다. 이런 특징은 사실 모든 사람에게 발현될 수 있는 잠재력이 있으며 소시오패스라고 하여 반드시 범죄자라고 낙인을 찍을 수는 없다. 둘째로, 사이코패스는 감정 조절에 어려움을 겪는 경우가 많으며, 분노나 혐오, 좌절 등의 감정을 간헐적으로 표출하는 경향이 있다. 이에 비해 소시오패스는 감정 조절에 능숙하며, 필요에 따라 감정을 조작하거나 숨길 수 있고 계산적이고 차가운 모습을 보이는 경우가 많다. 또한 죄책감이나 양심의 면에서 사이코패스는 옳고 그름에 대한 개념 자체가 희박하며 자신의 행동에 대한 죄책감이나 후회를 별로 느끼지 못하는 반면, 소시오패스는 옳고 그름을 인지하고 있음에도 불구하고 양심의 가책을 느끼는 정도가 매우 약하거나 거의 없고 자신의 행동이 잘못된 것임을 알면서도 반사회적 행동을 저지른다.

대인 관계에 있어서도 사이코패스는 피상적인 매력으로 사람들을 끌어들이지만, 진정한 관계를 맺지 못하고 타인을 오직 도구적으로 이용하는 경향이 강하다. 소시오패스 역시 겉으로는 사회생활에 잘 적응하는 것처럼 보일 수 있지만, 깊은 관계를 맺는 데 어려움을 겪고 주변 사람들을 조종하거나 이용하려는 경향이 있다는 점에서 유사하다. 다만 사이코패스는 충동적이고 계획적이지 않은 범죄를 저지르는 경향이 있고 범행 후에도 후회나 반성을 하지 않는 반면, 소시오패스는 치밀하게 계획된 범죄를 저지르는 경향이 있고 자신의 이익을 위해 범행을 저지르는 경우가 많다. 소시오패스도 사이코패스처럼 거짓말과 과장된 언어를 사용하는 경향이 있는데 특히 타인의 약점을 집요하게 꼬집거나 자신의 우월감을 드러내는 말을 사용한다. 예를 들어 분명히 자신의 과실로 일어난 일에 대해서도 책임을 인정하지 않고 대신 "내 잘못이 아니야"라고 말하거나, "너 때문에 한 거야"라고 책임을 전가한다든지 "사실이 아니야"라고 딱 잡아떼기도 한다. 또한 어떤 경우에는 누군가를 심하게 비난하는 말을 한 뒤 "그냥 농담이었어"라고 가볍게 넘어가려고 한다. 좋아하는 사람이 마음이 변할까 봐 "나랑 헤어지면 나는 죽어버릴 거야"라고 심각한 협박성 발화를 해서 그를 잡아두려고 한다. 사실 정도의 차이는 있지만 이런 말들은 ASPD가 아닌 보통 사람들도 할 수 있는 말이다. 다만 차이점은 ASPD는 타인을 이용하거나 조종하려는 의도에서 타인의 감정은 아랑곳하지 않고 이런 말들을 서슴지 않으며 더 나아가서는 사실에 부합하지 않는 말을 지어내어 상대방에게 믿도록 강요하고 종종 폭력적인 방법을 동원한다는 점이다.

정동의 윤상 모형

빛을 연구하는 학문분야인 광학에서 빛이 프리즘을 통과하면 빨강에서 보라까지 연속된 띠로 나누어지는 것을 보고 가시광선과 자외선, 적외선을 파장에 따라서 배열한 스펙트럼(spectrum)을 사용하듯이, 감정의 인지적 측면을 주로 연구하는 분야인 심리학에서는 감정의 차원(dimensions)을 설정하여 여러 종류의 다양한 감정을 그 속성에 따라 분류하고 제 각기 좌표축에 배열한다. 이런 작업의 가장 대표적인 것이 Russell(1980)이 개발한 '정동의 윤상 모형(circumplex model of affect)'인데 이 모형에서는 모든 감정을 다음 그림처럼 '유쾌/불쾌(pleasant/unpleasant)'를 나타내는 감정가(valence) 차원과 '활성/비활성(activated/deactivated)'을 나타내는 각성도(arousal) 차원이라는 2개의 차원으로 나누어 그 값에 따라 각 감정을 좌표공간에 배열하고 그 특성과 관계를 설명한다.

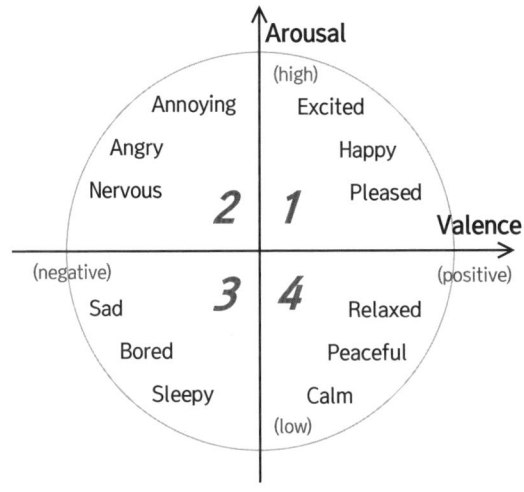

[그림 6] 정동의 윤상 모형 (출처: Russell, 1980)

위 그림에서 좌표의 x축과 y축을 이루는 두 가지 차원은 각 감정을 관장하는 신경생리시스템을 반영한다. 즉 x축의 '유쾌/불쾌'란 어떤 단어를 듣고 느끼는 긍정적인/부정적인 느낌의 정도이며 y축의 '활성/비활성'은 심리적 흥분의 정도를 말하는 것으로 예를 들어 '기쁘다'나 'joyful'이라는 말은 모노아민 신경전달 물질인 도파민의 분비를 촉진시키어 마음을 활성화시키고 긍정적인 느낌을 주는 유쾌함의 정도가 높은 단어인 반면, '우울하다'나 'depressed'라는 말은 노르아드레날린의 분비를 촉진시키어 불안한 마음을 키우고 부정적인 느낌을 주는 불쾌함의 정도가 높은 단어이다. 반면 '존재하다'나 'exist'라는 말은 별다른 긍정이나 부정의 느낌 없이 별로 흥분시키지 않는 낮은 각성도와 중간적 감정가를 가진 단어이다.

원래 '각성'이란 강한 생리적 자극 반응을 말하는 것으로서 감정의 처리 과정에서 생리적 작용이 감정 지각과 판단에 중요한 근거가 되므로 이 각성에 기반한 감정의 처리 과정 이론들이 존재한다. 각성의 지표가 될 수 있는 것으로는 심장 박동, 혈압, 혈류, 호흡, 땀, 위장과 비뇨활동, 분비, 동공 확대, 떨림, 호르몬 반응, 뇌파, 근육 긴장이 있다. 이러한 생리적 반응이 바로 그 감정의 특성이라고 생각할 수 있다. 인간의 대화에서 생리적 반응이 중요한 이유는 이러한 각성의 생리적 반응이 진정한 감정의 특성을 정의하는 것이기 때문에 생각이나 기분, 태도들과 같은 것들로부터 감정을 정확히 분리시킬 수 있으며, 생리적 변화는 믿을 만한 수준의 데이터를 제공하기 때문이다. 따라서 많은 심리학적 모델에서 각성은 필수적인 차원이 되고 있는데 언어학에서는 각성 자체만으로는 감정 표현을 이해하기는 불충분하며 생리적 반응 외에 감정을 느끼는 감정 주체의 생각과 판단, 기분, 태도 등도 마땅히 감정의 전체 의미에 포함되어야 한다고 본다.

다만 정동의 윤상 모형에 따르면 각 언어의 감정 표현은 이 2차원 공간에 종류별로 다르게 배열되는데 예를 들어 한국어의 '행복하다'는 영어의 'happy'와 같이 [+pleasant, +activated]인 1사분면에 있기는 하지만 좌표 공간 내의 정확한 위치는 서로 다를 수 있다. 즉 양국 모어 화자들에 대한 실험 결과 '행복하다'는 'happy'에 비해 모어 화자들이 지각하는 감정가와 각성도 면에서 낮아서 또 다른 영어 단어인 'pleasant'에 가까운 것으로 조사되었다 (박인조·민경환 2005, Bradley & Lang 1999). 유사한 감정 표현이라 하더라도 각 언어는 서로 다른 어휘장과 의미 체계를 갖고 있고 감정 표현을 사용하는 사회문화적 맥락에서 차이가 있기 때문에 개별 어휘들의 심리적 감정가와 각성도는 차이가 있을 수 있다.

한국어, 영어, 일본어의 주요 감정 어휘의 감정가와 각성도 비교

감정 어휘가 우리 마음속에 주는 심리적 효과는 정동심리학에서 말하는 정동 규준(affective norm)으로 설명할 수 있다.[3] 이런 심리학적 설명에서 가장 핵심적인 개념이 감정 표현의 유쾌도-불쾌도를 뜻하는 감정가(valence)와 그 표현을 접하는 이에게 불러일으키는 심리적 각성의 정도를 나타내는 각성도(arousal)이다. 즉 모든 언어적 표현은, 감정 어휘와 비감정 어휘를 막론하고, 저마다의 감정가와 각성도를 갖고 통용되게 된다. 이 중에서도 특히 감정의 표출과 소통에 가장 직접적인 영향을 주는 것은 물론 감정 어휘라고 부르는 한정된 집합의 코어 감정 표현이며 이들의 감정가와 각성도를 면밀히 파악하는 것이 중요하다.

이런 관점에서 우리는 한국어와 영어, 일본어에서 가장 대표적인 감정 어휘를 긍정적 감정 어휘 10개, 부정적 감정 어휘 10개로 나누어 20개씩 총 60개 어휘에 대한 감정가와 각성도를 비교, 검토하였다. 여기서 영어 자료는 영어의 정동 규준(Affective Norms for English Words, 줄여서 ANEW) 분석을 창시한 Bradley and Lang(1999)의 자료에서 감정 어휘만을 고른 것이고 한국어의 경우는 구글 서베이 조사 결과 중 20개의 감정 어휘 자료를 인용한 것이다. 마지막으로 일본어 자료는 本間嘉子(2014)가 ANEW의 방식을 일본에 적용하여 얻은 결과를 인용한 것이다.[4]

첫째로, 다음 표 2는 긍정 어휘 표현에 대한 한국어, 영어, 일본어의 비교 결과이고 그 아래 표 3은 부정 어휘 표현에 대한 세 언어의 결과를

---

3 'affective norm'이란 '정동 규준'이나 '정서 규범'으로 번역되는데 어떤 대상이나 자극에 대해 사람들이 일반적으로 느끼는 감정적인 반응 또는 평가의 평균적인 경향을 의미한다. 즉 특정 단어나 이미지, 소리 등 다양한 자극에 대해 대다수의 사람들이 비슷하게 느끼는 감정가(긍정적 또는 부정적), 활성도(높음 또는 낮음) 및 지배성(통제감을 느끼는지 또는 압도당하는 느낌인지) 등을 나타낸다. 이는 개인의 주관적인 감정에 머물지 않고 특정 문화나 사회 집단 내에서 공유되는 감정적인 평가의 결과로서 많은 사람들이 특정 자극에 대해 어떻게 느끼는지 통계적으로 분석하여 도출된다.
4 일본어 자료의 출처는 本間嘉子. 2014. 単語の感情価と覚醒度にもとづいた単語刺激の作成. 愛知工業大學研究報告, 49号, 13-24. 한국어 자료 수집 방법은 박인조·민경환(2005)의 연구를 참조함

비교한 것이다.

<표 2> 한국어, 영어, 일본어 긍정 감정 어휘의 감정가와 각성도

감정 어휘	한국어		영어		일본어	
	감정가	각성도	감정가	각성도	감정가	각성도
HAPPY	6.16	4.70	8.21	6.49	7.61	5.61
JOY	5.72	5.54	8.60	7.22	7.04	6.26
GRATEFUL	5.50	3.77	7.37	4.58	7.26	4.30
PRIDE	5.37	4.48	7.00	5.83	6.17	5.05
LOVE	5.33	4.32	8.72	6.44	7.26	5.30
PLEASURE	5.94	5.56	8.28	5.74	7.61	6.70
SATISFIED	5.64	3.98	7.94	4.94	7.63	4.55
ENJOYMENT	5.89	5.54	7.80	5.20	8.17	7.14
COMFORT	5.40	2.33	7.07	3.93	7.83	3.55
IMPRESSED	5.45	4.47	7.33	5.42	5.83	4.35
평균	5.64	4.47	7.83	5.58	7.24	5.28
표준편차	0.281188	0.992365	0.621196	0.980220	0.731261	1.152277

<표 3> 한국어, 영어, 일본어 부정 감정 어휘의 감정가와 각성도

감정 어휘	한국어		영어		일본어	
	감정가	각성도	감정가	각성도	감정가	각성도
ANGRY	2.17	5.91	2.85	7.17	2.29	6.82
ANXIOUS	2.76	3.95	4.81	6.92	2.61	4.65
DEPRESSED	2.49	2.80	1.83	4.72	1.96	3.26
DISPLEASED	2.13	5.46	2.79	5.64	2.04	4.52
SHAMED	2.54	4.20	2.50	4.88	2.75	4.78
ANGUISHED	2.71	3.72	2.12	5.33	2.74	4.13
AFRAID	2.43	5.32	2.00	6.67	2.86	5.86
DISGUSTED	1.80	5.57	2.45	5.42	2.26	5.09
UNHAPPY	2.16	4.19	1.57	4.18	2.91	4.48
DISCOURAGED	2.01	3.23	3.00	4.53	2.17	4.61
평균	2.32	4.43	2.59	5.55	2.46	4.82
표준편차	0.313723	1.068990	0.907913	1.047963	0.353850	0.962889

우선 한국어, 영어, 일본어의 60개 대표적 감정 어휘의 감정가(valence)를 비교하면 다음 표4와 같은 결과를 얻을 수 있었다. 첫째로, 비교 대상인 세 언어 중 영어의 감정 어휘 감정가가 가장 높게 나왔고 그 다음이 일본어였으며 한국어는 비교 대상 세 언어 중 가장 낮은 감정가를 보여주었다. 이는 긍정적 감정 어휘의 경우와 부정적 감정 어휘에서 모두 같은 경향을 나타냈다.

〈표 4〉 한국어, 영어, 일본어 주요 감정 어휘의 감정가 비교

	한국어	영어	일본어
긍정 감정 어휘	5.64	7.83	7.24
부정 감정 어휘	2.32	2.59	2.46

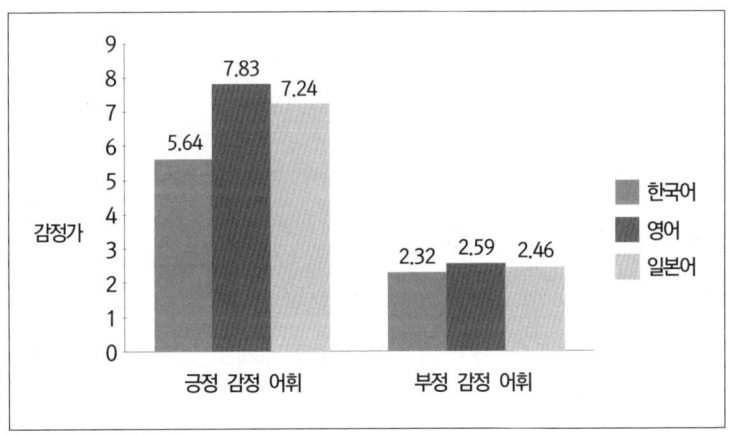

영어의 경우 긍정적 감정 어휘의 감정가는 평균 7.83으로 한국어의 평균 5.64에 비해 매우 높은 감정가를 보여주었는데 이는 이들 긍정적 감정 어휘가 영어 사용자들에게 유쾌한 느낌을 주는 정도가 한국어 사용자들의 경우에 비해 훨씬 높게 인식된다는 점을 보여준다. 예를 들어 같은 행복 감정을 표현하는 대표적인 어휘인 happy는 영어 화자들에게 8.21이라는

매우 높은 감정가를 지난 단어로 생각되는 반면 한국어의 '행복하다'는 조사된 긍정적 감정 어휘 중 가장 높은 감정가를 지닌 단어였음에도 불구하고 영어의 happy에는 훨씬 못 미치는 6.16의 감정가에 머물렀다. 또한 joy의 경우도 이 단어를 사용하는 영어 화자들에게는 유쾌한 느낌을 주는 정도가 매우 높은 단어인 데 비해 보통 joy의 의미에 가장 가깝다고 느껴지는 한국어의 '기쁨'의 경우는 '행복하다'보다도 낮은 감정가를 갖는 것으로 드러났다. 아울러 단순 감정 어휘로만 보기는 어렵다는 주장도 있지만 그럼에도 불구하고 긍정적 감정을 표시한다고 볼 수도 있는 love의 경우 영어에서는 8.72라는 가장 높은 감정가를 지닌 긍정 어휘인 반면 한국어의 '사랑'은 '행복'이나 '감사'보다도 낮은 5.33의 감정가를 가진 단어로 인식된다는 점은 매우 흥미로운 결과라고 할 수 있다. 일본어의 경우는 인종적, 문화적 배경이 비슷한 한국어에 가까울 것으로 예상되었지만 긍정 감정 어휘의 감정가는 오히려 한국어보다는 영어에 가까운 수준의 감정가를 나타냈다고 전반적으로 긍정 감정 어휘의 감정가 점수가 높게 나타났다는 점은 주목할 만하다.

둘째로, 부정적 감정 어휘의 경우는 아래 표에서 보듯 긍정적 감정 어휘에 비해 언어적 차이가 비교적 작은 것으로 드러났다. 여기서 주목할 만한 점은 한국어의 경우는 부정적 감정 어휘들에 대해 비교 대상인 두 언어에 비해 2.32라는 매우 높은 수준의 불쾌한 느낌을 가지는 것으로 드러났고 영어 역시 물론 절대적인 불쾌한 정도는 2.59로 긍정적 감정 어휘에 비해 높지만 한국어나 일본어에 비해 그 불쾌한 정도는 상대적으로 낮은 것으로 나타났다. 예를 들어 anxious라는 불안 감정을 나타내는 단어는 영어에서 4.81이라는, 유쾌도-불쾌도 척도의 거의 중간 값에 해당할 정도로 가벼운 느낌을 주는 단어임에 비해 한국어나 일본어의 '불안하다'는 anxious에 비해 매우 불쾌한 느낌을 주는 단어로 통용되고 있다. 물론

이는 다음 장에서 다시 언급하겠지만 각 언어의 감정 어휘가 100퍼센트 동의어로 번역될 수 있는가라는 근본적인 물음에서 자유롭지 않다. 이를 극복하기 위해서는 특정 언어에 속한 어휘가 아닌 범언어적인 메타언어로 의미를 표현하는 분석 방법이 필요한데 Wierzbicka(1999)의 자연언어의 미 상위언어는 그런 분석을 지향하는 대표적인 방법론이 될 수 있다. 이에 대해서는 다음 장에서 자세히 보겠지만, 이 장에서는 언어적 차이는 일단 무시하고 각 언어에서 대표적으로 사용되는 20개의 감정 어휘들을 각 언어 사용자들이 인지하는 방식에 따라 분석하는 데 의의를 갖고 있다.

셋째로, 20명의 일본어 모어 사용자들을 대상으로 148개의 부정 어휘와 174개의 긍정 어휘 및 73개의 중립 어휘에 대한 감정가와 각성도를 조사한 Liu(2022)의 연구에 따르면 일본어에서 감정 어휘의 두 차원인 감정가와 각성도는 부정적 감정 어휘에서만 정적 상관관계에 있다 한다 ($r = -0.41$, $p < .001$).[5] 그런데 우리 조사에서는 조사 대상인 세 언어의 긍정적 감정 어휘에서도 정적 상관관계에 있는 것으로 보인다. 즉 긍정적 의미이든 부정적 의미이든 어떤 감정 어휘의 감정가가 높으면 그 어휘의 각성도 역시 그에 비례하여 높아지는 것으로 나타났다.

〈표 5〉 한국어, 영어, 일본어 주요 감정 어휘의 각성도 비교

	한국어	영어	일본어
긍정 감정 어휘	4.47	5.58	5.28
부정 감정 어휘	4.43	5.55	4.82

---

5 더 자세한 내용은 Liu(2022, p.196)을 참고할 것.

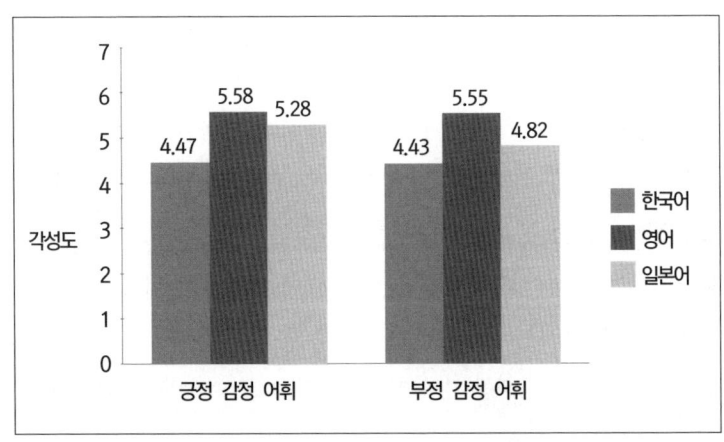

긍정적 감정 어휘의 경우 앞의 표 4에서 보았듯이 한국어의 감정가는 5.64, 영어는 7.83, 일본어는 7.24이었는데 이들 어휘의 각성도는 한국어의 경우 4.47, 영어는 5.58, 일본어는 5.28로서 감정가와 각성도 사이에 비례 관계가 성립함을 알 수 있다. 부정적 감정 어휘의 경우도 한국어의 감정가는 2.32였고, 영어의 감정가는 이보다 조금 높은 2.59였으며 일본어는 한국어와 영어의 중간 수준인 2.46을 보여주었다. 그런데 이들의 각성도는 한국어는 4.43, 영어는 5.55, 일본어는 4.82로서 이 역시 감정가와 비례 관계에 있음을 알 수 있다. Liu는 실험 참여자들이 긍정 어휘를 제시받았을 경우에는 부정 어휘를 제시받았을 때보다 더 친근한 느낌을 갖고 평가에 임하는 이른바 긍정 편견 효과(positive bias effect)가 작동했기 때문에 긍정 어휘와 부정 어휘가 감정가-각성도 상관관계에서 서로 다르게 나타났다고 주장한다. Liu의 연구는 단순 감정 어휘뿐 아니라 일반 어휘들을 조사 대상에 포함하였다는 점에서 차이가 있는데 그의 연구와 달리 감정 어휘에만 초점을 맞춘 우리의 조사에서는 긍정적 감정 어휘에서도 감정가와 각성도가 상관관계가 있는 것으로 나타난 이유에 대해서는 좀 더 많은 연구가 필요한 부분으로 생각한다. 마지막으로, 부정적 감

정 어휘의 감정가가 한국어나 일본어에서는 영어에 비해 상대적으로 낮게 나타나 불쾌감을 더 심하게 느끼는 것은 사회문화적 신조인 겸양의 편견과 관련지어 설명할 수 있다. 겸양의 편견(modesty bias)이란 한 개인이 자신을 다른 사람과 비교할 때 자신의 능력을 타인보다 낮추고 자신의 능력에 대한 자신감을 보이지 않는 것이 사회적으로 바람직한 행동이라고 믿는 것을 말한다. 이런 겸양의 편견은 상호의존적 자아관이 독립적 자아관보다 우선하는 집단주의적 문화에서 흔히 볼 수 있다. 예를 들어, 개인주의가 발달한 사회인 미국에서는 자신의 능력을 타인보다 높이 평가하려는 경향이 강하고 이를 부정적으로 받아들이지 않으려 하는 반면, 보다 집단주의적인 한국이나 일본 문화에서는 자신의 능력을 타인보다 낮게 평가하려는 것이 단순한 겸손이 아니라 사회적으로 요구되는 덕망으로 평가된다. 개인의 성장 과정에서 감정은 자아(self)의 독립적 해석과 상호 의존적 해석을 발전시키거나 어느 한편을 더 강화시킴에 따라 조직적으로 다양해진다.

Markus & Kitayama(1991)는 감정을 'ego-focused emotion(자아중심적 감정)'과 'other-focused emotion (타인중심적 감정)'으로 구분하는데 자아중심적 감정은 개인의 독립성(independence)을 북돋우고 발달하게 한다. 분노, 좌절감, 자부심 같은 감정들은 그것들이 가리키는 주요한 사회적 지시 내용으로서 목표나 욕구, 능력, 요구 등과 같은 개인의 내부적 특성을 우선적으로 나타낸다. 반면에 타인중심적 감정은 개인의 상호의존성(interdependence)을 북돋우고 발달하게 한다. 동정심이나 수치심, 당혹감, 공감과 배려 등과 같은 감정들은 그것이 가리키는 사회적 지시 내용이 그 개인의 내부적 특성이 아니라 그 개인과 연결된 타인에 대한 관심과 관계지향성이라고 할 수 있다. 한국이나 일본을 포함한 비서양문화권에서는 근본적인 사회적 유대감이 사람들 사이에 존재한다. 경험적 상호의존이 사회적 관계로 둘러싸인 한 작은 부분인 개인을 항상 수반하는데 이런 문화에서 자아의 특색은 자아의 공적인 요소에서 기인하고 같은 개념이라도 다양한 사회적 함축을 참조하면서 의미가 정해진다.

사회적 맥락과 타인의 반응을 고려하는 방식은 가장 기본적인 생각하는 방법에도 영향을 미친다. 즉 어떤 사람이나 상황을 '이것은 이렇다'라고 분류할 때 상호의존적인 사람들은 '누구와 관련된 상황인지', '어떤 분위기인지' 등을 고려해서 분류하며, '만약 ~했더라면 어땠을까?' 하고 다른 가능성을 생각할 때도, '내가 그때 다르게 행동했다면 상대방이 어떻게 느꼈을까?', '우리 관계에 어떤 영향을 미쳤을까?' 등 타인과 관계를 고려해서 상상한다는 것이다. 반면에 자아의 독립적 견해는 사회적 맥락으로부터 분리된 모습을 보이며, 그 구조는 경계가 있고, 일원화되어 있으며, 안정적이다. 여기에서 중요한 특성은 내적이며 개인적인 능력이나 생각, 감정 등이다. 이런 문화에서 개인이 직면하는 주요 과업으로는 특출난 방식으로 자신을 설명하고, 자신만의 목적을 고취하며, 내적인 요소를 밝히고 상대방에게 설득시키는 것이다. 이와 달리 자아의 상호의존적 견해는 사회적 맥락과 연결되어 있는데 그 구조는 항상 가변성이 있으며 예측이 불가능할 정도로 다양하다. 이런 사회에서 고려되어야 할 중요한 특성은 외적이며 공적인 역할, 신분, 관계와 같은 것들이다. 주요 과업으로는 알맞게, 자신에게 적절한 자리를 찾아 획득하고, 다른 목적들을 고취하며 사회적으로 용인될 수 있는 적절한 행동을 취하는 것이다. 요약하자면, 자신을 타인과 분리된 독립적인 개체로 인식하는 독립적 자아 개념을 가진 북미나 서유럽 문화에서는 자신의 생각, 감정, 목표 등이 중요하며, 개인의 독특성과 자율성을 강조한다. 이런 자아 개념의 문화에서는 자신의 내면 감정을 솔직하고 직접적으로 표현하는 경향이 있다. 개인의 의견과 주장을 명확히 드러내며 때로는 대립적인 상황도 마다하지 않는다. "나" 중심의 소통 방식을 선호한다. 반면에 자신을 타인이나 집단, 사회적 관계망의 일부로 인식하는 상호의존적 자아 개념의 문화에서는 타인과의 조화, 소속감, 상호 연결성을 중요하게 생각하며, 관계 속에서 자신의 역할과 의무를 강조한다. 집단 내의 조화를 깨뜨리지 않기 위해 감정 표현을 절제하거나 간접적으로 표현하는 경향이 있다. 또한 타인의 감정이나 상황을 배려하며, 직접적인 대립을 피하고 간접적인 표현이나 침묵을 사용하기도 하며 "우리" 또는 "관계" 중심의 소통 방식을 선호한다. 즉, Markus & Kitayama는 개인이 자신을 어떻게 정의하느냐(독립적인가, 상호의존적인가)에 따라 세상을 이해하고, 타인과 상호작용하며, 감정을 표현하는 방식이 근본적으로 달라진다고 본다.

이와 관련한 실제 사례로 Markus & Kitayama(1991)는 미국인과 일본인들이 주어진 과제를 수행하는 데 성공과 실패의 원인을 조사하였는데 미국인들은 대부분 자신의 능력을 잘 발휘할 수 있어서 성공했다고 답하였지만 일본인들은 대부분 과제 난이도에 따라 즉 쉬운 과제가 주어졌기 때문에 성공할 수 있었다고 대답하였다. 이와 반면에 실패의 경우 미국인들이 상황이나 능력을 실패의 원인으로 지적한 반면, 일본인들은 자신의 노력 부족으로 실패를 경험했다고 설명하는 경향이 강했다.[6] 결과적으로 겸양의 편견은 자기를 스스로 띄우는 것(self-enhancement)을 바람직하지 않게 생각하는 일본문화에서는 실현되고 타인을 띄우는 것(other enhancement)과 자신을 낮추는 것(self-effacing)과 잘 결합된다. 감정 표현에 있어서도 타인에 대해 부정적 감정을 표현하는 것은 겸양의 편견에 어울리지 않기 때문에 일본어에서 그런 표현은 절제되고 좀처럼 사용되지 않는 것이 바람직하므로 일단 그런 표현이 발화되면 영어와는 달리 높은 수준의 불쾌감이나 거부감을 느끼게 된다. 그런 이유로 인해 부정적 감정 어휘에 대한 감정가가 일본이나 한국어에서는 영어에서보다 더 낮게

---

6 이와 유사하게 동아시아 직장에서 업무 수행의 성패를 겸양의 편견과 결부지어 설명한 것으로 Cho, Hu, & Berry(2023)의 연구가 있다.

인식되는 것이다. 지금까지 살펴본 연구들은 감정이 궁극적으로는 사회문화적인 대맥락에서 다양한 요인들에 의해 각기 다르게 발생하고 강화되며 습득되어 통용되는지를 보여주는 예라고 할 수 있는데 이런 감정 표출과 이해 및 소통의 사회문화적 측면에 대해서는 이 책의 마지막 장에서 더 자세히 다루고 있다.

감정 분류의 마지막으로 주목할 만한 모델로서 최근 제네바 감성공학연구소에서는 Russell의 윤상 모형을 수정하여 다음 그림과 같은 '제네바 감정 바퀴(Geneva Emotion Wheel, 줄여서 GEW)'를 제안하고 있다.

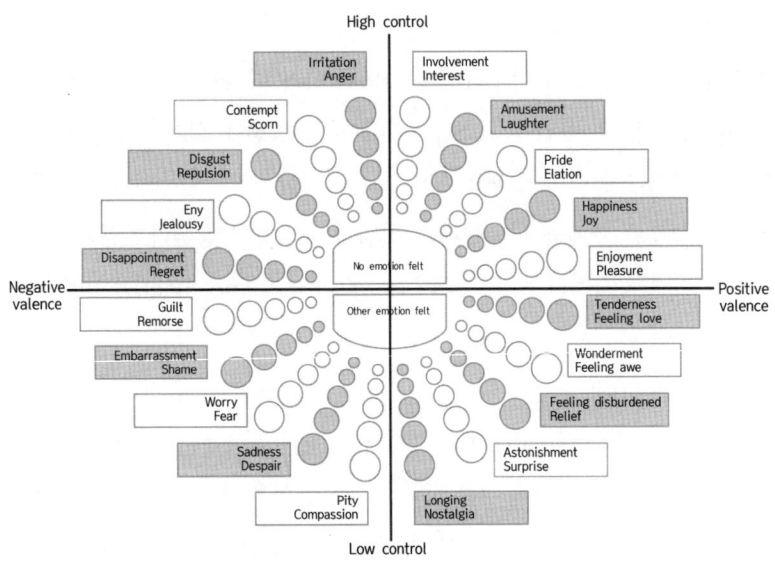

[그림 7] Geneva Emotion Wheel (출처: Affective Sciences, 2017)

이 GEW는 Russell의 '정동의 윤상 모델'과 기본적으로 같은 가정에서 출발한다. 즉 감정의 가장 중요한 축은 의미가 유쾌한가 아니면 불쾌한가의 차원이 있고 이에 더해서 감정주의 흥분을 일으키게 하여 상황에 대한 조절(control)이 높은 수준인가 낮은 수준인가를 나타내는 또 다른 차원의 2가지 차원이 있다는 것이다. 이 2개의 기본축에 20개의 매개변수를 배열하는데 다음에 볼 유명한 Plutchik의 감정의 바퀴 모형(wheel model)과 달리 가장 강한 감정은 바깥쪽에 더 큰 원으로 표시하고, 약한 감정일수록 전체 그림의 내부로 들어오면서 점점 작은 원으로 그리고 있다. 이 모델은 심리학적으로 입증된 두 가지 차원을 활용하면서 감정의 강도와 의미 연결성을 적절하게 표시하고 있다는 장점을 갖고 있다. 그러나 우리가 감정 어휘의 의미 분석 모델로 삼고 있는 Wierzbicka(1999, 2006)의 자연언어의미 상위언어 분석이 갖고 있는 의미기본소라는 보다 강력한 도구를 GEW는 갖고 있지 않기 때문에 결국 수많은 감정 어휘의 미묘한 의미와 사용을 모두 기술하거나 설명하는 데에는 한계가 있다고 생각된다.

관련 용어

한국어와 영어에서 '감정' 또는 'emotion'이란 단어 외에 뜻이 비슷한 용어들이 있다. 일상적인 말에서 '감정'이나 'emotion'은 '기분'이나 '느낌' 또는 'feeling'이나 'mood' 등과 큰 차이가 없이 동의적으로 쓰이지만 잘 들여다보면 미세하지만 의미적 차이가 있음을 알 수 있다. 첫째로, 영어의 'feeling'이란 한국어의 '느낌'에 가까운 말로서 일상 언어에서는 'emotion'과 거의 같은 뜻으로 쓰이지만 'emotion'은 보다 강하고 실체를 확인하기 쉬운 감정을 뜻한다. emotion은 원래 라틴어의 동사에서 온 것이지만 명사형으로만 쓰이는 반면, feeling은 동사와 명사의 두 가지 형태가 가능하다. 이에 따라 같이 나올 수 있는 표현에 차이가 있는데 Wierzbicka(1994)는 feeling과 emotion의 연어(collocation)가 다른 것을 지적하고 있다.

feeling of hunger, feeling of heartburn, feeling of joy
??emotion of hunger, ??emotion of heartburn, ??emotion of joy

일단 배고픔이나 속쓰림은 사고(thought) 작용과 연결된 것이 아닌 생체적 현상이기 때문에 사고 작용이 전제되는 감정(emotion)과는 연어적으로 쓸 수 없고 대신 그런 사고 작용이 불필요한 느낌(feeling)과는 같이 나올 수 있다. 한국어에서도 "배고픔의 감정"이나 "속쓰림의 감정"은 이상하지만 "배고픔의 느낌"이나 "속쓰림의 느낌"은 비교적 자연스럽다. 즉 '배고픔'은 사고의 과정에서 생겨난 감정(emotion)이 아니라 사고와 무관한 일종의 동기(motivation)로서 어떤 것을 불러일으키는 충동을 말한다. 물론 때로는 사고와 관련이 있어도 감정이라고 볼 수 없는 현상도 있다.

feeling of loneliness, feeling of alienation, feeling of separation
??emotion of loneliness, ??emotion of alienation, ??emotion of separation

외로움이나 소외감은 생각(thought)과 관계가 있지만 특정한 신체적 반응이나 조절 과정과 연결되지 않는 점에서 그러한 특징적 신체 반응이 수반되는 감정과는 거리가 있다.

다분히 일시적이고 가변적인 'feeling' 외에도 영어에는 'affect'라는 단어가 있는데 이는 사람이나 상황에 대한 느낌(feeling), 기분(mood), 성향(disposition), 태도(attitude) 등을 포괄하는 보다 전문적인 용어로 한국어로는 '정동(情動)' 또는 '정서(情緖)'로 번역된다. '감정(emotion)'이 특정한 사람이나 사건에 대한 주관적인 반응으로, 생리적, 행동적, 인지적 변화를 수반하는 복합적인 경험이라면 '정동(affect)'은 감정의 더욱 광범위하고 기본적인 차원인, 긍정적 또는 부정적인 정서적 가치로서의 감정가(valence)와 사람을 흥분시키는 감정의 강도로서 각성도(arousal)로 구성된다. 정동은 특정한 대상이 전제되지 않아도 나타날 수 있고 심박수나 호흡, 땀샘 활동 등 생리적인 변화와 밀접하게 관련되어 있다. 정동을 과학적으로 연구하는 분야가 정동과학(affect science)인데 이에는 다음과 같이 다양한 주제에 대한 연구가 포함된다. 즉 정동이 어떻게 발생하고 발달하는지에 대한 뇌과학적, 생물학적 기전 연구와 정동이 인간의 행동이나 의사결정, 사회적 상호작용에 미치는 영향 연구 또는 정동을 정확하게 측정하고 평가하는 방법과 정동을 조절하고 관리하는 방법 등도 연구대상이다. 이를 위해 정동과학에서는 기능자기공명장치(fMRI)와 뇌파검사(EEG) 등의 기술을 이용하여 뇌 활성화 패턴이나 맥박 등의 생리적 지표를 측정하기도 하고 다양한 실험 설계를 통해 정동과 관련된 행동 변화를 관찰하기도 한다.

정동(affect)보다 일상적인 용어인 'mood'는 특별한 원인이나 외부 자극이 없어서 명확한 설명이 불가능한데도 비교적 상당 기간 지속되는 심적 상태를 말하는 것으로서 한국어로는 '기분'으로 번역된다. 또한 'passion'은 주로 '열정'이라고 번역되지만 원래는 라틴어의 '고통'을 뜻하는 passio에서 유래한 것으로 J. Bach의 BWV 244인 Matthäus-Passion, 즉 영어로 St. Matthew Passion은 '마태의 열정'이 아니라 '마태의 수난'을 다룬 곡이며, 'The Passion of the Christ'는 '예수의 열정'이라기보다는 '예수의 수난'이 보다 적절한 번역이다. 물론 현대 영어에서 passion은 '열정'의 뜻으로도 쓰이지만 단순히 감정을 표시하기보다는 어떤 일에 대한 의욕이나 자세까지 함의하는 표현이다. 이와 관련된 'attitude'라는 용어는 타인이나 세상을 바라보는 태도를 가리키며 마지막으로 'disposition'이란 개인의 선택이 굳어진 기질을 말하는데 어떤 쪽으로 마음이 쏠려서 행동으로 나타나는 경향을 지칭한다.

이상에서 살펴본 감정에 관한 논의는 학자들마다 차이가 있지만 전통적인 심리학에서 가장 널리 쓰이는 '감정'의 정의는 "외부 자극에 대한 단기적, 인지적 반응"이라는 것이다 (Plutchik 2002, Scherer 2005, Keltner et al. 2019). 단순한 '느낌'이나 '기분'과는 달리 감정은 사고(thought)와 욕구(desire)의 산물이며 뇌에서 인지 과정을 거쳐 나온다. 분노나 행복 등의 감정은 우리 마음속에서 그저 정적인 상태로 존재하는 느낌이 아니라 사람이라는 하나의 유기체를 구성하는 인지, 생체, 행동 등의 하위시스템에서 유기적으로 일어나는 처리 과정이다. 감정은 보통 인위적으로 만들어낼 수 없고, 사건의 의미에 따라 달라질 수 있다. 즉 분노, 불안, 행복, 슬픔, 혐오 등을 느끼는 것은 삶의 현실과 조건에 우리가 부여하는 의미 때문이다.

요약하건대 감정은 생물학적으로 개인의 감각에 기반을 둔 것이지만 주관적 수준에 머물지 않으며, 오히려 객관적인 관찰과 측정이 가능하고 과학적 분석의 대상이 될 수 있는 "상호주관적인(intersubjective) 현상"이다 (Plutchik 1994: 139). 또한 감정은 그런 감정을 느끼는 개인에게 국한되는 경우도 있지만 굳이 자기의 감정을 타인에게 언어적으로 표출하는 행위는 그런 감정을 보여줌으로써 자신의 존재를 확인시키고 더 나아가 공감을 얻거나 타인과 자신이 원하는 적절한 관계를 형성하려는 사회적 동기가 내재되어 있는 경우가 많은데 이에 대해서는 이 책의 PART 2와 PART 3에서 자세히 다루고자 한다.

마음의 요소로서 감정

앞에서 잠시 언급한 〈맹자〉를 포함한 동양 고전에서는 인간 마음의 세 가지 요소로 흔히 '지-정-의'를 들고 있다. 이때 지(知)란 참된 것을 알고자 하는 심성인 지성(知性)을 가리키고, 의(義)란 선한 것을 분별하고 행하려고 하는 의지(意志)를 일컫는 것이다. 마지막으로 정(情)이란 우리가 이 책에서 다루고자 하는 감정(感情)을 가리키는 것으로 질서와 조화를 이룬 아름다움을 지향하는 심적 요소라고 할 수 있다. 원래 '정'은 감정 외에도 기질이나 욕망, 태도 등을 포괄하는 것이었다. 일설에 의하면 이 3 요소의 원래 순서는 '지-정-의'였지만 '정'이란 것이 다분히 여성적인 감성을 표시하는 것이라고 해서 남성 위주의 사회에서 그 순서가 보다 남성적인 '의'보다 하위 순서로 밀렸다고 한다. 그런 속설의 진위는 확인할 수 없지만 '지-의-정'의 세 가지 요소는 칸트(Kant) 철학에서는 '이성(truth)-의지(good)-감성(beauty)', 즉 흔히 말하는 '진-선-미'로 표상되고, 아리스토텔레스(Aristoteles) 철학에서는 '로고스(logos)-에토스(ethos)-파토스(pathos)'로, 기독교에서는 '믿음(信)-소망(望)-사랑(愛)'으로 요약된다. 중국의 고전 〈예기(禮記)〉의 [곡례(曲禮)]편에 따르면 군자는 많은 지식을 갖고 있으면서도(知), 예의바르고 겸손하며(情), 게으르지 않은(義) 사람을 군자라고 하였다. 군자는 학식만 높아서는 안 되며 다른 사람들을 살피고 옳은 행동에 힘쓰는 어진 사람이라는 것이다. 불교에서도 이와 유사한 사상을 엿볼 수 있는데 〈법구경(法句經)〉은 불법을 배우는 세 가지 방법을 말하고 있다. 첫째로는 높은 윤리 의식인 계(戒)로써 배우고, 둘째로는 마음이 흔들리지 않는 정(定)으로써 배우며, 마지막으로는 언제나 밝고 맑은 혜(慧)로써 배운다고 한다. 이것이 불교의 삼학(三學)인데 이 중 혜는 이지적 측면에 가깝고, 계는 실천의지적인 측면이 강하며, 정은 감성적인 면을 강조한다. 인간 마음의 3요소는 원활한 사회적 소통과 직결되는데 이에 대해서는 본 책의 3장에서 자세히 다루고 있다.

현대심리학에서도 공감 발달과정을 연구한 Eisenberg는 인지적 이해(cognitive understanding)와 정서적 공감(emotional empathy), 실천적 행동(practical action)의 세 요소를 타인에 대한 공감과 관련된 세

가지 중요한 요소로 보고 있다. 첫째로 인지적 이해는 타인의 관점, 생각, 감정을 이해하는 능력을 의미한다. 즉, 상대방이 어떤 상황에 처해 있고, 그 상황을 어떻게 해석하며, 어떤 감정을 느낄지 '인지적으로' 파악하는 것이다. 인지적 이해와 밀접한 관계가 있는 정서적 공감은 상대방의 감정 상태에 대한 이해를 토대로 그의 감정을 '함께 느끼는' 능력을 의미한다. 상대방의 기쁨, 슬픔, 분노, 좌절, 수치심 등의 감정에 정서적으로 동화되어, 마치 자신이 그 감정을 느끼는 것처럼 반응하는 것이다. 이는 상대방의 감정에 대한 '정서적 반응(emotional response)'이라고 할 수 있다. 세 번째 요소로서 실천적 행동은 타인의 고통을 덜어주거나 돕기 위한 '실질적인 행동'을 의미한다. 인지적 이해와 정서적 공감을 바탕으로, 상대방에게 필요한 도움을 제공하려는 것이다. 이는 '공감적 관심(empathic concern)'에서 비롯되는 행동으로, 단순히 감정을 느끼는 것을 넘어, 적극적으로 타인을 돕고자 하는 동기를 포함한다. 이 세 가지 요소는 서로 밀접하게 관련되어 있으며, 완전한 공감 경험을 위해서는 모두 중요하다. 인지적 이해는 정서적 공감의 바탕이 되며, 정서적 공감은 실천적 행동의 동기가 되는 것이다. 예를 들어, 상대방의 상황을 이해하지 못하면 진정으로 공감하기 어렵고, 공감 없이 실질적인 도움을 제공하기는 어렵다. 비슷한 관점에서 이성범(2023)은 사회적 소통에서도 주제에 대한 지적인 이해와 논리적 사고를 나타내는 적절성과 대화상대방에 대한 마음챙김과 수렴적 태도를 가리키는 포용성 및 실제로 대화를 구성하는 어휘와 대화스타일에서의 언어적적합성이라는 세 요소가 소통의 성패를 좌우하는 핵심요소라고 주장하고 있다.

특히 서구 사상의 한 축인 기독교에서는 지정의, 또는 신망애의 세 가지가 항상 있되 그 중에 사랑이 으뜸이라고 가르치고 있다 (고린도전서 13장 13절). 즉 인간됨의 가장 기본은 하늘을 받들고 사람을 사랑하고자 하는 경천애인(敬天愛人)의 마음인 감정이라는 것이다. 성경에서 사도 바울은

"내가 사람의 방언과 천사의 말을 할지라도 사랑이 없으면 소리나는 구리와 울리는 꽹과리가 되고, 내가 예언하는 능력이 있어 모든 비밀과 모든 지식을 알고 또 산을 옮길 만한 모든 믿음이 있을지라도 사랑이 없으면 내가 아무 것도 아니요, 내가 내게 있는 모든 것으로 구제하고 또 내 몸을 불사르게 내어줄지라도 사랑이 없으면 내게 아무 유익이 없느니라 (고린도전서 13장 1-3절)"라고 하였다. 1536년에 라틴어로 초판이 나온 〈기독교 강요〉에서 칼뱅(Calvin)은 인간의 영혼은 지성과 의지라는 두 가지 능력을 갖추어야 하는데 이런 능력 위에 사랑의 정서, 즉 인간다움에 대한 느낌과 감성을 지녀야 비로소 온전한 인간이 될 수 있다고 한 바 있다.

동양에서 시작된 불교에도 특히 관세음보살이 중생을 불쌍히 여기고 무한히 사랑하는 마음인 '대자대비(大慈大悲)'의 사상이 있다. '자비'에서 '자(慈)'는 고대 산스크리트어인 maitri를 한자로 번역한 것으로서 가장 원초적인 사랑의 상징인 어머니를 뜻하면서 동시에 무조건적인 '사랑'을 뜻한다. 또한 karuna를 한자로 번역한 '비(悲)'는 원래는 '슬픔'을 뜻하지만 원뜻은 모든 생명에 대한 동정과 연민, 평등한 감정을 말한다 (정승석 역, 1989). 〈능엄경〉에 보면 "중생은 갖가지 은애(恩愛)와 탐욕(貪慾)을 가지고 있기 때문에 윤회하는 것이고 모든 음욕(淫慾)으로 인하여 성명(性命)을 이루므로 윤회는 사랑을 근본으로 한다"고 할 정도로 사랑이라는 감정의 운명적 역할을 논하고 있다. 윤회의 원인이자 해법이 되는 '대자대비'는 영어로 'great love and great mercy'로 변역되는데 이는 사랑과 이타심으로 구현된다. 석가모니도 제자들에게 지혜 뿐 아니라 이타적인 행복과 감정적인 평정인 대자대비의 덕목을 설파하였다. 이상에서 볼 수 있듯이 위대한 사상이나 종교는 감정의 역할이나 중요성에 대해 지식이나 의지에 못지않거나 더 높은 평가를 하고 있다는 점은 주목할 만하다.

감정의 역할

지금까지 보았듯이 감정은 인간 마음의 기본 요소이며 도덕과 윤리의 밑바탕을 이루지만 실제로 일상 대화에서 감정의 역할에 대해서는 두 가지 대립되는 견해가 있다. 즉 감정을 이성적인 대화를 방해하는 것으로 보는 견해와 이와 반대로 대화를 이끌어가는 원동력으로 보는 견해이다. Lazarus(1991)는 인간의 사회를 천과 같은 직물로 비유하고, 소통을 직물 짜기로, 감정을 색깔이 있는 실로 비유하는데 감정의 역할을 부정적으로 보는 견해는 사회를 대부분 회색과 같은 무채색이지만 간간히 화려한 색실이 나타나는 직물로 보는 반면, 감정의 역할을 긍정적으로 생각하는 견해는 사회를 다양한 색실이 화려한 가운데 가끔 회색과 같은 무채색이 보이는 직물로 본다. 대부분 회색인 직물(사회)에서는 갑자기 나타나는 색실(감정)을 어떻게 대처해야 할지 고민한다면 색깔이 다양한 직물(사회)에서는 이 색실(감정)이 직물에 어떻게 드나드는지 그 모습을 살피려고 할 것이다.

앞에서도 잠시 언급했듯이 감정은 서유럽 사회에서는 이성에 비해 열등하고 심지어 위험한 것으로 여겨지기도 했다. Cochran & Claspell(1987: 2)은 "우리 마음속에 잠복해 있는 감정은 질서 있는 삶을 뒤엎을 수 있으며 소란(commotion)을 일으키는 존재이다"라고 했고 Carmichael(1991: 186)은 "눈물은 바보 같고 유치하며 약함의 표시이고 사회적으로 중요하고 똑똑한 사람은 울지 않는다"고 하여 슬픈 감정을 열등한 것으로 치부하였다. 한국에서도 최근까지 남자는 부모가 돌아가시거나 국가가 망할 정도로 큰 사건이 아닌 다음에는 울어서는 안 되며, 일상생활에서도 감정을 드러내지 않고 무뚝뚝한 것이 사나이다움으로 간주되던 시절이 있었다. 이는 감정은 수련이 부족한 사람들이 갖는 연약함의 상징으로 보는 것이다. 그러나 감정이 연약함의 발로로서 하찮은 것이라고 치부하기에는 감정이 지닌 폭발력이 때로는 감당하기 어려울 정도라는 점을 인식할 필요가 있다. 예를 들어 최근 코로나19 사태에서 의사들이나 과학자들은 대부분 마스크를 착용하고 사회적 거리두기를 하는 것이 코로나 확산을 막는 지름길이라고 계속 강조해 왔다. 그러나 미국이나 독일처럼 합리주의를 자처하는 문화권에서도 전문가들의 권고에 아랑곳하지 않고, 마스크 쓴 사람을 조롱하거나 결과야 어떻게 되든 마음 내키는 대로 하겠다며 선동하는 사람들이 너무나 흔히 볼 수 있었다. 선거에서도 유권자들은 후보자의 정견이나 정책 뿐 아니라 개인적인 특성, 외모, 태도 등 이미지와 호감도를 종합적으로 평가하여 투표를 결정하는 경향이 있다. 특히 정보가 부족한 유권자일수록 후보자의 이미지와 호감도가 선택에 있어 더 중요한 영향을 미치는 것으로 알려져 있다 (Poutvaara 2017).

한때 미국에서 문제가 되었고 아직도 그 여파에서 완전히 벗어나지 못한 트럼피즘(Trumpism)은 별다른 과학적 근거가 없는 백인우월주의와 시대착오적인 미국우선주의를 논리보다는 감정에 호소하는 것으로 2021년 1월 6일의 미의회 난입 사건에서 보듯 기존 미국의 사회질서를 무너뜨리는 강한 폭발력을 가지고 있다. 이민자들과 소수 인종에 대한 혐오와 중국을 비롯한 일부 외세에 대한 거부감을 증폭시키는 비이성적 선동은 합리주의자임을 자처하던 많은 미국인들의 건전한 사고를 마비시키고 급기야는 남북전쟁 당시를 방불케 하는 극단적인 분열의 양상을 보이고 있으며 급기야는 2024년 대선을 통해 더욱 강화되었다. 2024년 8월에 실시된 갤럽의 여론 조사에 의하면 주요 24개 이슈에 대해 조사 대상자의 80%가 미국은 분열되어 있다고 응답했고 단지 18%만이 단합되어 있다고 답했는데 이는 2002년의 조사에서 3분의 2 이상이 미국은 단합되어 있다고 응답한 것과 큰 차이를 보인 것이다. 비록 예상을 뛰어넘는 트럼프의 대승으로 일단 미국의 분열상은 일단 완화된 것처럼 보이지만 완전히 사라진 것은 아니며 수면 밑에서 잠복하다가 언제든 재점화될 수 있는 괴물로 남아 있다. 감정은 기억에 도움이 된다(Anderson et al. 2006). 2024년 미국 대선 과정에서 일어난 트럼프 저격 미수 사건을 방송으로 생생하게 시청한 유권자들은 충격과 분노 또는 실망 등 각자의 성향에서 느낀 감정을 쉽게 지울 수 없었을 것이다. 이처럼 어떤 사건에서 경험한 격앙된 감정은 일화적 기억(episodic memory)의 강화에 기여하고 오래 저장되게 한다. 치매 환자들의 기억력을 강화시켜주기 위해 감정을 자극하는 정서 활성화(emotional arousal)의 방법이 유력하게 검토되는 이유도 여기에 있다.[7]

　다른 각도에서 감정의 역할을 요리에 비유하면 감정은 전체 음식에 대해 양념 같은 보조적, 부수적 역할만 하는 것으로 보는 견해와 음식 전체의 맛과 풍미를 결정하는 주된 역할을 하는 것으로 보는 견해가 있다. 흔히 한국의 음식은 양념이 많이 들어가서 예를 들어 매운탕과 같은 요리는 주된 재료가 생선이지만 음식 이름에서도 알 수 있듯이 얼큰한 맛을 내게 하는 고추장 등의 여러 가지 양념이 생선의 맛을 압도할 정도로 강하다. 한국 요리에서 "심심하다"는 것은 보통 '맛이 없다'라는 부정적인 뜻으로 통용된다. 생선회를 먹을 때에도 일본인들은 고추냉이와 간장을 절제하듯 조금만 찍어 먹는 반면 한국인들은 초장을 듬뿍 찍어서 먹거나 청양 고추나 마늘 등을 곁들어 생선 본래의 맛이 잘 드러나지 않게 먹는다. 이런 음식 문화의 차이는 비유적으로 한국인들이 일본인들에 비해 감정 표출이 적극적이라는 점과 일맥상통한다고 볼 수 있다. 한국인의 대화에서 감정은 양념에 머물지 않고 주된 재료의 역할을 하는 반면, 혼네(本音)와 다테마에

7　치매 환자들의 치료법으로 고려되는 정서 활성화는 단순히 감정을 자극하는 것을 넘어, 환자의 긍정적인 감정을 활성화시켜 인지 기능과 행동 문제 개선에 도움을 주는 접근 방식을 의미한다. 이는 특히 치매 환자들이 과거의 감정적인 기억은 비교적 잘 유지하는 경향이 있다는 점에 착안한 것이다.

(建前)의 구별처럼 일본인의 대화에서 감정은 좀처럼 표출되지 않고 그 존재를 희미하게 느낄 수 있는 보조적인 역할을 한다. 그러나 그 동안 우리가 알고 있던 일본도 최근에는 혐오의 감정을 거리낌 없이 드러내는 일이 잦아지고 있다. 특히 한국을 혐오하는 혐한(嫌韓) 표현은 사회지도층부터 일반 시민에 이르기까지 광범위하게 공유되고 있다. 그렇다면 일본인의 감정 표현 방식에 변화가 일어난 것일까? 최근 이명찬(2021)은 〈일본인들이 증언하는 한일역전〉이란 책에서 한국과 일본의 힘의 관계가 역전되기 시작했다고 한다. 이런 시대적 상황에 따라 일본인의 본성이 바뀌었다기보다는 한국과 일본의 관계 및 일본을 둘러싼 정치경제적 환경의 변화가 이런 감정 표현의 물꼬를 틀어버린 것으로 진단한다. 한국을 한때 식민지로 지배하고 해방 후에도 월등한 경제력으로 앞서가던 일본이 정치, 경제, 외교, 문화 등 모든 면에서 아직 후진국으로만 여겼던 한국이 맹추격을 하고 차츰 종속관계에서 벗어나 그 존재감을 드러내기 시작하자 일본은 초조함을 느끼기 시작했다는 것이다. 그런 초조함은 한국을 매도하고 부정하는 방향으로 변질되어 급기야는 한국을 적대시하는 혐한 감정으로 분출된 것이다. Planalp(1999: 18)은 낯선 사람보다 잘 아는 사람에게 감정을 느낄 때가 많다고 한다. 과거 많은 일본인들에게 한국은 지리적으로만 가까운 이웃일 뿐 별다른 관심의 대상이 아니었지만 점차 한국과 일본의 관계가 가까워짐에 따라 원하든 원하지 않든 더 관심을 갖게 되었는데 일부 일본인들에게는 관심이 높아짐에 비례해서 혐오의 부정적인 감정이 늘어난 것으로 보인다. 영어의 속담 "Familiarity breeds contempt"란 말이 적용될 수 있는 상황이다.

이런 현상은 중국의 괄목할 만한 국력 신장과 팽창이 소련 해체 후 유일 초강대국으로 남아 있던 미국으로 하여금 경계와 반감의 감정을 갖게 하고 중국 때리기에 나선 것과 일맥상통한다. Kugler & Organski(2011)의 '세력 전이 이론(Power Transition Theory)'에 따르면 어떤 나라들 사이의 국력의 차이가 좁혀질 때 이 두 나라 사이의 갈등과 분쟁 가능성은 비례해서 커진다고 한다. 예를 들어 지난 2000~2018년 약 18년간 한국은 국내총생산 (GDP)이 거의 3배 가량 증가한 반면 일본은 불과 2%만 증가했다. 이것만 놓고 보면 한국은 이 기간 동안 일본의 150배 정도의 성장을 한 것이다. 또한 같은 기간 중국의 GDP는 11배가 커진 반면 미국은 2배 정도만 늘어났다. 국력의 격차가 줄어드는 것은 쫓기는 입장에서는 자존감의 손상을 불러일으키고 이는 상대국에 대한 부정적인 국민감정이 높아질 가능성을 키운다. 이처럼 감정은 개인적인 차원에 머물지 않고 사회적, 국가적 차원으로까지 승화되는데 이와 같은 집단 감정의 형성과 변화 및 상호 관계는 역동적인 관점에서 다루어야 할 주제이다. 다만 집단 감정은 그 집단을 구성하는 개체들의 개인적인 감정의 총화라는 점에서 그 주춧돌이 되는 개개인의 감정 표현과 소통 체계에 대한 면밀한 분석과 검토가 선행되어야 한다.

인간은 이성적이고 논리적인 사고를 하도록 어릴 때부터 훈육되지만 감정에 대해서는 체계적인 학교 교육 등은 이루어지지 않는 게 보통이다. 그러나 이성 못지않게 감정은 우리 삶에서 매우 중요한 역할을 한다. 감정은 우리의 생존이나 의사 결정, 사회적 관계, 동기 부여에 필수적이며, 행동, 인지, 신체 상태에도 큰 영향을 미칠 수 있다. 따라서 인간을 이해하고 전인격을 지향하기 위해서는 인간의 이성 외에도 감정 역시 필수적으로 알아야 한다. 일단 감정은 우리의 행동에 직접적인 영향을 미치는데 예를 들어 기쁘면 자신도 모르게 환호성을 지르게 되고 활동적인 모습을 보이게 된다. 반면에 슬프면 저절로 눈물이 나오고 움츠러드는 모습을 보이기도 한다. 이러한 행동은 지극히 인간적인 것이고 이를 지나치게 억제하거나 왜곡하는 것, 또는 과도하게 반응하는 것 등은 모두 문제적 행동으로 간주되고 심할 경우 정신적 장애로 이어지거나 사회적 활동에 어려움을 초래할 수 있다.

감정은 우리의 생각과 인식에도 영향을 미친다. 행복할 때는 세상이 긍정적으로 보이고, 우울할 때는 모든 것이 부정적으로 느껴지는 경향이 있다. 감정은 우리의 신체 상태에도 영향을 미치는데 스트레스를 받으면 심박수가 빨라지고 혈압이 상승하는가 하면, 안정감을 느끼면 심박수가 느려지고 근육이 이완되기도 한다. 이런 신체 반응을 통해 우리는 자신이 어떤 감정 상태에 있는지를 확인하고 적절하게 조절할 방법을 찾을 수 있다. 또한 감정은 복잡한 상황에서 신속하고 효율적인 의사 결정을 도와준다. 예를 들어, 좋아하는 사람에게는 호감을 느껴 더 가까이 다가가고, 싫어하는 사람에게는 거부감을 느껴 피하게 된다. "촉"이라는지 "감"이 좋다는 것은 이런 직관적인 능력을 말한다. 감정은 우리의 행동에 동기를 부여하는데 즐거움을 추구하고 고통을 피하려는 욕망이 우리가 목표를 달성하도록 이끌고, 사랑하는 사람을 위해 헌신하는 마음은 어려운 상황을 극복하는 힘을 준다. 뿐만 아니라 감정은 다른 사람과의 관계를 유지하는 데 중요한 역할을 한다. 기쁨, 슬픔, 분노 등의 감정을 공유하며 공감대를 형성하는 것은 서로를 이해하고 협력하는 데 도움을 준다. 감정을 조절하는 능력은 건강한 삶을 사는 데 중요하며 다른 문화에 속한 사람들의 감정 표출 방식을 알고 소통에 임하는 것은 국제화 시대에 필수적인 능력이다.

대화와 감정

대화가 감정을 유발시킬 수 있는 이유는 보통의 상황에서 대화참여자가 각자의 주안점을 조정하고 맞추어가면서 대화를 진행하기 때문이다. 그 주안점은 같을 수도 있고 다를 수도 있는데 이 조정이 잘 되면 긍정적인 감정이 유발되지만 실패하면 부정적인 감정이 유발된다. 감정에는 두 가지 다른 지식의 층위를 볼 수 있다. 즉 일반적인 관계에서의 감정에 대한 지식과 개개인 각자의 사적인 관계에서의 특정한 감정에 대한 지식이다. 예를 들어, '일반적으로 질투는 나쁘다'라는 지식과, 나와 연인 사이에 질투라는 감정은 서로의 관계를 더욱 단단하게 하므로 그다지 나쁘지 않다고 인지하고 있는 경우가 구별된다. 이런 차이는 종종 오해될 수 있어서 대화의 장에 요인으로 작용할 수 있다. 또한 대화를 구성하는 요소로서 감정이 존재할 수도 있지만 대화의 목적 자체가 감정일 수도 있다. 그저 재미를 위해서 대화할 때는 목적 자체가 즐거운 감정을 위한 대화이다. 사람을 설득할 때도 대화에 공포나 희망, 사랑, 화를 포함한다. 또한 상대방의 감정을 이해하기 위하여 대화를 하기도 한다. 이는 커피를 마시는 것에 비유할 수 있다. 어떤 이는 커피의 맛과 풍미를 즐기기 위해 커피를 마시지만 또 다른 사람들은 커피 자체의 맛보다 커피를 마시는 행위나 친한 사람들과 커피잔 위에서 벌이는 대화가 좋아서 분위기 있는 카페를 찾기도 한다. 이 두 가지 목적은 모두 유효한 것으로서 대화에서의 감정은 커피처럼 중의적인 의미를 가질 수 있다.

앞서 우리는 대화에서 감정이 차지하는 역할을 무시할 수 없다고 보았는데 대화에서 감정이 얼마나 중요한 역할을 하는지에 대한 판단은 대화 공동체에 따라 달라질 수 있고, 그 공동체내에서도 다른 방법과 다른 상황에 따라 다르다. 예를 들어 특정 대화 공동체에서는 남자들끼리 소통을 할 때는 감정을 최대한 죽여야 한다. 반대로 다른 대화 공동체에서는 감정을 확실히 표현하지 못하면 별 볼일 없는 존재로 취급당할 수도 있다. 감정은 노출되어야 할 때와 노출되지 말아야 할 때가 사회적으로 규정되는 경우가 많기 때문에 조심스럽게 접근해야 하고 훗날 사회 생활에서 낭패를 보지 않도록 유아기 때부터 언어 능력의 일부로서 제대로 습득되어야 한다. 이런 관점에서 Klinnert et al.(1983)은 다른 이의 정서 표현을 관찰하고 이해하는 것이 유아기를 지나 계속되며 아이의 사회적, 인지적 발달에 결정적이라고 주장한다.

감정에 관한 연구 중 또 다른 주제는 감정 인식과 표현에서 성별의 차이와 같은 사회문화적 변수의 문제이다. Eckert and McConnell-Ginet(2003: 101-102)는 대부분의 영어권 국가에서 이성과 감정을 대립시켜 남성과 여성을 구별한다고 지적한다. 많은 영어권 사람들이 말로써 싸우거나 주장할 때 남자는 논쟁을 하지만(argue), 여자는 다투거나(quarrel), 언쟁을 벌인다(bicker)고 믿고 있고 그렇기 때문에 여자는 지적인 근거로 남자와 맞설 수 없고 감정에 휘둘리는 약점 때문에 불리한 입장에 놓인다고 믿는 경향이 있다는 것이다. 물론 이런 전통적인 생각은 항상 지지를 받는 것은 아니다. Pennebaker & Roberts(1992)의 연구에 따르면 여성은 평가 단계에서 감정 상태를 인지하는 반면 남자는 생리적 신호 단계에서 감정 상태를 인지하는 경우가 많으며 일반적으로 여자의 대화는 남자의 대화보다 더 감정적이라고 생각하는데 사실 그 차이는 그리 크지 않다고 한다. 남성이든 여성이든 특정 사건에 대해 감정을 느끼는 것은 별반 차이가 없다고 하는데 이는 보다 연구가 필요한 부분이다. 성차뿐 아니라 감정 지각과 표출의 사회적 측면도 중요한 주제이다. 이 책의 3장에서 다시 보겠지만, 예를 들어 미국 중산층에서는 일반적으로 가벼운 긍정적 상태가 가장 선호되는 감정 상태이다. 그러므로 너무 강렬한 감정은 피하고 친절하지만 크게 남에게 관심 없는 상태를 유지하려고 한다. 또 다른 예로 Scollon et al.(2005)의 연구에 따르면 미국 학생들은 화나 질투, 공포, 죄책감 등을 숨기기를 선호하고 긍정적인 감정 또한 너무 강렬하지 않도록 스스로 제어하려고 한다. 그러나 이것은 상대가 누구냐에 따라 달라지는데 외집단(out-group)에 속한 사람이거나 낯선 사람을 대할 때는 미국 학생들도 최대한 중립적인 감정 상태를 유지하도록 하는 것이다. 이것은 실제로 감정을 느끼는 것과 특정 사회 집단이 특정 감정 상태를 선호하고 권장하는 것에 차이가 있다는 것을 보여준다. Scollon et al.(2005)은 미국인들이 일반적으로 개인 신상 정보를 드러내지는 않지만 부드러운(impersonal but friendly) 느낌을 주길 선호한다고 하는데 미국 대학의 아시아계 학생들은 개인적인 감정을 대체로 숨기려 하고 자긍심 표출이 낮은 경향이 있는데 이런 감정 표출의 차이는 문화이론적 관점에서 심도 있는 연구가 더 필요하다.

일반적으로 사람들은 대화에서 강한 감정을 피하려고 하는데 그 이유는 감정이 앞설 경우 대화의 논리적인 흐름이 방해되기 때문이다. 흔히 아무리 친한 사이라도 종교와 정치 문제는 대화의 주제로 적합하지 않다고 생각하는 것은 이것이 자신의 가치관이나 정체성과 밀접히 연관된 문제라서 이에 대한 집착이 감정으로 비화하기 쉽기 때문이다. 현재 유튜브나 SNS 등에서 과열 양상을 보이는 콘텐츠는 대부분 이런 휘발성이 강한 주제에 관한 것으로서 댓글 등을 보면 감정으로 도배되다시피 한데 감정의 과잉 표출은 문제 해결에 도움이 되기는커녕 문제를 더 깊게 만들 수 있다는 점에서 이에 대한 사회적 합의가 필요한 부분이다.

감정 표출 지수

사람들은 어떤 종류이든 글이나 말을 접했을 때 그 저자 또는 화자의 감정이 글이나 말에 어느 정도 배어 있는 것을 직감적으로 느낄 수 있다. 어떤 경우에는 감정이 전혀 들어있지 않은 발화도 있고, 또 반대로 감정이 매우 풍부하거나 과하다 싶을 정도로 감정 충만한 경우도 있다. 이처럼 언어적 메시지에서 느낄 수 있는 감정의 정도는 보통 직감적으로 느끼지만 메시지를 구성하는 몇 가지 요소들로 분석하여 그 메시지에 노출된 감정의 정도를 수치로 나타낼 수 있는데 이를 우리는 '감정 표출 지수(emotion disclosure index)'라고 부르기로 하자.

기본적으로 한 발화의 감정 표출 지수란 그 발화에 사용된 총 단어들 중에 감정을 표출하는 표현들의 비율을 백분율로 나타낸 것이다. 이때 감정을 표출하는 표현들에는 1)'슬픔', '혐오', '기뻐하다', '분노하다' 등의 기본적인 단순 감정 어휘와 (손선주 외 2012 참조), 2)반어법이나 야유(sarcasm), 과장법, 수사의문문(rhetorical question) 등의 비직설적 수사법이 있으며, 3)보통의 면대면 대화에서는 금기시되는 비속어나 욕 등의 저속한 표현들이 있다. 어떤 텍스트의 감정 표출 정도를 뜻하는 감정 표출 지수는 단순히 그 텍스트에 사용된 전체 어휘 대비 감정 어휘의 비율로만 결정되는 것이 아니라 감정을 표출하는 방식으로서의 수사법과 화자의 경멸이나 혐오 등 발화수반적 의도를 보여주는 특정 표현들을 종합적으로 고려하여 산출된다. 이 책에서 우리는 이런 감정 표현의 종류를 각기 1)3급 감정 표현, 2)2급 감정 표현, 3)1급 감정 표현이라고 부르기로 한다. 3급 감정 표현은 그 말을 듣거나 읽는 사람에게 주는 영향력이 가장 미미한데, 각 감정 표현이 갖는 영향력을 감정 표현의 '감정전달가'라고 한다면 3급 감정 표현은 상대적으로 2점의 감정전달가를 갖는다고 가정하기로 하자. 이에 비해 2급 감정 표현은 3급 감정 표현에 비해 청자나 독자에게 주는 영향력이 비교적 높다고 볼 수 있는데, 그 감정전달가를 3급 감정 표현의 두 배로 상정하여 하나의 2급 감정 표현은 4점의 감정전달가를 갖는다고 가정한다. 마지막으로 가장 높은 영향력을 지닌 1급 감정 표현은 2급 감정 표현의 2배의 감정전달가를 갖는다고 가정하여 예를 들어 하나의 발화가 반어법의 형식으로 쓰였다면 2×2×2, 즉 8점의 감정전달가를 갖는다고 할 수 있다. 이를 종합해서 감정 표출 지수란 1급부터 3급까지 각종 감정 표현의 빈도에 각각의 해당 감정가를 곱하고 이들을 합한 것을 하나의 발화에 사용된 전체 단어의 숫자로 나눈 뒤 100을 곱한 것으로 결정된다. 즉 다음과 같은 공식을 얻을 수 있다:

감정 표출 지수 = 감정 표현의 감정전달가의 총합/전체 단어 수×100

단 감정 표현들은 다음과 같은 급이 다른 종류로 구분되어 서로 다른 값을
갖는다:
3급 감정 표현(단순 감정 어휘의 사용) = 개당 2점
2급 감정 표현(야유, 반어법, 수사법의 사용) = 2×2 = 개당 4점
1급 감정 표현(욕이나 비속어의 사용) = 2×2×2 = 개당 8점

이런 감정 표출 지수 공식을 실제 발화에 적용하여 각 발화의 감정 표출
정도를 분석해 보자. 2023년 1월 11일, 로버트 아인혼 미국 브루킹스연구소
수석연구원은 "한국의 핵무장이 초래할 비용과 위험"이란 제목의 특별기고
문을 통해 한국 내 일부 여론이 한국도 북한의 핵위협에 맞서 핵무장을
할 것을 주장하는 것의 위험성을 경고하고 나섰다. 그의 메시지는 한국이
핵무장을 하는 것보다 미국의 핵우산 하에 확장억지력을 강화하는 것이
더 나은 선택이라는 취지를 담고 있는데 이 글이 발표되자마자 SNS에는
찬반 양론의 의견이 매우 많이 올라왔다. 그 중 일부 의견을 보면 다음과
같다 (아래 인용되는 텍스트들은 맞춤법이나 띄어쓰기 등에서 교정을 하지
않고 원문 그대로 옮긴 것이며 밑줄은 설명의 필요에 의해 본 저자가 추가한
것임, 출처: https://v.daum.net/v/20230111005418100):

[Text 1] David
<u>놀고 있내</u>.. 미국의 입장에선 저렇게 말할 수 잇어도...
주권국으로서 우리는 앞으로 중국과 대적하기 위해선 반드시 핵을 보유해
야 한다.
핵미사일은 중국전역을 덮을 만큼 많고 장거리여야한다.
결국 자기 운명은 스스로 결정해야...
내가 성장하는데 남을 이용하는 과정은 필요하지만...

> 남이 내 인생을 살아주지 않는 사실을 알아야..
> 졸로 보이면 평생호구가 되는거야... 가련하게도 집권당은 항상 이길을
> 택하지...
> 중국이 왜 일본을 못 깔보는지 아나?
> 한 번 뒤치게 쳐 맞아봤으니까...
> 근데 한국은 맨 알아서 기었으니까..

한국의 핵무장을 강력하게 지지하는 입장을 보이는 이 글에 쓰인 단어는
67개인데 그 중 '가련하게도'와 '깔보는지'는 3급 감정 표현에 속하는 말로서
이런 말을 사용한 것은 각 2점의 감정전달가를 낳게 된다. 그런데 이 글에서
는 그 두 가지 3급 감정 표현 외에 '놀고 있네'라는 야유어법으로 대상을
비아냥하는 2급 감정 표현을 사용하고 있는데 이는 기본 감정 어휘보다
한 차원 높은 방식으로 부정적인 감정을 표출하고 있어 4점의 감정전달가를
추가하게 된다. 마지막으로 이 글의 저자는 여러 군데에서 '졸', '호구',
'뒤치게', '쳐 맞아', '알아서 기었으니까' 등과 같은 비속어 표현을 사용하고
있는데 이는 가장 높은 수준의 명시적인 감정 표현으로서 비속어 하나당
감정전달가가 2의 3제곱인 8로 계산하면 5회의 비속어 표현 사용으로
인해 이 글에서 사용된 1급 감정 표현들의 감정전달가는 5 곱하기 8인
40이나 된다. 이상에서 볼 수 있는 각 급 감정 표현들의 감정전달가를
모두 합하면 이 글의 총 감정전달가는 4 + 4 + 40 = 48인데 이를 전체
어휘수인 67로 나눈 뒤 100을 곱하면 이 메시지의 감정 표출 지수는 소수점
세 자리에서 반올림할 경우 71.64가 된다 (단어 수 = 67, 3급 감정 표현
= 2×2 = 4, 2급 감정 표현 = 1×4 = 4, 1급 감정 표현 = 5×8 = 40, 총 감정
전달가 = 4 + 4 + 40 = 48, 감정 표출 지수 = 48/67×100 = 71.6417). 이
결과를 다음 텍스트와 비교해 보자. 아래 [Text 2]는 같은 기고문에 대해
다른 누리꾼이 올린 댓글인데 앞의 글에 비해 길이는 훨씬 짧지만 감정

표출의 정도는 더 심하다는 것을 직감적으로 알 수 있다.

[Text 2] potassium

　미국 따까리하는게 맞다는거냐?

　북한, 중국, 일본도 싫지만, 미국도 싫다.

　자기나라 국방을 다른나라에게 의지한다는게 말이 되나.

　누구도 넘보지 못할 자주국방이 진정잰[sic.] 독립.

이 텍스트에는 '싫지만'과 '싫다'라는 3급 감정 표현이 두 번 사용되고 있고, 강한 부정을 갖조하여 나타내기 위해 '맞다는 거냐'와 '말이 되나'와 같은 2급 감정 표현에 속하는 수사의문문의 형식을 빌려 쓰고 있으며, '따까리'라는 1급 감정 표현의 비속어를 사용하고 있다. 그 결과 이 글의 총 감정전달가는 $4 + 8 + 8 = 20$이고 전체 어휘 수는 21이므로 이 메시지의 감정 표출 지수는 95.24이다. (단어 수 = 21, 3급 감정 표현 = 2개×2 = 4, 2급 감정 표현 = 2개×4 = 8, 1급 감정 포현 = 1개×8 = 8, 총 감정전달가 = 4 + 8 + 8 = 20, 감정 표출 지수 = 20/21×100 = 95.2380).이 수치를 위에서 본 [Text 1]의 감정 표출 지수와 비교해 보면 약 1.33배에 해당한다. 이 메시지는 감정이 매우 거침없이 드러난 경우인데 같은 주제에 대한 글이라도 다음 [Text 3]은 감정이 거의 드러나지 않은 낮은 감정 표출 지수의 글이다

[Text 3] 뫼비우스

이 칼럼은 오로지 미국의 입장에서 미국의 이익을 위해 쓰여진 것에 불과하다.

우리가 핵무기를 보유하면 미국의 도움 따윈 필요 없다.

당연히 자주국방이 이루어지며 중국 역시 우리를 만만하게 대하지 못하게 된다.

중국은 북한 핵을 용인했기에 우리가 핵을 갖는 것에 대해 뭐라 할 입장이 아니다.

우리가 핵을 보유하게 되면 미국은 빨대를 꽂을 명분이 없게 되고 북한의 핵은 무용지물이 되며 중국은 우리의 눈치를 보게 된다.

실보다 득이 더 많은 것이다.

이 글은 총 단어 수가 66개인데 그 중 3급 감정 표현으로 '만만하게 대하지'가 있고, 2급 감정 표현은 없으며, 1급 감정 표현으로는 '빨대를 꽂을'이라는 속어적 표현이 사용되고 있다. 따라서 이 텍스트의 총 감정전달가는 10에 불과하고 전체 감정 표출 지수는 15.15에 머무르고 있다 (단어 수 = 66, 3급 감정 표현 = 1개×2 = 2, 2급 감정 표현 = 0개×4 = 0, 1급 감정 표현 = 1개×8 = 8, 총 감정전달가 = 2 + 0 + 8 = 10, 감정 표출 지수 = 10/66×100 = 15.1515). 만약 이 글의 저자가 '빨대를 꽂을'이라는 속어적 표현 대신에 '한국을 이용할'과 같은 비속어적 표현을 사용했다면 총 감정전달가는 2에 불과해서 감정 표출 지수는 3.03으로 낮아졌을 것이다. 어쨌든 이 글은 앞서 본 두 텍스트에 비해 감정의 표출이 비교적 절제되어 있다는 느낌인데 이런 직감적인 느낌은 실제 수치상으로 이 책에서 우리가 제안하는 감정 표출 지수에 직접 반영되고 있다.

"문체는 곧 그 사람"이라는 Buffon의 말처럼 하나의 텍스트에는 그 글을 쓰는 사람이 즐겨 사용하는 표현 방식이나 어법이 드러나게 된다. 다음 텍스트는 한국의 핵무장을 찬성하는 입장에서 쓴 앞에서 본 세 글과는 달리 한국의 핵무장을 반대하는 입장에서 쓴 글인데 자신의 주장을 개진하면서 독자에게 묻는 듯한 형식의 의문문을 여러 차례 사용하면서 자신의 거부감을 수사적으로 피력하고 있다.

[Text 4] High Hopes8

있으면 좋겠지만 현실은 개발들어가는 순간 세컨더리보이콧당함. 감당가 능함?

댓글중에 프랑스 사례말하는 사람있는데 우리나라가 프랑스체급이라고 생각하는건가? 외부교역 끊기면 당장 식량수급부터 문제가 되는게 우리 나라 경제고 자급자족이 안되는 체급인데 정말로?

그리고 유럽에서 핵을 가지고 있는것과 동아시아에서 핵을 갖고 있는건 의미가 다름. 왜 동아시아를 화약고라고 하는지 우리나라가 핵개발을 공 식선언하는순간 일본도 핵개발들어갈거고 이런 국가들을 미국이 통제한 다?

미국은 중국이랑 대결하는것도 빡빡한데 변수까지 생기는걸 용인하기 힘 듦.

이 글은 2급 감정 표현인 수사의문이 4번 사용된 반면 비속어는 하나도 사용되지 않고 있고, 1급 감정 표현도 '빡빡한데' 하나 밖에 사용되지 않아 서 비교적 차분하지만 기술적으로 자신의 감정을 전달하려고 하고 있다. 그 결과 이 글의 감정 표출 지수는 31.58로서 (단어 수 = 57, 3급 감정 표현 = 1개×2 = 2, 2급 감정 표현 = 4개×4 = 16, 1급 감정 포현 = 0개×8 = 0, 총 감정전달가 = 2 + 16 + 0 = 18, 감정 표출 지수 = 18/57×100 = 31.5789), 앞의 첫 번째와 두 번째 텍스트들에 비해서는 매우 낮지만 세 번째 텍스트보다는 높은 수준의 감정 표출이 일어나고 있다. 마지막으 로 감정 표출 지수에서 극명히 대조적인 다음 두 텍스트를 보자.

이 텍스트에는 우선 3급 감정 표현인 "전쟁광"과 "인간들이" 사용되고 있다. 이 중 "인간"에 대해서 생각해 보면, 다음 한국어사전에 수록된 "인간"의 첫 번째 의미는 '직립 보행을 하며, 사고와 언어 능력을 바탕으로 문명과 사회를 이루고 사는 고등 동물'로 나와 있다. 그러나 "인간"은 이런 개념적인 의미 외에도 종종 '사람의 모습은 하고 있되 사람답지 못하다는 뜻으로, 특정한 사람을 멸시하여 이르는 말'로도 쓰인다. "인간"의 이 두 가지 의미 중 첫 번째 의미는 감정이 개입되어 있지 않은 객관적인 해석인 반면, 두 번째 경우는 그 단어를 사용하는 사람이 자기가 지칭하는 대상을 부정적으로 바라보는 감정 표현이 된다. 또한 이 텍스트에는 "땅 한 평도 제대로 없는"이라든지 "핵전쟁 끝나면 뭘 해서 먹고 살래?", "지옥", "그땐 늦어" 등과 같이 상대방을 빈정대고 놀리는 수사법과 비유적 표현이 사용되고 있으며 "꼰대"라는 비속어까지 사용되는 등 감정 표현이 풍부하게 동원되고 있다. 그 결과 이 짧은 텍스트의 감정전달가는 28로서 전체 감정 표출 지수는 147.37이나 된다 (단어 수 = 19, 3급 감정 표현 = 2개×2 = 4, 2급 감정 표현 = 4개×4 = 16, 1급 감정 표현 = 1개×8 = 8, 총 감정전달가 = 4 + 16 + 8 = 28, 감정 표출 지수 = 28/19×100 = 147.3684). 이 글을 읽는 사람은 논쟁의 주제인 한국의 핵무장에 찬성을 하든 아니든 간에 일단 연속적으로 쏟아지는 각종 감정 표현의 세례 때문에 감정적인 영향을 피할 수 없을 것이다. 반면에 다음 텍스트는 자신의 주장을 펼치는 과정에서 감정 표현의 사용을 상당히 자제하고 있다.

[Text 6] 그러게

한반도 문제는 현상태를 지키는것이 중요하다...북을 쓰러트릴 생각도 말고, 위협도 하지 말고, 평화를 지키는것이 중요하다...북핵을 솔직하게 국민들에게 알려야한다..북한이 위협을 느끼니......당연히 자위권 차원에서 핵개발하지....그것을 정치적으로 이용해서는 한반도에 평화가 없다...

한국의 핵무장에 대해 유보적인 입장을 취하고 있는 이 텍스트의 저자는 "솔직하게"를 제외하고는 이렇다 할 감정 표현의 사용 없이 자신의 뜻을 서술하고 있다. 그 결과 이 글은 감정 표출 지수가 7.41로서 저자의 감정이 거의 드러나지 않은 감정 절제형 발화가 되었다 (단어 수 = 27, 3급 감정 표현 = 1개×2 = 2, 2급 감정 표현 = 0개×4 = 0, 1급 감정 포현 = 0개×8 = 0, 총 감정전달가 = 2 + 0 + 0 = 2, 감정 표출 지수 = 2/27×100 = 7.4074).

이상에서 볼 수 있듯이 같은 주제에 대한 의견글이라도 그 의견을 개진하는 과정에서 사용되는 감정 표현의 유형과 종류 및 빈도 등에 따라 그 글이 전달하는 감정전달 수준은 크게 차이가 날 수 있다. 인터넷 댓글을 조사해 보면 일반적으로 감정 표출 지수가 0부터 30 사이의 글은 감정전달 수준이 상대적으로 낮은 '감정 배제 텍스트'로 볼 수 있고, 반면에 31에서 60까지에 속한 글은 어느 정도 감정을 조절하려고 하여 감정전달이 중간 수준인 '감정 조절 텍스트'라고 말할 수 있으며 감정 표출 지수가 61 이상의 글은 긍정적이든 부정적이든 감정이 많이 섞여 감정전달 수준이 높은 '감정 충만 텍스트'라고 부를 수 있다. 이에 따라 위에서 본 여섯 개의 텍스트들을 분류하면 다음과 같다:

Text	감정 표출 지수	감정 전달 수준	텍스트 감정 유형
Text 1	71.64	높음	감정 충만 텍스트
Text 2	95.24	매우 높음	감정 충만 텍스트
Text 3	15.15	낮음	감정 배제 텍스트
Text 4	31.58	중간	감정 조절 텍스트
Text 5	147.37	매우 높음	감정 충만 텍스트
Text 6	7.41	낮음	감정 배제 텍스트

감정 표출 지수가 높은 글이나 말일수록 감성에 호소하고 자극적이어서 같은 정체성을 가진 사람들에게는 공감을 얻고 동의와 지지를 받을 가능성이 높지만 정체성이 다른 사람에게는 비동의와 갈등을 초래하고 더 나아가 반감을 유발하여 충돌의 위험성마저 존재한다.

감정 표출 지수: 영어 텍스트의 예

위에서 우리는 한국어 텍스트의 감정 표출 정도를 감정 표출 지수로 측정하는 방법을 보았다. 이런 감정 표출 지수는 한국어라는 특정 언어에만 국한된 것이 아니라 모든 언어에 적용될 수 있는데 글이나 말로써 감정을 표출하려고 하는 것은 시대나 공간을 초월해서 언어 보편적으로 일어나는 현상이기 때문이다. 또한 감정 표출 지수는 앞 절에서 보았던 것과 같은 대한민국의 비핵화와 같은 사회적 이슈에만 국한되는 것이 아니라 Dodds & Danforth(2010)의 연구처럼 개인 블로그나 대중가요 가사, 대통령의 시정 연설 등과 같은 다양한 텍스트에 적용될 수 있다. 그리고 감정 표출 지수는 텍스트에 쓰인 모든 종류의 감정을 포괄해서 산출할 수도 있고, 행복이나 배려심과 같은 긍정적 감정에 국한할 수 있으며, 분노나 혐오와 같은 부정적 감정만 국한해서 유형별로 계측할 수 있다. 한 텍스트의 감정 표출 지수는 언어나 문화마다 달라질 수 있기 때문에 횡단언어적으로 또는 횡단문화적으로 조사하고 대조화용적 관점에서 비교할 수 있다. 물론 감정 표출이란 현상은 언어보편성이 있지만 그 결과물로서의 감정 표출 지수는 민족이나 문화마다 차이가 있을 것으로 생각한다. 이런 가정 하에 먼저 미국에서의 감정 표출 지수의 예를 보기로 하자.

2023년 1월 11일에 CBS뉴스에 따르면 미국 앨라배마 주에서는 낙태금지에서 더 나아가 임신중절약을 복용하기만 해도 기소될 수 있다는 보도가 있었다. 이 뉴스가 나가자마자 인터넷에서는 블로거들의 열띤 토론이 벌어졌는데 아이디가 gottagofast1981인 블로거는 "Isnt Alabama the lowest ranked state in the US in education? They arent learning anything is the issue."라는 두 문장으로 이루어진 의견 글을 남겼다 (출처: CBSNews, https://www.cbsnews.com/news/abortion-pills-alabama-prosecution-steve-marshall/state attorney general says). 그는 "앨라배마가 미국에서 교육에서 꼴찌인 주 아닌가요?"라고 형식상은 의문문이지만 내용상으로는 꼴지라는 것을 강조하는 수사의문문을 사용함으로써 이런 법안을 계획하고 있는 앨러배마에 대한 경멸의 감정을 우회적으로 표현하고 있다. 뿐만 아니라 두 번째 문장에서는 "그들은 이 이슈에 대해 아무 것도 배우지 않고 있다"라고 단언하고 있는데 이는 앨러배마주의 교육의 질이 너무 낮아서 이 중요한 사회적 이슈에 대해 무지하다고 꼬집는 일종의 신랄한 풍자어법을 구사하고 있다. 이 글의 감정 표출 지수는 단어 수가 18이고 2급 감정 표현인 수사의문문과 풍자어법을 사용했기 때문에 8/18×100 = 44.44로서 감정 전달 수준은 중간 단계인 감정 조절 텍스트라고 볼 수 있다.

비록 수사법이나 풍자법과 같은 문체적 방식으로 감정을 표현했지만 욕설이나 비속어는 자제했던 윗 글과 달리 아이디가 FrankTank인 사람은 "You can beat the wrap not the ride. Also CAN not will. People go to and stay in jail for all sorts of easily disprovable bullshit because it takes people giving a fuck to disprove it"이란 글을 올렸는데 위 텍스트와 마찬가지로 두 문장으로 이루어져 있지만 비속어와 욕설을 빈번히 사용하고 있어서 감정적으로 더 흥분된 상태임을 알 수 있다. 이 글의 감정 표출 지수는 8×3/36×100 = 66.67로서 감정 전달수준이 높은 편인 감정 충만 텍스트라고 할 수 있다. 마지막으로 clownus라는 블로거는 "You could bring a civil case. The FDA approval of a drug and the usage would mean when you use it you are protected. This is a very clear cut case of them trying to spook people, but if they went to court lawyers would lineup to sue and send this case up the courts."라는 글을 올렸는데 별다른 감정 표현이나 비속어 등은 보이지 않고 보다 격식체인 frighten을 쓸 수도 있는 자리에 구어체인 spook를 쓴 것 외에는 평이한 서술 방식을 이어나가고 있다. 우리의 산출 방식에 따르면 이 글의 감정 표출 지수는 2/55×100 = 3.64로서 매우 낮은 감정 전달 수준의 감정 배제 텍스트라고 평가할 수 있다. 이상과 같이 감정 표출 지수는 언어나 문화를 구별하지 않고 동일한 방식으로 얻어질 수 있고 텍스트의 종류와도 무관하므로 대조화용론적 분석이 가능하다.

감정심리학

인간의 감정을 과학적으로 연구하는 심리학의 한 분야로서 대두되고 있는 감정심리학(emotion psychology) 또는 정동과학(affect science)에서는 사람이 어떻게 특정한 감정을 느끼고, 그 감정이 우리의 생각과 행동에 어떤 영향을 미치는지, 그리고 감정을 건강하게 관리하는 방법은 무엇인지 등을 탐구한다. 이를 위해 연구자들은 감정의 종류와 특징을 정의하고, 감정을 어떻게 분류할 수 있는지 연구하며 감정이 어떤 자극에 의해 발생하고, 뇌에서 어떤 과정을 거쳐 감정을 느끼게 되는지 분석한다. 또한 감정이 우리의 인지 과정에 어떤 영향을 미치고, 반대로 인지가 감정에 어떤 영향을 미치는지에 대해서도 조사하고 감정을 효과적으로 조절하는 방법과 감정 조절 능력의 중요성을 연구하며 감정이 다른 사람과의 관계에 어떤 영향을 미치고, 사회적 상호 작용이 감정에 어떤 영향을 미치는지에 대해서도 연구한다. 미국심리학회(American Psychological Association)에서는 감정을 "경험적, 행태적, 생리적 요인들이 관여되는 복합적인 반응 패턴(a complex reaction pattern, involving experiential, behavioral and physiological elements)"이라고 정의한다(https://online.uwa.edu/news/emotional-psychology/). 감정은 개인들이 중요하다고 생각하는 일이나 상황에 대해 대처하는 방식으로서 감정 경험에는 주관적 경험과 생리적 반응, 그리고 행태적 또는 표출적 반응의 세 가지 구성요소가 있으며 각 구성요소의 역할과 처리 과정 및 구성요소들 간의 상호 작용 등이 주된 연구 과제이다.

이처럼 인간의 마음을 일종의 정보 처리 과정으로 이해하려는 심리학에서 감정은 단순한 주관적인 경험이 아니라, 외부 자극에 대한 인지적 평가와 신체적 반응이 복합적으로 작용하여 나타나는 현상으로 파악된다. 그런데 과거 심리학에서 인간의 감정에 주목했던 실질적인 이유는 감정이 인간의 사고방식과 행동에 큰 영향을 미치게 되기 때문이다. 즉 긍정적인 감정은 창의성과 문제 해결 능력을 향상시키는 반면 부정적인 감정은 판단력을 흐리게 만들고 반사회적인 행동을 유발할 수 있다. 이런 관점에서 Emmons는 감사나 행복 등 긍정적인 감정에 대한 연구를 많이 한 긍정심리학 연구자로서 무엇보다도 감사(gratitude)가 삶의 만족도나 행복감 또는 건강에 미치는 긍정적인 영향에 대한 연구를 집중적으로 수행했다. Emmons(2007, 2016)에 따르면 감사 일기를 쓰는 등 다양한 방법을 통해 감사를 실천하는 것이 개인의 웰빙(well-being)을 향상시킨다는 것을 실험적으로 증명했다. 또한 Emmons & McCullough(2004)는 감사 외에도 희망, 용서, 자비심 등 다른 긍정적인 감정들이 개인의 심리적 건강과 사회적 관계에 미치는 영향을 연구했는데 개인의 강점을 발견하고 활용하는 것이 행복과 성공적인 삶을 위한 중요한 요소라고 주장하며, 이를 위한 다양한 프로그램과 도구를 개발하였다. Emmons를 포함한 많은 긍정심리학의 연구는 단순히 긍정적인 감정을 강조하는 것을 넘어서 이러한 감정들이 실제로 삶의 질을 향상시키는 데 어떤 역할을 하는지 과학적인 증거를 제시하려고 하였는데 그 연구 결과는 현대 사회에서 행복과 만족을 추구하는 많은 사람들에게 귀중한 통찰력을 제공하고 있다.

또한 우울증이나 불안 장애는 감정 조절의 어려움과 밀접한 관련이 있다고 보고 감정에 대한 심층적인 이해는 이러한 정신 질환의 원인을 밝히고 치료 방법을 개발하는 데 도움을 줄 수 있다고 본 것도 감정에 대해 주목하게 만든 이유가 되었다. 예를 들어 특정 자극에 대한 공포 반응이 학습되는 과정을 연구하여 불안 장애 등의 치료에 활용하고 있고 분노를 효과적으로 조절하는 방법을 연구하여 분노 관리 프로그램 개발에 활용하기도 한다. 사회적으로도 다른 사람의 감정을 이해하고 공감하는 능력이 사회적 관계에 미치는 영향을 연구하고 감정을 인식하고 이해하며, 감정을 효과적으로 관리하고 활용하는 능력인 감성지능(Emotion Intelligence)을 연구한다. 최근에는 인공지능이 인간과 더욱 자연스럽게 상호작용하기 위해서는 인간의 감정을 인식하고 반응하는 능력이 필요한데 감정심리학의 연구는 이러한 목표를 달성하기 위한 기반을 제공할 수 있다고 생각된다.

심리학의 또 다른 분야로서 감정과도 관련이 깊은 인지심리학(cognitive psychology)에서 밝히고자 하는 감정과 관련된 주제들은 첫째로 외부 자극이 어떻게 감정으로 변화하는지, 그리고 개인의 과거 경험이나 기대가 이 과정에 어떤 영향을 미치는지 감정의 발생과 과정에 대한 물음들이다. 아울러 사람들이 자신의 감정을 어떻게 인식하고 평가하는지, 그리고 이러한 평가가 행동에 어떤 영향을 미치는지도 중요한 연구 주제이며 사람들이 불쾌한 감정을 줄이고 긍정적인 감정을 증진시키기 위해 어떤 전략을 사용하는지, 그리고 이러한 전략의 효과는 무엇인지도 조사한다. 또한 감정과 인지의 상호 작용에 대해서도 탐구하는데 감정이 우리의 인지 과정에 어떤 영향을 미치는지, 그리고 인간의 인지 과정이 감정을 어떻게 변화시키는지도 밝히려고 한다. 다른 한편으로는 감정이 신체 반응에 어떤 영향을 미치는지, 그리고 신체 반응이 다시 감정에 어떤 영향을 미치는지에 대해서도 많은 연구들이 이루어지고 있다.

또한 심리학의 한 분야로서 언어와 마음의 관계를 연구하는 언어심리학(psychology of language)에서는 감정을 단순히 내적인 경험이 아니라 언어를 통해 표현되고 소통되는 사회적이며 문화적인 현상으로 간주한다. 언어는 감정을 다른 사람들에게 전달하고 공유하는 가장 중요한 수단으로서 사회심리학은 이러한 과정을 통해 감정이 어떻게 사회적으로 구성되고 영향을 받는지 탐구하기도 한다. 또한 아직 논란의 여지가 있지만 감정은 우리의 사고방식에 영향을 미치고, 이는 곧 우리가 사용하는 언어에 반영된다고 볼 수 있는데 언어심리학은 감정과 언어의 상호 작용을 통한 인간의 사고 과정을 이해하려고 하며 더 나아가 다양한 문화권에서 감정을 표현하는 방식은 다를 수 있는데 문화적 차이가 감정 표현에 어떤 영향을 미치는지에 대해서도 연구한다. 구체적으로 언어심리학에서는 인간의 다양한 감정을 표현하는 단어들은 어떻게 구성되어 있고, 어떤 의미를 지니는지, 사람들은 어떤 상황에서 어떤 감정을 어떻게 표현하며 비언어적 표현과의 관계는 어떠한지, 언어는 감정을 유발하거나 변화시킬 수 있는지 그렇다면 어떤 메커니즘을 통해 이루어지는지 등을 탐구하고 말을 배우는 유아들이 어떻게 감정을 표현하는 언어를 습득하는지에 대해서도 주목한다. 다른 한편으로는 소설이나 시 등의 문학 작품에서 감정이 어떻게 표현되고 독자에게 어떤 영향을 미치는지에 대해서도 연구하고 공익광고나 상업광고에서 감정을 이용하여 일반 대중이나 소비자를 설득하는 효과적인 방식에 대해서도 탐구한다.

저인지

1960년대에 2년간 남태평양의 소시에티 제도(Society Islands)에서 머물면서 Tahiti 원주민들의 문화를 연구한 Levy(1973)에 따르면 타히티어에는 원래 영어의 grief나 sorrow에 해당하는 어휘화된 표현이 없다고 한다. 만약 그들이 자식을 잃는 것과 같은 비통한 상황을 접하게 되면 영어의 "feeling troubled"라든가 "feeling sick", "not feeling a sense of inner push", "feeling tired"에 해당하는 불특정적인 우회 표현을 사용하는데 Levy는 그 이유를 타히티인들에게 슬픈 느낌은 인지적 과정의 소산인 감정이라기보다는 몸에서 일어나는 안 좋은 기분이나 병과 같은 것으로 생각되기 때문이라고 한다. 한국에서도 자식을 잃은 부모는 "나는 비통하다"라고 직접적으로 말하기보다 "하늘이 무너지는 것 같다"라든지 "나는 어떻게 살란 말이냐"와 같이 엄청난 슬픔을 돌려서 이야기할 때가 많다.

Levy는 타히티어에서의 감정 표현이 제한적으로 발달한 것을 "저인지(hypo-cognition)"란 용어로써 설명하는데 이는 각종 경험들을 세분해서 묘사할 수 있는 유용하거나 필요한 단어가 없거나 모르는 상태를 말한다. Lakoff(2004)에 의하면 우리 뇌가 하는 일의 98%가 무의식에서 일어나고 어떤 현상이나 사건에 대해 개념을 갖고 언어로 표현하여 고정된 생각의 틀(frame)을 갖는 오히려 드물게 일어나는 것이라고 하였다. 따라서 대부분의 경우에는 저인지가 오히려 무표적일 수 있는데, 다만 감정은 인간의 생존과 직결되는 경우가 많아서 이를 지각하고 표출하는 데 저인지 상태로 남아 있는 것은 위험할 수 있다. 따라서 다른 영역보다 감정에 관한 한 여러 언어에서 어휘들이 일찍 습득되고 이해되어야 하며 비슷한 의미의 표현들을 적절히 구분하여 사용하는 '감정 세분(emotion granularity)'의 수준에 도달하기 위해 노력해야 하지만 실제로는 감정 표현에서도 저인지 상태는 탈피하기 어려운 문제이다. ('감정 세분'에 대해서는 다음 절에서 다루고 있음)

그런데 인류학자인 Levy는 저인지가 개인만의 문제가 아니라 집단 전체의 문제가 될 수 있다고 주장한다. 그에 따르면 감정과 같은 중요한 영역에서의 저인지는 사람들을 해칠 수 있는 문화적 결함(cultural deficit)이라고 한다. 즉 비통함에 대한 어휘 표현이 없어서 그들은 그런 감정을 달래줄 수 있는 많은 제도나 의식(rituals)을 만들어내지 못했고 그런 감정에 압도된다고 보았다. 언어로 적절하게 표현되지 않기 때문에 감정이 제대로 분출되지 않아 응어리가 되고 만다는 것이다. Levy는 남태평양의 낙원과도 같은 이 제도에서 유독 자살률이 높은 이유 중의 하나가 그들의 비통함을 표출할 수 있는 능력이 결여되어 있기 때문이라고 결론을 내렸다. 한국 사람들은 "원자"나 "분자"와 같은 단어들을 학교에서 배움으로써 물질의 기본 구조를 이해하게 되는데 만약 이런 용어들을 전혀 배울 길이 없는 개인이나 민족이라면 그 문제에 관한 저인지 상태를 벗어날 수 없게 된다. 또한 새로운 기술의 결과로 일상용어가 된 단어들, 예를 들어 "블루투스", "미러링", "블록체인", "가상화폐" 등과 같은 용어들을 머릿속에 정확하게 그 개념을 갖고 사용하는 사람들과 그렇지 못한 사람들 사이에서는 그런 분야에 관한 사고와 판단 및 행동에서 엄청난 차이가 발생할 수 있다. 점차 심각한 사회 문제가 되고 있는 정보의 비대칭화를 극복하는 것은 중요한 개념과 용어에 대한 인지 상태의 불균형을 시정하는 데에서 시작되어야 한다. 국가적으로도 근대화 과정에서 서양의 새로운 문물을 빨리 받아들이고 흡수하여 이 방면에서의 저인지 상태에서 벗어난 일본과 이 과정에서 적절하게 대응하지 못한 조선 사이의 이후 역사적 발전 차이는 국가적 차원의 저인지가 국운을 좌우할 수도 있다는 것을 여실히 보여준다. 메이지유신 이후 일본이 자신들보다 앞선 선진 외래 문물을 받아들이기 위해 외국어 학습과 번역에 심혈을 기울였던 것은 언어는 단순히 언어로만 그치는 문제가 아님을 자각했기 때문이다. 특히 권력을 가진 특권층이나 지식이 많은 고학력자일수록 자기 확신이 강하고 자아(ego)가 너무 큰 나머지 자신이 잘못을 저질렀을 때 이를 인정하고 사과하는 것이 쉽지 않고 적절한 방식으로 이를 표현하지 못해 주저하거나 회피하게 되는데 이 역시 감정 표현의 저인지 상태라고 볼 수 있다.

감정 세분

감정 표현은 감정의 다양함에 비해 언어 표현의 한계를 뛰어넘기 어렵기 때문에 한 언어에서 저인지 상태에 있을 가능성이 높다. 따라서 이를 극복하기 위해 자국어에 없는 감정 표현을 다른 나라의 언어로부터 빌려 사용하는 외래어 차용이 활발히 일어나는 영역 중의 하나이다. 예를 들어 한국어의 감정 표현 중 '슬픔, 기쁨, 즐거움' 등은 순수 고유 어휘지만 이것만으로는 복잡미묘한 감정을 제대로 전달하기 어려웠을 것이다. 따라서 '비통, 비애, 행복, 환희' 등의 한자 어휘들을 받아들여 사용하고 최근에는 '츤데레, 얀데레, 텐션, 플렉스, 스웩, 시크, 플러팅, 걸크러쉬, 홀리몰리' 등의 외래어식 어휘도 사용되고 있다. 서양에서도 독일어에는 남의 불행을 보고 고소해 하는 느낌이라는 뜻의 Schadenfreude라는 감정 어휘가

있는데 이 단어는 같은 인구어족에 속한 영어나 프랑스어 등에는 없었다. 그러다가 영어에서는 20세기부터 이 단어가 차용되어 쓰이기 시작했다. 그렇다면 영어에 이 단어가 없었던 20세기 이전에 영어를 모국어로 하는 사람들은 이 단어가 뜻하는 감정을 느끼지 않았을까? 20세기부터 이 단어가 들어와 쓰임으로써 비로소 영국이나 미국인들도 이런 감정을 이해하고 느끼기 시작했을까? 단어가 없으면 그 단어가 뜻하는 감정도 없을까? 아마도 그렇지는 않았을 것이다. 마치 2002년 일본 인터넷 커뮤니티 '2ch'에서 본격적으로 언급되면서 한국에도 널리 퍼지게 된 '츤데레'는 의태어인 '츤츤(ツンツン)'과 '데레데레(デレデレ)'의 합성어로서 겉으로는 퉁명스럽고 쌀쌀맞게 굴지만 실제로는 부끄러워하며 좋아하는 마음을 표현하는 것을 뜻한다. 한국어에는 그런 뜻의 한 단어는 없었지만 한국인에게 그런 감정 자체가 없었다고는 볼 수 없다. 이와 비슷한 뜻의 한국어 단어로 '새침데기'가 있지만 '츤데레'는 특유의 뉘앙스와 캐릭터성을 지니고 있어 완전히 대체하기는 어려울 것으로 보인다. 비슷한 예로 공포나 흥분으로 인한 떨림이나 전율을 뜻하는 영어 단어 frisson은 최근에 프랑스어에서 들어온 단어로서 발음도 마지막 n을 치경음이 아니라 프랑스어처럼 연구개 비음으로 발음하는 경향이 있다.

Lomas(2016)는 아직 영어에 유입되어 쓰이지는 않지만 영어의 기존 어휘로는 표현할 수 없는 감정을 나타내는 외국어 어휘로서 영어가 받아들일 만한 단어들의 목록을 제시하고 있다. 그는 전 세계 여러 언어에서 쓰이는 216개의 단어들이 영어에 유입될 수 있다고 보는데 그 중 대표적인 것은 다음과 같다:

1) 아주 특정한 상황에서 매우 특별한 긍정적 감정을 표하는 단어들:
   Desbundar (Portuguese) - to shed one's inhibitions in having fun
   Tarab (Arabic) - a musically induced state of ecstasy or

enchantment

Shinrin-yoku (Japanese) - the relaxation gained from bathing in the forest, figuratively or literally

Gigil (Tagalog) - the irresistible urge to pinch or squeeze someone because they are loved or cherished

Yuan bei (Chinese) - a sense of complete and perfect accomplishment

Iktsuarpok (Inuit) - the anticipation one feels when waiting for someone, whereby one keeps going outside to check if they have arrived

2) 개인의 성장과 정신적 성숙에 중요한 복잡하고도 달콤쌉쌀한 경험을 표현하는 단어들:

Natsukashii (Japanese) - a nostalgic longing for the past, with happiness for the fond memory, yet sadness that it is no longer

Wabi-sabi (Japanese) - a "dark, desolate sublimity" centred on transience and imperfection in beauty

Saudade (Portuguese) - a melancholic longing or nostalgia for a person, place or thing that is far away either spatially or in time - a vague, dreaming wistfulness for phenomena that may not even exist

Sehnsucht (German) - "life-longings", an intense desire for alternative states and realisations of life, even if they are unattainable

3) 장기적인 웰빙이나 타인과의 상호관계 방식에 영향을 주는 개인적 특성과 행동을 뜻하는 단어들:

Dadirri (Australian aboriginal) term - a deep, spiritual act of reflective and respectful listening

Pihentagyú (Hungarian) - literally meaning "with a relaxed

brain", it describes quick-witted people who can come up
with sophisticated jokes or solutions

Desenrascanço (Portuguese) - to artfully disentangle oneself from
a troublesome situation

Sukha (Sanskrit) - genuine lasting happiness independent of
circumstances

Orenda (Huron) - the power of the human will to change the
world in the face of powerful forces such as fate

한국어의 경우도 외래어의 수입이 지속적으로 늘어나고 있는데 국립국어
원의 1991년 순화자료집(1977~1991 종합)부터 2002년 순화자료집까지
21,000여 개의 순화어를 종합한 국어 순화 자료집 합본(2003년)과 2004
년부터 우리말 다듬기 누리집에서는 외래어를 다듬은 말, 즉 순화어를
볼 수 있다. 이 중 몇 가지 예를 보면 다음과 같다.

엔데믹 블루 = 일상회복 불안, 컬처 핏 = 조직 문화 적합성, 에이지리스
= 나이 무관, 고스팅 = 고용 잠적, 코로나 블랙 = 코로나 절망, 코로나 블루
= 코로나 우울, 코로나 레드 = 코로나 분노, 피버팅 = 전략 급선회, 보어
아웃 = 권태증후군, 브레인 포그 = 뇌 흐림, 워닝 트랙 = 주의 구간

그러나 '치팅 데이, 언박싱, 브이로그, 인스타, 에어프라이어, 간지, 엣지,
패닉, 센스, 스웩, 플렉스, 츤데레' 등과 같은 일부 외래어는 아직 한국어로
대체되지 못했거나 대체가 되었더라도 순화어 표현이 외면되고 잘 쓰이지
않는 경우도 많은데 이런 상태가 오래 지속되면 이들 표현들은 '우동, 가방,
가마니, 찌라시' 등과 같은 이미 정착된 일본어 외래어처럼 원어 표현이
굳어져 순화가 점점 더 어렵게 된다.

영어 외래어를 조사한 Lomas가 한국인들이 자주 사용하는 '정(情)' 또는
'인정(人情)'이란 단어를 알고 있었더라면 아마도 이 단어 역시 그의 목록에

추가되었을 것이다. 이 단어는 정확한 영어 번역이 어려운 단어로 생각되는데[8] 그렇다면 영어 모국어 사용자들은 이런 '정'이나 '인정'이 주는 느낌을 이해할 수 없고 공유할 수 없을까? 어떤 느낌을 머릿속에서 인지적으로 생각한 결과의 감정으로 받아들이든 마음에서 떠오르는 감각으로 받아들이든 그런 느낌은 인종과 민족을 떠나 모두 가질 수 있지만 이를 언어로 표현하는 방법은 보편적이지 않다. Barrett(2012)은 감정을 확인하고 이름을 붙일 수 있는 능력은 그 파장이 매우 크다고 주장한다. 어떤 이는 서로 다른 감정의 단어들을 구별 없이 뭉뚱그려서 사용하는 반면 다른 사람들은 매우 정밀하게 분별해서 사용한다. 예를 들어 슬프거나 불안하거나 초조하거나 화가 나거나 하는 느낌은 비록 각성도(arousal)와 감정가(valence)에서 구별이 잘 안 될 정도로 비슷한 수준일지라도 실은 모두 다른 종류의 감정으로 그 인과 관계가 서로 다른 과정으로 이루어져 있다. 그럼에도 불구하고 이런 다른 종류의 감정을 다른 용어로 적확하게 표현하지 못하고 언제나 "기분이 안 좋다"는 말로 표현하는 사람들이 있는데 그런 경우는 각 감정별로 자신을 그런 느낌이 들게 한 원인과 과정 및 결과와 대처 방법 등에 대한 인식이 현저히 떨어질 수 있다. 이는 마치 어휘 습득이 아직 낮은 단계의 유아에게 어떤 유쾌한 경험에 대해 묘사해 보라고 하면 단순히 "좋아요"라고만 답하는 것과 유사하다. 이런 유아들은 얼마나 좋으냐고 물으면 대개 "하늘만큼 땅만큼 좋아요"라든지 "아주 많이 좋아요"처럼 수식어구를 사용해서 표현하는 데 그치고 좋은 감정을 세분해서 표현하는 고차원적인 어휘들을 잘 사용하지 못하는데 감성지능(emotional intelligence)이 상대적으로

---

8 '정'은 한국어에서 사랑, 애정, 우정, 동정, 연민, 유대감, 소속감, 정감 등 여러 긍정적인 감정과 관계성을 포괄하는 개념으로 단순한 감정이라기보다는 사람들 사이의 복잡한 감정적 연결고리이자 관계의 본질을 나타낸다. 이는 영어 번역하기 어려운 대표적인 한국어인데 맥락 등에 따라 affection, attachment, bond, warmth, empathy, fondness, compassion, connection 등으로 다르게 번역된다.

떨어지는 일부 성인들의 발화에서도 감정 표현에 미숙한 경우가 많이 있다. 반대로 미묘하지만 서로 다른 종류의 감정을 정확히 판별하여 그 명칭과 범주를 확인할 수 있는 능력을 보유한 화자들도 많은데 이들의 이런 능력을 Barrett(2012)은 "감정 세분(emotion granularity)"이라고 한다. 이때 'granularity'란 알갱이의 크기를 나타내는 말로, 여기서는 감정 경험을 세밀하고 구체적으로 구분하여 인지하고 표현하는 능력을 비유적으로 나타내는 말이다. Barrett(2017)에 조사에 따르면 영어의 화자들 중에는 anxious, afraid, angry와 같은 단어들을 구분하여 사용하지 않아서 감정 세분이 떨어지는 화자들이 많은데 다른 일반사람들은 이를 구별하기 때문에 이런 감정 세분의 부족은 잠재적으로 위험한 상황을 초래할 수 있다. 개인이 자신의 감정 상태를 얼마나 미묘하고 다양한 어휘를 사용하여 정확하게 표현할 수 있는지를 의미하는 감정 세분 능력이 높은 사람은 '기쁨', '슬픔', '분노'와 같은 일반적인 감정 외에도 '만족감', '안도감', '좌절감', '짜증스러움' 등 더 세분화된 감정을 인지하고 표현할 수 있다. 반대로 감정 세분이 낮은 사람은 자신의 감정 상태를 덜 구체적인 용어로 표현하는 경향이 있어 혼란과 오해를 야기할 수 있다. 감정 표현에서 또 하나 주목할 현상은 평범한 것을 걸맞지 않게 과도할 정도로 큰 것으로 과장하여 표현하는 경향이 있다는 것이다. 예를 들어 현대영어에는 과거 종교적 경외감을 나타낼 정도로 강력한 느낌을 받았을 때 쓰기에 적합한 "awesome"이란 단어가 그저 좋은 느낌을 대표하는 단어로 자리를 잡고 있으며 다른 단어들의 사용을 밀어내고 있다. 즉 이 단어가 묘사하는 상황은 happy, content, thrilled, relaxed, joyful, hopeful, inspired, prideful, adoring, grateful, blissful 등으로 세분해서 표현할 수 있는 경우들이다. 이와 반대쪽으로 부정적인 상황을 느꼈을 때는 "crappy"라는 단어가 빈번하게 쓰이는데 이 단어는 angry, aggravated, alarmed, spiteful, grumpy, remorseful, gloomy, mortified, uneasy, dread-ridden, resentful, afraid, envious, woeful, melancholic 등을 대표하는 표현인데 이런 다른 표현들은 crappy 에 의해 대체되는 추세이다.

구성주의적이며 신체와 문화의 상호작용을 중요시하는 감정론을 주도 하고 있는 Barrett에 의하면 세분화된 감정 표현을 사용하는 화자일수록 뇌가 감정을 예측하고 범주화하며 지각하는 선택지들(options)이 많아지 게 되어 보다 더 유연하고 유용한 반응을 할 수 있는 도구들을 제공해준다 고 한다. 그녀의 주장에 따르면 뇌의 가장 중요한 일은 생각하거나 보는 것이 아니라 몸이 살아서 생존을 이어갈 수 있게 하는 것인데 이것이 가능 하려면 뇌는 끊임없이 예측을 해야 한다고 한다. 이렇게 뇌가 예측하는 바가 궁극적으로 우리가 경험하는 감정이며 타인에게서 지각하는 표현들 이라는 것이다. Barrett(2017)은 자신의 임상적 연구를 통해 뇌는 우리의 감정을 만들어내기 때문에 우리는 뇌의 훈련을 통해 감정들의 정확한 라 벨을 붙이는 연습을 할 수 있고 그렇게 얻어낸 정보들을 사용하여 가장 적절한 행동을 선택할 수 있게 된다고 주장한다. 이런 훈련은 저인지 (hypocognition) 상태를 극복하는 중요한 방법이 된다. 뿐만 아니라 감정 세분이 높은 사람일수록 병에 걸릴 확률도 낮아지고 병에 걸렸다고 하더 라도 입원 기간도 짧은 편이라고 한다. 따라서 이런 훈련이 덜 되어 있는 사람들은 예측 능력이 떨어지게 되어 최적의 대응 방안을 선택하지 못하 며 질병에도 취약할 가능성이 높다.

Barrett은 감정 세분을 높이기 위해 감정과 관련된 어휘력의 증진이 필수적이라고 본다. 예를 들어 영어 학습자들은 happy에서 그치지 말고 이 단어와 ecstatic, blissful, elated, inspired와의 차이는 무엇인지를 알고 실제 사용하려고 노력하며 discouraged와 dejected의 차이 및 보다 일반적인 sad 대신 더 섬세하고 적절한 표현들을 사용하려고 노력해야 한다. 더 나아가 모국어인 영어 외에 다른 언어의 표현들과 그것들의 개념 을 이해하려고 노력하는 것도 도움이 되는데 예를 들어 영어에는 없는,

'emotion of togetherness'를 뜻하는 네덜란드어의 gezellig이란 단어라든지 그리스어에서 큰 죄의식을 나타내는 enohi와 같은 단어를 이해하고 사용하는 것은 뇌를 위한 좋은 경험이 된다는 것이다. 한국어의 경우도 성인 화자가 '좋다, 싫다, 됐다'라는 가장 기본 어휘만을 사용하고 이와 거의 동의어지만 그 문맥적 의미나 어법에서 차이가 있는 표현들은 외면하는 것은 뇌의 예측 능력에까지 문제가 될 수 있는 심각한 결과를 초래할 수 있음을 명심할 필요가 있다. 감정 세분이 잘 이루어지는 사람일수록 표현력과 이해력이 뛰어나고 감성지능이 높을 수 있다. 음식에 비유하면 비빔밥을 아무 생각 없이 그냥 통째로 먹기보다는 하나의 비빔밥을 구성하는 콩나물, 도라지, 오이, 고사리, 당근, 버섯, 양파, 무생채, 시금치, 계란, 고추장, 참기름 등 각종 재료들을 각기 음미하면서 먹으면 그 맛의 오묘함을 더 잘 느끼게 된다. 음악에서도 교향곡은 각종 현악기, 관악기, 타악기 등이 어울려서 소리를 내는데 각 파트별 악기 소리를 세분해서 들을 수 있으면 그 감동이 더할 수 있다. 유능한 작곡가일수록 자신이 전달하려는 음악적 메시지를 다양한 악기들의 앙상블로 표현해낼 수 있는 것처럼 감정 세분과 감성지능이 높은 사람일수록 자신이 느끼고 타인에게 전달하고자 하는 감정을 다양한 표현 수단을 써서 세밀하게 전달할 수 있다.

감성지능

대화에 참여할 때 자신의 생각이나 이해관계를 앞세우려 하지 않고 상대방의 입장을 먼저 이해하려고 하는 열린 자세인 마음챙김(mindfulness)에 능한 사람일수록 감성지능(emotional intelligence)이 높다고 말할 수 있다.[9] 감성지능은 일반적으로 감정을 인식하고, 사용하고, 이해하고, 제어하고, 평가하는 능력으로 정의되는데 Goleman(1995)은 특히 감성적 능력이 조직이나 직장 업무 환경에서 인지적 능력보다 중요하다고 주장하면서 감성지능을 어떤 조직에서 리더십 수행을 촉진하는 다양한 기술과 특성으로 정의하였다. Goleman(2000)은 감성지능 수준을 평가하고 개선 영역을 식별하기 위해 수행 기반 모델(Performance-Based EQ Model)을 개발했는데 이 모델은 다음과 같은 5가지 요소로 구성되어 있다:

1) 자기 인식(self-awareness)
   감성지능이 높은 사람은 자신의 생각과 감정에 편안하고 타인에게 미치는 영향을 이해한다. 자신이 느끼는 방식을 이해하고 받아들이는 것은 종종 문제를 극복하기 위한 첫 번째 단계이다.

2) 자기 제어(self-regulation)
   자신의 충동과 감정을 제어하고 관리할 수 있는 것도 중요하다. 성급하게 행동하거나 신중하게 행동하지 않으면 실수를 저지르고 고객 또는 동료와의 관계를 망칠 수 있다.

3) 내적 동기(internal motivation)
   돈이나 물질적 보상 대신 자신이 하는 일에 대한 열정이 감성지능을 키우는 데 훨씬 더 효과적이다. 이는 지속적인 동기 부여, 명확한 의사 결정 및 조직 목표에 대한 더 나은 이해로 이어진다.

4) 공감(empathy)
   자신의 감정을 이해해야 할 뿐만 아니라 다른 사람의 감정을 이해하고 반응하는 것도 중요하다. 동료나 고객의 특정 기분이나 감정을 식별하고 이에 대응하면 관계를 발전시키는 데 큰 도움이 된다.

5) 사회적 기술(social skill)
   사회적 기술은 단지 친절한 것 이상으로서 "목적 있는 친절"이다. 즉, 모든 사람을 예의 바르고 존중심을 가지고 대하며 개인과 조직의 이익을 위해 건강한 관계를 형성하고 유지한다.

---

9 마음챙김이란 원래 명상과 수련을 중시하는 인도의 요가에서 시작된 것인데 사회적 소통을 설명하는 개념 중의 하나로 활용되고 있다. 이에 대해서는 본 책의 3장에서 자세히 다루고 있다.

Goleman(2000)은 이상의 특성을 갖춘 사람들은 그렇지 않은 사람들보다 성공할 확률이 훨씬 더 높다고 주장한다. 그에 따르면 감성지능은 선천적으로 타고난 특성이나 기술이 아니라 학습하고 개발될 수 있는 역량들의 집합이며, 이런 역량들은 서로 시너지 효과를 내므로 각각을 개발하면 기하급수적으로 효과가 증폭된다고 말한다. 또한 그는 인지적 지능과 감성지능이 대립적인 것이 아니라 동등하게 개발해야 하는 단순한 다른 분야임을 강조하면서 인지적 지능이 중요하지 않다고 제안하는 것이 아니라 감성지능과 함께 균등하게 초점을 맞추어야 한다고 제안한다.

Mayer, Salovey, and Caruso(2004)의 실험 연구에 따르면 감성지능이 높은 사람들은 자신의 감정과 타인의 감정을 인식하고, 감정적 정보를 사용하여 사고와 행동을 지도하고, 다양한 감정을 구별하고 적절하게 표현하며, 환경에 적응하도록 감정을 조절할 수 있다고 한다. 연구에 따르면 감성지능이 높은 사람들은 정신 건강, 직무 수행 능력 및 리더십 기술이 더 높은 것으로 나타났지만 인과관계는 밝혀지지 않았다. 감성지능은 일반적으로 타인의 경험과 자신의 경험을 연결하는 개인적 능력을 포함하기 때문에 공감과 관련이 있는데 이에 대해서는 다음 2장과 3장에서 더 살펴보기로 한다.

PART 2

감정과 의미: 감정의 언어적 측면

나는 흰 종이에 흰 글씨를 쓴다. 보이지 않는 것을 쓰기 위해서.

-한강, 〈흰〉 중에서-

The hardest thing in life is having feelings in your heart
that you can't put into words.

-Unknown-

앞 장에서 우리는 감정과 마음의 관계를 주로 심리학적 관점에서 살펴보았다. 이제 이 장에서는 감정의 언어적 측면을 살펴보고자 한다. 특히 감정 표현과 소통의 핵심을 이루는 언어에 대해 어휘의미론과 자연언어의 미 상위언어 분석 및 화용론 등의 연구를 중심으로 탐구하도록 한다.

위에 인용한 작가 한강의 문장은 언어가 눈에 보이는 것만을 담을 수 있는 것이 아니라, 보이지 않는 감정이나 느낌, 기억 등도 표현할 수 있는 매체임을 보여준다. 그런 점에서 언어는 일반적 사진기와 다르다. 흰 종이에 흰 글씨를 쓰는 행위는 그 자체로는 언어의 한계를 인정하면서도 동시에 그 한계를 넘어서려는 작가의 노력을 상징하는데 이처럼 우리의 언어는 분명한 한계가 있지만 또 때로는 그것에 의지해서 우리가 예상하지 않은 것을 나타낼 수도 있는 양면성을 가진 체계이다. 우리의 말은 결국 우리를 둘러싼 보이지 않는 투명한 공기에다가 몸속에서 나온 또 다른 투명한 공기를 불어넣는 행위이지만 그 결과는 보이지 않던 새로운 의미의 탄생으로 이어진다. 그 중 하나가 감정적 의미이며 이는 때로는 날카로운 키스처럼, 때로는 껄끄러운 베옷처럼, 때로는 눈물을 쏟아내게 하는 최루탄처럼, 또 때로는 부드러운 아이스크림처럼 상대방에게 전달되고 공유된다. 이렇게 공기 속에서 감정이 소통되는 것이다.

위의 또 다른 무명씨가 말한 것처럼 살면서 가장 어려운 일 중의 하나가 말로는 표현할 수 없는 감정을 느끼는 경우인데 감정은 주로 언어로써 표현되지만 완벽하지는 않다. 1장의 머릿글에서 인용했던 김승옥 작가의 〈무진기행〉에서도 "나는 그 여자에게 '사랑한다'고 말하고 싶었다. 그러나 '사랑한다' 라는 그 국어의 어색함이 그렇게 말하고 싶은 나의 충동을 쫓아버렸다."는 구절이 있는데 이 역시 사랑이라는 감정을 '사랑'이라는 언어로 표현하는 것이 역부족임을 지적하고 있다. 때로는 내 마음속에 무언가가 느껴지기는 하는데 그것이 딱히 어떤 감정인지 그리고 그 느낌을 표현하는 데 어려움을 겪는 경우가 있는데 이런 경우를 감정표현불능증 (alexithymia)이라고 한다. 이는 그리스의 '없음'을 뜻하는 접두사 a-와 '단어'를 뜻하는 'lexis' 및 '감정'을 의미하는 'thymos'의 합성어로서 '감정을 표현할 단어가 없음'을 내포한다. 이런 증상은 감정처리와 관련된 대뇌의 전전두엽 피질(prefrontal cortex)에 문제가 있거나 후천적으로 뇌졸중이나 외상성 뇌 손상을 겪은 사람들에게서 나타나는데 이런 상태에 있는 사람은 자신의 감정이 무엇인지 정확히 파악하기 어렵고 슬픔이나 분노, 기쁨 등 기본적인 감정조차 구별하기 힘들며 이를 말로써 표현하는 것이 불가능할 뿐 아니라 타인의 감정을 이해하고 공감하는 능력도 부족할 수 있다. 그 결과 이들은 타인들에게 차갑거나 무관심한 사람으로 비추어질 수 있다. 우리의 언어가 제공하는 감정 표출 기능이 없다 보니 상상력과 감정교류 능력이 부족하게 되고 오로지 현실적인 문제에만 집중하게 되며 언어 자체의 힘에 회의를 느끼게 된다.

그러나 완벽하지는 않지만 언어로써 감정을 그려내다 보면 우리는 자신의 감정을 스스로 더 관조할 수 있는 가능성을 얻게 된다. 예를 들어 젊은 이들의 경우 흔히 자신의 이상형을 말하라고 하면 언어로 온전하게 표현하기 쉽지 않다. 그럼에도 불구하고 가장 구체적인 것부터 하나씩 말로 이야기하다 보면 자신이 머릿속에 그리는 그 이상형의 모습에 다가갈 수 있다. 감정의 경우도 다른 동물들은 자기가 느낀 바를 바로 몸짓이나 행동으로 표현하지만, 인간은 언어라는 고도의 상징체계를 통해 기호화된 의미로 승화시켜 표현하며 이 과정은 개개인의 언어 능력으로 축적되고 상호 공유하며 교환하는 사회적 소통의 중요한 부분이 된다.

감정과 언어학

감정에 대해 일찍 학문적 탐구가 시작된 심리학이나 생물학과 달리 언어학에서는 감정에 대한 연구가 비교적 늦게 시작되었다. Jakobson(1960)은 언어의 기능을 논할 때 그 당시 학계의 경향이 언어를 정보 교환의 체계로 보고 언어의 지시(reference) 현상에만 집중하려는 것을 비판하고 언어의 정보적 기능 외에도 정표적 기능(emotive function or expressive function)도 주목할 필요가 있다고 보았다. 그에 따르면 언어의 정표적 기능이란 화자가 자신의 말에 대한 태도를 직접 표현하는 데 목표를 둔 것으로서 언어의 가장 일반적인 기능 중 하나라고 하였다 (Jakobson 1960: 354). 언어는 정보지시적 기능 외에도 감정, 기분, 성향, 태도를 전달하고 결정하기 위해 화자의 기본적인 욕구에 반응하는 기능을 한다. 대화참여자들은 하나의 문장이나 발화에서 화자가 단언하고 있는 것이나 명제적 의미가 무엇인지 알아야 할 뿐만 아니라 특정한 단언이나 명제와 관련하여 화자가 보여주는 감정의 방향 또한 정확히 알아야 한다. 발화수반력(illocutionary point)과도 구별되는 감정의 방향은 대화참여자가 해당 발화를 어떻게 해석하고 대응해야 하는지에 대한 결정적 단서를 제공하기 때문이다.

그럼에도 불구하고 Jakobson 이후 상당 기간 언어학에서 감정 표현에 관한 연구는 그다지 관심을 끌지 못했는데 Guenthner(1997: 247)는 "지금까지의 의미에 대한 언어학 분석은 지시적 의미에만 주로 몰두하여서 언어의 정표적 측면은 그저 '성가신 부작용(pesky side effects)' 쯤으로 취급했다"고 비판하였다. 이에 대해 Ochs & Schieffelin(1989)은 감정 연구와 관련해서 사회학이나 심리학, 정치학, 인류학 등의 사회과학은 감정이 사람들의 인지와 사회적 행위에 어떻게 영향을 미치는지를 설명하려고 시도해 온 반면, 언어학은 인간의 정서적 목적이 문법 구조나 담화 구조들에 어떻게 반영되는지를 설명하는 것을 간과하였다고 한다. 마찬가지로 Irvine(1990: 126)은 "많은 언어학자들은 여전히 언어에서 감정 표현에 대한 논의가 일어나면 겁을 먹고 꽁무니를 빼는 것처럼 보인다"라고 하면서 당시 언어학에서의 감정 연구의 소극적 자세를 꼬집었다.

그러나 감정은 우리 생활의 중심에 있고 대개는 언어로써 표현되며 소통된다는 점에 비추어 더 이상 언어학에서 감정을 외면할 수 없다는 인식이 높아졌다. 그 결과 "언어에는 마음이 깃들어 있으며(Language has a heart)" (Ochs & Schieffelin 1989: 1), "마음은 언어를 갖고 있다(The heart has a language)" (Caffi & Janney 1994: 325)는 자각과 함께 언어학에서 감정을 여러 각도로 분석하고 연구하기 시작하였다. 감정은 감정 어휘라고 불리는 특정 단어뿐 아니라 음성이나 문장 구조, 문법 관계, 의미, 화용 등 모든 언어적 수준에 침투되어 있기 때문에 어떤 언어 단위를 연구하더라도 감정을 외면할 수 없다. 언어학은 감정을 말로써 소통하는 데 동기가 되거나 처리하는 내적 과정들을 밝히고, 더 나아가 여러 언어들과 언어공동체에서 이러한 처리 과정들의 원리를 사회언어학 및 화용론적 시각에서 분석할 필요가 있다.

　이러한 감정에 대한 언어학적 분석 방법으로 Ochs & Schieffelin(1989)은 "정동 열쇠(affect keys)"라고 부르는 감정의 언어적 단서에 주목할 것을 제안하였다. 이들에 따르면 화자나 저자가 청자나 독자 또는 제3자에게 자신의 감정을 전하거나 불러일으키기 위해 일정한 언어적, 준언어적 자원들을 사용하는데 이를 '정동 열쇠'라고 부른다. 청자나 독자 또는 제3자가 이런 정동 열쇠들을 접하게 되면 그때까지 잘 몰랐던 정보에 대해 자신들의 느낌이나 기분, 취향, 태도 등을 정하는 토대로 사용한다. (Ochs & Schieffelin, 1989: p.9) 그렇다면 구체적으로 정동 열쇠는 어떤 것들이고 어떻게 기능하는지를 알기 위해 비록 실제 대화가 아니라 만화에서의 가상적 대화이지만 다음 예를 보자.

[그림 8] Jeremy의 착각?

위 만화에서 아들 Jeremy는 어머니에게 돈을 빌리기 위해 요청하기(request)라는 언어행위를 하고 있다. 영어에서 돈을 빌려달라는 의도를 전달하는 방법에는 여러 가지가 있지만 그는 "Can I borrow ten bucks?"라는, 형식은 의문문이지만 내용은 질문이 아니라 부탁을 하는, 간접언어행위(indirect speech act)를 선택하고 있다. 이런 의문문 형식의 간접적인 언어행위는 "Lend me ten bucks"와 같은 명령문이나 "I need ten bucks"와 같은 서술문의 형식을 한 언어행위보다 청자에게 공손성이 높은 것으로 지각될 가능성이 크다. 즉 Jeremy가 택한 이 간접언어행위는 다소 어려운 부탁을 나름 조심스럽게 하고 있다는 점을 대화상대인 어머니에게 전하기 위한 '정동 열쇠'의 기능을 하고 있다. 반면에 아들의 이런 조심스러운 접근에 대해 어머니는 한 마디로 "No."라고 답함으로써 단호하게 거절하고 있다. 다른 맥락에서 요청의 발화라면 상대방 화자의 요청을 들어주지 못할 경우 단순히 "No."라고 답하는 것은 요청을 한 사람의 체면을 손상시킬 수 있는 무례한 발화로 인식될 수 있다. 따라서 대개 요청을 들어주지 못하는 이유라든지 상대방이 원하는 대로 해 주지 못해서 미안하다는 취지의 말을 부연해서 붙이는 경우가 일반적이다. 예를 들어 사람들이 많은 야구장에서 빈 자리가 잘 보이지 않을 경우 미리 와서 앉아 있는 사람에게 "저 일행이 있어서 그런데 한 자리만 옆으로 이동해 주실 수 있을까요?"라고 말하면 아마도 큰 어려움이 없으면 옆으로 이동해 주든지 아니면 "아, 미안한데 제 친구가 지금 화장실 갔는데 곧 올 거거든요"라고 요청에 응하지 못하는 이유를 제시하는 것이 보통이다.

그런데도 이 만화에서 어머니는 아들 Jeremy의 요청을 여지없이 거부함으로써 이 문제에 관한 한 어머니가 아들에 대해 어떤 감정이나 태도를 갖고 있는지를 명백하게 보여주고 있다. 이처럼 간접언어행위 발화에 대한 답변의 방식도 그 맥락에서 화청자 간의 상호 관계를 보여주는 '정동 열쇠'가 될 수 있다. 어머니의 이처럼 단호한 거절에도 불구하고 아들은 이번에는 한 술 더 떠서 "Can I borrow twenty bucks?"라고 다소 엉뚱한 방식으로 요청을 계속하고 있다. 앞에서 이미 거부된 요청행위를 숫자만 바꾼 거의 같은 문장을 써서 또 다시 시도하는 것은 이 문제에 대한 아들의 느낌과 기질(disposition) 및 어머니와의 관계에 대한 아들 자신의 인식을 보여주는 또 다른 정동 열쇠이다. 즉 이 대화를 보는 사람들이라면 이런 정동 열쇠를 통해 아들이 이 문제에 보통 이상으로 집착하고 있고 거의 같은 말을 반복함으로써 집요하게 접근하고 있으며 어머니의 단호한 거절에도 불구하고 이런 말을 반복할 수 있을 정도로 어머니와의 관계를 편하게 생각하고 있다는 점을 알게 된다. 반면에 어머니는 아들의 거듭되는 엉뚱한 요청에 대해 화를 내거나 말을 끊지 않고 침착하게 "내가 네게 10불을 빌려줄 수 없으면 20불은 더더군다나 빌려줄 수 없지"라고 말하고 있는데 상대방의 터무니없는 요청에 대해 짜증을 내기는커녕 그가 잘 알아듣게끔 다소 길게 풀어서 설명하고 있는 것은 자신이 아들에게 최대한 인내심을 발휘하고 있다는 점을 전달하는 또 다른 정동 열쇠이다. 그러나 이런 어머니의 노력에도 불구하고 마지막으로 아들이 "How about forty?"라고 말하자 어머니는 인내의 한계에 다다르게 되어 급기야 할 말을 잃고 만다.

위에서 본 영어의 예뿐 아니라 모든 언어에는 정동을 표현하기 위해 사용되는 자원들이 있다. 이런 자원에는 언어기호를 통한 것도 있고 언어 외적인 준언어적 자원도 있는데 이들을 요약하면 다음과 같다. (출처: Poyatos, 2002)

1) 동작언어(kinesics)
   몸짓, 손짓, 삿대질, 얼굴 표정, 시선, 자세, 접촉, 웃음, 울음, 한숨, 하품, 기침, 헛기침, 재채기 등
2) 공간언어(proxemics)
   분위기, 상호 거리
3. 준언어(paralanguage)
   음색(voice quality), 음의 높낮이(pitch), 빠르기(tempo), 음량(amplitude), 억양(intonation), 리듬, 음의 길이(sound length), 음 반복(sound repetition), 휴지(pause), 음성상징(sound symbolism), 비음성(nasality), 유창성(fluency), 혀짧은 소리(lisping), 전자통신에서의 이모티콘 등
4) 언어적 요소
   (1) 형태어휘적 요소
   감탄사, 맞장구 표현, 비속어, 줄임말, 고어, 전문어, 외래어/외국어,

존대법, 별명, 접사, 어미, 성수격 표지, 한정사(이/요, 그/조, 저/조)
(2) 통사적 요소
어순, 태, 법(직설/가정/명령/기원/조건), 강조구문, 병렬구문, 시제, 상
(3) 의미화용적 요소
직시, 비유, 한정사, 호칭, 완곡어법, 반어법, 언어행위(조롱하기, 칭찬
하기, 사과하기, 모욕하기, 평가하기, 비난하기, 불평하기, 저주하기,
축복하기, 농담하기, 충고하기, 애도하기, 달래기 등), 수사적 의문문,
야유, 풍자하기, 함축

  우리는 감정의 표현과 소통에서 주로 언어적 요소에 초점을 맞추지만
실제로 준어어나 범언어적 요소들도 감정 전달에 중요한 역할을 한다.
Hargie(2011)는 소통에 있어서 비언어적 요소들은 무엇을 말하는지가
아니라 어떻게 무엇을 말하는지에 대한 매우 중요한 역할을 수행하고
있다고 주장한다. 이런 요소들은 문화마다 다르게 사용되고 해석될 수
있어서 특히 문화 간 소통에서 문제가 될 수 있기 때문에 넓은 의미로서
인간의 소통 능력(communication competence)의 한 부분을 구성한
다. 예를 들어 일본어는 한국어나 서양 언어에 비해 직접적이고 노골적
인 욕설의 종류나 사용 빈도가 낮은 편이다. 다른 언어와 달리 일본어의
대중적인 욕설 중에는 성적인 비유나 비하를 담은 표현이 거의 없다. 그
렇다고 해서 일본어에 경멸하거나 꾸짖는 표현이 전혀 없다는 뜻은 아
니다. 일본인들은 직접적인 욕설 대신 상황에 따른 어휘 선택이나 말의
톤과 억양 등으로 불쾌함이나 분노의 감정을 표현하는 경향이 강하다.
같은 단어라도 어떤 톤으로 말하느냐에 따라 상대방에게 전달되는 감정
의 무게가 확연히 달라지는데 예를 들어, "바보(ばか)"라는 단어는 친한
친구 사이에서는 장난스러운 애칭처럼 들릴 수 있지만, 싸울 때는 경멸
이나 분노를 담아 강하게 말할 수 있다. 또한, 직접적으로 욕을 하기보다
는 "짜증나(うるさい)", "민폐야(迷惑だよ)", "불쾌하다(気分が悪い)"와

같이 자신의 감정을 표현하는 방식으로 꾸짖거나 불만을 표출하기도 한다. 뿐만 아니라 "바보(馬鹿, ばか)", "멍청이(阿呆, あほう)", "쓰레기(ごみ)", "똥(くそ)"과 같이 일상적인 단어를 비하적인 뉘앙스로 사용하는 경우가 많다. 예를 들어, "쿠소(くそ)"는 원래 똥을 의미하지만, "제길!", "빌어먹을!"과 같은 감탄사나 비속어로 사용된다. 아울러 "너(お前, おまえ)", "놈(奴, やつ)"과 같은 2인칭 대명사나 지칭어를 친한 사이가 아닌 사람에게 사용하면 상대방을 무시하거나 낮잡아 보는 감정이 전달될 수 있다. 뿐만 아니라 몸의 특징이나 행동을 비하하여 "뚱보(デブ)", "대머리(ハゲ)", "꼴사납다(きもい)" 등 신체적 특징이나 특정 행동을 조롱하는 표현도 자주 사용된다 (Braun 2021).

이러한 일본어의 특징은 일본 사회의 화합과 조화를 중요시하는 문화와 관련이 깊다. 직접적인 갈등이나 대립을 피하고 상대방의 기분을 상하게 하지 않으려는 경향이 언어생활에도 반영되어, 강한 비난이나 욕설을 공공연하게 사용하기보다는 간접적인 표현이나 비언어적인 요소(표정, 톤 등)를 통해 감정을 전달하는 방식이 발달한 것이다. 하지만 최근 일본의 온라인 공간이나 특정 커뮤니티에서는 좀 더 노골적이거나 과격한 욕설이 사용되기도 하며, 지역에 따라 욕설의 사용 빈도나 종류에 차이가 있을 수 있다.

요약하자면, 일본어에 경멸하거나 꾸짖는 표현이 없는 것은 아니지만, 한국어나 서양 언어와는 다른 방식으로 표현되며, 특히 톤과 억양이 감정 전달에 매우 중요한 역할을 하므로 이를 잘 알아차리는 것이 일본 문화에서 소통의 중요한 능력이 된다.

국내에서의 감정 관련 언어학적 연구는 21세기 이후로 국한하여 몇몇 대표적인 연구를 들면, 임지룡(2000, 2002, 2006), 김은영(2005), 이기웅(2016), 손선주·박미숙·박지은·손진훈(2012) 등의 감정 어휘 및 감정 표현 연구가 있고, 한국어 감정 어휘 교육과 관련해서는 문금현(2012), 이효정(2015), 노하늘·신희성·김대희(2018) 등의 연구가 있다. 또한 김인숙(2007), 송은미(2013), 송연희(2019), 이성범(2019b)은 한국어와 일본어의 감정 표현을 비교하였고, 이민행(2004)은 독일어와 영어의 감정명사들의 의미 관계를 연구하였다. 그런데 이들 연구 대부분은 감정을 표현할 수 있는 여러 언어적 메커니즘 중에서 가장 기초적인 어휘 수준에 머물고 있을 뿐 아니라 연구대상 언어(object language)와 기술 상위언어(metalanguage)를 구별하지 않고 해당 언어를 그대로 기술 언어로 사용하는 방식을 취하고 있다. 이는 Wierzbicka(1999)도 지적했듯이 감정 표현의 의미를 정확히 파악하는 데 문제가 될 수 있다. 따라서 우리는 아래 절에서 보듯 여러 연구 대상 언어의 감정 표현 의미를 해당 언어나 한국어가 아닌 자연언어의미 상위언어라는 제3의 중립적인 언어로 분석하고 설명하려고 한다.

감정 어휘의 의미

감정에 대한 언어학 연구에서 자연스러운 출발점은 감정 어휘라고 할 수 있다. 그런데 서로 다른 문화 배경을 갖고 있는 언어들의 감정 표현을 횡단언어학적으로 연구할 때 이 다양한 언어 표현을 연구자 자신의 모어로 번역하여 분석하는 것은 실제 의미를 정확히 보존하지 못한다는 문제점을 안고 있다. 예를 들어 일본어의 '恥(haji)'는 영어의 'shame'이나 'guilt'로 종종 번역되지만, '恥'는 사회적 규범과 공동체의 시선을 강하게 의식하는 일본 문화의 특수성을 반영하여 단순히 개인의 잘못에 대한 죄책감보다는 외부의 시선에 의해 발생하는 부끄러움이나 명예 실추의 느낌이 더 강하다. 또한 그리스어 'στεναχώρια(stenahoria)'는 영어의 'discomfort', 'sadness', 'suffocation' 등을 느슨하게 포함하지만, 어느 것도 완벽한 번역어는 아니다. 'στεναχώρια'는 종종 실제적인 질식감이나 가슴이 답답한 신체적 증상과 관련되며, 특정 상황에서 오는 답답하고 우울한 감정을 복합적으로 나타낸다. Van Osch et al.(2013) 역시 자긍심의 개념도 언어마다 달라서 단순한 사전적인 번역에 의존하는 연구 방법을 경계하고 있다.

이런 문제점을 극복하기 위해 Wierzbicka(1999)는 특정언어에 얽매이지 않고 문화중립적인 '비교의 제3점'을 제공하는, 모든 언어에 보편적으로 존재한다고 가정되는 기본 개념인 80개 남짓한 의미기본소와 미니문법으로 구성된 '자연언어의미 상위언어(Natural Semantic Metalanguage, 줄여서 NSM)'라는 인공언어를 제안하고, 실제 여러 언어의 감정 표현들의 사용에 근거한 '인지 시나리오(cognitive scenario)'를 이 NSM으로 설명하며 더 나아가 여러 언어의 감정 표현들 사이의 개념적 유사성과 차이점을 대조 분석하고 있다. NSM은 영어 외에도 전 세계 40여개 언어의 개념 분석에 유용한 도구로 사용되고 있는데 우리는 이 NSM을 받아들여 다음 절부터 여러 언어의 주요 감정 표현 및 인지 시나리오를 분석하고 더 나아가 Goddard & Wierzbicka(2004)가 횡단문화적 연구 방법의 하나로 제안한 '문화 대본(cultural script)'의 개발에 활용하고자 한다.

감정의 화용론

외부 자극에 의해 생성된 감정은 어휘 단계에서 머물지 않고 대개 언어행위로 표출되는데 이 점이 일상 언어생활에 가장 두드러진 부분이다. 따라서 감정 표출이 실제 복잡한 발화 형식의 언어행위로 수행될 때 작용하는 규칙이나 원리들을 면밀히 조사할 필요가 있다. 감정 표현 행위는 화행이론에서 '정표행위(expressive)'라는 범주로 활발히 연구되어 왔다. 다만 지금까지의 화용론 연구는 통사론에서 보편 문법(Universal Grammar)에 대응하는 '보편화용론(Universal Grammar)'이라고 부를 수 있을 정도로 언어행위의 보편적 원리 규명에 주력하면서 화자나 청자의 소맥락에서 개별 정표화행의 발화수반력과 적정조건을 밝히는 데 초점을 맞추어 왔다. 그에 비해 다양한 정표화행을 아우르는 언어공동체의 가치 체계나 규범, 제도 등의 문화적 차원을 고려한 거시화용론적 분석은 비교적 드물었다.

Levenson(1999)의 용어를 빌면, 감정 표출 행위는 화자 자신의 항상성을 위한 '개인내부적(intrapersonal) 기능' 뿐 아니라 사회적으로 대화참여자들의 상호 위치를 확인하는 '대인관계적(interpersonal) 기능'도 갖고 있다. 특히 대인관계적 기능은 그 표출 행위가 일어나는 맥락에서 공유되는 규범이나 문화적 배경에 따라 다르게 전개되고 사회적 소통을 이해하는 한 요소가 된다. 따라서 감정 표출 행위는 단순히 개인적 수준의 감정 토로에 머물지 않고, 사회적 언어 행위로서 거시화용론의 연구 대상이 된다. 어떤 집단이나 국가가 그 구성원들 사이에서 원활한 소통을 보장하고 확대하기 위해서는 그들의 사회적 감정 표출 과정을 이해할 필요가 있다. 이를 위해 보다 구체적으로 사람들이 실제 다양한 거시적 맥락의 대화에서 감정을 어떻게 표현하고 받아들이는지를 세밀하게 조사하는 것이 기초적인 작업이 된다.

이를 위해 우리는 고전적 화행이론에서의 '언어 행위(speech act)'라는 개념에서 한 걸음 더 나아가 Mey(2001)가 정의한 '화용적 행위(pragmatic act)'로서 감정 표출 행위를 다루되 Fetzer(2007)의 '사회적 적절성(social appropriateness)'이라는 거시화용론적 개념을 통해 접근할 필요가 있다. 이 사회적 적절성이란 제도적, 규범적 대맥락에서 특정 발화가 지닌 의미의 타당성과 수용가능성을 말하는데 같은 감정 표현을 발화하더라도 집단마다 해석과 반응이 다르고 문제가 되었을 때 법적, 사회적 처벌이 달라지는 것을 설명할 수 있다. 예를 들어 미국에서는 감정적인 모욕이나 비난 표현이 들어 있는 발화라고 할지라도 그 내용이 사실일 경우는 아무리 악의적인 비방이라도 불법행위가 성립하지 않는다. 이와는 대조적으로 한국의 경우는 발화 내용이 비록 사실일지라도 해당 인물의 사회적 체면과 명예를 현저하게 침해할 우려가 있으면 유죄로 처벌될 수 있는데 다만 공공의 이익을 위해 실제 사실을 적시한 경우에는 예외적으로 위법성이 조각되어 명예훼손 혐의는 무죄가 되지만 감정 표현의 수위에 따라 모욕 혐의는 별도로 제재가 가능하다. 즉 이 두 나라는 공격적인 감정의 표현 및 전파에 대해 사실성과 공익성, 표현 방식 등의 요인을 고려한 사회적 적절성 판단에서 차이가 있다. 우리는 소맥락에 집중하는 미시적 언어행위 분석에서 한 단계 올라가 대인관계적 목적을 염두에 둔 사회문화적인 동기에서 비롯되는 감정 소통의 원리를 실제 사례들을 제시하면서 분석할 필요가 있다.

감정 표현을 포함한 언어적 의사소통에 대한 거시화용론 연구는 규범이나 제도, 가치체계 등을 포함한 사회문화적 맥락에서 발화의 적절성에 초점을 맞춘다. 인류학자인 Malinowski(1944)는 Trobriand섬에서의 현지 조사를 수행한 결과, 원주민들의 의사소통을 이해하기 위해서는 소통의 맥락을 크게 발화 맥락(context of utterance)과 상황 맥락(context of situation)으로 나누어서 연구할 필요를 느꼈다. 첫째로 그의 발화 맥락은 화자와 청자로 이루어진 대화 현장에 국한된 최소 수준의 소맥락에 해당하며 상황 맥락은 일반적인 또는 일반화될 수 있는 한 사회나 문화에서의 의사소통의 개념적 구조로서 대맥락에 해당한다. 감정 소통의 기본 작동 원리나 사회적 영향은 단순히 발화 맥락만을 고려해서는 제대로 파악할 수 없고 상황 맥락까지 고려해야 하는데 이는 이 책의 3장에서 집중적으로 서술할 문화적 요인들과 자연스럽게 연결된다.

기본 감정과 복합 감정

인간이 느낄 수 있는 감정의 종류는 거의 무궁무진할 정도로 많아서 Watkins(2014)는 34,000가지의 감정이 있다고 한다. 다만 이를 모두 언어로 표현하는 것은 인간의 생활을 고려해 볼 때 그럴 필요도 없고, 인간의 인지능력을 감안해 볼 때 그럴 가능성도 없다. 아무리 색채 어휘가 발달한 언어라도 색깔을 표시할 때 'black, white, red, green, 파랑, 보라, 빨강, 노랑' 등과 같은 추상적인 색채 어휘는 각 언어마다 20여 개를 넘지 않듯이 (Berlin & Kay 1969), 감정 표현이 풍부한 언어라도 'joy, happiness, sadness, sorrow, shame, gratitude, 기쁨, 행복, 슬픔, 부끄러움, 두려움' 등의 기본적 감정 어휘는 각기 200개를 넘지 않는다. 다만 필요할 경우 'rose, saffron, lilac, 하늘색, 똥색, 살구색' 등과 같이 묘사적인 색채 어휘 (descriptive color terms)들을 만들어 사용하는 것처럼 상황에 알맞게 효과적으로 감정을 표현하기 위해서는 기본 감정 어휘 대신에 비유나 관용어구를 사용해서 '천벌을 받아 마땅한, 쥐구멍에라도 숨고 싶은, 구름 위를 걷는 듯한, 총 맞은 것처럼, out of one's mind, incredibly self-preoccupied, unequivocal self-indulgence'와 같은 확장된 감정 표현들을 사용할 수 있다. 기본 색채 어휘는 그 수가 손을 꼽을 정도로 적지만 색감은 인류보편적인 능력이듯이, 감정 역시 어휘화의 정도는 언어마다 차이가 있어도 기본 감정은 아마도 인류보편적인 것으로 그 수가 몇 개에 불과하고 그 밖의 수많은 감정은 이 기본 감정에서 확장되거나 파생된 것으로 생각된다.

감정을 심리학적 관점에서 연구한 Plutchik(2002)은 영어의 단어 fear, anger, sadness, joy, disgust, trust, anticipation, surprise가 기본 감정을 표현하는 8개 감정 어휘이고, 다른 감정은 이 8가지 기본 감정이 결합하는 방식에 따라 다르게 도출될 수 있는 복합 감정이라고 한다. 이는 마치 색에서 빨강, 노랑, 파랑이 3가지 기본색, 즉 3원색이고 빨강과 노랑이 결합하면 복합색인 주황이 나오고, 노랑과 파랑이 만나면 초록이 나오며 빨강과 파랑이 만나면 보라라는 복합색이 만들어지는 것과 같은 이치이다. 그는 8가지 기본 감정이 계속 다른 방식으로 결합하면서 점점 더 고차원적인 복합 감정이 생성될 수 있다는 점을 다음과 같이 바퀴 모양의 그림으로 표시한다.

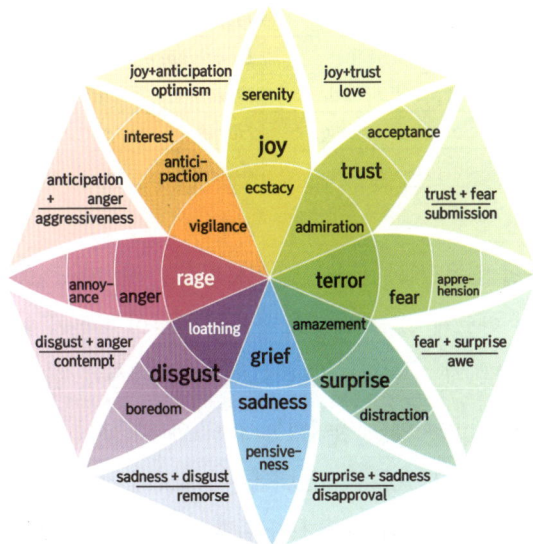

[그림 9] Wheel of Emotions (출처: Plutchik, 2002)

예를 들어 위 그림의 중간 부분에 나온 joy와 trust는 각기 독립된 기본 감정 어휘인데 이 두 어휘가 만난 것이 love라는 개념의 어휘라는 것이다. 또한 기본 감정 어휘인 disgust와 anger가 결합된 것이 contempt라는 복합 감정 어휘라고 하며 위에는 2차 결합까지만 나와 있지만 이런 과정은 이론상 끝없이 진행될 수 있다. 이 중 일부를 표로 나타내면 다음과 같다.

Love	Joy + Trust	*Remorse*	Sadness + Disgust
Guilt	Joy + Fear	*Envy*	Sadness + Anger
Delight	Joy + Surprise	*Pessimism*	Sadness + Anticipation
Submission	Trust + Fear	*Contempt*	Disgust + Anger
Curiosity	Trust + Surprise	*Cynicism*	Disgust + Anticipation
Sentimentality	Trust + Sadness	*Morbidness*	Disgust + Joy
Awe	Fear + Surprise	*Aggression*	Anger + Anticipation
Despair	Fear + Sadness	*Pride*	Anger + Joy
Shame	Fear + Disgust	*Dominance*	Anger + Trust
Disappointment	Surprise + Sadness	*Optimism*	Anticipation + Joy
Unbelief	Surprise + Disgust	*Hope*	Anticipation + Trust
Outrage	Surprise + Anger	*Anxiety*	Anticipation + Fear

한 가지 주목할 점은 기본 감정은 언어보편적일 것이라고 보는 심리학자들의 가정과는 다르게 인류학자들의 조사에 따르면 아무리 원초적인 감정이라고 생각되는 것도 언어로 표현되지 않는 경우가 있다. 예를 들어 Levy(1973)는 Tahiti어에는 영어의 sadness에 해당하는 언어 표현이 없다고 하였고, Briggs(1970)는 Inuit어에는 anger에 해당하는 표현이 없다고 하였다. 물론 이들 언어에 그런 감정 표현이 없다고 해서 이들이 마치 로봇처럼 그런 슬픔이나 분노의 감정 자체를 느끼지 못한다는 것은 아니지만 기본 감정이라면 너무나 흔하고 중요한 것이기 때문에 언어화가 필연적으로 일어나야 함에도 그렇지 못하다는 것은 기본적 감정과 비기본적 감정의 이분법이 절대적인지에 대한 의문을 제기한다. 한국 사람이라면 누구나 '한의 정서'라고 하는 '한(恨)'을 알고 있지만 외국인들에게는 이 단어의 의미나 개념은 이해하기 쉽지 않고 따라서 그런 표현 자체가 그들의 언어에는 발달되어 있지 않다.

예를 들어, 일본어에는 한국어의 '한'과 정서적으로 유사하거나 '한'의 일부 측면을 나타내는 다음과 같은 표현들이 있지만 정확히 일치하는 단어는 없다.

1) 無念(むねん): 뜻을 이루지 못하거나 억울한 마음으로 '한'의 의미 중 좌절감, 억울함과 유사하다.

2) 恨み(うらみ): 원한이나 증오를 나타내며 '한'이 개인이나 대상에 대한 분노나 원망으로 나타날 때 사용될 수 있지만 '한'이 가진 체념이나 슬픔의 뉘앙스는 약하다.

3) 哀愁(あいしゅう): 한국어에서는 잘 사용되지 않는 '애수'로서 '한'이 가진 슬프고 아련한 정서를 나타낼 때 사용될 수 있다.

4) やるせない: 어찌할 수 없거나 답답하다는 뜻으로 '한'의 무기력하고 답답한 감정과 유사하다.

중국어 역시 한국어의 '한'과 완전히 대응하는 단어는 없으며, 복합적인 감정들을 아울러 설명해야 한다.

1) 怨恨: 원한, 증오. 일본어 '恨み'와 유사하게 '한'의 원망하고 분노하는 측면을 나타낸다.

2) 悲憤: 비분, 즉 슬픔과 분노가 뒤섞인 감정으로 '한'이 내포하는 슬픔과 억울함, 분노가 결합된 느낌을 전달할 수 있다.

3) 遺憾: 유감이나 후회의 뜻으로 '한'이 이루지 못한 것에 대한 아쉬움이나 후회를 포함할 때 사용될 수 있다.

4) 苦澁: 쓰디쓰고 씁쓸한. '한'이 주는 내면의 고통스럽고 씁쓸한 감정을 표현한다.

영어의 경우에도 '한'을 완벽하게 대체할 수 있는 단어는 없지만, 문맥에 따라 다음과 같은 표현을 사용할 수 있다.

1) resentment: 과거의 불공정함이나 상처로 인해 생긴 분노와 억울함

을 뜻한다.

2) grief: 깊은 슬픔이나 비탄. 특히 상실과 관련된 '한'의 감정선과 유사하다.

3) sorrow: 슬픔이나 비애의 의미로 '한'이 내포하는 슬픔의 감정을 나타낼 수 있다.

4) bitterness: 쓰라림이나 억울함의 뜻으로 오랫동안 풀리지 않은 감정으로서의 '한'과 통하는 부분이 있다.

5) lingering regret/unresolved anger: 해결되지 않는 후회나 풀리지 않은 분노를 의미하며, '한'이 지닌 지속적이고 해소되지 않은 감정적 상태를 설명하는 데 도움이 된다.

6) deep-seated sorrow/pain: '한'의 뿌리 깊은 슬픔이나 고통을 강조할 때 사용될 수 있다.

프랑스어에서도 한국어의 '한'과 의미상 똑같은 단어는 찾기 어렵고 다음과 같은 표현들이 '한'의 일부 감정 요소와 연결될 수 있다.

1) ressentiment: 영어와 마찬가지로, 과거의 불공정함이나 상처에서 비롯된 원한이나 억울함을 뜻한다.

2) mélancolie: 멜랑콜리, 우울, 깊은 슬픔. '한'의 내면에 깔린 슬픔과 연결될 수 있다.

3) amertume: 쓰라림, 비탄. '한'이 가진 고통스럽고 씁쓸한 감정을 나타낸다.

4) nostalgie: 노스탤지어, 향수. 과거에 대한 그리움과 아쉬움이 '한'의 한 부분일 때 사용될 수 있다.

'한'의 정서가 간결하게 농축되어 있다고 평가받는 민요인 '한오백년'의 한 지역 버전을 ChatGPT에게 영어와 중국어로 각각 번역하게 한 결과는 다음과 같다.

원문 (한국어)
한 오백년 사시다가
한 많아서 못 살겠네
저 달이 지고 해가 뜨면
이내 **한**이 풀릴라나

영어 번역
Live for five hundred years,
But I can't go on with all this **sorrow**.
When the moon sets and the sun rises,
Will my **sorrow** finally be released?

중국어 번역
活上五百年，
满怀**怨恨**无法继续生活。
当明月落下太阳升起时，
我的**怨恨**是否能得以解脱？

한국인이라면 누구나 느낄 수 있듯이 '한'은 단순한 슬픔이나 분노가 아니라, 해소되지 못한 채 마음속에 응어리처럼 맺힌 복합적인 감정이다. 그런데 ChatGPT는 이 민요의 핵심어인 '한'을 영어로는 'sorrow'로, 중국어로는 '원한'으로 번역했는데, 원래 한국어 가사에서의 한의 정서가 완벽하게 살아나지 않는 느낌이다.

이상에서 보듯 '한'은 단순히 슬픔이나 분노를 넘어 오랜 시간 응어리진 억울함, 체념, 슬픔, 분노, 그리고 희망이 섞여 있는 복합적인 정서이기 때문에, 하나의 외국어 단어로 번역하기가 매우 어렵다. 따라서 문맥에 따라 위에 제시된 여러 단어들을 조합하여 사용하거나, 해당 감정을 설명하는 문장으로 풀어서 설명하는 것이 더 효과적일 수 있다.

또 다른 예로 영어에는 남의 불행을 보고 오히려 행복감을 느끼는 감정을 어휘로 표현하지 않았지만 최근 들어 독일어의 Schadenfreude라는 단어가 영어에 들어와 널리 쓰이고 있다. 아래 그림에서 보듯 구글의 Books Ngram Viewer에 따르면 Schadenfreude는 그 사용빈도가 1800년대 초에는 전체 어휘 빈도 대비 0%였던 것이 1800년대 말부터 조금씩 사용되기 시작해서 1960년대 들어서는 급속히 사용빈도가 늘어 1980년에는 0.0000017384%가 되었다가 2000년에는 0.0000021681%, 2020년에는 0.0000028954%로 가파른 상승세를 보여주고 있다. 이 단어는 독일어에서 비롯된 것이지만 영어의 다른 고유 어휘로는 그 개념을 표현할 수 없는 미묘한 감정을 나타내는 말로 인식되면서 더 이상 독일어가 아닌 영어 표현으로 정착하게 되었다 (철자도 모든 명사의 첫 글자를 대문자로 표기하는 독일어식 철자법에서 벗어나 소문자로 표시하는 방식으로 영어화하였다).

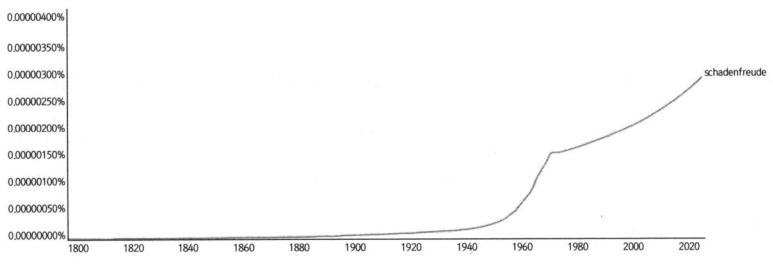

[그림 10] schadenfreude의 Google Ngram Viewer[10]

---

10 구글 Books Ngram Viewer는 영어, 중국어(간체), 프랑스어, 독일어, 히브리어, 이탈리아어, 러시아어, 스페인어로 된 구글의 말뭉치에서 1500년부터 2023년 사

영어에서 대표적인 긍정 감정으로서 행복 감정을 뜻하는 대표적인 어휘인 happiness는 아래 그림 11에서 보듯 시간이 갈수록 사용빈도가 줄어드는 반면, 대표적인 부정 감정으로서 남의 불행을 보고 통쾌함을 느끼는 schadenfreude가 독일어에서 유입된 지 얼마 안되어 폭발적으로 그 사용이 증가되었다는 것은 시사하는 바가 크다.

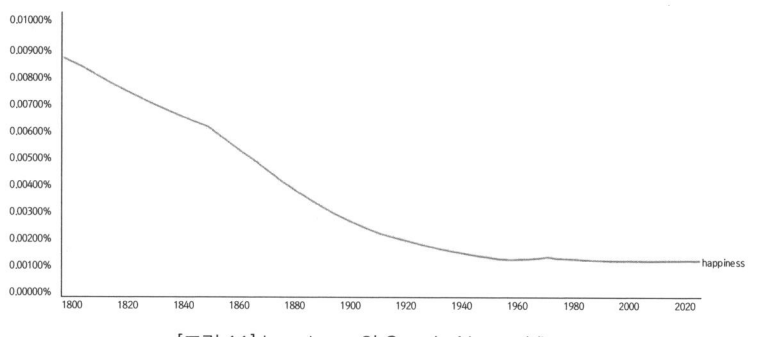

[그림 11] happiness의 Google Ngram Viewer

감정 표현의 사용은 개인에 따라 다르기도 하지만 시대에 따라 변화하기도 한다. 그런 경향을 보여주는 연구로서 Parada-Cabaleiro et al.(2024)은 1980년부터 2020년 사이에 발표된 영어 노래 12,000여 곡의 가사에서 분노의 감정을 표출하는 내용이 늘어났는데 특히 랩 장르의 음악에서 이런 경향이 두드러졌다고 하였다. 또한 me, mine과 같은 1인칭 대명사의 사용이 증가하였고 자기집착적인 내용이 크게 증가하였다고 한다. 이 논문의 교신저자인 인스부르크 대학의 컴퓨터 공학 교수인 Eva

---

이 인쇄된 출전에서 발견되는 연간 n-gram의 수를 이용하여 일련의 검색 문자열의 주기를 도표화하는 온라인 검색 엔진이다. 여기서 'n그램'으로 지칭되는 특정 단어 또는 연속 어구를 통시적 코퍼스를 통해 검색하면 그 쓰임의 추이를 그래프로 볼 수 있게 되어 있다. 이를 활용하면 문화 변동과 연관되는 언어사용 변화의 추이를 살펴볼 수 있다.

Zangerle는 가사가 특정 문화의 가치와 정서, 고민이 시간에 따라 어떻게 변화하는지 보여주는 사회의 거울이라고 말했는데 특히 주목할 점은 영어 노래에서 행복이나 즐거움과 같은 긍정적인 감정을 표현하는 가사는 전체 적으로 그 비율이 줄어든 반면, 분노나 혐오와 같은 부정적인 감정을 표현 하는 노래 가사는 늘어났다는 점이다. 아울러 흑인이나 저소득층에서 더 많은 인기를 끌고 있는 음악 장르인 랩의 노래 가사에서 부정적 감정 표현 이 크게 늘어나고 있다. 반면에 이와 대조적으로, 영어 노래 가사는 아니지 만 한국과 중국, 일본의 일반 텍스트에서 (아래 그림 12에서 보듯) 최근 수십 년 사이에 행복이나 기쁨의 감정 표현이 눈에 띄게 증가하고 있다는 점은 감정 표출이 시대적, 사회적, 지역적 요인들에 의해 영향을 받는다는 점을 강력히 시사한다. 다만 한국은 '분노의 공화국'과 '혐오의 시대'란 말이 유행어처럼 사용될 정도로 부정적 감정의 게이지가 폭발 직전까지 올라와 있다. 높은 자살률, 결혼과 출산 기피, 소득 양극화, 노인빈곤율, 청년실업율, 세대 갈등과 양성 갈등, 지역 감정과 이념 대립 등이 모두 감정 표출과 소통에 직간접적인 영향을 주고 더 나아가 감정조절장애나 간헐적 폭발성 장애, 양극성 장애 등과 같은 심각한 정신과적 문제를 보이 고 있는 상황은 우리 모두가 관심을 갖고 그 해결책을 찾아 공동체 구성원 전체가 노력해야 할 사회병리적 현상이다.

감정 표현을 횡단문화적 관점에서 연구할 때 주의해야 할 점은 긍정적 감정이든 부정적 감정이든 기본 감정을 표현하는 말은 많은 언어에 독립 적인 어휘 항목으로 존재하는 반면, 복합 감정을 표현하는 말은 기본 감정 어휘보다 덜 어휘화가 일어나거나 어떤 언어에는 존재하지 않는 경우도 있어서 번역의 어려움이 큰 어휘가 된다는 점이다. 또한 복합 감정 어휘는 아무리 모국어 사용자라고 하더라도 어휘력이 낮은 화자는 자주 사용하지 않거나 쉽게 떠올리지 못하는 이른바 비활성 어휘가 될 수 있고 문학 작품

이나 교육 수준이 높은 사람들의 문어체 문장에 등장할 가능성이 높은 어휘이다. 반면에 어떤 두 언어에 같은 감정 어휘가 있는 것처럼 보여도 실제 그 감정 어휘가 뜻하는 것은 다를 수 있다. 다음 절에서 자세히 보겠지만 Ye(2016)는 행복이라는 기본 감정을 표현하는 말로 영어에는 happiness가 있고 중국어에는 幸福(xìngfù)가 있지만 이들은 엄밀히 말해 그 의미가 같지 않다고 주장한다. 이성범(2019b) 역시 싱가포르 영어의 happiness와 한국어의 행복, 일본어의 しあわせ는 서로 동의어가 아니며 미세한 뜻의 차이가 있어서 이들을 기계적으로 번역하는 것은 종종 그 상황의 정확한 전달을 그르칠 수 있다는 점을 지적했다. 이처럼 의미의 차이는 있지만 한국어의 행복과 중국어의 幸福 및 일본어의 しあわせ는 공통적으로 1940년대까지는 별로 빈번히 사용되지 않는 감정 어휘였는데 1950년대 이후 그 사용빈도가 급증하였다 (아래 그림 12 참조). 반면에 앞 그림 11에서도 보았듯이 영어의 happy나 happiness는 1800년대에는 사용빈도가 매우 높은 단어였는데 계속 빈도가 줄어들어 1950년대부터는 한국어나 중국어, 일본어의 대표적인 긍정 감정 어휘들의 빈도와 크로스오버가 발생할 정도로 그 사용이 줄어들었다. 이 점은 역사적으로 중요한 사건들의 발생과 식민지나 후진국에서의 선진국화 등 언어외적인 요인들이 크게 작용한 것으로 보아야 하는데 이 점에 대해서는 감정 표출의 사회문화적 측면을 다루는 본 책의 PART 3에서 더 자세히 보도록 하자.

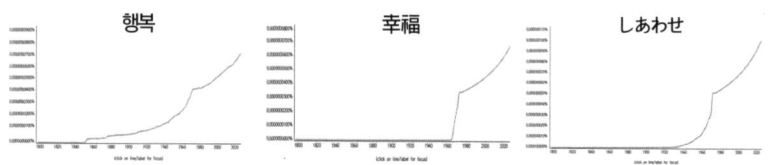

[그림 12] '행복', 幸福, しあわせ의 Google Ngram Viewer

뿐만 아니라 한 언어에 비슷한 감정을 표현하는 데 여러 단어들이 분화되어 있는 경우도 있다. 예를 들어 한국어의 '슬픔'에 해당하는 중국어 어휘는 여러 가지가 있다. 가장 일반적으로 사용되는 단어는 悲伤(bēishāng), 伤心(shāngxīn), 难过(nánguò) 등인데, 먼저 悲伤은 한국어의 '슬픔'이라는 단어에 의미적으로 가장 가까운데 문학 작품이나 공식적인 자리에서 많이 사용된다. 깊고 심각한 슬픔, 비통함, 애절함 등을 나타낼 때 적합한데 한국어의 '비애(悲哀)'와 의미가 유사하다. 반면에 伤心은 마음이 상한, 즉 '마음의 슬픔'을 나타내는 단어이다. 개인적인 일로 인해 마음이 아프거나, 사랑하는 사람과의 이별, 실망 등으로 인한 슬픔을 표현할 때 사용되는데 한국어의 '상심(傷心)'과 의미가 유사하다. 또한, 难过(nánguò)는 '지내기 어렵다'라는 뜻으로, 슬픔뿐만 아니라 괴로움, 고통, 불편함 등 다양한 부정적인 감정을 나타낼 때 사용된다. 예를 들어 他听到老师去世的消息, 非常难过('그는 스승께서 돌아가셨다는 소식을 듣고 너무나 슬퍼했다')라든지 他心里难过得差一点儿就哭出来了('그는 마음이 괴로워 하마타면 울 뻔했다')와 같이 사용된다. 이 어휘는 슬픔의 정도가 悲伤보다는 약하고, 일상생활에서 가장 많이 쓰이는 표현으로 한국어의 '괴롭다', '힘들다'와 의미가 유사하다. 한중사전을 보면 '슬픔'에 대응하는 중국어 어휘로 위에서 본 단어들이 나와 있지만 실제로 단순히 하나의 단어로 일대일 대응되는 것이 아니기 때문에 한국어의 '슬픔'을 중국어로 옮길 때는 문맥에 따라 슬픔의 정도, 원인, 맥락 등을 고려하여 가장 적절한 단어를 선택하는 것이 중요하다. 예를 들어, 사랑하는 사람의 죽음으로 인한 깊은 슬픔을 표현할 때는 悲伤이 적절하고, 시험에 떨어진 것에 대한 슬픔을 표현할 때는 伤心이나 难过가 더 적절할 수 있다. 또한, 단순히 기분이 안 좋거나 울적할 때는 难过를 사용하는 것이 자연스럽다. 요약하자면, 한국어의 '슬픔'에 해당하는 중국어 단어는 세분화된 감정 어휘가 있는데 이들은 겉으로 보기엔 다 같아 보이지만 실제로 이 단어들은 서로 다른 의미 부분을 갖고 있어서 감정을 느끼는 감정주가 그런 감정을 불러일으킨 감정원으로서의 사람이나 사건에 대한 자신의 생각과 느낌의 차이를 반영한다. 영어나 한국어나 일본어 모두 기본 감정이라고 생각되는 행복감을 표현하는 이른 바 행복 어휘들이 수십 개나 있는데 이들은 모두 문맥과 대화 맥락에 따라 그 뜻과 사용이 달라지므로 단순히 기본 감정 어휘로 묶는 데 그쳐서는 안 되며 정교한 언어학적 분석이 필요해진다.

이처럼 인간이 느낄 수 있는 수많은 감정은 그 내용이 아주 미세한 차이만 있는 경우가 많은데 실제 우리 인간의 언어는 모든 감정을 언어로 어휘화하지는 않고 있다. 이는 모든 가능한 색의 조합을 다 언어로 표시하지 않는 것과 마찬가지이다. 그렇다고 하더라도 위에서 본 Plutchik(2002)의 감정 모델은 이론상 무제한의 가능한 어휘들을 생성해 낼 수 있어서 이런 수많은 감정을 포용할 수 있다는 장점이 있지만, 유감스럽게도 그 단위 감정들 사이의 결합 방향이 자유롭지 못하고 고정되어 있기 때문에 개념상으로는 가능하지만 실제 만들 수 없는 감정 표현이 있다는 것이 문제가 된다. 또한 기본 감정 어휘를 8개로 한정한 특별한 이유가 확실히 제시되어 있지 않으며, pride나 shame과 같은 가장 보편적이고 기본적인 감정에 속한다고 생각되는 감정이 누락되어 있다는 점 역시 이 모델의 문제점으로 생각된다. 이런 감정에 대한 심리학적 접근의 한계를 보완하기 위해 언어학이나 인류학의 연구에 주목할 필요가 있는데 이에 대해서는 다음 절에서 알아보기로 하고 먼저 감정 어휘의 분류에 대해 살펴보자.

감정 어휘 분류

앞 장에서도 보았듯이 감정을 연구하는 대부분의 학자들은 오래 전부터 감정 연구의 핵심은 사람들이 감정 경험을 말하기 위해 사용하는 단어와 표현이라고 생각해 왔다 (이에 대한 역사적 고찰은 Scherer 2005, Fontaine et al. 2007 등을 참조). 그런데 감정 어휘의 의미와 쓰임을 밝히려면 먼저 감정 어휘의 범주와 분류가 선결되어야 한다. 일반언어학에서 감정 어휘의 분류는 그 동안 주로 감정 명사나 감정 동사와 같이 품사별로 단편적으로 이루어져왔다. 그러다가 근래 들어 영어에서는 Shaver et al.(1987)과 Athanasiadou & Tabakowska(1998), Wierzbicka(1999), Harkins & Wierzbicka(2001) 등이 전반적인 분류를 시도했고, 전산언어학에서도 Wiebe et al.(2005), Hobbs & Gordon(2011)이 대규모 코퍼스 구축에 필요한 감정 어휘 분류를 시도하였다. 한국어의 경우는 심리학적 관점에서 박인조·민경환(2005)과 이수상(2016) 등이 한국어 감정단어의 목록을 작성하고 각 차원에 대해 연구했다. 또한 조경순(2024)은 어휘 자체보다는 감정 동사 연쇄 구문에 대해 연구한 바 있다. 이 중 몇 가지 대표적인 연구에서의 감정 어휘의 분류에 대해 알아보자.

Shaver et al.의 원형 이론 분류

원형 이론(prototype theory)의 관점에서 Shaver et al.(1987)은 감정을 1차 감정과 2차 감정, 3차 감정의 세 계층(hierarchy)으로 나누고 각 계층마다 해당되는 단어들의 범주를 정했다. 이 중에서 1차 감정은 가장 전형적인 핵심 개념의 감정이며 2차, 3차 감정은 그 원형에서 확장되고 분화된 것이라고 한다. 유아가 감정의 이름을 배울 때 1차 감정에 속한 어휘들을 먼저 익히며, 성인의 경우에도 감정을 지칭할 때 1차 감정에 속한 용어들을 사용하는 등 1차 감정은 기본이 되는 감정의 원형이다. 이들은 그러한 감정의 원형에 속하는 것들로서 '분노, 공포, 기쁨, 사랑, 슬픔, 놀람'이라는 6개의 일차 감정(primary emotions)을 설정하고 이런

6개 범주의 일차 감정에 속하는 25개의 이차 감정(secondary emotions)
을 나눈 다음 25개의 이차 감정을 보다 상세히 세분한 135개의 삼차 감정
을 구별했는데 각 계층에 속한 감정은 다음과 같다.

〈표 8〉 Shaver et al.(1987)의 감정 분류

1차 감정	2차 감정	3차 감정
anger	disgust	contempt, disgust, revulsion
	envy	envy, jealousy
	exasperation	exasperation, frustration
	irritation	aggravation, agitation, annoyance, grouchiness, grumpiness, irritation
	range	anger, bitterness, dislike, ferocity, fury, hate, hostility, loathing, outrage, rage, resentment, scorn, spite, vengefulness, wrath
	torment	torment
fear	horror	alarm, fear, fright, horror, hysteria, mortification, panic, shock, terror
	nervousness	anxiety, apprehension, distress, dread, nervousness, tenseness, uneasiness, worry
joy	cheerfulness	amusement, bliss, cheerfulness, delight, ecstasy, elation, enjoyment, euphoria, gaiety, gladness, glee, happiness, jolliness, joviality, joy, jubilation, satisfaction
	contentment	contentment, pleasure
	enthrallment	enthrallment, rapture
	optimism	eagerness, hope, optimism
	pride	pride, triumph
	relief	relief
	zest	enthusiasm, excitement, exhilaration, thrill, zeal, zet
love	affection	adoration, affection, attraction, caring, compassion, fondness, liking, love, sentimentality, tenderness
	longing	longing
	lust	arousal, desire, infatuation, lust, passion

	disappointment	disappointment, dismay, displeasure
sadness	neglect	alienation, defeat, dejection, embarrassment, homesickness, humiliation, insecurity, isolation, insult, loneliness, neglect, rejection
	sadness	depression, despair, gloom, glumness, grief, hopelessness, melancholy, misery, sadness, sorrow, unhappiness, woe
	shame	guilt, regret, remorse, shame
	suffering	agony, anguish, hurt, suffering
	sympathy	pity, sympathy
surprise	surprise	amazement, astonishment, surprise

Shaver et al.(1987)의 감정 분류는 '원형(prototype)'의 개념을 분류 기준으로 하고 있다. 원형 이론은 예를 들어 '새'라는 범주에 속한 것들을 생각해 볼 때 가장 쉽게 또는 가장 많은 사람들이 떠올리는 것이 '새'의 원형이라는 것이다. 즉 한국인들은 '새'라고 하면 아마도 참새나 비둘기를 먼저 생각하지 펭귄이나 타조를 생각하지는 않을 것이다. 이는 우리 주위에서 흔히 볼 수 있고 그 숫자도 많기 때문이며 새는 보통 날짐승으로 생각하는데 펭귄이나 타조는 날지 않으므로 새의 원형에 가깝지 않다고 생각된다. 이처럼 인지 대상이 되는 집단이나 집합에는 그것을 대표할 수 있는 원형이 존재하는데 이런 원형의 개념은 Wittgenstein(1953)의 '친족유사성(family resemblance)'과 Rosch(1973)의 '자연 범주(natural categories)'를 기초로 한 것이다. '친족유사성'이란 한 가족의 구성원들 경우처럼 완전히 같지는 않지만 다른 집 가족들과는 다른 그 가족 구성원들만이 공유하고 있는 속성을 말하는데, 하나의 범주(category)는 친족유사성에 의해서 조직되지만 한 범주에 속한 모든 구성원들이 같은 속성을 전부 공유할 필요는 없고 약간씩 다른 속성들을 나누어 가질 수 있다. 한 가족의 부모와 자식은 닮았지만 완전히 똑같이 생기지는 않았고 형제와 자매들도 비슷하기는 하지만 조금씩은 다르다. 후천적

인 환경에 의한 차이는 논외로 하더라도 부모로부터 물려받은 유전자도 그 유전형질은 다르게 발현될 수 있고 염색체가 다르게 섞이는 재조합 과정에 의해 한 부모 아래의 형제나 자매라도 제각기 다른 모습을 가질 수 있다. 그럼에도 불구하고 한 가족의 구성원은 다른 가족의 구성원들과 다른 공통적인 특징들을 갖는 경우가 일반적이다. 이런 친족유사성은 실생활에서 유용하게 사용될 수 있다. Rosch(1973)는 우리 인간에게는 하나의 범주에 속한 구성원들 중 어느 것이 가장 전형적인 것(stereotype)으로 사용될 수 있는 개념인지 산출해내는 보편적인 인지 작용이 존재한다고 주장했다. 유아들에게 사람이나 나무, 집 등을 그림으로 그려보라고 하면 대부분 비슷하게 그리는데 이는 보편적인 인지 작용으로서 그런 것들의 전형적인 것을 알고 있기 때문이라는 것이다. 물론 성인이 될수록 자신들의 경험의 축적과 개성의 발달에 따라 이런 그림의 모습들이 제각기 달라지지만 그럼에도 불구하고 사람, 나무, 집임을 구별해주는 기본적인 것은 크게 달라지지 않는다.

이처럼 심리적 실체로서 '원형'은 사람들의 범주화에 대한 인식과 지각에 중요한 역할을 하는 것으로 알려져 있는데, 언어에서도 의미적으로 같은 계열적 관계에 있는 어휘들을 모아 놓은 추상적인 '어휘장' 또는 '낱말밭(word field)'을 구성하는 단어들의 분류와 관계를 설명할 때에도 사용되기도 한다 (Taylor, 1995). 그런데 '새'의 경우와는 달리 '감정'에 있어서 무엇이 원형이고 무엇이 주변형인지에 대해서는 그다지 확실치 않다. 마찬가지로 위 Shaver et al.의 분류표에 보면 1차 감정 범주이면서 동시에 2차 또는 3차 감정인 것(sadness, surprise)도 있고, 1차 감정 범주이면서 3차 감정인 것(anger, fear, joy, love)도 있어서 중복인 동시에 분류의 잉여성이 높다는 문제가 있다. 뿐만 아니라 일부 감정 및 감정 어휘는 목록에 빠져 있는데 예를 들어 surprise에는 amaze, astonish, bewilder, flabbergast, astound, wonder, shock 등도 생각해 볼 수 있지만 이런 표현들은 이들의 분류에는 아무런 이유없이 제외되어 있다. 더욱 중요한 점은 범주들 사이의 계층 관계가 성립된다고 했는데 이 계층의 의미와 역할이 모호하다는 점이다. 다음 절에서 보겠지만 예를 들어 sadness와 sorrow는 원형으로부터의 거리 차이, 즉 계층(hierarchy)의 차이라기보다는 의미 성분의 차이로 보이며 sadness와 sorrow 중 어느 것이 슬픔의 원형이고 주변형인지를 논하기 어렵다. 마찬가지로 joy와 happiness는 현대 영어에서의 사용 빈도나 유아의 언어 습득 과정을 보더라도 happiness가 joy보다 더 자주 쓰이고 일찍 배우는 어휘라는 점에서 원형에 가깝다고 보아야 함에도 joy를 happiness보다 상위 개념으로 설정하고 있다는 점과 joy와 happiness는 같은 3차 감정에도 나란히 등장한다고 보는 점은 이 분석의 문제점으로 지적할 수 있다.

Hobbs & Gordon의 감정 어휘 분류

Hobbs & Gordon(2011)은 영어의 감정 어휘 범주를 계층의 구별 없이 33개로 나누고 각 범주에 속하는 영어 표현들의 예를 다음과 같이 열거했다.

1. emotion (*affect, emotion, feeling, have feelings of*)
2. joy emotion (*blithe, cheery, comfortable, ecstatic, elated, enjoyment, happy, be in high spirits, be in Nirvana*)
3. distress emotion (*agony, bereavement, brokenhearted, cheerless, depression, despondent, sad, tearful, unhappy, be low spirited, have a sinking feeling*)
4. happy-for emotion (*glad for, pleased for, congratulatory*)
5. sorry-for emotion (*commiserative, compassionate, condolence*)
6. resentment emotion (*covetous, envious, jealous, sulky, vengeful*)

7. gloating emotion (*schadenfreude, mawkish*)

8. hope emotion (*encouragement, hopeful, optimistic, sanguine*)

9. fear emotion (*anxious, apprehensive, bode, consternation, despair, fearful, terror, timid, trepidation, uneasy, worried, have cold feet, gives one the creeps*)

10. satisfaction emotion (*consolation, delightful, gratification, pleasure, ravishment, satisfaction, solace*)

11. fears confirmed emotion (*fears have come true, fears realized*)

12. relief emotion (*alleviation, assuagement, relief*)

13. disappointment emotion (*defeat, disappointment, frustration*)

14. pride emotion (*conceited, egotistic, proud, prideful, vain*)

15. self-reproach emotion (*chagrin, embarrassment, humble, humility, meek, repentance, self-conscious, self-depreciation, shame*)

16. appreciation emotion (*appreciative, thankful*)

17. reproach emotion (*disapproval, reproachful*)

18. gratitude emotion (*grateful*)

19. anger emotion (*aggravation, angry, annoyance, belligerent, furious, pique, rage*)

20. gratification emotion (*gratifying*)

21. remorse emotion (*guilt, regretful, remorseful, rueful*)

22. liking emotion (*fancy, fascination, fondness, partiality, penchant, predilection, have a taste for, have a weakness for*)

23. disliking emotion (*abhorrent, abomination, detestable, disinclination, dislikable, execration, loathsome, repugnant, repulsive, revulsion*)

24. love emotion (*adoration, agape, devotion, enamor, infatuation, lovable*)

25. hate emotion (*animosity, bitterness, despise, hateful, malefic, malevolent, malicious, spite, venomous, have bad blood*)

26. emotional state (*mood, way one feels, how one is feeling*)

27. emotional state explanation (*reason for feeling, why one feels, cause of the emotion*)
28. emotional state change (*a shift in mood*)
29. appraisal (*assess one's emotions, figure out how one feels about*)
30. coping strategy (*way of dealing with, coping technique*)
31. coping (*dealing with the feeling, coming to terms with*)
32. emotional tendency (*emotional, moodiness, passionate, sentimentality*)
33. no emotion (*aloof, ambivalent, austere, calm, cold-hearted, emotionless, heartless, impassive, indifferent, phlegmatic*)

Hobbs & Gordon(2011)은 자연언어의 감정 표현들을 형식화하여 CoreWordNet에 응용하기 위한 작업의 일환으로 영어의 대표적인 감정 어휘들의 범주를 정하고 있다. 이들의 조사에 의하면 영어는 다른 언어보다 감정을 나타내는 어휘의 수가 많은데 아는 아마도 영어가 외래어 유입이 많기 때문인 것으로 보고 있다. 한국어의 경우도 고유 한국어 감정 어휘는 '기쁨, 즐거움, 슬픔, 서러움, 안타까움, 아쉬움' 등이 있지만 '행복, 만족, 비탄, 애도, 수치, 경멸, 혐오, 분노, 공감' 등 아마도 중국이나 일본에서 유래한 한자계 감정 어휘의 숫자가 더 많은 것은 외래어의 영향이라고 볼 수 있다. 최근에는 젊은 계층에서 '존경' 대신 '리스펙트(respect)'라는 말을 더 빈번히 사용하고 '깔보다' 대신 '디스(disrespect)하다'라는 말을 자주 쓰며 원래는 '과시적 소비'를 뜻하는 것으로부터 '자기 자신을 지나치게 과시하다'라는 뜻으로 의미가 확장된 '플렉스(flex)'라는 영어 단어를 쓰는 것도 감정 어휘 사용에서의 외래 문화적 영향에 의한 변화로 볼 수 있다. 또한 영어의 감정 어휘는 어휘 수 자체는 많은데 다의어(polysemy) 수준은 다른 언어에 비해 낮은 편으로 대부분의 감정 어휘가 하나의 단일한 개념적 의미만을 갖는다고 한다. 물론 Parrott(1991)과 같은 학자는 다의적인 영어 감정 어휘들을 논하고 있는데 예를 들어 영어의 envy라는 단어는 타인의 장점이나 업적을 부러워하는 의미와 그러한 마음에서 그 타인을 못마땅하게 여기는 마음을 표현하는 의미의 두 가지가 있다고 말한다. 영어의 감정 어휘가 대부분 단의어(monosemy)인지 아닌지는 실제 자료를 통해서 검증할 필요가 있다. 다만 Hobbs & Gordon의 감정 어휘 분류는 분류의 기준이 일관성을 결여하고 있기 때문에 보다 상위적인 수준에서 일반적인 범주로 세분할 필요성이 있다. 이런 점에서 그들의 분류를 Wierzbicka(1999, 2003)의 분류와 비교하고 이를 수정하기 위한 제언을 살펴보기로 하자.

Wierzbicka의 감정 분류

언어학자인 Wierzbicka(1999: 49)는 감정 개념을 다음과 같이 6가지 유형으로 분류하고 있다:

1) "something good happened"
2) "something bad happened"
3) "something bad can/will happen"
4) "I don't want things like this to happen"
5) "thinking about other people"
6) "thinking about ourselves"

이 중 첫 번째 유형 1)은 화자에게 좋은 일이 발생했을 때 느끼는 감정으로 영어의 joy, happy/happiness, contented, pleased/pleasure, delight, relief/relieved, excitement/excited, hope 등의 어휘가 기술하는 감정이다. 두 번째 유형 2)는 sadness, unhappiness, distress, sorrow, grief, despair, disappointment, frustration 등의 단어가 속하는 것으로 나쁜 일이 발생했을 때 느끼는 감정이며, 세 번째 유형 3)은 두 번째 유형과 비슷하지만 아직 나쁜 일이 발생한 상황은 아니고 나쁜 일이 일어날 것 같을 때 느끼는 감정으로 fear, fright, terrified, petrified, horrified, dread, alarmed, panic, anxiety, nervous, worry, concern, apprehension 등이 이에 속한다. 네 번째 유형 4)는 화자가 바로 감정을 경험하는 주체, 즉 감정주 자신이 되어 이런 일이 일어나지 않기를 바라는 감정으로서 anger, indignation, fury, rage, outrage, appalled, shocked 등이 있다. 마지막으로 다섯 번째 유형 5)와 여섯 번째 유형 6)은 사건이나 사물이 아닌 사람 때문에 생기는 감정으로, 이 중 다섯 번째 유형은 envy, jealousy, pity, compassion, Schadenfreude, gratitude, admiration, contempt, sympathy, empathy처럼 타인에 대한 생각에서 느끼는 감정이고 여섯 번째 유형은 자기 자신에 대한 생각에서 느끼는 감정으로 shame, embarrassment, pride, remorse, guilt 등이 이에 속한다.

이러한 Wierzbicka의 감정 및 감정 어휘 분류는 좋은 일과 나쁜 일, 과거의 사건과 미래 가능한 사건, 타인에 대한 생각과 자신에 대한 생각이라는 기준으로 분류한 것인데, 이를 다시 해석해 보면 1)부터 3)은 감정 주체를 배제한 감정 개념 자체인 반면 4)는 감정 주체가 바라지 않는 앞으로 일어날 일에 대한 희망이나 예상을 가리키고, 5)와 6)은 자신과 타인을 바라보는 태도나 시각을 가리킨다. 그런데 이론상으로는 3)의 나쁜 일이 생길 것 같을 때 느끼는 감정이 있다면 이와 대칭적으로 좋은 일이 있을 것 같을 때 느끼는 감정도 있어야 하고, 4)의 이런 일이 일어나지 않기를 바라는 감정이 있다면 이와 역으로 이런 일이 일어나기를 원하는 감정도 있을 법하지만 Wierzbicka의 체계에는 이런 두 가지 유형은 나와 있지 않다. 뿐만 아니라 1)과 2)는 이미 일어난 일에서 생기는 감정이고 3)과

4)는 앞으로 일어날 가능성이 있는 것에 대한 감정인데 같은 감정이라도 과거의 일에 의해 생길 수도 있고 앞으로 일어날 일에 의해 생기는 경우도 있기 때문에 이 과거 사건 대 미래 사건의 구분은 그다지 유의미한 기준이 되지 못한다.

또한 1)부터 4)에 제시된 기준과 5)와 6)에 제시된 기준은 상호 배타적인 것이 아니라 중첩 가능한 기준으로서 예를 들어 1)이면서 5)인 감정도 가능하고 2)이면서 6)인 감정도 가능하다. 이러한 문제점은 감정 유형을 일관된 하나의 기준으로 분류하기에는 감정 자체가 지나치게 다면적인 현상이라는 점 때문에 불가피한 문제이기도 하지만 또 다른 한 편으로는 그녀의 분류가 영어의 감정 형용사나 명사를 위주로 한 유형 분류이기 때문에 발생하는 문제점이라고 볼 수 있다. 즉 영어 이외의 다른 언어들을 폭넓게 고려하면 위의 6가지 기준보다 더 일관성이 있는 분류 체계를 만들 수 있을 것으로 생각된다. 이처럼 Wierzbicka의 감정 개념의 분류는 앞서 본 다른 분류보다는 기준이 명확하지만 모든 언어에 공통으로 적용될 수 있을지는 의문이며 그 분류 기준이 자의적이고 하나의 감정도 여러 범주에 들어갈 수 있는 등 중복 분류가 가능하다. 또한 자연언어에서는 감정을 나타내는 표현이 감정 자체를 표현하는 말인 명사도 있지만 그 밖에도 형용사, 동사, 부사, 부사구, 관용구 및 절도 포함된다는 점을 간과하여 실제 의미해설에서는 명사나 형용사 이외의 문법범주에 속한 감정 표현은 다루지 않고 있다는 한계가 있다. 이런 한계점에도 불구하고 Wierzbicka의 분류는 수많은 실제 언어 자료들에 기초한, 횡단언어학적으로 타당성이 가장 높은 분석으로 평가할 수 있는데 이에 대해서는 Wierzbicka와 Goddard가 주도하는 자연언어의미 상위언어 분석을 다루는 절에서 더 자세히 다루도록 하겠다.

감정, 사람, 사건

우리는 이상에서 살펴본 Wierzbicka의 감정 개념의 유형 분류에서 드러난 문제점을 보완하기 위해서 감정 표현을 보다 기본적이고 명확한 기준인 감정과 사람 및 사건의 셋으로 나누고 이에 대해 일관성이 있고 보다 포괄적인 분류를 다음과 같이 제안한다. 모든 언어의 감정 표현은 1)감정 자체의 묘사에 머무는 것이 있고, 더 나아가 보다 역동적으로 2)감정 주체인 사람이 자신이나 타인, 즉 감정원의 모습과 행동, 태도 등에 대한 호불호의 평가를 나타내는 말이 있으며, 마지막으로 3)어떤 사건의 발생이나 진행, 결과에 대한 감정 주체의 예상이나 평가를 나타내는 표현이 있다. 이 세 가지 유형은 또 긍정과 중립, 부정의 하위 유형과 감정주에 초점을 둔 것과 감정원에 초점을 둔 것이라는 또 다른 하위 유형으로 분류되어 총 10군의 감정 어휘 집단이 나뉜다. 이를 표로 나타내면 다음과 같다.

〈표 9〉 감정 표현의 3유형

감정		사람					사건		
긍정적	부정적	긍정적		중립적	부정적		긍정적	중립적	부정적
1군	2군	감정주 지향	감정원 지향	5군	감정주 지향	감정원 지향	8군	9군	10군
		3군	4군		6군	7군			

감정 자체의 표현은 앞서 본 Russell의 감정가(valence) 개념과 같이 유쾌한 감정을 나타내는 긍정적 감정 표현(1군)과 불쾌한 감정을 나타내는 부정적 감정 표현(2군)으로 나뉘고, 사람이 기준일 때는 긍정적인 경우(3군과 4군)와 부정적인 경우(6군과 7군) 외에 긍정적이지도 않고 부정적이지도 않은 중립적인 감정 표현(5군)도 포함된다. 사람을 기준으로 한 긍정적인 감정 표현은 감정주 자신이 느끼는 감정을 표현하는 감정주 지향적

표현(3군)과 감정주가 감정원에 대해 느끼는 감정을 표현하는 감정원 지향 표현(4군)이 있다. 마찬가지로 사람에 대해 부정적인 감정을 표현하는 경우에도 감정주 지향 표현(6군)과 감정원 지향 표현(7군)이 있다. 마지막으로 감정 자체의 표현이나 사람에 대한 감정 표현이 아니라 사건과 사건 사이의 관계에 대한 감정을 나타내는 사건 감정 표현에는 그 관계에 대해 긍정적인 감정을 토로하는 경우(8군), 긍정적이거나 부정적이지 않은 중립적인 경우(9군), 부정적인 경우(10군)으로 나뉜다. 이 10가지 표현군에 속한 한국어 감정 표현의 예를 들면 다음과 같다:

1군: 행복, 기쁨, 즐거움, 안락, 만족, 자부심 등
2군: 분노, 슬픔, 수치심, 공포, 혐오, 당황 등
3군: 보람차다, 환호(歡呼)하다, 우쭐대다, 우쭐해지다, 기뻐 날뛰다, 기세등등(氣勢騰騰)하다, 득의양양(得意揚揚)하다 등
4군: 미덥다, 무던하다, 수더분하다, 상냥하다, 싹싹하다, 너그럽다, 어질다, 서글서글하다, 시원시원하다, 사랑스럽다, 고상(高尙)하다, 기특(奇特)하다, 대견하다, 흐뭇하다, 뿌듯하다 등
5군: 무덤덤하다, 수수하다, 별나다, 삼가다, 털털하다, 쇄탈(灑脫)하다, 조심조심, 야금야금, 슬금슬금, 꼬치꼬치 등
6군: 성가시다, 거북하다, 창피(猖披)하다-1, 민망(憫惘)하다, 송구(悚懼)하다, 황송(惶悚)하다, 면구(面灸)스럽다, 멋쩍다, 어색하다, 겸연(慊然)쩍다, 쑥스럽다, 부끄럽다-1, 수치(羞恥)스럽다, 쪽팔리다, 남사스럽다, 우세스럽다, 남우세스럽다, 스산하다, 아득바득하다 등
7군: 매정하다, 쌀쌀맞다, 밉다, 얄밉다, 모나다, 독하다, 모질다, 가시가 있다, 까탈스럽다, 중뿔나다, 생뚱맞다, 창피하다-2, 부끄럽다-2, 야속(野俗)하다, 야박(野薄)하다, 옹졸(壅拙)하다, 치졸(稚拙)하다, 졸렬(拙劣)하다, 유치(幼稚)하다, 추잡(醜雜)스럽다, 천박(淺薄)하다, 좀스럽다, 상(常)스럽다, 볼성사납다, 막되다, 교활(狡猾)하다, 원망(怨望)스럽다, 섭섭하다, 서운하다, 이악스럽다, 우악스럽다, 께름칙하다, 언짢다 등
8군: 천만다행으로, 불행 중 다행으로, 상서(祥瑞)롭게(도), 천우신조(天佑神

助)로, 천재일우(千載一遇)의 기회로, 하나님이 보우(保佑)하사, 부처
님의 가피(加被)로, 조상님의 은덕(隱德)으로 등
9군: 우연(偶然)찮게, 공교(工巧)롭게, 뜻밖에, 예상치 않게, 생각지도 못하
게, 어찌된 영문인지, 어리둥절하게, 꿈인지 생시인지, 도대체(都大體),
어차피(於此彼), 이왕(已往)이면 등
10군: 불행하게도, 어찌하여, 하필(何必)이면, 유감(遺憾)스럽게도, 야속(野
俗)하게도, 엎친 데 덮친 격으로, 복도 지지리도 없게, 하늘도 무심하
게 등

　　사람의 모습이나 성품, 행동 등에 대한 감정적 태도나 평가를 나타내는
표현인 3군부터 7군까지에 속한 표현은 일반적으로 문장의 주어 자리에
감정 주체나 감정 대상으로서의 사람이 올 수 있지만, 이와 달리 사건에
대한 예상이나 평가를 가리키는 감정 표현인 8군, 9군, 10군 표현은 보통
담화 연결사나 문장 부사로 쓰이고 사람에 대한 서술 표현으로 쓸 수 없다.
아울러 감정주를 X라 하고 감정원을 Y라고 한다면, 3군에 속한 표현은
'X는 ...하다'라는 틀의 '...하다' 자리에 들어올 수 있는 표현인 반면 4군
표현은 'X는 Y가 ...하다'라는 다른 틀의 '...하다' 자리에 나올 수 있는 표현이다.
　　또한 6군은 'X는 ...하다' 또는 'X는 Y에 대해 ...하다'의 '...하다' 자리에
나올 수 있는 감정 표현이고 7군은 'X는 Y가 ..하다고 느낀다'의 '...하다'
자리에 쓸 수 있는 감정 표현이다. 물론 '창피하다'라든지 '부끄럽다'와
같은 표현은 감정주 지향적인 6군에 속하기도 하고 같은 표현이 감정원
지향적인 7군에 속할 수 있다. 각 군에 속한 표현이 쓰인 문장의 예는
다음과 같다 (출처: 고려대학교 현대한국어 용례 검색기 http://riksdb.ko
rea.ac.kr/sjriks/sjriks.jsp).

1군: 이것이 진정한 행복이다.
2군: 배고픈 설움처럼 처절한 슬픔은 없다.
3군: 나는 경희의 칭찬을 듣고는 조금 우쭐해졌다.

4군: 그것 참 <u>기특도 하지</u>.

5군: 금방이라도 쓰러질 것 같은 오막살이집에서도 엄격한 법도를 <u>일일이</u> 실천하는 것은 강한 자부심이 없으면 불가능하다.

6군: 정부가 벌이는 권위주의적이고 전근대적인 작태는 국민들 모두를 <u>수치 스럽게</u> 만들고 있다.

7군: 가뜩이나 8·8 재·보선 여건이 안 좋은 상황에서 '서해교전'이라는 치명 적인 악재를 보탠 북한이 <u>원망스럽다</u>며.

8군: <u>불행 중 다행으로</u> 목숨을 건졌지만 이때의 후유증으로 머리카락이 빠지 기 시작했다.

9군: 시베리아 자원 개발에 페레스트로이카의 사활을 걸고 외국 자본을 끌어 들이려 애를 쓰지만, <u>도대체</u> 준비가 안 돼 있다는 것이다.

10군: 정치권으로서는 되도록 이 같은 비관론의 확산을 막고 무리를 해서라 도 경기를 부추기고 싶겠지만 <u>불행하게도</u> 지금은 그런 무리조차 감당 할 수 없는 어려운 국면에 와 있음을 직시해야 한다.

감정 어휘의 비유와 의미변화

감정 어휘의 의미는 고정되어 있지 않고 시간적, 공간적 변화를 겪는다. 예를 들어 영어에서 terribly, awfully, dreadfully, horribly는 원래 공포 의 감정을 나타내는 표현이었지만 이제는 두려움이라는 의미 요소는 사라 지거나 희박해지고 강조의 부사로 쓰이고 있다. 이 점은 한국어 호남방언 에서 '겁나게'가 '매우'라는 뜻의 정도 부사로 쓰이는 것과 유사하다. 감정 어휘의 의미 변화는 보통 은유(metaphor), 환유(metonymy), 문맥적 재 해석(context-induced reinterpretation), 일반화(generalization), 주 관화(subjectification) 등의 과정으로 일어난다.[11]

---

11 각 의미변화의 예를 들면 다음과 같다.
  1. 은유: 가슴이 찢어지다. My heart was broken.

영국영어에서는 보통 감정을 강조하거나 강한 불쾌감을 표현할 때 "bloody"란 말을 사용한다. "bloody"는 원래 피와 관련이 있었지만, 속어로 사용될 때는 어떤 상황이나 감정을 더 강하게 표현하기 위해 사용된다. 예를 들어 "bloody good"은 "매우 좋은"이라는 뜻이다. 또한 "bloody"는 실망감이나 불쾌감 등을 표현할 때 사용될 수 있다. "This is bloody annoying"은 "이거 정말 짜증나"라는 의미이다. 뿐만 아니라 예상하지 못한 일이 일어났을 때 놀라움을 나타내기도 하는데, 예를 들어, "Bloody hell!"은 "대체 뭐야!" 같은 느낌의 말이다. 영국에서 "bloody"는 친근한 사이에서 가벼운 불만을 표현할 때 자주 쓰이고 그만큼 부정적인 감정이 함께 묻어날 수 있다. 다만, 이 단어는 일상적인 대화에서 비교적 흔하게 쓰이긴 하지만, 격식을 갖춘 자리에서는 적절하지 않다.

이처럼 감정을 강조하는 속어 표현은 다른 언어에서도 찾을 수 있다. 여러 언어에서 감정을 강조하거나 놀라움과 불쾌감을 표현하는 방식은 비슷하지만, 문화적 배경에 따라 사용법이나 강도는 달라진다. 예를 들어 프랑스어의 "putain"은 원래는 '더러운 여자'를 가리키는 말에서 불쾌감이나 강한 감정을 표현하는 단어로 의미 변화가 일어났는데 "Putain de merde"는 "빌어먹을"과 비슷한 뜻으로, 매우 불쾌하거나 실망스러운 상황에서 사용된다. 스페인어에서도 '여성 성기'를 뜻하던 "coño"나 제물을 뜻하는 "hostia"는 감정을 강하게 표현할 때에도 사용되는 속어 표현이다. 예를 들어, "¡Qué coño!"는 "대체 뭐야!"와 비슷한 의미를 가진다. 이와 유사하게 이탈리아어에서 '남성 성기'를 가리키던 "cazzo"는 불쾌감을 나

---

2. 환유: 간담이 서늘하다. She gave him a cold shoulder.
3. 문맥적 재해석: 그 소식에 너무 놀랐어. 그의 연기력은 정말 놀라웠다. I had a terrible day. You look terrible in that outfit, in a good way!
4. 일반화: 속상하다 〉 불쾌하다, 아쉽다. sad 〉 sorrowful 〉 unfortunate, disappointing
5. 주관화: 정말로, 진짜, actually, hopefully

타내는 속어 표현으로 쓰여 "Che cazzo!"는 "무슨 엿 같은 소리야!" 같은 의미로 사용된다. 또한 독일어의 "verdammt"는 '저주하다'에서 나온 단어로 영어의 "damn"이나 "bloody"와 비슷하게 불쾌감이나 강한 감정을 표현할 때 사용되는데 "Verdammter Mist"는 영어의 "Sod it(망할 놈)"과 비슷한 느낌을 준다. 이와 유사하게 감정을 강조하는 한국어 속어 표현으로는 "허벌나게"나 "겁나게", "억수로", "엿같이", "좆나" 등이 있다.

각 언어에서 이런 표현들은 종종 그 언어의 문화적인 맥락과 밀접하게 연결되어 있다. 예를 들어, 영어에서 "bloody"는 일부 사람들에게는 거의 일상적인 표현으로 느껴지지만, 다른 언어에서는 더 강하게, 때로는 불쾌감을 주는 단어일 수 있다. 특히 한국어에서 청소년들이 "좆나"를 사용하면 그 말의 어원을 알고 있는 어른들은 화들짝 놀라거나 얼굴을 찌푸리지만 정작 본인들은 전혀 개의치 않고 이 표현을 즐겨 사용하는 경우가 많다.

이처럼, 감정을 강조하는 표현은 종종 부정적인 느낌을 주는 대상에서 비유적으로 전용되어 쓰이는 경우가 많은데 그것이 사용되는 맥락에 따라 적절성이나 수용성이 다를 수 있기 때문에 이런 감정 표현을 사용할 때는 발화의 상황과 문화까지 고려하는 것이 중요하다.

또한 여러 언어에서 감정을 신체 기관과 연결하여 표현한다. 우리의 몸과 감정은 뗄레야 뗄 수 없는데 이에 대해 임지룡(2006: 5)은 "우리의 몸은 감정을 매우 적나라하게 드러내는 창구이며, 감정에 대한 우리 몸의 신체 생리적 반응과 체험은 일상 언어에 그대로 반영되어 있다"고 말한 바 있다. 한국어의 '애간장이 탄다'라든지 이순신 장군의 '어디서 일성호가는 남의 애를 끊나니' 같은 초조한 감정 표현에서의 '애'는 대장과 내장을 포함한 창자를 말한다. '배알도 없다'에서의 '배알' 역시 창자를 낮추어 부르는 말이다. 분노의 감정은 종종 '간(liver)'과 연결되는 경우가 있다. 오스트로네시아의 언어인 뉴기니의 Mangap-Mblua에서는 kete(i)malmal이라는 용어를 사용하는데, 이는 liver fight이라는, 즉 분노를 나타내는 단어이며, ketekutkut이라는 단어는 liver beats라는 의미로, 불안을 나타낸다. 반면에 '간'은 한국어에서 '간이 크다, 담대하다'처럼 무서움이 없고 용감한 경우를 가리키기도 한다. '간에 불붙다'는 매우 다급하고 불안한 상황을 가리키며 '간을 말리다'는 근심 걱정을 하는 모습을 가리킨다. '간에 바람 들다' 또는 '허파에 바람 들다'는 신중하지 못하고 경솔한 행동을 가리킨다. 호메로스 시대의 그리스에서는 심장과 폐, 그리고 뉴기니의 힌두어권어인 Gahuku-Gama에서는 배 혹은 위, 그리고 마오리나 타히티인들은 '장', 미국인과 필리핀 루손섬의 Ilongot족은 '심장'을 감정에 대한 비유적 표현으로서 사용한다. 이런 예시들을 통해 감정에 대한 신체적 비유가 어느 정도 그 보편성을 띤다고 볼 수 있는데, 이에 대해 Kovecses(1995)는 신체적 비유는 감정이라는 것을 담아내는 용기로, 감정은 그 용기 안을 흘러다니는 액체로 비유한다고 언급했다. 이러한 감정에 대한 신체적 비유는 인간에게 보편적으로 발생하는 생리적 반응과 감정 사이의 관계가 유사하기 때문에 다른 여러 문화 전반에 걸쳐 보편성을 띠는 것으로 보인다.

감정 개념도 다른 언어적 표현들과 마찬가지로 그 사용에 있어 문화적, 사회적 제약을 받는다. 따라서 한 때는 통용되던 감정 표현도 시간이 지나면 용도 폐기되거나 의미가 퇴색되기도 한다. 예를 들어 "사랑의 매"라는 말을 자주 사용했지만 이제는 사랑과 매는 양립하기 어려운 개념으로 생각된다. 또한 "사랑은 오래 참고 변하지 않는 것"은 고전적인 사랑의 영원불변성을 강조한 말이지만 요즘 젊은 세대에게는 오히려 "사랑은 변하는 거야"가 더 솔직하고 호소력이 있는 표현이 되고 있다. 과거에는 겸양지덕을 강조하였지만 이제는 자기 자신의 재주를 적극적으로 알리고 능력을 홍보하는 것이 더 중요한 시대가 되고 있다. 철학자 Kant나 소설가 Cervantes, 미국의 정치가 Benjamin Franklin 등 저명한 인물들이 이구동성으로 "Honesty is the best policy"라고 했지만 정직함이 미덕일

수는 있어도 정글의 법칙이 지배하는 현대 사회에서 무조건 정직함이 최고의 방책이라고 믿는 것은 아마추어적인 순진한 생각이라고 평가절하될 수 있다. 감정은 개인적, 인지적 신체 생리반응에 그치는 것이 아니라 사회적 평가와 문화적 해석의 산물이기 때문에 어느 시대, 어느 장소의 사람들이 공유하는 가치와 관습에 따라 감정 표현 자체도 그 쓰임과 양상이 달라진다. 이런 감정 표현의 사회적 변화를 제대로 이해하는 것 역시 소통 능력의 일부분이 된다.

감정 어휘의 의미 분석

감정의 표출과 소통을 이해하고자 할 때 가장 기본적인 것은 각 언어에서 사용되는 감정 표현의 의미이다. 우리 마음에 생긴 감정이 언어로 바뀔 때 언어의 구조와 원리에 따라 구체적으로 형상화되고 더 나아가 이를 소통할 때에는 사회의 규범이나 관습, 제도, 문화 등의 지배를 받게 된다. 따라서 이런 전 단계를 종합적으로 연구해야 비로소 감정에 대한 최상위 수준에서의 이해에 도달할 수 있다. 그런데 서로 다른 문화적 배경을 갖고 있는 언어들의 감정 표현을 횡단언어학적으로 연구할 때 이를 연구자 자신의 모어(mother tongue)로 번역하여 분석하는 것은 실제 의미를 정확히 보존하지 못한다는 문제점을 안고 있다.

예를 들어 Ye(2016)는 중국어 3대 코퍼스에서 얻은 8000개가 넘는 중국어 발화를 분석한 결과 중국어의 대표적인 행복 표현인 xìngfú(幸福)가 영어의 happiness와 그 의미가 완전히 일치하지 않으며 다른 개념들을 포함하고 있다고 한다. 따라서 이 점에서 중국인과 미국인은 서로 오해의 소지가 있다. 심지어 역사적 친족관계에 있는 유럽 언어들 사이에서도 '행복'을 뜻하는 단어인 영어의 happiness, 프랑스어의 bonheur, 독일어의 Glück, 스페인어의 felicidad 등은 그 개념에서 정확하게 일치하지 않아서 완벽한 번역이 어렵다. 또한 미국인이 "I am happy"라고 말할 때의 상황과 독일인이 "Ich bin glücklich"라고 말할 때의 상황이 일치하지 않아서 미국인은 독일인이 보기에 그런 표현을 사용할 정도는 아닌 경우에도 이를 빈번하게 사용하는 반면 독일인은 상대적으로 행복감의 언어적 표출을 자제하는 경향이 있다고 한다. 어떤 매우 즐거움을 주는 상황을 제시하고 이에 대해 감정을 표현하라고 요청할 때 독일인 응답자의 14퍼센트가 스스로를 "sehr glücklich"라고 하는 반면 미국인 응답자의 31퍼센트는 스스로를 "very happy"라고 답했다고 한다. 이 차이가 통계적으로 유의미하다면 glücklich와 happy는 완전히 같다고 단정할 수 없다 (Wierzbicka 2003).

유사한 관점에서 Myers & Diener(1999)의 연구에 따르면 행복감을 표출하는 것은 나라별로 현저하게 차이가 있는데 예를 들어 포르투갈의 경우 인구의 10퍼센트가 행복감을 표현하는 상황에서 네덜란드는 약 40퍼센트가 행복표현을 사용한다고 답했다고 한다. 또한 유럽인들은 북미 사람들보다 행복을 더 적게 느꼈지만 스스로를 긍정적으로 평가하였다. 다섯 명 중 네 명이 자신의 일상에 상당히 혹은 매우 만족하였다. 행복감의 표출이 소득의 영향을 받을 가능성에 대비해서 Myers and Diener는 소득 차이를 통제했을 때에도 나라 별로 행복감은 현저하게 차이가 났음을 강조했다. Solomon(1995)은 문화 간 소통에서 문화가 다른 사람들의 언어로 표출된 감정을 제대로 읽어내는 것은 쉬운 문제가 아니라고 하였다. 그에 의하면 이들의 행동과 표현을 어떻게 해석할 것인지, 우리가 보고 듣는 것에서 그들이 느끼는 감정으로 어떻게 추론할 것인지, 그 차이는 어떻게 인지하고 인식할 것인지가 문제라고 하였다. 따라서 번역을 할 때는 단어만 번역해서는 불완전할 뿐 아니라 오역의 위험까지 내포하고 있으므로 그 단어와 관련된 사회문화적 맥락 정보까지 충실하게 전달해야만 비로소 비교가 가능하고 상호 이해가 이루어질 수 있다. 인간 감정의 공통점과 차이점을 찾는 것은 결국 횡단문화적 연구에 기초를 두어야 하는데 그 선결 작업으로 각 언어 문화의 감정 표현과 소통 방식을 아무런 선입견 없이 객관적으로 조사해야 한다. 이런 당위성에 기초한 연구방법론 중의 하나가 바로 다음 절에서 볼 자연언어의미 상위언어 분석이다.

자연언어의미 상위언어 분석

자연언어 상위언어라는 일종의 메타언어를 사용하는 NSM 분석은 현존하는 감정 연구의 대표적인 언어학적 접근으로서 감정 어휘 표현이 주된 연구 대상이다. 이 이론에서는 어느 언어에도 속하지 않되 경험적으로 입증된, 모든 언어에 공통된 일련의 어휘보편소(lexical universals)를 통해 모든 언어의 다양한 감정 표현의 의미와 개념을 정밀하고도 중립석으로 분석하는 데 목표를 두고 있다. 이런 점에서 NSM은 감정 표출과 소통의 횡단문화적 연구에 좋은 기초를 제공하고 있다. NSM 이론에서 감정 표현의 의미를 기술하는 데 사용되는 주요 범주와 의미기본소의 목록은 다음과 같다.

범주	의미기본소
Substantives	I, YOU, SOMEONE(PERSON), SOMETHING, PEOPLE, BODY
Determiners	THIS, THE SAME, OTHER
Quantifiers	ONE, TWO, SOME, MANY/MUCH, ALL
Attributes	GOOD, BAD, BIG, SMALL
Mental predicates	THINK, KNOW, WANT, FEEL, SEE, HEAR

Speech	SAY, WORD, TRUE
Actions, events,	DO, HAPPEN, MOVE
movements	
Existence &	THERE IS, HAVE
possession	
Life & death	LIVE, DIE
Logical concepts	NOT, MAYBE, CAN, BECAUSE, IF
Time	WHEN, NOW, AFTER, BEFORE, A LONG
	TIME,
	A SHORT TIME, FOR SOME TIME
Space	WHERE, HERE, ABOVE, BELOW, FAR, NEAR,
	SIDE, INSIDE
Intensifier, augmentor	VERY, MORE

NSM의 의미기본소는 마치 화학에서 모든 물질을 이루는 기본 요소인 원자와 같아서 언어의 의미를 구성하는 기본 단위가 된다. 그런 의미에서 Wierzbicka는 이 의미기본소를 "인간 사고의 알파벳(the alphabet of human thoughts)"이라고 부르며 "개념들을 건설하는 기초가 되는 빌딩 블록(fundamental 'building blocks' of concepts)"이라고 부른다 (Wierzbicka, 1999: 36-37). 이 의미기본소들은 영어의 단어처럼 보이지만 실제로 영어 단어 자체는 아니며 영어 이외의 다른 모든 언어의 의미를 분석하는 데 사용될 수 있는 상위언어적 표현이다.

예를 들어 실체(substantive)라는 범주에 속한 의미기본소의 하나인 YOU는 영어의 2인칭 대명사가 아니라 화자의 말을 듣는 청자라는 개념 단위이다. YOU는 언어에 따라 "너, 자네, 그쪽, 你, 您, 君, あなた, du, Sie, tu, Vous" 등등 다른 형태로 구현되지만 이 모든 형태소의 의미는 YOU라는 기본소를 포함한다. 즉 이 YOU는 영어에서 "You're tall"과 같은 문장의 주어에 온 대명사의 의미를 설명할 때도 쓰이지만 한국어에서 "너는 키가 크다"라든지 "자네는 키가 크군", "그쪽은 키가 크십니다"와 같은 문장의 "너", "자네", "그쪽" 등이나 중국어의 "你高了"나 "您高大", 일본어의 "君は背が高い", "あなたは背が高いすべて" 등에서의 화자의 말이 전달되는 청자의 여러 표현들의 조금씩 다른 의미를 구성하는 공통 요소가 된다. 각 언어의 2인칭 대명사는 YOU라는 기본의미소 외에 친숙함이나 존대법 등과 같은 다른 요소가 추가되어 제 각기 다른 의미를 가지게 된다. 또한 이 NSM 의미기본소들은 마치 영어나 한국어의 통사 규칙처럼 술어를 중심으로 논항과 수식어들이 결합하는 가장 단순한 문법을 통해 문장 수준으로 커질 수 있는데 이처럼 의미기본소들의 관계와 결합 방식을 규정하는 NSM의 문법을 "미니문법(mini grammar)"이라고 한다. 이 미니문법은 기본적으로 영어의 어순을 기술하는 규칙들과 유사한 규칙들로 이루어지는데 단 "I think of this person" 대신 "I think this person"처럼 영문법에서는 think 다음에 전치사 of가 탈락된 비문인 문장도 가능하고 "I want her to move" 대신에 "I want she moves"처럼 쓰며 시제와 같은 굴절 어미의 분화도 일어나지 않아서 영문법과는 다르다. 또한 술어의 숫자도 20개가 채 되지 않고 형용사나 부사, 전치사의 숫자도 최소한도로 제한되어 있기 때문에 복잡한 개념을 최소 단위인 의미기본소의 결합만으로 설명하는 것은 한계가 있다. 따라서 NSM이 처음 제안된 이후 의미기본소를 늘리고 문법도 규칙을 보강해서 보다 많은 언어의 미세한 의미 차이를 설명하려는 움직임이 일어나고 있다. 다만 우리는 주요 언어의 감정 어휘를 분석하는 데 초점을 맞추고 있기 때문에 가능한 한 최초 NSM의 체계를 존중하도록 하되 필요할 경우 NSM을 확대하거나 수정한 부분을 밝히도록 하겠다.

의미해설과 인지시나리오

Wierzbicka는 위에서 본 NSM의 의미기본소와 미니 문법을 이용해서 감정 어휘를 분석하고 있다. 예를 들면 다음 [Ex.1]은 "John feels sad"과 같은 문장이나 발화에 표출된 'sadness'라는 영어 감정 어휘의 의미를 의미기본소(primitive)들의 결합으로 분석한 것인데 이를 "의미해설 (semantic explication)"이라고 부른다.

[Ex.1] *sadness* (e.g. X feels sad)
(a) X feels something
(b)　sometimes a person thinks:
(c)　"I know: something bad happened
(d)　I don't want things like this to happen
(e)　I can't think now: I will do something because of this
(f)　I know that I can't do anything"
(g)　because of this, this person feels something bad
(h) X feels something like this

[Ex.1]을 보면 sadness는 누군가 무엇을 느끼는 것인데 그 느낌의 내용은 의미성분 (b)부터 (g)까지이다. 일단 이 사람은 언젠가 어떤 생각을 했는데 생각의 내용은 (c)부터 (f)까지이다. 그가 생각한 것은 나는 무언가 나쁜 일이 일어났고 (c), 이런 일이 일어나길 원하지 않으며 (d), 이 일 때문에 무언가를 해야겠다는 생각을 지금 할 수 없고 (e), 아무것도 할 수 없다는 것을 안다 (f). 이 때문에 이 사람은 무언가 나쁜 것을 느낀 것이고 (g), 이 사람의 마음에서는 이런 느낌이 일어난 것이다 (h).

[Ex.1]의 예를 통해 본 단어의 NSM 의미해설은 해당 어휘의 의미이자 동시에 모어 화자는 이 의미해설을 내면화하고 있다. 이런 의미해설은

실제 대화와 같은 상호작용에서 마치 연기자들이 공연을 위해 사용하는 극본과 같은 역할을 하기 때문에 "인지 시나리오(cognitive scenario)"라고 부르기도 한다. 즉 의미해설은 언어의미론 학자들이 모국어 사용자들이 갖고 있는 개별 단어의 인지 시나리오를 설명하기 위해 만든 이론적 장치라고 할 수 있다. 이는 마치 생성언어학에서 "문법"을 '모국어 사용자가 갖고 있는 암묵적인 통사 능력'이면서 동시에 '이런 모국어 사용자가 갖고 있는 지식들을 학자들이 설명해 놓은 것'이라는 두 가지로 사용하는 것과 유사하다. 의미해설은 설명의 편의상 (a), (b),...,(h)라는 기호를 붙인 의미성분(component)들로 구성되어 있다. 아울러 의미해설은 모국어 화자의 인지 시나리오를 보여주는 것인데 그의 마음속에서 느끼거나 알거나, 생각하는 것들의 내용이 빠짐없이 나열된다. 다음의 예에서 더 자세히 보겠지만 어떤 감정 어휘는 단순 느낌(feel)만으로 이루어지기도 하지만 다른 감정 어휘는 느낌 외에도 생각(think)까지 일어나는 경우도 있다. 또한 하나의 의미해설에 등장하는 의미성분의 숫자는 제한되어 있지 않아서 어떤 감정 어휘는 의미성분이 많이 있을 수 있고 또 다른 감정 어휘는 의미성분이 보다 적을 수 있다. 예를 들어 앞에서 본 sadness와 비슷하지만 몇 가지 점에서 의미가 다른 sorrow의 다음 의미해설을 보자

[Ex.2] *sorrow* (e.g. X felt sorrow)
(a) X feels something because X thought something
(b)   sometimes a person thinks for a long time:
(c)   "something very bad is happening to me
(d)   I don't want this to be happening
(e)   I can't think: I will do something because of this
(f)   I can't do anything"
(g)   I can't not think about this"
(h)   when this person thinks this this person feels something very

bad
(i) X felt something like this
(j) because X thought something like this

[Ex.1]과 [Ex.2]를 비교해 보면 우선 sorrow는 sadness에 비해 의미성분 (component)이 두 개가 더 많다. 이 점은 sorrow가 조금 더 복잡한 인지적 구조를 갖고 있다는 것을 의미한다. 또한 sorrow는 component (a)에 sadness에는 없던 because X thought something이란 부분이 있는데 이는 sorrow는 단순한 느낌이 아니라 감정주의 사고 작용의 결과라는 것을 의미한다. 또한 sorrow의 component (b)에 보면 sadness에는 없던 for a long time이 있는데 이 점은 sadness가 일회적인 사건의 종결과 함께 생기는 일시적 감정인 반면, sorrow는 오랜 기간 감정주에게 일어나고 있는 나쁜 사건이나 상황에 대해 현재 진행 중인 강한 나쁜 느낌을 가리킨다. 예를 들어 Cambridge English Dictionary의 다음 예문을 보면 그 차이를 알 수 있다 (예문 출처: https://dictionary.cambridge.org):

(1) It is with great <u>sadness</u> that we have learned of the passing of Joan Walsh.
(2) Infants begin to smile, show excitement when presented with familiar faces, and display what is considered to be <u>sadness</u> when positive stimulus events are withdrawn.
(3) The <u>sorrows</u> of her earlier years gave way to joy in later life.
(4) For years she <u>sorrowed</u> over her missing son.

또한 [Ex.1]에서 보면 sadness는 to me라는 부분이 없는데 [Ex.2]의 sorrow는 to me가 (c)에 있다는 점은 sorrow가 sadness와 달리 개인적인 감정임을 가리킨다. sorrow는 sadness처럼 그 감정을 느낌으로 인해 아무 일도 지금 할 수 없을 거라는 생각이 드는 점에서 같지만, sorrow는 component (g)에서 보듯 이 나쁜 일을 안 생각할 수 없다는 조항이 추가 되었듯이 sadness에 비해 더 떨쳐버릴 수 없는 강력한 감정임을 알 수 있다. Cambridge English Dictionary에 보면 sadness는 'the feeling of being unhappy,' 'something that is not satisfactory or pleasant and makes you feel shocked or angry' 정도로 나와 있는 반면, sorrow 는 'to feel great sadness'로 나와 있는데 한국의 영한사전에는 대개 sadness와 sorrow의 이런 의미 차이를 상세히 기술하지 않고 그냥 둘 다 "슬픔"으로 나와 있어서 이 두 단어가 완전동의어인 것처럼 오해할 수 있다. 물론 sadness와 sorrow는 미세한 부분에서는 차이가 있지만 전체적으로 감정을 느끼는 주체에게 방금 일어났거나 오래 전부터 일어난 나쁜 일에 대해 감정주가 아무 대처도 할 수 없는 무력한 느낌을 가리킨다 는 공통점이 있다. 따라서 "When marriages break up they cause troubles, sorrows and endless sadnesses"처럼 한 문장 내에 강조의 의미로 나란히 사용될 수 있다 (예문 출처: Cambridge English corpus, https://www.cambridge.org/gb/cambridgeenglish/better-learnin g-insights/corpus).

기쁨(joy)과 행복하다(happy)

지금까지 우리는 슬픔에 대해 알아보았는데 이번에는 Wierzbicka(1999) 의 감정 개념 분류에서 첫 번째 유형인 무엇인가 좋은 일이 일어났을 때 느끼는 감정의 대표적 표현으로서 영어의 joy와 happy의 의미를 NSM으로 알아보고 이에 대응하는 한국어 표현인 '기쁨'과 '행복하다'에 대해 살펴보자 (아래 의미해설은 Wierzbicka 1999, 50-52에서 인용).

[Ex.3] *joy* (e.g. X felt joy)

(a) X felt something because X thought something

(b)   sometimes a person thinks:

(c)   "something very good is happening

(d)   I want this to be happening"

(e)   when this person thinks this this person feels something very good

(f) X felt something like this

(g) because X thought something like this

[Ex.4] *happy* (e.g. X was happy)

(a) X felt something (because X thought something)

(b)   sometimes a person thinks:

(c)   "some good things happened to me

(d)   I wanted things like this to happen

(e)   I don't want anything else now"

(f)   when this person thinks this this person feels something good

(g) X felt something like this

영어의 joy에 대한 위의 의미해설 [Ex.3]을 보면 joy의 인지 시나리오에는 '무엇인가 매우 좋은 일이 일어나고 있다'는 현재진행적 평가적 요소와 '나는 이 일이 일어나기를 원한다'는 현재 상태에 대한 의지적 요소의 두 부분이 있다. happy는 joy와 비슷하지만 '무엇인가 좋은 일이 나에게 일어났'고 '나는 이 일이 일어나길 원했다'고 되어 있어서 감정주가 전부터 바라던 일이 지금 감정주에게 막 일어났음을 알 수 있다. happy에 대한 의미해설인 [Ex.4]를 joy에 대한 의미해설인 [Ex.3]과 비교해 보면 일단 [Ex.4]는 component (a)의 because X thought something이 괄호로 표시되어 있다. 이는 이 부분이 반드시 필수적이지는 않고 선택적으로 일어날 수 있다는 것으로 joy는 감정을 불러일으키는 대상이나 사건에 대한 생각이 필요하지만 happy는 그런 생각의 노력 없이도 행복한 감정을 느낄 수 있다는 차이가 있다. 즉 joy는 그것을 알기 위해 생각하기라는 지적인 과정이 개입되어 유발되는 감정인 데 비해 happy는 생각의 결과일 수도 있고 또 때로는 저절로 그런 느낌이 들 수도 있다. 두 단어의 의미해설의 component (g)를 비교해 보면 joy는 "감정주 X가 생각했기 때문에" 일어난 감정이라는 점을 명시한 반면 happy는 단순히 "감정주 X는 이와 같이 느꼈다"라고만 되어 있다. joy와 happy가 쓰인 다음 예문들을 보자 (예문들의 출처는 British National Corpus임).

(1) The expression of faith found in The Westminster Confession tells us, "Man's chief end is to glorify God and to enjoy him for ever." "Oh be <u>joyful</u> in the Lord!" sang the Psalmist.

(2) Jesus had these words to say about his followers' mourning: Now is your time of grief, but I will see you again and you will rejoice, and no one will take away your <u>joy</u>. In that day you will no longer ask me anything.

(3) If you are to achieve harmony of mind and body, allow yourself to feel <u>joy</u> in your own achievement without always having to feel that it must be better than someone else's.

(4) We strolled through the little streets. My giddiness had gone and I felt <u>happy</u> and relaxed, as if I was being carried along on a slow, peaceful current.

(5) Seb felt <u>happy</u> and comfortable when he was with Carrie.

(6) He often wore expensive black clothes, and he laughed a lot when he was with me. He was very young and friendly, and I felt <u>happy </u>when I was with him. I liked him very much, and I thought he loved me too.

이 예문에서도 볼 수 있듯이 joy는 happy에 비해 그 감정의 강도가 훨씬 높고 나쁜만 아니라 다른 사람들에게도 기쁨이 공유될 수 있는 일시적 감정이지만 happy는 joy처럼 각성도가 높지 않고 비교적 개인적이고 지속성이 있는 감정이라고 할 수 있다. 종교적 가르침이 사회를 지배하던 시절에는 현실의 세속적인 즐거움으로부터 얻는 행복보다 구원이나 예수의 재림과 같이 거대한 사건으로 인한 감당할 수 없는 기쁨을 갈망했다. 따라서 과거에는 이런 사회 분위기에서 joy가 happy보다 사용 빈도가 높았으나 점차 세속적인 데에서 작은 행복감을 중요시하는 문화로 바뀌면서 joy는 특별한 경우에만 쓰이게 되고 happy가 널리 쓰이게 되었다. Spevack(1968)의 조사에 의하면 Shakespeare 작품에서는 joy와 happy가 각기 215회씩 똑 같이 사용되었는데 Bevan & Steger(1971)에 따르면 시간이 지나 Bernard Shaw의 작품에서는 joy가 52회 사용된 반면 happy는 339회 사용될 정도로 happy의 빈도가 높아졌다고 한다 (Wierzbicka 1999: 50 재인용). 뿐만 아니라 happy는 비교적 오랜 기간 여러 일들로 인해 얻어지는 마음의 평화를 가리키는 반면 joy는 지금 막 일어났거나 일어나고 있는, 예상치 못한 놀라운 단발성 사건에 의한 짜릿한 행복감을 가리킨다. joy는 그 사건이 지나가면 금방 사라질 수 있지만 happy는 특별한 사건이나 대단한 업적과 무관하게 별다른 생각 없이 막연히 마음의 편안함을 느끼는 것도 가리키며 그런 상태에 있는 한 다른 것을 더 바라지 않게 된다.

지금까지 본 영어의 joy는 한국어의 '기쁨'과 의미상으로 가장 가깝고 happy는 '행복하다'와 가깝다. 다음 한국어 예문에 나온 '기쁨'은 일시적, 일회적이며, 오래 전부터 예상한 것이 아니라 지금 막 벌어지고 있는 높은 수준의 짜릿한 만족감을 나타내는데 여기서 '기쁨'을 '행복'으로 대치하면 문장의 뜻이 어색해진다. (아래 한국어 예문들은 모두 고려대학교 민족문화연구원 현대한국어 용례검색기에서 인용한 것임. 이 중 일부는 이성범 (2019b)에서 재인용됨).

(1) "건물을 부수는 순간 극일의 <u>기쁨</u>을 나눌 수 있겠지만, 부숴져버린 돌무덤 속으로 진정한 극일의 정신이 묻힐까 두렵다"고 발표했다.

(2) 남과 북의 이산가족 600여명이 피붙이를 만난 <u>기쁨</u>에 통곡하고 몸을 떨 때, 세 사람도 함께 울고 웃었다.

(3) 이윤경(26·울산시청)은 10일 400m 허들과 13일 400m에서 금메달 두 개를 따 동반 2관왕의 <u>기쁨</u>을 나눴다.

반면에 '행복(하다)'는 아래 예문에서 보듯이 영어의 happy처럼 비교적 지속성이 있고 특정한 목적을 달성한 결과로 얻어지는 일시적이고 높은 수준의 좋은 감정으로서의 '기쁨'보다는 평범할 정도로 낮은 수준의 편안한 감정으로 종교적이거나 사회적인 의미보다는 개인적인 삶의 한 부분에서 느낄 수 있는 감정이다.

(4) 민심을 살피러 나왔던 임금님이 이 모습을 보고 돌밭(박석고개)을 하사했는데, 청년은 이를 잘 일구어 어머니와 <u>행복하게</u> 살았다.

(5) 무더운 여름날 찬 우물에 담가 식힌 수박을 꺼내 온 가족이 둘러 앉아 나누어 먹는 것이 <u>행복한</u> 풍경이었다.

(6) 이들은 다 마음속으로 평생 <u>행복하게</u> 살기를 염원할 것이다. 또 부모와 가족, 주위 사람들도 다 같이 신랑 신부의 무궁한 <u>행복</u>을 빌 것이다.

위 예문에서도 '행복하게' 대신 '기쁘게'를 대입하거나 '행복한' 대신에 '기쁜'을 대입하면 전체 문장의 의미가 어색해진다. 그러나 다음 예문 (7)에서 보듯 때에 따라서 '행복하다'와 '기쁘다'를 나란히 연결해서 쓰기도 한다 (예문 출처: tvN '꽃보다 누나' 2014년 1월 10일 방송).

(7) 반갑게 인사를 나눈 한국인은 이미연의 손을 잡고 "<u>기쁘고</u> <u>행복하세요</u>. 제가 마음으로 늘 바랐어요. <u>기쁘고</u> <u>행복했으면</u> 좋겠다고"라고 말했다. 이에 이미연은 눈물을 흘렸다.

이는 '기쁘다'가 지니는 일회성 사건들로 이루어지는 높은 수준의 만족감의 의미와 '행복하다'가 지니는 잔잔한 일상적인 안락함의 의미가 합쳐진 것으로 보인다.

영어의 happiness는 happy의 명사형이지만 그 의미와 사용에 있어 두 단어는 확연한 차이가 있다. happy는 흥분도가 높고 매우 강렬한 일시적 기쁨을 나타내는 joy와 달리 흥분도가 높지 않고 잔잔한 일상생활에서의 지속적인 만족 상태를 가리킨다. 이와 달리 happy의 명사형인 happiness는 joy처럼 가장 높은 수준의 만족감을 나타낸다. 그런 점에서 Wierzbicka(1999: 53)는 happiness가 "최상급(superlative)"의 의미를 가진 단어라고 한다. 이는 맛을 나타내는 단어로 tasty, yummy, good, delicious 등이 있는데 그 중 delicious는 다른 미각 단어에 비해 자체적으로 최상급의 의미를 갖고 있다. 미국 사람들의 경우 보통 어떤 음식이 맛있을 때 "It's (very) good" 정도로 말하고 "It's delicious"는 특별히 맛이 있을 경우에만 사용하는데 한국인들은 영어 시간에 한국어 표현 '맛있다'에 해당하는 영어 단어는 'delicious'라고 배우기 때문에 보통 정도로 맛있을 때에도 "Delicious!"를 연발하는 경우가 많다. happiness의 경우에도 happy는 맛이 좋을 때의 good이나 tasty 정도의 긍정적인 감정을 표현하는 반면 happiness는 특별히 좋을 때나 쓰는 delicious 수준의 매우 좋은 상태를 표현한다. 따라서 아래 [Ex.5]에서 보듯 happiness의 의미해설에는 그냥 "some good things"라고만 되어 있는 happy와 달리 "some very good things"라 하여 그 정도의 차이를 달리한다.

[Ex.5] *happiness* (e.g. X felt happiness)
(a) X felt something (because X thought something)
(b)   sometimes a person thinks:
(c)   "some very good things happened to me

(d)   I wanted things like this to happen

(e)   I can't want anything else"

(f)   when this person thinks this this person feels something very good

(g)   X felt something like this (because X thought something like this)

이 외에도 happy와 happiness의 중요한 차이점은 component (e)의 "I don't want anything else now"와 "I can't want anything else"도 있다. 즉 happiness는 최고 수준의 만족감이기 때문에 그 이상 더 좋은 것을 지금은 물론 앞으로도 바랄 수 없을 정도이지만 happy는 지금 느끼는 행복감이 일단 다른 것은 생각할 필요가 없게 만드는 정도를 의미한다.

영어의 happiness는 원래 신과 같이 절대적인 존재와 관련된 상태를 의미하기 때문에 프랑스어의 bonheur, 독일어의 Glück, 이탈리아어의 felicità, 러시아어의 sčastie와 유사하며 한국어의 '행복'보다 훨씬 높은 수준의 만족감을 표현하는 감정 어휘이다 (Wierzbicka 1999, 2003). 반면, happy는 행복의 상태를 암시하지만 happiness보다 약한 개념이다. 그러나 다른 유럽 언어의 형용사인 heureux, felice, glücklich, sčastlivyj는 그 명사형인 bonheur, felicità, Glück, sčastie보다 약한 개념이 아니다. happy는 자체적으로 최상급이 아니라 일반적 수준에서 출발하기 때문에 정도를 나타내는 부사에 의해 수식이 가능하다. 즉 quite happy, reasonably happy, pretty happy, not at all happy 등으로 표현할 수 있다. 그런데 영어의 역사를 놓고 볼 때 pretty happy처럼 정도 부사를 써서 말할 수 있게 된 것은 근대에 들어서부터이다. happy가 happiness와 의미적으로 유사했던 시기에는 pretty happy는 영어에 존재하지 않았다.[12]

---

12 이런 점에서 영어의 happy는 한때 의미상으로 최상급이어서 정도 부사의 수식이

근래 들어 happy라는 단어가 널리 사용되게 된 것은 woe, sorrow, grief와 같은 부정적 언어 사용의 감소와 관련이 있다. COBUILD 코퍼스에 따르면 현대 영어에서 happy는 sad와 joyful보다 훨씬 더 빈번하게 사용될 뿐만 아니라 프랑스어 heureux보다 훨씬 더 자주 사용된다. 〈The Pursuit of Happiness〉란 책에서 미국인 저자 David Myers는 "How happy are people?"이라고 질문하였다. happy가 의미 변화 없이 유럽 언어로 번역된다는 가정을 고려해볼 때 이 질문을 다른 언어로 번역하지 않고 챕터의 제목으로 썼다는 사실은 흥미롭다. "How happy are people?"을 직역하면 프랑스어로는 "Comment (combien) heureux sont les gens?", 이태리어로는 "Come felici sono gli uomini?", 독일어로는 "Wie glücklich sind Menschen?", 러시아어로는 "*Kak sčastlivy ljudi?"가 되는데 이 문장들은 영어와 달리 의미상으로 어색하다. 그 이유는 happy와 달리 heureux, felici, glücklich, sčastlivy는 정도적이지 않고 절대적인 것을 가리키기 때문이다. bonheur와 sčastie는 순간의 감정보다 존재와 관련된 상태를 나타내기 때문에 "feelings of happiness"는 프랑스어나 러시아어로 번역할 수가 없다. 이러한 이유로 경제학자인 Daniel Kahneman이 행복은 삶에 대한 전반적인 평가보다는 현재 상황의 주관적인 특성에 대한 사람들의 관심으로 더 효과적으로 연구될 수 있다고 주장한 것은 다른 언어보다 특히 영어에 적용가능성이 높다.

지역의 문화적 규범이 행복 표현에 대한 태도를 다르게 만든다는 증거는 많다. 〈Lost in Translation: Life in a New Country〉라는 책의 작가인 Eva Hoffman은 폴란드에서 태어났지만 열세 살에 북미로 이주하였다.

어색한 절대적 형용사(absolute adjective)였는데 점차 정도적 형용사(gradable adjective)로 변한 것으로 보인다. 현대영어에서 절대적 형용사의 예로는 unique, perfect, dead, empty, full, impossible, complete, final, true 등이 있다.

이 책에서 그녀는 폴란드 사람인 Klos Sokol의 말을 인용하는데 그는 미국인이 "Wow! Great! How nice! That's fantastic! I had a terrific time! It was wonderful! Have a nice day!"와 같이 너무 발랄하다고 비꼬았다. 그리고 미국인들은 폴란드 사람들이 웃지 않는 상황에서도 웃는다고 주장하였다. 이 점에서 폴란드인은 아마도 미국인보다 한국인의 심성에 더 가까운 것으로 보인다. 이민자인 작가의 관점에서 영미 문화는 쾌활함, 긍정적인 생각, 통제력의 유지를 북돋는다는 것이다. 이에 대해서는 이 책의 후반부인 3장에서 감정 표출과 가치의 문제를 논할 때 다시 보기로 하자. 문화가 다른 동유럽의 이민자에게 미국 토박이 화자가 "How are you, I'm just fine"과 같은 큰 의미가 없는 상투적인 인사는 진실한 의사소통을 방해하는 것으로 작용한다. 이런 말에 생소한 동유럽 이민자는 미국인이 자신의 건강에 진정으로 관심이 있는지 오해하고 그의 질문 아닌 질문에 어떻게 답할 것인지를 고민하게 된다. 미국인들이 현재 happy를 많이 사용하는 것도 마찬가지이다. happy란 표현의 범람은 미국인들이 스스로를 행복하다고 말하는 것이나, 시도 때도 없이 슬플 때조차 사회적으로 우아한 미소를 권장하고, 약간 경솔하게까지 보이는 쾌활함을 선호하며, "Great!"란 표현의 사용 등을 권하는 문화 규범과 관련 있는 것으로 보인다. 이처럼 감정 표현의 문화 간 연구는 더 많은 횡단언어학적, 횡단문화적 지식을 필요로 하며, 각 언어에서의 감정 표현의 의미를 비교 연구하기 위해서는 앞에서 본 것처럼 NSM과 같은 상위언어(metalanguage)의 공유가 바람직하다.

사회적 감정 어휘

사회적 감정 어휘는 행복이나 슬픔 등 개인적 심리 상태를 나타내는 어휘와 달리 경멸(contempt), 죄의식(guilt), 동정(sympathy), 연민(compassion), 공감(empathy) 등의 사회적 감정을 나타내는 어휘로서 이런 사회적 감정은 특정 상황에서 대상과의 상호작용의 결과가 감정주의 판단과 결합되어 나오게 되는 감정이다. 이 감정은 개인적 감정처럼 감정주의 얼굴 표정으로 나타날 수도 있지만 표정이 아예 없거나 표정만으로 구별할 수 없을 경우도 있다. 또한 사회적 감정은 개인적 감정에 비해 제스추어와 같은 비언어적 표출이 사람마다 또는 집단이나 문화마다 일정하지 않고 같은 외부 자극이라도 이런 감정이 생기는 사람과 그렇지 않은 사람이 있으므로 보편적이지 않을 가능성이 있다. 우리가 낯선 땅에 처음 도착해서 이질적인 분위기를 느끼는 데에는 이런 사회적 감정과 관련된 부분이 많다. 그러나 일단 어느 집단에서 관습화한 사회적 감정의 비언어적 표출은 규약으로 작용하기 때문에 그 집단에 속하지 않은 사람들에게 이런 비언어적 표출까지도 학습해야 할 필요가 있는 넓은 의미의 소통 능력의 일부분이 된다. 얼굴 표정이나 제스추어와 같은 비언어적 표출 외에 언어적으로 중요한 점은 어떤 언어이든 사회적 감정을 전하는 어휘는 감정을 느끼는 주체인 감정주와 그 대상으로서 감정을 유발하는 감정원 사회적 맥락에서 이해될 필요가 있는 유형의 감정 어휘로서 그 사용에 있어서 맥락의존성이 높은 단어라는 점이다. 적절한 맥락이 갖추어지지 않을 경우 이런 사회적 감정 어휘는 화자가 의도한 의미가 발생하지 않거나 잘못 전달될 위험성이 있다.

사회적 감정 어휘 중 긍정적 감정에 속하는 대표적인 감정은 영어의 sympathy, compassion, empathy 등이 있고 한국어에는 '동정', '연민', '공감'이 있는데 이들은 비슷하지만 약간씩 다른 의미를 갖고 있다. 먼저 한국어의 경우 '공감'이라는 단어는 감정을 유발하는 감정원이 감정을 느끼는 주체인 감정주가 아는 사람이거나 모르는 사람 모두 가능하지만, 동정이나 연민의 대상은 조금 다를 수 있다. 특히, '동정'의 경우 감정의 주체, 즉 감정주와 친밀감이 있을 수도 있고 없을 수도 있지만 자신보다 사정이 딱하거나 사회적 서열이 낮은 사람을 대상으로 하는 경우가 많다. 이러한 이유는 '동정'이라는 단어에 '불쌍하게 여김'이라는 감정이 포함되어 있기 때문이다. 즉, 상대방에 대하여 불쌍함을 여기고 자신이 해줄 수 있는 것을 해주고 싶어 하는 마음이 '동정'이라고 할 수 있다. 이해 비해 '연민'은 국립국어원 등의 말뭉치를 조사한 결과 그 대상인 감정원이을 감정주 자신이 아는 사람인 경우에 쓰는 경우가 대부분이었고, 어느 말뭉치 예시에서는 상대방의 딱한 상황에 대한 미안함을 포함하는 경우도 있었다. 하지만 이러한 경우에 상대방과의 관계가 수직적이라기보다는 수평적이었다. 이러한 점에서 한국은 사람의 관계가 수평적인지 수직적인지를 구분하는 것이 중요하고 그에 따라 사용하는 단어가 다를 수 있음을 보여주는데 다음 실제 자료를 통해 '연민', '동정', '공감'의 의미와 사용에 대해 알아보자.

연민, 동정, 공감

'연민', '동정', '공감'은 사회적 감정으로서 유사한 의미 부분을 지녀서 가끔 혼선을 빚기도 한다. 다만 실제 자료를 검색해 보면 다음과 같은 차이점을 보여주고 있다.

1) 연민
첫째로, '연민(憐憫)'이 쓰인 문어체 및 구어체 문장의 예를 보면 다음과 같다 (예문 출처: https://http://riksdb.korea.ac.kr/).

- 진찰과 평가를 통해 밝혀진 우울증의 환경적 요인을 상세히 설명해준 뒤에

도 부모들이 이런 질문을 해올 때는 절망스러움과 함께 그 아이에 대한 깊은 <u>연민</u>이 싹튼다.

- 그런데 가마를 운반하는 가마꾼 가운데 우두머리격인 여점오(余占鰲)는 그녀에게 <u>연민</u>의 정과 동시에 육욕을 느낀다.
- 생각지 않는 남희를 연학이 끝내 책임을 지는 것은 그에 대한 <u>연민</u> 때문이었다.
- 그보다 젖꼭지 한 번 물리지 않고 버린 자식에 대한 <u>연민</u> 탓이기도 했었다.
- 차비 독촉한 게 미안쩍었던지 운전기사는 돈도 없이 왜 돌아다니느냐고 <u>연민</u>어린 핀잔을 주었고, 승객쪽은 오죽 딱한 사정이 있었으면 그랬겠느냐고 역시 <u>연민</u>어린 두둔을 한다.
- "삼촌은 그 사촌아부지라는 사람한테 어떤 <u>연민</u>까지도 느끼는 모양이지만, 아무래도 나는 엄마 편인가봐요.
- "상민오빠 저와 아무 상관이 없어요. 분명히 말하지만… 그러니 섣부른 <u>연민</u> 따위 가지구 그렇게 펄펄 뛰며 자신을 합리화하지 말았음 좋겠어요."
- "싫어하는 사람도 그리 밉지가 않더라구요. 아니 오히려 그들에 대한 따스한 <u>연민</u> 같은 게 솟아나기도 하더라니까요. 생각해보세요."
- 자식을 기르다 보니, 세상일에 대한 <u>연민</u>이 내 가슴에 자꾸 스며들어서일까.
- "아주 좋은 생각이야. 난 네가 영화에 깊은 <u>연민</u>을 느끼고 있다는 것을 알고 있었어."

'연민'의 경우는 구어체 문장에는 비교적 잘 쓰이지 않았고 문어체 문장에서 사용 빈도가 높았는데 위의 예문에서 나온 '연민'의 의미 해설을 NSM으로 정의하면 다음과 같다.

[K-1] 연민 (e.g. X는 Y를 연민하다)
a. X felt something because X thought something
b.　sometimes a person thinks about someone else:
c.　"something bad happened to this other person
d.　this other person feels bad
e.　this is bad"

f.   when X thinks this X feels something like this other person feels

g. X felt something like this

h. because X thought something like this

위의 한국어 사회적 감정 어휘 '연민'의 의미 분석이 Wierzbicka(1999)의 영어 compassion에 대한 분석이나 Gladkova(2010)의 러시아어 состр адание(sostradanie)에 대한 분석과 다른 점은 한국어에서의 '연민'이라 는 것이 단순히 상대방이 안 좋은 감정을 느끼지 않기만을 바라는 것뿐만 아니라, 약간의 상대방에 대한 '미안한' 감정을 포함하고 있다는 점이다. 감정주가 상대방이 그러한 감정이나 부정적인 감정을 느끼도록 만든 것에 대한 '미안함'과 동시에 '책임감'을 어느 정도 가지고 있는 것이 '연민'이라 는 단어에 들어가 있다. 한 가지 주목할 만한 점은 위에서 열거한 예문 중에는 "세상일에 대한 연민"이나 "영화에 연민을 가지고 있다"는 표현이 있는데 이런 표현이 표준적인 현대한국어 어법에 속하는지는 단정하기 어렵지만 이 자체만을 놓고 본다면 연민의 감정을 유발하게 하는 감정원 은 단지 사람뿐 아니라 사물도 될 수 있다는 것을 보여준다.

2) 동정

두 번째 긍정적인 사회적 감정으로 '연민'과 유사한 의미를 지닌 '동정(同情)'이란 단어의 코퍼스 검색 결과 대표적인 예는 다음과 같다 (예문 출처: https://http://riksdb.korea.ac.kr/).

- 그러나 당시 의료계의 분위기는 많은 진료비를 청구한 병원들을 오히려 동정하는 쪽이었다.
- 구걸하는 사람들을 만났을 때도 이 교수들의 표정은 아주 몰인정하였다. 동정은 못 할 망정 징그러운 짐승 보듯이 무시하고 경멸하는 태도를 취할..
- 마음이 약해졌을 때는 적절하게 동정을 보인다. 그러나 지나친 동정은

금물이다. 동정은 마음 약한 것을 부채질하기 때문이다.
- 도와주지도 않을 동정을 하라 말라 할 수는 없겠지만, 그런 동정은 무조건 받기 싫었다.
- 당국이 여권인사들의 불법을 눈감아 주지 않는 한 이 같은 야당인사들의 잔꾀에 동정할 국민은 없다.
- 이날 이들의 사건을 담당한 경찰관은 "공권력에 대항해 폭력을 휘두른 사실은 용서할 수 없는 일이지만 이들이 잘못을 뉘우치고 있고 또 장래가 촉망되는 젊은이들이라 안타깝다"며 이들을 동정했다.
- 맷 데이먼이 맡음으로써 리플리는 좋은 사람, 나쁜 사람의 단순경계를 넘어서 동정받을 만한, 관객들도 동일시할 수 있는 인간존재가 될 수 있다.
- "이해해주길 바라는 건 아니지만 제발 동정은 하지 마세요. 이유 없이 동정을 받는 것만큼 싫은 건 없으니까요."
- "예전에는 북조선 사람들을 동정했지만 지금은 의심부터 하게 된다."
- "이러면 씨 열받지 진짜루, 그렇게 하면은, 근데 그렇게 하면은 진짜 동정심이 생겨 갖구, 그~ 동정심 때문에 그걸 하는 거 같기도 해."
- "내 생각은 그렇거든, 동정심적인 측면이라구? 좀 그런 것도 있는 거 같애."
- "나름대로 사정들이야 있겠지만 솔직히 저는 IMF때 노숙자들이 생겨나는 걸 보고 한편으로 동정이 가면서도 잘 이해가 안됩디다."

이 단어의 인지 시나리오에 대한 NSM의 의미해설은 다음과 같다.

[K-2] 동정 (e.g. X는 Y를 동정하다)
a. X felt something (because X thought something)
b.   sometimes a person thinks about someone else:
c.   "something bad happened to this other person
d.   this is bad
e.   something like this is not happening to me"
f.   when this person thinks this this person feels something bad
g.   this person thinks this person can not do something
h. X felt something like this X

위의 의미 분석을 보면 러시아어의 симпатия(socǔvstvie)이나 영어 단어 sympathy의 의미 분석과 거의 비슷하다. 그러나 한국어의 '동정'이라는 단어는 감정주가 감정원에 대해 불쌍하게 여기면서 자신이 그를 위해 뭔가를 해주고 싶지만 실제로 할 수 없음을 포함하고 있다는 점이 특이하다. 형편이나 지위가 자신보다 못한 타인의 상황이 좋지 않음을 인식하고 그것에 대한 불쌍함으로 비교적 사정이 나은 감정주 자신이 할 수 있는 것을 베풀고자 하는 마음을 갖는 것이 '동정'이지만 그에 대해 미안한 마음까지 갖는 것은 아니란 점에서 '연민'과 차이가 있다. 국립국어원의 말뭉치를 보면 '동정'의 어휘 계열 중에 가장 많이 나오는 형태가 '동정하다'라는 동사 형태였는데, 이는 동정심을 가지고 '불쌍하게 여긴다'라는 뜻으로 풀어쓸 수 있다. 한국어에서의 '동정'은 타인의 처지가 딱한 것을 보고 불쌍함을 여기고 무엇인가 해주려는 것이기 때문에 어느 정도 수직적인 관계에서 상위에 있는 감정주가 자기보다 하위에 있는 감정원에 대해 느끼는 감정 표현으로 볼 수 있다.

3) 공감

고려대학교 민족문화연구원의 한국어 말뭉치에서 사회적 감정의 또 다른 예로 '공감(共感)'이라는 단어가 쓰인 구어체와 문어체 문장을 보면 다음과 같다.

- 부시 대통령은 뉴욕 타임스의 보도에 대한 확인을 거부하면서 "중동의 동맹국들과 협의가 진행되고 있다"고 밝히고 "이 지역에서 군비를 통제하자는 구상이 많은 공감을 불러일으키고 있다"고 덧붙였다.
- "나이에 상관없이 두루두루 공감할 수 있는 소재를 찾다보니 (춘향전)이 된 거예요."
- 박 교수는 "미국 공연에서도 한국말로 소리를 했지만 배우와 관객 모두 감정에 공감했다"고 말했다.

- "인생을 충분히 살아본 사람들이 만든 영화라야 보편적 공감을 얻을 수가 있어요."
- "앞으로 측근들과 의논, 국민이 그 분의 빛나는 업적에 대해 공감할 수 있는 방법을 모색할 것입니다"
- 날로 심각해지고 있는 환경 문제에 제대로 대처하자면, 어릴 때부터 환경 교육을 실시해야 마땅하다는 점은 세상이 공감하고 있다.
- 버드 의원의 이 같은 주장에 공감하는 의원들이 늘어나고 있다.
- 2층 '90년대 코너'에 전시돼 있는 복제송아지 '영롱이' 모형 앞에 멈춰선 시민들은 '우리에게 희망은 있다'는 점에 공감하는 표정들이었다.
- 다만 우리는 미국의 경제 회복과 경쟁력 혁신이 클린턴의 공약대로 공공, 민간 투자의 촉진과 기술 혁신, 그것을 위한 교육 개혁 등 정통적이고 본원적인 방식 대신, 보다 안이하고 세계 경제에 해악적인 보호주의에 의존할 경우의 위험성에 대해 세계 각국이 갖고 있는 우려에 공감하고 있다.
- 이날 토론회에서 참석자들은 현행 금융실명제가 우리 경제의 어려움에 직간접적으로 영향을 미치고 있어 보완이 필요하다는 총론에 대체로 공감했다.

위 자료들로부터 의미기본소와 미니문법을 통해 추출한 '공감'의 의미분석은 다음과 같다.

[K-3] 공감 (e.g. X는 Y와 공감하다)
a. X felt something because X thought something
b.   sometimes a person thinks about someone else:
c.   "something is happening to this other person
d.   this person feels something because of this"
e.   X knows what this person feels when something like this happens
f. X felt something like this
g. because X thought something like this

위 내용만 보면 '공감'은 '감정이입'의 의미와 같다고 볼 수 있다. 영어의 empathy나 러시아어의 сопереживании의 쓰임과 마찬가지로 감정이입을 일으키는 상황이 반드시 부정적인 상황만은 아니며 감정이입은 긍정적이거나 중립적인 상황과도 연관된다. 감정이입을 하는 경험자는 감정이입을 함으로써 상대방이 인지하는 것과 이해하는 것을 거의 동일하게 인지하고 이해한다. 이 점은 위 [K-3]의 component (c)에 나타나 있다. 감정이입은 상대방의 감정을 느끼는 것인데 반해, 동정심은 상대방의 상황이나 가능하면 그 상대방의 감정에 대한 본인만의 감정을 가지는 것을 말한다. 예를 들어 상대방이 팔다리를 잃은 사람이여서 그 사람에게 동정심을 느낄 수 있지만 감정이입은 일어나지 않을 수 있는데, 팔다리를 잃은 그 사람은 팔다리를 잃은 슬픔을 극복하고 행복한 상태일 수 있기 때문이다. 인지와 이해의 과정을 거쳐 경험자는 부정적이거나 긍정적인 감정을 느끼기도 한다. 이러한 감정이입은 때로 부정적인 평가를 받기도 한다. 어떤 경우이든 한국어의 '공감'과 영어의 empathy 및 러시아어의 soperezǐvanie сопереживание 는 그 의미가 매우 비슷하다. 상대방이 반드시 나쁜 일이 있어야만 일어나는 것이 아니라 단순히 상대방에게 현재 무슨 일이 일어났으며, 그 일로 인해 상대방이 무슨 기분을 느꼈을지를 '이해'하는 것이 공감이기 때문이다. 한국어의 말뭉치 예시에서도 상대방의 처지와 입장을 이해하는 것이 공감이라는 것을 알 수 있다. 이런 '공감'은 단순한 직관적 감상이 아니라 지적인 판단이 결부되기 때문에 일종의 지적 능력으로 간주된다. 흔히 '공감 능력'이라는 말은 사용하지만 '동정 능력'이라든지 '연민 능력'이란 말은 사용하지 않는 것도 이 때문이다.

지금까지 본 '연민', '동정', '공감'의 의미 분석을 정리하면 이 세 가지 감정은 서로 비슷한 듯하면서도 조금씩 다르다. 한국어에서 '연민'은 기본적으로 감정주가 알고 있는 상대방의 좋지 않은 상황에 대하여 미안함이나 안타까움을 느끼고 그 사람이 그러한 감정으로부터 벗어나기를 바라는 마음이다. '동정'은 이러한 연민보다 조금 더 '불쌍함'이라는 개념이 들어가 있고 그 대상은 감정주가 아는 사람일 수도 있고 그렇지 않을 수도 있다. 즉, 상대방이 그러한 감정을 느끼는 것에 대한 불쌍함을 느꼈기 때문에 상대방에게 해줄 수 있는 것을 더 해주고 싶어 하는 감정이 '동정'이다. 이러한 불쌍함이라는 감정은 수평적으로 대등한 관계에서 발생하기는 쉽지 않고, 상대적으로 사회적 권한이나 지위 등에서 위에 있는 사람이 동정을 하는 것을 알 수 있다. 마지막으로 '공감'은, 상대방에게 어떤 일이 일어났는지와는 상관없이 상대방의 처지에 대해 이해하고 상대방이 어떤 감정을 느끼는지 그 자체를 이해하는 것을 이야기한다. 문화적 측면에서 긍정적 사회 감정을 타나내는 영어와 러시아 단어인 sympathy, compassion, empathy와 симпатия, сострадание, сопереживание는 감정주에게 그런 감정을 일으켰거나 그런 감정의 대상이 되는 감정원과 무관하게 쓰이고 있다. 즉 감정원은 감정주 자신이 친숙한 사람일 수도 있고 전혀 알지 못하는 사람일 수도 있다. 이는 영어권 문화가 사람과의 감정 표현에서 친숙도라는 경계선을 딱히 구분하지 않는다는 것을 보여준다. 이와 반대로 Gladkova의 지적대로 러시아어는 경험자간의 친숙도에 따라서 느끼는 감정의 선호가 있고 이에 따라서 사용하는 단어가 다르다. 러시아의 3 단어는 상대방이 화자와 무관할 때에는 사용되지 않고 감정주와 친밀하거나 긍정적인 관계에 있어야 가능한 단어로서 친밀도의 정도에 따라 단어의 선택이 달라졌다. 이러한 부분을 고려했을 때, 러시아 문화에서는 사람과의 친밀도가 사람간의 구분을 하는데 있어서 제일 중요한 요소가 된다. 한국어에서 '연민'과 '동정'은 실제 큰 의미적 차이를 인식하지 않고 서로 바꿔 쓸 수 있을 정도로 유사한 어휘이지만 엄밀히 말하면 '동정'은 상대의 좋지 않은 감정을 공유하고 반응해 주고 싶은 마음이 들기 때문에 상대적으로 친숙한 사람들에게 느끼는 감정이고, '연민'은 친숙하지 않은 사람들에게도 사용되는 표현이다.

반면 '공감'은 상대의 말과 생각에 동의하고 나 역시 비슷한 감정을 느끼는 것으로 타인과 생각을 공유하는 것을 말한다. 따라서 이러한 '공감'은 상대와의 친숙도와는 별개로 상대방이 개인일 때뿐만 아니라, 집단일 때도 공감할 수 있고, 심지어 사람이 아니더라도 상황에 대해서도 공감할 수 있다. '공감'의 경우 영어의 empathy보다도 러시아어의 сопереживание와 유사한 특성을 가지고 있다고 볼 수 있는데, 전자가 상대방의 감정에 대한 통제되고 의식적 느낌이라면 후자의 두 단어는 감정원과 감정주가 갖는 유대성과 공유된 가치에 대한 긍정적 느낌을 반영하고 있기 때문이다. 이는 영어권 문화가 갖고 있는 개인주의적 문화와, 러시아나 한국이 가진 집단주의적 문화가 언어 사용에 영향을 준 것이라고 생각한다. 다시 말해, 사회적으로 집단이나 공동체의 가치를 중시하는 러시아와 한국에서는, 나와 유사한 경험과 가치를 공유하고 있는 상대방과의 유대관계를 통하여 서로 간의 공동체 형성을 중시하고 있는 것이다.

공감은 어디까지나 상대방이 긍정적으로 받아들일 수 있는 상황을 말하지만, 때로는 상대방이 원하거나 필요로 하지 않는데도 감정을 표현하거나 더 나아가 참견하는 경우가 있는데 여러 언어에는 이런 과도한 행위를 표현하는 부정적 어감의 표현이 있다. 우선 한국어에서 "오지랖이 넓다" 또는 "오지랖을 부리다"라고 하는데 젊은이들의 어법에서는 "왠 오지랖?" 처럼 줄여서 쓰기도 한다. "오지랖"은 한국 사회에서 정(情) 문화와 관련되어 긍정적인 맥락에서 사용될 수도 있지만, 대부분은 부정적인 의미로 사용된다. '오지랖'은 원래 웃옷이나 윗도리에 덧입는 겉옷의 앞자락을 뜻하는 말인데 옷의 앞자락이 넓으면 다른 옷이나 몸을 많이 덮게 된다. 이러한 모습에서 유래하여 '쓸데없이 지나치게 남의 일에 참견하는' 성격을 비유적으로 이르는 말이 되었다. 즉, '오지랖이 넓다'는 것은 남의 일에 필요 이상으로 간섭하거나 끼어드는 행위나 타인의 사생활이나 문제에 과도한 관심을 보이는 행위 또는 남의 일에 대해 이러쿵저러쿵하며 잔소리하거나 훈계하는 행위를 가리키는 부정적인 의미로 사용되며, 상대방의 행동을 비꼬거나 비난할 때 쓰인다. 흔히 현대 한국사회에서 서울과 같은 대도시는 옆집에 누가 사는지도 모를 경우가 허다한 반면, 한적한 시골 마을에서는 옆집의 숟가락이 몇 개인지까지 알고 지낼 경우가 많다. 평생 대도시 아파트에서만 살다가 시골로 귀농이나 귀촌을 한 퇴직자들이 겪는 문제 중의 하나가 바로 원주민 이웃과의 관계인데 도시화된 산업사회와 전통적 농경사회의 특성이 인간 관계에 그대로 반영되는 것이다.

영어에서는 남의 일에 쓸데없이 참견하는 사람을 "He's such a busybody."처럼 부르거나 "to poke one's nose into other people's affairs"라고 표현하기도 한다. 또는 '참견하기 좋아하는', '캐묻기 좋아하는'이라는 뜻의 형용사로 nosy라는 표현을 사용하기도 한다 (예: "My neighbor is so nosy."). 이밖에도 meddlesome이나 intrusive, snoopy 등은 개인주의가 발달한 미국이나 영국에서 empathy와는 달리 개인의 영역을 지나치게 간섭하는 부정적인 뜻으로 사용된다. 일본어에도 おせっかい는 '쓸데없는 참견'이나 '과도한 친절'이라는 뜻으로 오지랖과 유사한 의미를 갖고 있고, 중국어에서는 爱管闲事란 표현이 있는데 이는 직역하면 '한가한 일을 관여하기 좋아한다'는 것으로 '쓸데없는 일에 참견하기 좋아한다'라는 뜻이다. 프랑스어의 curieux 역시 '호기심 많은'이라는 뜻이지만, 상황에 따라 '참견하기 좋아하는'이라는 뉘앙스로 사용될 수 있다. 또한 "être sur le dos de quelqu'un"이라는 표현은 "누군가의 등에 있다"라는 뜻으로, '끊임없이 참견하다'라는 부정적인 의미로 사용될 수 있다. 이와 비슷하게 독일어의 neugierig은 '호기심 많은'이라는 뜻이지만, 맥락에 따라 "참견하기 좋아하는"이라는 의미로 해석될 수 있고 "sich in fremde Angelegenheiten mischen"라는 표현은 '남의 일에 자신을 섞다'라는 뜻으로 '쓸데없이 참견하다'라는 뜻으로 상대방의 사생활이나 영역을 침범하는 행위를 의미한다.

이는 단순히 조언을 해주는 것이 아니라, 원치 않는 간섭이나 참견을 하는 것을 의미한다. 스페인어의 entrometido는 '참견하기 좋아하는'이라는 뜻으로 영어의 meddlesome과 가까운 뜻을 갖고 있다.

'오지랖이 넓다'는 말은 겉으로 보기에는 타인에 대한 관심에서 비롯된 것처럼 보일 수 있으므로 공감 능력과 연관지어 생각할 수 있다. 그러나 엄밀히 말하면 '과도한 관심'과 '공감'은 다르다. 즉 '공감'은 타인의 감정을 이해하고 함께 느끼는 능력으로서 상대방의 입장에서 생각하고 그 감정에 대해 진정으로 반응하는 것을 의미하는 반면 '오지랖'은 타인의 감정을 이해하려는 노력 없이, 자신의 기준이나 생각으로 타인의 일에 개입하는 행위로서 상대방의 입장을 고려하지 않고 자신의 판단을 강요하는 경우가 많다. 결국 '오지랖이 넓다'는 것은 관심은 많지만 공감 능력이 부족하거나, 공감 능력을 잘못된 방식으로 사용하는 것과 관련된다. 진정한 공감은 상대방의 감정을 존중하고, 필요한 경우 적절한 도움을 제공하는 것이지, 일방적으로 간섭하거나 훈계하는 것이 아니다. 그런데 드물게 선의에서 시작된 과도한 관심이 '오지랖'으로 비춰지는 경우도 있다. 타인을 돕고자 하는 마음이 너무 커서 상대방의 입장이나 필요를 제대로 파악하지 못하고 과도하게 개입하는 경우이다. 이런 경우에는 공감 능력이 어느 정도 있다고 볼 수 있지만, 그 표현 방식이 잘못된 것이라고 할 수 있다.

일반적으로 공감 능력은 포용적인 사회적 소통을 위해 바람직한 것으로 생각되지만 너무 많아도 문제가 될 수 있다. 첫 번째 문제점은 감정적 소진(emotional exhaustion)의 가능성이다. 이는 타인의 감정에 지나치게 몰입하여 자신의 감정까지 소진되는 현상을 말하는데. 특히 슬픔, 분노 등 부정적인 감정에 과도하게 공감할 경우 자기 자신도 심리적으로 지칠 수 있다. Maslach는 감정적 소진을 포함하는 '번아웃(burnout)'이라는 개념을 체계적으로 연구하였다.[13] 그녀가 이끄는 연구팀은 직장에서의 번아웃 현상을 주로 연구했지만, 이 개념은 대인 관계 및 일상생활에서의 감정적 소진을 설명하는 데에도 유용하게 사용될 수 있다 (Maslach & Leiter, 2022). 두 번째 문제점은 경계 혼란(boundary confusion) 현상인데 타인의 감정과 자신의 감정을 명확하게 구분하지 못하게 되는 현상을 말한다. 즉 타인의 감정에 압도되어 자신의 감정을 제대로 인식하지 못하거나, 타인의 문제를 자신의 문제처럼 느끼게 될 수 있다 (Reamer 2012). 마지막으로 공감이 과할 경우 타인의 감정에 지나치게 의존하게 되어 자신의 판단이나 결정을 내리는 데 어려움을 겪을 수 있다. 따라서 공감 능력은 중요하지만, 적절한 수준을 유지하는 것이 중요하다. 타인의 감정을 이해하고 존중하되, 자신의 감정과 명확히 구분하고, 건강한 경계를 설정하는 것이 필요하다. 결론적으로 '오지랖이 넓다'는 것은 불필요한 참견과 지나친 관심을 의미하며, 진정한 공감과는 거리가 있다. 공감 능력이 과도하게 높은 경우에도 문제가 발생할 수 있으므로, 적절한 균형을 유지하는 것이 중요하다.

한 언어 내에서 감정 어휘의 사용은 항상 일정하지 않고 시간의 경과에 따라 그 빈도가 달라질 수 있다. Google Books Ngram Viewer의 통계에 따르면 영어 출판물에서 긍정적 사회적 감정을 대표하는 세 단어 sympathy와 compassion, empathy의 사용 빈도는 시대의 흐름에 따라 재미있는 변화를 보여주고 있다.

---

13 일상적으로 '번아웃'과 '정서적 소진'은 동의어처럼 사용되지만 Maslach & Leiter(2022)의 정의에 따르면, '번아웃'은 정서적 소진(emotional exhaustion) 뿐 아니라 비인간화(depersonalization)와 개인적 성취감 저하(reduced personal accomplishment)의 세 가지 차원을 모두 포함하는 더 넓은 개념이다. 정서적 소진은 '번아웃'의 핵심적인 구성 요소이자 '번아웃'을 경험하는 사람에게 가장 먼저 나타나는 증상 중 하나로서 정서적 소진이 '번아웃'이라는 더 큰 현상의 중요한 부분이다.

<표 10> sympathy, compassion, empathy의 연도별 사용 빈도 (숫자는 백분율)

	1800년	1900년	1950년	2000년	2022년
sympathy	.0020772854	.0029366101	.0017201236	.0010887989	.0009501899
compassion	.0015594538	.0004258664	.0002969578	.0005225639	.0006234540
empathy	.0000001122	.0000031972	.0000757019	.0002577212	.0003388946

이 세 단어 중 sympathy는 1900년대부터 2000년대에 이르기까지 가장 많이 사용된 어휘인데 그 사용 빈도를 보면 1800년대부터 사용이 꾸준히 늘어나기 시작해서 1890년에 가장 정점을 찍었다가 그 후부터는 사용 빈도가 계속 내려가고 있어서 2000년에는 지금까지 중 가장 낮은 수준의 사용 빈도를 보여주고 있다.

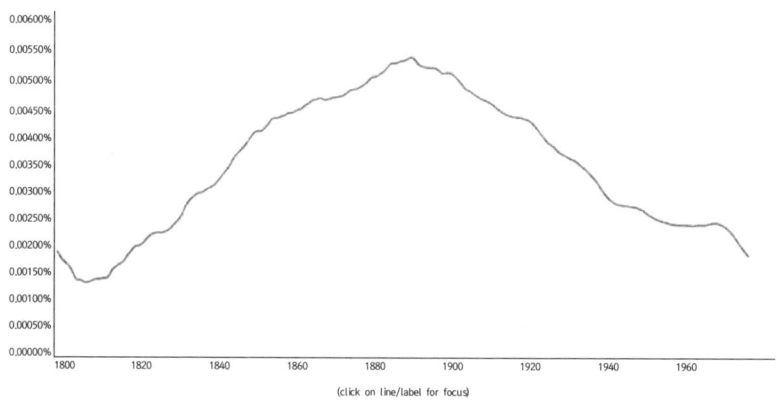

(click on line/label for focus)

[그림 13] sympathy의 Google Ngram Viewer

반면에 compassion은 1800년 무렵에는 사용빈도가 높은 어휘였으나 1810년대 이후 하향세를 보이기 시작하여 1940년 최저점을 찍고 다시 사용 빈도가 증가하여 현재는 sympathy의 65% 수준으로 회복되고 있다.

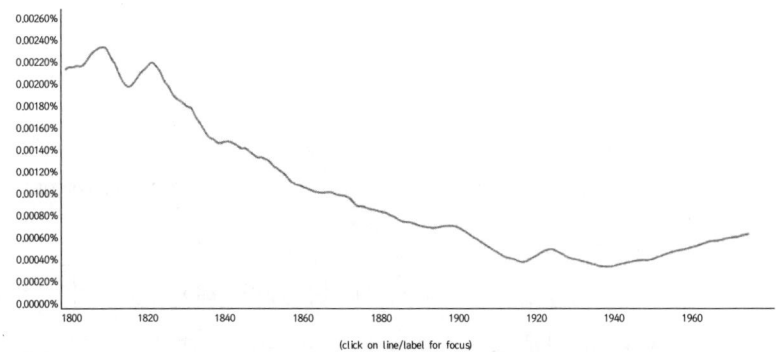

[그림 14] compassion의 Google Ngram Viewer

마지막으로 세 단어 중 가장 늦게 쓰이기 시작한 empathy는 1900대까지 거의 사용되지 않다가 1940년 이후 사용 빈도가 폭발적으로 늘어나 증가 속도 면에서 다른 두 단어를 압도할 정도로 자주 쓰이는 단어가 되었다. 이는 아마도 2차 대전 이후 전쟁의 원인을 찾는 과정에서 여러 문헌에 도입되면서 지적 공동체의 공유 현상이 일어난 것으로 보인다. empathy 는 2000년대에는 1900년대에 비해 2450배 사용이 증가한 단어로 문학뿐 아니라 인문과학, 사회과학 등에서 소위 "힙한" 용어가 되고 있다. 물론 이 통계는 출판물에 국한된 것으로 일상 대화 등에서의 사용은 배제되고 있다는 한계가 있지만 이 세 단어의 사용 빈도의 변화는 구어체 문장에서 도 유사할 것으로 추정된다.

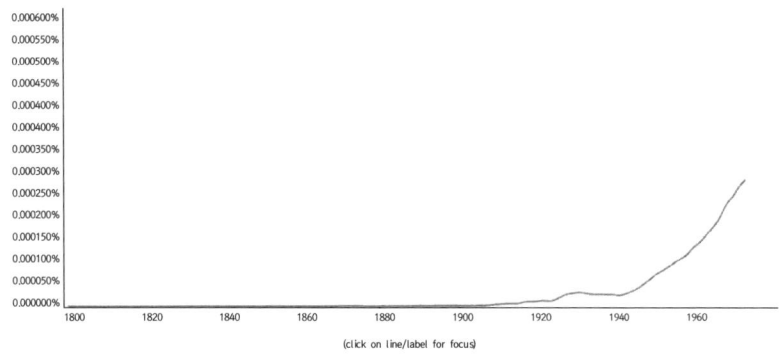

[그림 15] empathy의 Google Ngram Viewer

'공감(empathy)'에 대해서는 심리학에서 먼저 연구가 시작되었다. '공감'이란 용어는 독일의 심리학자인 Lipps가 1903년에 사용한 'Einfühlung'이란 독일어 단어에서 비롯되었다. 'Einfühlung'이란 '안으로'라는 뜻의 ein-과 '느끼다'라는 뜻의 fühlen이 결합된 명사형으로서 '들어가서 느끼는 것'이라는 뜻이다. 이 단어는 영어로 처음에는 'sympathy'로 번역되었지만 Titchener(1909)가 이를 그리스어의 'empatheia'로 번역한 이래로 1913년부터는 'empathy'로 바뀌어 현재까지 사용되고 있다. '공감'의 정의는 학자마다 조금씩 차이가 있지만 일반적으로 '지각되는 대상의 특성과 지각하는 주체의 활동을 합치려는 경향'으로 정의된다. 공감은 타인의 감정이나 경험을 마치 자신의 것처럼 느끼고 이해하는 능력인데 단순히 상대방의 고통에 대해 안타까워하는 '동정(sympathy)'과는 달리, 상대방의 내면세계로 들어가 그의 감정, 생각, 관점을 적극적으로 이해하고 공유하려는 의미를 가진다. 최근에는 단순히 감정을 이해하는 것을 넘어, 이해한 바를 언어적, 비언어적 표현을 통해 전달하는 의사소통적 공감 능력까지 포함하는 복합적인 개념으로 정의되기도 한다. Freud(1960: 186)는 공감에 대해 "대화 상대방의 정신적 상태를 고려해서 자기 자신을 그 속에 넣어 그를 비교함으로써 이해하려고 노력하는 것"이라고 하면서 타인을 이해하는 데 공감의 중요성을 역설한 바 있다.

이후 '공감'은 심리치료의 방법론으로 자리잡게 되었는데 언어학에서도 통사론이나 유형론뿐 아니라 사회언어학이나 화용론, 대화분석의 도구로 유용하게 사용되고 있다. 카메라 앵글에 비유되는 화자의 시점 (perspective)은 화자가 특정 인물에게 감정 이입을 하는, 즉 공감하는 방식을 반영한다. 화자는 특정 인물의 시점에서 사건을 서술함으로써 청자가 그 인물의 감정을 이해하도록 유도할 수 있다. 이처럼 시점의 차이로 인한 공감의 언어적 표상 방식의 차이는 방송 기사의 제목에서 흔히 볼 수 있다. 2022년 4월의 프랑스 대선에서는 극우파 국민연합(National Rally)의 마린 르펜 Marine Le Pen이 앙마르셰(En Marche!)의 에마뉘엘 마크롱 Emanuel Macron에 맞섰다. 1차 투표에서 과반수를 획득한 후보가 없어 결선 투표까지 가는 치열한 선거전을 벌인 결과 마크롱이 58%의 득표를 해서 41%에 그친 르펜에 승리했는데 일부 언론사는 "마크롱이 이긴 게 아니라 르펜이 졌다"고 보도하였다. 언뜻 보기에는 말장난 같이 보이지만 이 말은 시점의 차이가 드러난다. 2017년에도 이 두 후보가 격돌했는데 그 당시에는 마크롱이 66.1%의 지지를 얻어 33.9%의 득표율에 그친 르펜을 여유있게 물리친 바 있었다. 그로부터 5년 후 두 사람은 다시 대선에서 재격돌했는데 몰라보게 급성장한 극우 돌풍을 등에 업은 르펜이 마크롱의 턱밑까지 추격하는 놀라운 결과를 보여준 것이다. 이에 많은 언론인들은 물론 마크롱이 재선에 성공하긴 했지만 실질적인 승자는 르펜이라고 입을 모았다. 그들이 초점을 맞춘 것은 마크롱 대통령이 아니라 도전자인 르펜이 었던 것이다.

문장 구조 외에도 응답의 형식에서도 화청자 사이의 empathy가 기저에 작동하고 있음을 볼 수 있다. 예를 들어 가족들이 TV로 LG와 삼성의 프로야구 경기 중계방송을 보고 있다고 하자. 경기가 한창 진행 중인데

LG를 늘 응원하는 막내가 뒤늦게 집에 들어와 지금 몇 대 몇이냐고 물어볼 경우 누군가가 "응, 3 대 0이야"라고 답했다고 한다면 이는 아마도 막내가 응원하는 LG가 3이고 그 상대팀인 삼성이 0일 가능성이 높다. 그 반대로 삼성이 앞서고 있는 상황이라면 반대로 "응, 0 대 3이야"라고 답했을 것이다. 즉 두 팀 중에서 물어본 사람이 응원하거나 관심이 더 많은 팀의 점수를 먼저 말하고 상대팀은 그 다음에 말하는 것이 일반적이라는 것이다. 마찬가지로 한국과 다른 나라가 축구 시합을 할 경우 한국인이 다른 한국인에게 물어볼 경우 "0 대 2로 지고 있어"라는 답은 한국이 지고 있다는 뜻으로 해석될 가능성이 그 반대의 가능성보다 높다. 화자의 시선에 따른 공감의 차이로 발생하는 대화 함축의 예로는 가정법원에서 판사가 인정 심문에서 피고인에게 어떤 남자를 가리키면서 "Is he your father?"라고 묻자 피고인은 "I am his daughter"라고 답했다고 하자. 물론 판사의 질문에 대해 일반적으로 기대되는 답은 "Yes, he is my father"인데 이런 답 대신 "I am his daughter"라고 말한 것은 의미상으로는 같은 내용이라고 생각할 수 있다. 그러나 일반적인 발화의 방식에 관한 격률인 양태의 격률(manner maxim)을 살짝 비튼 피고인의 발화는 그런 의미를 뛰어넘어 'I don't want to call him my father'라는 것까지 맥락적으로 함축한다고 볼 수 있다. 이런 발화의 함축 역시 화자가 누구에게 초점을 맞추는지에 따라 발생가능한 화용론적 추론이다.

공감지향적 언어 행위

언어 소통에서 공감지향적 언어 행위란 언어적 상호 작용에서 화자가 상대방과 공감의 필요성을 인식하고 이를 증대시키려는 목적으로 발화하는 행위를 말한다. 공감은 크게 정적인 면과 지적인 면으로 나눌 수 있다.

먼저 정적인 공감 표현 화행에는 상대방의 감정을 이해하고 자신의 감정을 가능한 한 비슷하게 접근하려고 하려는 발화수반적 의도를 가진 언어 행위인 동정하기 화행(speech act of sympathy)이 있다. 특히 상대방이 힘들거나 불행한 상황에 처해 있을 때 "나도 그랬어, 얼마나 힘드니!"라든지 "말도 안돼, 어떻게 그럴 수가!"처럼 함께 불평하거나 자신도 유사한 경험이 있다고 말하면서 연대감을 표현하는 측은해하기 화행(speech act of commiseration)이 있다. 또 다른 공감지향적 언어행위에는 "Oh, my heart goes out to you. Is there anything at all I can do to help?"처럼 상대방의 고통을 덜어주려는 적극적인 바람이나 의지를 나타내는 연민하기 화행(speech act of compassion)이 있다. 이런 정적인 공감지향적 언어 행위를 요약하면 다음과 같다.

	측은해하기 (commiseration)	동정하기 (sympathy)	연민하기 (compassion)
초점	공통의 경험/불만 공유를 통한 연대감 형성	타인의 고통에 대한 안타까움과 위로	감정적 이해와 행동지향적 동기
화자의 역할	상대방과 동일한 입장에서 함께 불평/공감	상대방의 어려움을 외부에서 지지하고 위로	상대방의 고통에 나도 힘들어 하며 해결책 모색
목적	감정 공유, 유대감 강화, '함께 힘들어함'을 통한 심적 부담 나눔	상대방의 고통 경감, 정서적 지지, 위로	능동적, 구체적 행동의지 표명
관계 형성	수평적 유대감 강화 (Misery loves company)	다소 수직적 또는 외부적 지지 (위로하는 자와 위로받는 자)	동질감과 신뢰감 형성, 필요시 지원의 토대 마련
예시 표현	"나도 그래!", "내 말이!", "우리 다 힘들지"	"정말 안됐다", "힘내", "걱정 마"	"제가 뭐 좀 도움이 될 일이 있을까요?"

반면에 상대방의 메시지에 담긴 생각 중에서 감정과는 구분되는 지적인 내용에 대해 자신도 생각이 같거나 이해할 수 있음을 표현하는 행위로서 동의 화행(speech act of agreement)과 합의 화행(speech act of consent)의 언어 행위가 있다.

직장에서의 불평 화행을 연구한 Boxer(1993)는 불평(complaint)이 단순히 부정적인 행위가 아니라, 대인 관계에서 긍정적인 사회적 기능을 수행할 수 있다는 점을 강조한다. 통념적으로 불평은 갈등을 유발하는 부정적인 의사소통 행위로 여겨지지만, Boxer는 간접 불평이 오히려 화자와 청자 사이의 연대감을 형성하고 사회적 정체성을 확인하는 긍정적인 전략으로 작용할 수 있다고 한다. 예를 들어, '뒷담화'처럼 공통의 불만을 공유함으로써 서로 간의 친밀감을 높일 수 있다는 것이다. 간접 불평에 대한 적절한 공감적 반응이 이루어지지 않을 경우, 이는 상호 작용의 기회를 놓치게 되고 대화의 흐름을 방해할 수 있다. 이 점은 중요한 소통 능력으로서 특히 영어를 배우는 비원어민 학습자들이 원어민과의 대화에서 겪을 수 있는 어려움을 시사한다.

배려, 자비심

현재 우리 사회에서 공감과 함께 가장 화두가 되고 있는 용어가 바로 '배려(配慮)'이다. '배려'란 타인에 대해 관심을 갖고 그를 보살펴 주거나 그에게 도움이 되는 것을 제공하려고 마음을 쓰는 것을 말한다. 공감이 타인과의 감정을 공유하는 것에 머무는 것이라면 배려는 타인에 대해 관심을 갖고 그를 위해서 무엇인가 행동을 취해주는 것까지 포함한다. 배려하기의 언어 행위(speech act of solicitude)는 이러한 관심과 염려의 마음을 적절한 언어로써 표현하는 행위이다. 예를 들어 친구들끼리 주말에 놀러갈 것을 준비할 때 자동차가 없는 친구에게 "그날 내가 차를 갖고 네 집으로 갈게"라고 말하는 것은 보통의 경우 그 사람을 배려하는 말로 받아들여진다. 배려 행위는 말로써 표현되지 않을 때 오히려 더 가치를 발휘하는 경우가 많다. 예를 들어 운동 경기장이나 공연장에서 뒤에 앉은 사람을 위해 모자를 벗어주는 것도 일종의 배려라고 할 수 있다. 그러나 이를 굳이 말로 "모자를 벗어드릴까요?"라고 물어서 확인하는 것은 배려의 효과를 감소시킬 수 있다. 다음 예문들을 보면 '배려'는 개인과 개인 사이에서의 사교적 소통에서만 일어나는 것이 아니라 집단 간의 사회적 소통에서도 일어날 수 있음을 알 수 있다 (예문의 출처는 http://riksdb.korea.ac.kr/).

- 세상의 여린 새싹 같은 아이들을 위해 어른들이 해야 마땅한 일이고 실행하기에 별 어려움이 없는 일인데, 왜 진작 그런 배려를 못했는지….
- 향후 6년 간 단계적으로 금리 자유화를 추진한다는 정부의 결정은, 금리 자유화의 경제적 효용성을 상당 부분 포기한 대신 자유화에 따른 부작용을 줄이는 데 더 배려한 결과로 보인다.
- 미국과 같은 나라에서도 동부 중부 서부 남부 등 지역 배려가 뚜렷이 있다.
- 옥션이 인터넷 기업 중에서도 대표적인 성격을 갖는 점에 대한 정책적인 배려도 일부 고려됐다.
- 낯선 사람끼리 경쟁적으로 살아야 하는 이동성 사회에서는 공격적으로 살게 되고 낯익은 사람끼리 화목하게 살아야 하는 정착성 사회에서는 남을 배려하고 양보해가면서 살게 된다.
- 이사회는 그러나 경기에 출전할 수 있는 용병 수는 현재와 같이 3명으로 제한, 국내 선수들이 설 자리를 잃지 않도록 배려했다.

'배려'는 감정주가 그저 감성적인 차원에서 느낌을 갖는 것에서 그치지 않고, 그런 마음으로부터 무언가 상대방을 위한 행동을 벌이는 것까지 의미한다. 앞에서 보았던 '공감'이 상대방에 들어가 그 속에서 그가 느끼는 것을 찾아 일치시키려는 노력인 반면, '배려'는 상대방에 대해 보다 나은 상황을 만들어줌으로써 좋은 관계를 형성하려는 노력을 말한다. 소통의 시대를 맞아 사회적으로 성숙한 소통을 위해 가장 필요한 것으로 '공감'과 '배려'를 들 수 있다. 정보통신 기술은 급속도로 발전하고 있지만, 이를 이용한 사회적 소통의 윤리와 문화적 문제들에 대한 사회적 합의는 기술

발전의 속도를 따라잡지 못하고 있다. 그 결과 다양한 소통 매체들에서 매일같이 봇물 터지듯 쏟아져 나오는 언어의 오남용 현상은 정보화 시대를 맞아 반드시 해결해야 할 과제로 남아 있다.

　지금까지 살펴본 연민, 동정, 공감, 배려 등의 긍정적 감정과 유사한 것으로 자비 또는 자비심(mercy)의 감정이 있다. 자비 또는 자비심은 오래전부터 문학 작품에서 빈번하게 다루어진 감정이다. 대표적인 경우로 Rosenbaum(2006)에 의하면 자비는 용서(forgiveness)와 함께 셰익스피어 작품에서 자주 등장하는 주제로서 인간이 가질 수 있는 가장 숭고한 감정이라고 생각된다. 그 중 자비에 대해 셰익스피어는 〈베니스의 상인〉 4막 1장에서 다음과 같이 묘사한다 (괄호 안의 한국어 역은 본 저자의 번역임).

> The quality of mercy is not strained.
> It droppeth as the gentle rain from heaven
> Upon the place beneath. It is twice blest:
> It blesseth him that gives and him that takes.
> 'Tis mightiest in the mightiest; it becomes
> The thronèd monarch better than his crown.
> -William Shakespeare, The Merchant of Venice (Act 4, Scene 1)-

> (자비란 강요된 것이 아니라
> 하늘에서 이 땅에 내리는 단비와 같은 것이지요
> 그것은 두 배의 축복입니다.
> 주는 사람과 받는 사람 모두에게 내리는 축복이지요.
> 가장 강한 것 중에서도 제일 강한 것으로
> 군주에게는 그의 왕관보다 더 잘 어울리는 것입니다.)

자비는 권력(power) 또는 정의(justice)와 종종 대비된다. 셰익스피어 당시 베네치아의 엄격한 법과 계약을 정의의 이름으로 내세운 샤일록(Shylock)이란 인물과, 정의보다 더 자연스럽고 본질적인 인간적 가치로서 자비심의 존재를 일깨우는 포샤(Portia)란 인물의 대립은 현재까지도 그 생명력을 갖고 있다. 셰익스피어는 인간의 세속적인 권력은 그냥 정의감에 머물지 않고 자비심이 그 정의감을 숙성시킬 때에 하나님의 권능처럼 빛을 발할 것이라고 말한다. 흔히 "법에는 눈물도 없나?"라는 말을 하는데 판사가 죄인의 형량을 정할 때 비록 모든 증거에 의해 유죄가 확실하고 법전에 형량이 정해져 있어도 초범이라든지 상대방과 합의를 하거나 피고 자신이 자기가 지은 죄에 대해 진정으로 뉘우치고 반성하고 있을 때 등 이른바 정상(情狀)을 참작하여 형량을 감경해 주는 경우가 있다. 이때 정상이란 책임의 가볍고 무거움에 영향을 주는 구체적인 사정들을 가리키는 것으로 서릿발 같은 정의가 온화한 자비의 영역을 참고하는 것이라고 볼 수 있다. 인간은 누구나 불완전한 존재로 실수와 과오를 저지를 수밖에 없고 그에 따른 엄격한 처벌과 제재가 불가피할 경우조차 자비와 용서를 구한다. 보통 자신의 과오에 대해 자기보다 강한 자에게는 자비와 용서를 구하면서도 자신보다 약한 자가 자기에게 저지른 잘못에 대해서는 무자비하고 냉정하게 등을 돌리는 경우가 많다는 것은 이기적인 감정의 상황적 선택이 인간의 본성이라고 생각된다. 특히 논리나 이성적 판단에 경도된 나머지 지성 만능의 기계적 사고의 틀에 갇힌 이른바 인텔리겐차들은 감성이 메마른 존재들이 될 수 있다. 그런 의미에서 제자들에게 "런던의 빈민굴에 가보지 않은 자는 자신의 연구실에 들어오지 말라"고 했던 영국의 경제학자 Alfred Marshall의 "냉철한 머리와 뜨거운 가슴(Cool head but warm heart)"이라는 말도 인간이 추구할 만한 가치를 요약한 것이며, 〈지와 사랑〉으로 번역되기도 한 Hermann Hesse의 〈나르치스와 골드문트〉에서 지성을 상징하는 나르치스와 감성을 대표하는 골드문트 역시 상반된 가치를 추구하는 인물로 묘사된다. 나르치스는 자신을 황야에 깨어 있는 사상가에 비유하고 골드문트는 어머니 품에 잠들어 있는 예술가에 비유한다. 이 둘은 서로를 인정하고 존중하지만 물과 기름처럼 섞일 수 없는 한계를 갖고 있다. 또한 "엄부자모(嚴父慈母)", 즉 아버지는 자식을 엄하게 다루고 어머니는 자식을 사랑으로 대한다는 것은 겉으로 보기에 상반된 두 가지 가치의 변증법적 상호작용이 간단한 문제가 아님을 암시한다. "자비(慈悲)"의 원뜻이 어머니가 자식을 가엾게 여기는 마음이란 점은 자비심이 가진 여성성을 보여준다. 괴테가 "여성적인 것이 세상을 구한다"고 한 것도 주목할 만하다. 한 가지 분명한 것은 시대가 바뀌면서 자식들이 전통적인 엄한 아버지상보다는 친구와 같이 다정한 아버지상을 더 선호하고 좋은 아버지의 개념이 바뀌고 있는 것은 한 사회나 집단의 가치 체계는 영원불변이 아님을 보여준다.

군주와 같이 권세가 있는 사람이 자비를 베풀면 두 배로 더 의미가 있는 일이다. 흔히 "승자의 아량"이란 말을 하는데 투항한 패장은 목을 베지 않는다든지 아무리 불구대천의 정적이라도 선거에서의 패배를 공식적으로 인정한 상대에게는 관용을 베푸는 것 등은 자비의 사회적 정서를 의식한 것이다. 스포츠에서도 미국 프로야구에서는 홈런을 친 타자가 배트를 하늘 높이 던져 버리는 이른바 '빠던'을 하고 의기양양하게 베이스를 돌면 다음 타석에서 상대편 투수로부터 보복성 빈볼을 받을 가능성이 높아지는데 이는 동업자를 기죽이는 지나친 환호작약을 자제하는 미국 야구 문화의 특성이다. 우리나라에서는 가을걷이가 끝나고 새나 야생 동물들이 먹을 나무 열매를 일부 남겨 두는 이른바 까치밥 문화가 있는데 이는 인간이 생태계의 일원인 동물을 배려하고 자비심을 베푸는 것이다.

자비심은 인간적 약점이기는커녕 가장 권력이 있는 자에게 어울리는 특별한 가치이다. 영어에서 자비심을 뜻하는 단어인 mercy는 주로 종교나 거대한 권력을 가진 집단 또는 상황적으로 특수 위치에 있는 개인의 속성으로 이해된다. 개인들은 이런 종교나 집단의 힘에 맞서 거역할 수 없고 오로지 그들의 자비심을 기대할 수밖에 없는 연약한 존재들로 묘사된다. 온라인 영어 사전에 수록된 예를 보면 이를 알 수 있다 (출처: http://www.dictionary.com).

- God the Holy Spirit, Have mercy on your servant.
- May his soul and the souls of all the departed, through the mercy of God, rest in peace.

영어의 mercy는 박애나 자선 등을 뜻하는 benevolence와 뜻이 다르다. mercy는 죄인이나 범법자, 배신자, 원수, 맞수, 아랫사람 등에 대해 관용과 용서를 베푸는 것인 반면 benevolence는 그런 특별한 관계가 아니더라도 난처한 입장에 처한 사람이나 사회적 약자에게 도움을 제공하고 연민의 마음을 보여주는 것이다. 예를 들어 기독교에서 인간은 자신을 창조한 조물주 하나님의 명령을 거역하고 원죄를 저지른 대가로 죽을 수밖에 없는 존재이지만 예수 그리스도를 자신의 구원자로 믿으면 그의 mercy로 인해 영생을 누릴 수 있다고 한다. 그런데 살고 있던 원룸에 화재가 나서 졸지에 갈 곳이 없어진 친구에게 잠시 자신의 거처에 머물 수 있게 해주는 것은 mercy라기보다는 benevolence이다. 그런데 그 친구가 자기 집에서 귀중품을 훔쳐 도망친 것을 알고서도 경찰에 신고하는 대신 용서를 해 주는 것은 mercy의 예라고 할 수 있다. Alexander Pope는 "실수하는 것은 인간적인 것이며 용서하는 것은 신성한 것이다(To err is human; to forgive, divine)"라고 하면서 "모든 사람은 죄를 짓고 실수를 저지르지만 하나님은 용서하신다. 그런데 사람들은 자신들이 용서할 때에는 마치 신처럼 행동한다(All people commit sins and make mistakes. God forgives them, and people are acting in a godlike (divine) way when they forgive.")고 말했다. 이 글의 취지는 시인의 작품을 비평가가 지나치게 비판하는 것을 경계하는 것이지만 단순히 문학 작품에서 벗어나 종교적인 차원으로까지 확대 해석되어 사람은 물론 신이 될 수 없지만 적어도 다른 사람의 허물을 용서해줄 때는 사람이 아닌 신처럼 닮아 보일 수 있다는 것이다.

권력이나 능력을 가진 종교 단체뿐 아니라 정부나 대기업 등도 다음의 예문에서 볼 수 있듯이 마음만 먹으면 자비심을 발휘할 수 있는 권력 집단 으로 묘사된다 (출처: http://www.dictionary.com).

- Any corporation is an artificial legal being totally at the mercy of government.
- I fear that we are all at the mercy of big business if they choose to sue us.

영어의 mercy와 비교할 때 한국어 밀뭉치 자료에서도 '자비(심)'은 종교적 텍스트에 주로 등장하지만 영어와 달리 권력을 가진 거대 집단의 속성으로는 잘 쓰이지 않는 것으로 보인다 (출처: http://riksdb.korea.ac.kr/sjriks/sjriks.jsp).

- 부처님의 지혜와 자비를 이어 끝없는 중생을 건지기 위해서이다.
- 하느님의 자비로 이 나라에서 우리는 더할 나위 없이 고귀한 세 개의 재산을 가지고 있다.
- 한국이 처한 어려운 정황에서 사랑과 자비를 이상으로 하는 종교인은 민족의 화해나 세계의 평화와 같은 공동선을 위해 싸우는가, 아니면 나도 모르게 나와 내 집단의 근시안적 이기심만을 위해 싸우는가
- 무한한 사랑과 자비심으로 넘치는 하느님이 자기의 구세주이심을 알고 깨닫게 됨을 감사할 때를 말한다.
- 60년간 열대짐승을 온대에서 사육해냈다는 것은 짐승에 대한 한국인의

자비심을 입증해주는 것이 된다.
- 그는 털끝만한 동정이나 자비심 없이 가장 가난한 자들의 마지막 하나까지 빼앗아가고, 법의 이름으로 인간의 빚을 단죄한다.

이상의 예를 종합해 보면 영어에서는 자비가 개인이나 집단이 공히 느낄 수 있고 그로 인해 선한 일을 행사할 수 있는 원동력으로 인식되지만 한국어에서는 그 사용이 좀 더 제한적이어서 종교적인 모티브가 강한 선한 마음으로 인식되는 차이점을 보여주고 있다.

영어의 주요 감정 어휘 의미

앞 절에서 본 Wierzbicka의 자연언어의미 상위언어 분석법(NSM)에 기초하여 영어의 주요 감정 어휘의 의미를 한국어의 유의어와 비교하면 다음과 같다.

1) envy – 시기(猜忌)

envy는 다른 사람에게 좋은 일이 생겼고 이것이 나에게도 일어나길 바라는 감정이다. 이와 유사한 한국어 표현인 '시기'의 사전적 의미는 '남이 잘되는 것을 샘하여 미워함'이다. '시기'와 거의 동의어이지만 보다 가볍고 때로는 이유가 불분명한 부정적 감정인 '시샘'은 '자기보다 잘되거나 나은 사람을 공연히 미워하고 싫어함'이라는 의미이고 '질투'는 자신이 가진 것을 잃을까 봐 느끼는 불안감이나 어떤 관계에서 자신이 밀려날까 봐 느끼는 감정으로서 초점이 자신과 자신의 소유(물) 또는 타인과의 관계에 있다. 즉 '시기'와 '시샘'은 "네가 가진 게 부러워"라는 마음이 부정적으로 변한 것에 가깝고, '질투'는 "내가 가진 걸 네가 빼앗아갈까 봐 불안해" 또는 "내

자리를 네가 차지할까 봐 두려워"라는 마음에 가깝다. 반면에, envy는 좋은 일이 생긴 다른 사람을 미워하고 깎아내린다는 의미까지 포함하지는 않는다는 점에서 한국어 유사 표현들과 미세한 의미 차이가 있다. 이와 관련한 다음 예문들을 보자.

(예문 1) I can trace my first feelings of <u>envy</u> to my childhood. I grew up with six sisters, each one taller and thinner than I was. On top of that, they all had pretty, long, thick hair. Mine was thin, fine, and unruly. I had a bad case of sister <u>envy</u>. (출처: www.tinybuddha.com/blog 저자: Tess Marshall)

이 (예문 1)을 쓴 필자 'I'는 자신은 갖고 있지 못하지만 자신의 자매들이 갖고 있는 좋은 점이 자기에게도 있었으면 좋겠다는 생각을 했고 그런 생각을 해서 뭔가 좋지 않은 것을 느꼈다고 말하고 있다. 이런 감정은 Wierzbicka의 envy에 대한 의미 분석과 일치한다. 즉 Wierzbicka에 의하면 envy란 타인에게 일어난 좋은 것이 자기에게도 일어나기를 바라지만 그렇게 되지 못하는 것에 대해 나쁜 감정이 드는 것을 말하는데 이는 위 예문의 글쓴이가 느끼는 감정과 일치한다. 이런 비교의 감정에서 비롯된 것이라는 점에서 jealousy와도 유사하지만, 이 글을 쓴 사람은 자신의 자매들이 자신에 대해서 좋은 감정을 갖기를 바라던 것은 아니므로 jealousy라고 볼 수 없다. 이와 유사한 또 다른 예문에서의 envy의 사용을 보자.

(예문 2) The rich woman wept. "You know many people visit me to just look at what I have. Many people <u>envy</u> me and want to be like me. This is what I am really like." She took off her sunglasses to reveal her black eye.

이 (예문 2)의 이야기에 등장하는 부유한 여자는 좋은 집에 살고 좋은
차를 가지고 있다. 그래서 사람들이 이 여자와 만나고 싶어 하고 여자가
가진 것을 보고 싶어 한다. 예문에서 여자는 울면서 많은 사람들이 그녀를
부러워하고 그녀처럼 되길 원한다고 말한다. 사람들이 그녀를 부러워하는
이 감정은 Wierzbicka의 envy에 대한 의미 분석과 일치한다.
Wierzbicka에 의하면 envy란 다른 사람에게 좋은 일이 일어났지만 나에
게는 일어나지 않았으며 이에 대해 나쁜 감정이 들며 그런 좋은 일이 나에
게도 일어나길 바라는 것이다.

2) jealousy – 질투(嫉妬)

영어의 envy와 유사하지만 의미에서 차이가 있는 단어인 jealousy는 이
사람이 나에게 좋은 감정을 느끼길 원하고 이 사람이 나 외의 다른 사람에
게 좋은 감정을 느끼는 것을 원하지 않는 것이다. 따라서 '질투'로 번역하
는 것이 적절하다. 다음 예문에서 형용사인 jealous는 '부부 사이나 사랑하
는 연인들 사이에서 상대되는 이성이 다른 이성을 좋아할 경우에 지나치
게 질투함'을 의미한다.

(예문) Anderson Lee Nieves, the shooter, was the woman's jealous
ex-husband, Steve Gallaher with the Jacksonville Sheriff's Office
said. He was allegedly jealous that Lopez was dating his wife, who
was also the mother of his four children.
(출처: http://www.firstcoastnews.com/news/police-jealous-ex-hus
band-shoots-kills-womans-new-boyfriend-with-kids-in-the-car/7
3993365)

예문에서의 뉴스는 전부인이 다른 남자와 데이트하는 것을 보고 질투를 느낀 전남편이 전부인과 데이트하던 남자를 살해했다는 내용이다. 전남편이 느낀 감정은 이 감정은 Wierzbicka의 jealousy에 대한 의미 분석과 일치한다. Wierzbicka에 의하면 jealousy는 이 사람이 나에게 좋은 감정을 느끼길 원하고 이 사람이 나 외의 다른 사람에게 좋은 감정을 느끼는 것을 원하지 않으며 그것이 싫고 그것에 대해 생각할 수도 없는 것이다. 이것은 전남편이 전부인에게 느낀 감정과 같다. 한편, envy는 다른 사람에게 좋은 일이 일어났고 나에게도 그것이 일어나길 바라는 것이기 때문에 지금의 예문에는 적절하지 않다.

이상에서 본 envy와 jealousy의 차이를 정리하면 다음과 같다.

	envy	jealousy
원인	타인이 가진 것을 자신이 가지고 있지 않음	자신이 가진/원하는 것을 타인에게 빼앗길까 봐 두려워함
핵심 감정	'나도 그것을 가졌으면 좋겠다'	'내게 소중한 것을 잃을까 두렵다'
대상	타인의 소유물, 능력, 외모, 업적	자신의 관계, 관심, 사랑, 소유물 등
초점	'나의 부족함'에 대한 인식, 소유욕	'상실의 두려움'
관계	나 vs 타인의 소유물 (2자 관계)	나 vs 소유물 vs 제3자 (3자 관계)
연관 감정	열등감, 욕구 불만, 선망	불안, 불신, 분노, 두려움
교정 방향	목표 설정, 동기 부여	관계 개선 노력, 자기 성찰
부정적 결과	불행감, 좌절, 악의	의심, 갈등, 불화, 분노

3) pity - 동정(同情) 또는 연민(憐憫)

pity는 나쁜 일이 나 아닌 다른 사람에게 일어났을 때 느끼는 감정으로 앞에서 본 '동정'과 '연민'의 성격이 혼재한다. 한국어의 '동정'은 "그 소년의 이야기는 많은 사람들의 동정을 자아냈다"라는 문장에서처럼 '남의 어려운 처지를 자기 일처럼 딱하고 가엾게 여김'이라는 의미인데, 자신이 아닌 타인에게 느끼는 것이라는 점에서 pity와 가깝다.

> (예문) They were able to help Zsuzsi, who has disabled vision, in many ways. She likes working with other disabled people much more than she did with healthy people. "They often had prejudices or they showed pity and they could never accept me as a full-value member of the team," she says. "I just felt as if I was a little kid again."
> (출처: http://budapesttimes.hu/2016/03/19/coffee-and-cake-for-integration-into-society/)

위 예문에 등장하는 여자는 장애인으로, 장애가 없는 사람들이 편견을 갖거나 동정심을 보이고 자신을 팀의 완전한 멤버로 받아들이지 못한다고 말한다. Wierzbicka에 따르면 pity는 나쁜 일이 다른 사람에게 일어났고 그것에 대해 나쁜 감정을 갖고 이런 일이 나에게는 일어나지 않는다고 느끼는 것이다. 장애를 갖지 않는 사람은 장애를 가진 것을 나쁜 일이라고 여기고 이것에 대해 좋지 않은 감정을 느끼며 자신이 장애를 갖는 일은 일어나지 않는다고 생각한다. 다만, pity는 sympathy와는 달리 상대를 낮추는 듯한 느낌을 줄 수 있다. pity는 내가 상대방의 어려운 상황에 처하지 않아서 다행이라고 느끼는 부정적인 함의를 가질 수 있는 반면, sympathy는 일반적으로 긍정적인 공감을 내포한다.

4) self-pity – 자기 연민(自己 憐憫)

self-pity는 pity와 같은 감정이지만 자신의 불행에 초점을 맞추고 다른 사람과의 비교를 암시한다. 따라서 self-pity는 '자기 연민'으로 번역하는 것이 적절하다. '연민'은 '불쌍하고 가련하게 여김'으로 타인이 아닌 자기 자신에게도 느낄 수 있는 감정이기 때문이다.

(예문) Valentine's Day, or "Single's Awareness Day," has earned itself a reputation for being the national day of <u>self-pity</u> for not being in a relationship.
(출처: http://theminaretonline.com/2014/02/13/valentines-day-cel ebrate-love-regardless-of-relationship-status/)

Wierzbicka(1999)에 따르면 self-pity는 나에게 나쁜 일이 일어났고 이것으로 나쁜 감정을 느끼며 이런 일이 다른 사람에게는 일어나지 않는 것이다. 예문에서는 선물을 줄 남자친구나 여자친구가 없는 싱글에게 발렌타인데이는 연인 관계가 없어서 자기 연민을 느끼는 날이라고 설명한다. 싱글의 입장에서 발렌타인데이는, 커플인 다른 사람들에게는 나쁜 것이라고 여겨지지 않고 나에게만 나쁘게 여겨지는 것이다. 따라서 발렌타인데이에 싱글인 사람이 느끼는 감정은 Wierzbicka의 self-pity이다.

5) compassion – 연민, 측은지심(惻隱之心)

앞서 공감지향적 언어 행위에서도 보았듯이 pity와 compassion은 모두 상대방의 불행에 대한 감정을 나타내지만 미묘한 의미의 차이가 있다. pity는 '불쌍히 여기는 마음'이라면, compassion은 '함께 아파하고 돕고자 하는 마음'에 가깝다. pity는 상대방의 고통을 보고 느끼는 안타까움으로서 때로는 감정주의 우월감이나 안도감, 경멸 등을 포함할 수 있다. 이에 비해 compassion은 상대방의 고통에 대한 깊은 공감과 함께 가능하면 그 고통을 덜어주기 위해 행동하려는 적극적인 마음을 말한다. compassion은 보통 '연민'으로 번역되지만 pity와 구별이 필요한 맥락에서는 '측은지심'으로 번역될 수 있다. "그는 어린 아이들이 영양실조로 고통을 당하는 것을 볼 때 참을 수 없는 연민을 느껴 그들을 돕는 일을 계속 했다."라는 예처럼 '연민'이라는 단어 뒤에는 나쁜 일을 겪은 사람을 위해 무언가를 하고 싶어

하는 의지를 나타내도 문장이 어색하지 않기 때문이다. 그러나 '그는 영양실조로 고통을 당하는 어린 아이들을 동정하여 그들을 돕는 일을 계속했다'와 같이 '동정하다'의 뒤에 나쁜 일을 겪은 사람을 위해 무언가를 하고 싶어하는 소망이 등장하면 문장이 어색해진다.

(예문) When He went ashore, He saw a large crowd, and felt <u>compassion</u> for them and healed their sick. (출처: 마태복음 14장 14절)

Wierzbicka(1999)의 NSM 분석에 의하면 compassion은 이 사람에게 나쁜 일이 일어났고 이 사람은 나쁜 감정을 느끼며 나는 할 수 있다면 이 사람을 위해 좋은 것을 해주고 싶은 감정이다. 위 예문에서 예수님은 몸이 아픈 사람에게 연민을 느끼고 그들의 병을 치료해주셨다. 예수님이 아픈 사람에게 느낀 감정은 Wierzbicka의 compassion과 일치한다. pity는 나쁜 일을 겪은 사람에게 좋은 것을 해주고 싶다는 소망을 의미하지 않기 때문에 이 예문에는 적절하지 않다.

6) Schadenfreude - 쌤통

Schadenfreude는 이전에 그럴 만한 자격이 없는데도 불구하고 운이 좋았던 사람이 현재 나쁜 일을 겪는 것을 보고 좋다고 생각하는 감정이다. 따라서 이것은 '쌤통'으로 번역할 수 있다. '쌤통'이란 남이 낭패 본 것을 고소해하는 뜻으로 이르는 말로 '당해도 싸다'는 의미를 암시하며 Schadenfreude와 대응된다. '미운 사람이 잘못되는 것을 보고 속이 시원하고 재미있다'라는 의미를 가진 '고소하다'는 단어도 존재하지만, Schadenfreude는 반드시 미운 사람에 대해 느끼는 감정은 아니므로 이는 적절하지 않다.

(예문) The possibility of Manchester City falling out of the Champions League is a classic example of football <u>schadenfreude</u>. The idea that a team with close to unparalleled resources, a team that hasn't finished lower than second since 2010-11, a team that just two months ago sat in second place with only Leicester City between them … and yet, now, they might failed to finish in the top four. It's enough to bring a smile to the face of any non-City fan.

(출처: http://www.espn.co.uk/football/club/manchester-city/382/blog/post/2840898/manchester-citys-champions-league-place-in-jeopardy)

위 예문은 맨체스터 유나이티드는 지금까지 비할 데 없는 팀이었지만 챔피언 리그에서 4위를 하는 데에 실패했고, 이 소식이 맨체스터의 팬이 아닌 사람들의 얼굴에는 웃음을 가져다줄 것이라고 이야기한다. Wierzbicka에 따르면 Schadenfreude는 '어떤 사람에게 이전에는 많은 좋은 일이 있었고 그 사람은 그것이 좋다고 생각했으나 지금은 이 사람에게 나쁜 일이 생겼고 지금 나는 그에 대해 좋다고 생각하는' 감정이다. 맨체스터 유나이티드의 팬이 아닌 사람들은 잘 나가던 맨체스터 유나이티드의 성적이 하락하는 것을 보고 Wierzbicka가 정의한 Schadenfreude 의 감정을 느낄 수 있다.

7) gratitude - 감사(感謝)

gratitude는 상대가 그럴 필요는 없었는데 나를 위해 좋은 일을 해주어서 이 사람에 대해 좋게 생각하는 감정이다. 따라서 이것은 한국어의 '감사'와 거의 뜻이 같지만 gratitude는 일반적으로 더 깊고 진심 어린 감사, 오랜 기간 지속될 수 있는 고마움을 나타내는 경우가 많다. 어떤 도움이나 혜택에 대해 마음속 깊이 우러나오는 고마움과 보답하고 싶은 마음까지 포함하는 경우에 사용되는 표현이다.

(예문) For Chris Herring and his son and daughter — Mitchell fifth-grader Tristan, 11, and Bush Elementary second-grader Skylar, 8 — the loss of wife and mother Kristi is still fresh. Kristi battled breast cancer for nearly five years, but lost the battle and her life on April 17, 2015. Chris expressed gratitude for the community's "outstanding" support. This is the first time the Herring family has participated in the walk. Tristan said what he liked about it is that everyone is together, and it's all for one cause.
(출처: http://www.yourhoustonnews.com/courier/news/hundreds-paint-the-path-pink-at-mitchell-intermediate-for-breast/article_19e9ad30-f5ee-5b0f-8978-e64513840a32.html)

Chris는 유방암으로 아내를 잃고 자녀들과 유방암 예방 걷기 대회에 참가하였다. Chris는 지역 사회의 전폭적인 지원에 감사한다고 했다. Wierzbicka에 따르면 gratitude는 이 사람이 그렇게 하지 않아도 되는데 나에게 좋은 일을 했고 나는 이것 때문에 이 사람을 좋게 생각하는 감정이다. 지역 사회가 꼭 그렇게 하지 않아도 되는데 Chris 가족에게 아낌없는 지원을 했고 이로 인해 Chris는 지역 사회에 대해 좋은 감정을 갖게 되었으므로 Chris가 지역 사회에 대해 느끼는 감정은 Wierzbicka의 gratitude이다.

8) admiration - 감탄(感歎), 존경(尊敬), 경탄(敬歎)

admiration은 이 사람이 매우 좋은 것을 할 수 있다는 능력에 대한 긍정적 평가와 많은 사람들이 이렇게 할 수 없다고 비교하는 관점을 포함한다. 따라서 admiration은 맥락에 따라 '감탄', '존경', '경탄'으로 번역될 수 있는데, 이 한국어 표현의 차이는 다음과 같다:
1) 감탄: 특정 능력이나 아름다움, 기술 등에 대한 긍정적 놀라움과 찬사

2) 존경: 인격, 업적, 지혜 등 인물에 대한 깊은 평가와 본받고 싶은 마음

3) 경탄: 규모나 비범함 등 압도적인 대상에 대한 놀라움과 경외감

> (예문) "I've always been supportive of her(Hillary) and have
> admiration for her," he said. "She's very knowledgeable, intelligent,
> and she's done her homework. It's a lot more than I can say for
> the other candidates."
> (출처: http://www.postcrescent.com/story/news/politics/elections/2
> 016/04/02/hillary-clinton-supporters-rally-eau-claire/82551566/)

위 예문에서 한 유권자는 힐러리를 지지하며 존경한다고 말한다.
Wierzbicka에 따르면 admiration은 이 사람이 매우 좋은 일을 할 수
있고 많은 사람들이 그렇게 할 수 없으며 나는 할 수 있다면 그렇게 되길
원하는 감정이다. 이 유권자는 힐러리가 매우 똑똑하고 지적이며 과업을
모두 수행하였다고 하며 이는 다른 후보자들에게 말할 수 있는 것 이상이
라고 말한다. 이 유권자는 힐러리가 매우 좋은 일을 할 수 있으며 다른
후보자들이 할 수 없는 일을 했다고 생각하므로, 힐러리에게 admiration
을 느끼는 것이다.

9) shame - 창피(猖披), 수치(羞恥)

shame은 Wierzbicka의 분석에 따르면 사람들이 나에 대해 나쁜 것을
알 수 있고 이에 대해 나는 좋지 않게 생각한다는 의미를 갖는다. 따라서
'체면이 깎이는 일이나 아니꼬운 일을 당함 또는 그에 대한 부끄러움'의
의미를 갖는 '창피'로 번역하는 것이 적절하다. 또한, shame은 단점이나
무능력에 대한 감정이기도 하다. 따라서 '일을 잘 못하거나 양심에 거리끼
어 볼 낯이 없거나 매우 떳떳하지 못하다'는 의미의 '수치'로 옮기는 것도
적절하다.

(예문) The video from American Future Fund shows Cliff, who identifies himself as an ex-Trump U. salesman, discussing the qualifications of staff and the amount of complaints the organization received on a regular basis. "When it came to people working directly with the Trump investors, the mentors that they worked with were not as qualified as they thought they were. Literally sat in the same call center that we did, in a cubicle right next to me," Cliff says in the spot. "Non-stop calls with complaints, and people just totally unhappy with the course. I was <u>ashamed</u> to work there." He adds that "I walked away from the job because I thought it would be easier for me to sleep at night."
(출처: http://www.weeklystandard.com/trump-u-staffer-slams-school-i-was-ashamed-to-work-there/article/2001487)

트럼프 대학교에서 근무했던 Cliff는 불만의 전화가 끊이지 않고 왔고 근무했던 사람들은 그것으로 기분이 나빴으며 그 곳에서 일하는 것이 창피했다고 말한다. Wierzbicka에 따르면 shame은 사람들이 나에 대해 나쁜 것을 알 수도 있고 나는 사람들이 그것을 아는 것을 원하지 않으며 사람들이 이것을 안다면 반드시 나에 대해 나쁘게 생각할 것이라는 감정이다. 트럼프 투자자들과 직접 일한 사람들과 그들이 함께 일한 멘토들은 그들이 생각하는 것만큼 자격이 있지 않았고 Cliff와 같이 콜센터에 앉아 있었으며 불만으로 가득 찬 전화는 계속 오니, Cliff는 사람들이 이에 대해 알기 원치 않았고 만약 사람들이 알았다면 자신에 대해 나쁘게 생각할 것이라고 느꼈을 것이므로 Cliff가 느낀 감정은 Wierzbicka가 NSM으로 분석한 shame으로 볼 수 있다.

10) embarrassment - 당황(唐慌)
shame은 "bad things"에 집중하여 "bad things"에 해당하는 '체면이

깎이는 일이나 아니꼬운 일'을 당한다는 '창피'로 번역하는 것이 적절하다. 그러나 embarrassment는 "bad things"보다는 자신이 원하지 않았는데도 어떤 일이 생긴 것과 관련이 있다. 따라서 '당황'이라고 번역하는 것이 적절하다.

(예문) Gwen Stefani was "so embarrassed" when her marriage broke up, a raw experience she's channeled into her latest hit album. ... "During that time period, I felt like, I was down all the way. Like you don't go down lower than that," the No Doubt singer told CBS. "It was rock bottom. I was so <u>embarrassed</u>, you know what I mean? I was like, 'Wow, I can't. I have to turn this into something. I can't go down like this. Like if I can do music, then maybe just everything will be OK." But she's not blaming herself for anything. "I don't feel like I have anything to be ashamed of," the 46-year-old told Time. "I've done nothing wrong. I don't feel like I have anything to protect about myself. But when you're a mother, you have to have some boundaries." Shoot, that makes it sound like her lips are sealed.
(출처: http://www.latimes.com/entertainment/gossip/la-et-mg-gwen-stefani-blake-shelton-relationship-20160318-story.html)

예문에서 가수 그웬 스테파니는 이혼을 했는데 이혼에 대해 당황스럽지만 창피하지는 않다고 말한다. Wierzbicka에 따르면 embarrassment는 내가 원해서가 아닌데 어떤 일이 나에게 일어나고 있고, 누군가 이것에 대해 알고 있으며, 나는 사람들이 나에 대해 이렇게 생각하는 것을 원하지 않는 감정이다. 그녀가 이혼을 원해서 한 것이 아니고, 대중들이 이것에 대해 알고 있을 것이며, 그녀는 사람들이 자신에 대해 이렇게 생각하는 것을 원하지 않는다. 따라서 그웬 스테파니가 느끼는 감정은 Wierzbicka가

분석한 embarrassment와 일치한다. 그리고 그녀는 이혼이 당황스럽지만 나쁜 것이 아니기 때문에 창피하지는 않다고 말한다. 이것은 사람들이 나에 대해 나쁜 것을 알 수도 있다는 shame의 분석과도 일치한다.

'shame'과 'embarrassment'는 모두 불편하고 부정적인 감정이지만, 그 원인과 강도, 지속성, 그리고 자아에 미치는 영향에서 중요한 차이가 있다. 먼저 embarrassment는 사람들 앞에서 넘어진다든지, 바지 지퍼를 열고 다니는 것처럼 그 원인이 대개 사소한 실수나 어색한 상황, 사회적 규범 위반 등 외부적인 사건이나 행동으로 인해 발생한다. 이 감정은 자신의 행동이나 일어난 일 자체에 초점을 맞추며 비교적 가볍고 일시적이고, 시간이 지나면 쉽게 사라지거나 심지어 나중에 씁쓸한 추억거리가 될 수도 있다. 이 감정은 "내가 실수를 했어" 또는 "어색한 상황이었어"와 같이 특정 행동에 대한 후회나 불편함이지, 자신의 가치나 본질에 대한 부정적인 판단으로 이어지지는 않는다.

이에 비해 shame은 보다 내면적이고 깊은 성찰의 결과인데 자신의 도덕적 기준이나 가치관에 어긋나는 행동, 자신의 결함이나 부족함에 대한 인식, 혹은 다른 사람에게 비난받거나 거부당할 것이라는 생각 등에서 발생한다. 이 감정은 "나는 잘못된 사람이다"와 같이 자신의 정체성, 가치, 존재 자체에 초점을 맞추는데, embarrassment에 비해 훨씬 더 강렬하고 고통스러운 감정이며, 오랫동안 지속될 수 있다. 기억하고 싶지 않거나 지워버리고 싶은 충동을 느낄 수도 있으며 자신의 존재 자체가 결함이 있거나 가치 없다고 느끼게 하여 자존감을 크게 손상시킬 수도 있다. 예를 들어 자신이 살아남기 위해 거짓말을 해서 누군가를 속였을 때 느끼는 죄책감과 더불어 자신은 정직하지 못한 사람이라는 생각이나 중요한 일을 망쳐서 자신이 무능하다고 느끼는 것, 자신의 과거 행동 때문에 스스로를 용서할 수 없을 때 드는 느낌이 shame에 해당된다. 이상의 내용을 정리하면 다음과 같다.

	embarrassment	shame
원인	외부적, 상황적 실수	내면적, 도덕적/개인적 결함
초점	'내가 한 일' (행동)	'나 자신' (정체성, 가치)
강도	비교적 약함	매우 강함
지속성	일시적, 쉽게 사라질 수 있음	오래 지속될 수 있음
자아 인식	'내가 실수를 했다'	'나는 잘못된/부족한 사람이다'
행동 반응	웃어넘김, 주제 전환, 빠르게 극복	숨고 싶음, 회피, 자기 비난, 고립
타인의 반응	동정, 가볍게 웃음, 이해	비난, 판단
장기적 영향	정신건강에 큰 영향 없음	자존감 손상, 우울증, 불안 가능

11) pride - 자부심(自負心)

Wierzbicka의 NSM 분석에 따르면 영어의 pride는 나의 매우 좋은 부분을 사람들이 알 수 있고 이것으로 사람들이 나에 대해 좋게 생각하고 나는 나 스스로에 대해 좋은 것을 생각하게 되는 감정이다. 따라서 '자기 자신 또는 자기와 관련되어 있는 것에 대하여 스스로 그 가치나 능력을 믿고 당당히 여기는 마음'인 '자부심'으로 번역히는 것이 직질하다. 유사한 표현인 '자랑'은 '자기 자신 또는 자기와 관계있는 사람이나 물건, 일 따위가 썩 훌륭하거나 남에게 칭찬을 받을 만한 것임을 드러내어 말함'의 의미이다. pride는 자신에 대해 훌륭한 것을 드러내어 말한다는 의미는 포함하지 않기 때문에 '자랑'보다는 '자부심'이 더 적절하다.

(예문) Instep: But you beat Big B to the race to Hollywood … Om Puri: I won the race beating many (laughs). After watching Wolf (1994) in America, Bachchan sahib told me that he felt <u>pride</u> as an Indian that a Bollywood actor got such a meaningful role in a big budget Hollywood flick. That was a huge compliment considering it came from the best.
(출처: http://www.geo.tv/latest/103452-In-conversation-with-Om-Puri-The-Reel-Pakistani)

예문을 보면 Om Puri의 영화를 본 Bachchan은 인도인이 할리우드 영화에서 중요한 역할을 맡았다는 것에 자부심을 느낀다고 했다. Bachchan은 인도인인 Om Puri가 할리우드 영화에 등장한 것에 대해 매우 좋게 생각하고, 사람들이 이것에 대해 알 수 있으며, 또한 사람들이 이것을 알기 원하고, 사람들이 안다면 Om Puri에 대해 좋은 것을 생각하게 될 것이라고 생각한다. 따라서 Bachchan이 느낀 감정은 Wierzbicka가 분석한 pride의 전형적인 예이다.

12) remorse - 후회(後悔)

remorse는 내가 나쁜 짓을 했고, 내가 그것이 나쁘다는 것을 알았으나 행동했고, 그것은 실수나 판단 착오도 아니었고 나에게 완전히 책임이 있다는 감정이다. 따라서 이것은 '이전의 잘못을 깨치고 뉘우침'의 의미인 '후회'로 번역하는 것이 적절하다. 한편, '회한'이라는 단어도 있지만 이것은 '뉘우치고 한탄함'이라는 뜻으로 Wierzbicka의 remorse에는 한탄한다는 의미는 없기 때문에 remorse를 '회한'이라고 번역하는 것은 적절하지 않다.

> (예문) Leuther felt called to religious service as a 10-year-old who at the time was happily active in nonchurch activities: basketball, football, 4-H. On one Sunday as he skipped church, though, he felt remorse and apologized to God. Leuther said God told him that was OK. The boy wouldn't find church boring as an adult, as he was called to preach.
> (출처: http://www.columbiamissourian.com/news/elections/leuther -sees-city-council-position-as-next-step-in-his/article_6100f64a-f54e-11e5-b507-1b4516bfac31.html)

예문에서 Leuther는 어느 주일에 교회를 가지 않았다가 후회를 하고 하나님께 사과했다고 이야기한다. Wierzbicka에 따르면 remorse는 전에 내가 나쁜 짓을 했다는 것을 알고 있고, 그 행동을 할 때 그것을 알고 있었으며, 나는 그 때 그것에 대해 생각하기 싫었는데 지금 그것에 대해 생각하게 된 것이다. Leuther는 주일에 교회에 가지 않는 것이 나쁜 것임을 당시에 알고 있었으나 그렇게 행동했고 나중에 그것에 대해 생각하고 후회라는 감정을 느낀 것이다. 따라서 Leuther가 느낀 감정은 Wierzbicka가 분석한 remorse이다.

13) guilt - 죄책감(罪責感)

guilt는 내가 어떤 행동을 했는데 그것으로 인해 나쁜 일이 벌어지게 되어 느끼는 감정이다. 따라서 이것을 '저지른 잘못에 대하여 책임을 느끼는 마음'이라는 의미의 '죄책감'으로 번역하는 것이 적절하다.

> (예문) GirlTrek grew out of the experiences of its two founders, Vanessa Garrison and Morgan Dixon, friends from college days, and began as a simple act of self-care and love. Garrison grew up in Seattle. When she was 5, her mother started using heroin; she was an addict for 15 years and spent eight years in prison. Garrison was reared by her grandmother and aunt and recalls a lot of emotional pain in the household. "So much was happening negatively for the women who raised me: depression, despair, sadness and loneliness," she said. "I <u>felt</u> a lot of <u>guilt</u>, but I wasn't able to give back to them in any substantial way." She began walking as "a very personal way of how you can heal from childhood traumas."
> (출처: http://opinionator.blogs.nytimes.com/2016/04/05/walking-to-build-spirit-as-well-as-health/)

Garrison은 헤로인에 중독된 어머니 때문에 할머니와 이모의 손에 자랐다. 그녀는 가정에서 많은 감정적인 고통을 기억한다. 그녀를 길러준 두 여자에게 우울증, 절망, 슬픔 그리고 외로움과 같은 많은 나쁜 일들이 일어났다. 그로 인해 그녀는 죄책감을 느꼈다. Wierzbicka에 따르면 guilt는 내가 어떤 행동을 했는데 그것으로 인해 나쁜 일이 발생하고 이로 인해 내가 나쁜 일을 했다고 생각하게 되는 감정이다. Garrison을 기르면서 할머니와 이모에게 나쁜 일이 생겼고 이것으로 스스로가 나쁜 짓을 했다고 생각하므로 Garrison이 느끼는 감정은 Wierzbicka가 분석한 guilt와 일치한다.

보편주의 화용론과 민족화용론

한 언어에서 사용하는 감정 어휘들에 대한 의미 분석을 통해 우리는 그 언어공동체의 구성원들이 감정을 어떻게 개념화하는지, 어떤 감정을 단어로 표현하는지, 감정을 어떻게 분류하는지 등을 알 수 있다. 아울러 각 언어의 감정 어휘에 대한 인지시나리오를 NSM을 기반으로 한 의미해설을 통해 작성하고 그 결과를 다른 언어와 비교할 수 있게 되었다. 하지만 그렇다고 해서 감정 표출이 오로지 어휘에 의존한다고 믿거나 언어 체계만으로 설명될 수 있다고 믿는 오류를 범해서는 안 된다. 이런 식의 생각은 사피어-워프 가설(Sapir-Whorf Hypothesis)과 관련이 있는데 가장 널리 알려진 "에스키모 어휘 사기(Great Eskimo Vocabulary Hoax)"는 이누이트 언어는 눈에 대한 단어가 최소 7가지로 영어보다 훨씬 많으며 그 결과 이누이트인들은 눈에 대해 영미인들과 다른 시각을 갖는다는 주장이다. 그러나 Pullum(1989)은 어휘 재조사를 통해 이 주장이 근거가 없는 사기에 불과하다고 비판했다. 이 "신화"는 Boas라는 인류학자의 관찰 오류에서 시작되어 시간이 지나면서 과장되었지만 결국 사실이 아닌 것으로 판명되었다. 실제로 특정 감정을 개념화한 어휘가 없다고 해서 그 언어권의 언어 사용자들이 해당 감정을 느끼지 않거나, 감정 표현 어휘가 적다고 해서 그 언어 사용자들이 감정이 메마르다고 말할 순 없으며 해당 언어의 감정 어휘의 사전적 의미를 알았다고 해서 그 언어사용자들의 감정 표출과 소통을 전부 이해할 수는 없기 때문이다. 문제는 감정 어휘와 그 감정을 둘러싼 화용 행위의 관계를 밝히는 것이다. 그런데 이런 화용 행위는 필연적으로 그 언어의 문화와 직결된다. 다소 극단적인 것처럼 보이지만 예를 들어 남태평양 파푸아 뉴기니의 Ommura 부족들의 언어의 경우에는, 의사소통에서 감정을 언급하지 않는데, 이는 감정이 모호하고 의사소통이 불가한 것으로 판단하는 그 언어권 문화의 특성 때문이라고 한다 (Mayer 1987). 이는 마치 로봇과 같은 존재를 떠올리게 되는데 최근 로봇은 '딥러닝(deep learning)'을 통해 인간의 감정을 학습하게 되어 인간의 감정을 이해하고 반응하는 '소셜 로봇(social robot)'으로 진화하고 있다는 점에서 장래에는 Ommura인들이 지금의 로봇처럼 되고 현재 로봇은 Ommura인들보다 더 인간적인 존재가 되지 말라는 법도 없을 것이다. 물론 이런 상상은 인공지능이 감정을 완벽히 이해하는 기법을 터득해야 한다는 조건을 충족시킬 때에 가능한 일이다.

감정의 문화 간 소통에서 보다 실질적인 어려움을 제기하는 것은 언어마다 감정을 나타내는 어휘의 수와 범주 체계가 상이하기 때문에 이로 인해 번역의 문제가 발생할 수 있다는 점이다. 예를 들어 앞에서 우리는 같은 행복 어휘라도 영어와 중국어, 한국어는 각각 어휘의 수와 용법 등에서 차이가 있기 때문에 기계적인 번역이 어려운 경우가 많다는 것을 보았다. 또한 말레이시아 원주민어 중 하나인 Cheq Wong은 일상 대화에서 감정 표현의 사용이 거의 없으며, 인도네시아의 여러 부족에서는 실제 감정 상황이나 분출이 일상생활에서 상대적으로 흔하지 않고 비교적 사적인 것으로 유지한다고 한다 (Endicott 2015). 서양에서는 미국 영어의 백인 화자들 간 대화에서는 부정적 감정을 공적인 자리에서 표현하는 것은 특이한 것인 반면 러시아에서는 일상 대화에서 감정을 표현하는 것이 일반적인 것이며 그렇지 않을 경우는 심장 혹은 영혼이 없는 것, 죽어가는 것으로 여긴다. 미국 내에서의 유럽계 미국인들과 아프리카계 미국인들 사이에서도 차이가 나타나는데, 유럽계 미국인들은 감정적 자기 절제에 가치를 두는 경향이 있는 반면, 아프리카계 미국인들은 감정적 표현을 강하고, 흥분되는, 그리고 기운을 북돋아주는 것으로 평가하고 가치를 두는 경향을 보인다 (Goddard 2006). 이처럼 상이한 문화에서 감정 표출과 소통의 차이는 문화 간 소통에 잠재적인 장애 요인이 될 수 있는데 이에 대해서는 다음 장에서 감정의 사회문화적 요인들을 언급할 때 자세히 다루겠다.

감정 표현에 대한 연구를 포함한 이제까지 화용론의 지배적 패러다임은 인간의 의사소통을 보편주의(universalism)적 관점으로 바라보았다. 즉 인간의 의사소통이 보편적인 원칙들과 그 하위의 원칙들에 의해 작동하는 것으로 생각하고 분석했다. 그리고 문화 간 혹은 언어 간 변이는 단순히 보편적 원칙들과 그 하위 원칙들을 통해 지엽적으로 해석할 수 있는 것으로 보았다. 이 이론들이 취한 '문화 외부적 시각(culture-external perspective)'이란 인간의 의사소통을 설명하기 위한 변수들, 즉 화용론의 지배적 패러다임에서 등장한 원리들과 그 하위 원리들, 격률, 공손이론 등은 특정 지역 문화와 상관없이 이미 결정되어 있으며, 이는 인간의 의사소통의 원리가 보편적이기 때문이라고 생각하는 관점을 말한다. 다시 말해 특정 문화에 대한 심도 깊은 이해 없이도, 인간의 의사소통은 보편적 현상이기 때문에 학자들이 주장한 보편적 원리들을 통해 특정 문화의 의사소통을 외부자의 시선에서 이해할 수 있다는 것이다.

반면 이러한 언어 소통의 보편주의적 입장에 반하여, 인간의 의사소통 혹은 발화 행위를 '문화 내부적 시각(culture-internal perspective)'에서 설명하려 하고 의사소통과 발화 행위가 문화적으로 형성되는 것이라는 입장도 있는데 Goddard(2006)의 민족화용론(ethnopragmatics)이 이런 입장의 대표격이다. 민족화용론은 횡단언어적 의미론(cross-linguistic semantics)과 밀접하게 연결되어 있는데, 이는 이 분야가 해당 문화권 혹은 언어권의 화자들이 고려하는 것과 이치에 맞는 발화 행위를 이해하는 것이 목표이기 때문이다. 즉 토착 지역의 고유의 가치, 믿음, 태도, 사회적 분류, 감정 등을 보여주는 발화 행위에 대한 이해가 이 분야의 목표인 것이다. Goddard(2006)의 예를 들면 말레이 화자들의 발화를 이해하기 위해서는 말레이 문화권에서 중요한 개념인 malu나 maruah에 대해 이해하는 것이 중요하며, 영어 문화권의 fair나 reasonable이라는 개념들도 해당 문화권의 의사소통 혹은 발화 행위를 이해하기 위해서 민족화용론적 분석이 필요하다.

이처럼 해당 문화권 혹은 언어권의 화자들의 발화를 이해하기 위해서는 토착 지역의 고유의 가치, 믿음, 태도, 사회적 분류, 감정 등을 이해하는 것이 중요한데, 이러한 토착 지역의 중요한 개념들을 이해하는 것은 쉽지 않다. 왜냐하면 토착 지역의 중요한 개념들, 즉 고유의 가치, 믿음, 태도 등이 그 해당 문화권의 언어 내에 내포되어있기 때문이다. 다시 말해 해당 문화권의 개념들이 가지고 있는 배태성(embeddedness) 때문이다.[14] 해당 문화의 민족화용론적 개념들을 단순히 연구자의 모국어, 특히 영미권 연구자들의 모국어인 영어로 용어 해설하는 것은 이 민족화용론이라는 분야가 추구하는 목표에는 매우 부적절한 접근 방식이다. 이러한 문제,

---

14 문화의 배태성이란 문화가 독립적인 실체로 존재하는 것이 아니라, 한 집단의 사회적, 경제적, 정치적 맥락 속에 깊이 뿌리내려(embedded) 있다는 것을 의미한다. 즉, 문화는 단순히 개인의 선호나 가치관의 총합이 아니라, 특정 사회의 제도, 관계, 역사적 과정 등과 불가분하게 연결되어 형성되고 기능한다는 것이다.

즉 문화 특수적인 담화를 내부자의 시점에서 이해하고, 동시에 이렇게 이해한 것을 다른 언어 문화권의 외부자들에게 명확하게 이해시키는 것은 NSM을 활용한 '문화 대본'(culture script)이라는 것이 하나의 유용한 수단이 될 수 있다. 다음 절에서는 이에 대해 같이 알아보도록 한다.

문화 대본

Wierzbicka(1994), Goddard & Wierzbicka(2004)와 Goddard(2010) 등이 언어 사용의 횡단문화적, 횡단언어적 연구 방법의 하나로 제안하는 '문화 대본'이란, 해당 언어 공동체의 언어 사용자들이 공유하고 그들이 알고 있다고 생각되는, 그 문화의 특정한 태도나 평가 및 가정이나 전제에 대하여 요약하여 진술해 놓은 것을 말한다. 이러한 진술은 영어나 중국어, 한국어 등의 개별언어로 작성되는 것이 아니라 자문화중심적이지 않은 의미기본소들로 이루어진 상위언어, 즉 앞에서 본 Wierzbicka 등이 개발한 자연언어의미 상위언어(NSM)를 통해 이루어진다. 단 개별 어휘의 의미는 의미기본소를 통해 언어중립적인 방식으로 해설하지만, 문화 대본은 민족화용론에서 조사한 각종 문화에서의 특이한 문화적 규범들을 NSM의 방식으로 기술하는 것이다. 일반적인 문화 대본의 형식은 그 안에 평가적인 구성요소들과 그들이 할 수 있는 것 혹은 없는 것에 대한 인식을 나타내는 구성요소들로 이루어져 있다. 전자는 NSM의 의미 기본소를 통해 'it is good if -', 'it is not good if -', 'it is bad if -', 'it is not bad if -'의 형태로 나타나며, 'it can be good if -', 'it can be bad if -' 등의 형태로도 나타난다. 가능성의 구성요소는 'I can say -', 'I cannot say -' 등으로 이루어지는데 많은 문화 대본이 이러한 포맷을 취한다. 이밖에도 NSM의 의미기본소와 미니문법을 활용하여 최대한 간결하고 압축적으로 특정 문화에서의 말의 규범을 서술한다.

예를 들어 Wierzbicka(2002)에 따르면 러시아 문화는 말이나 행동에 있어서 "표현이 풍부한 태도(expressive stance)"를 취하는 것을 좋아하는 경향이 있다고 한다. 이런 생각은 그 문화에 속한 사람들이 공유하는 규범인데 마치 연극이나 영화에서 연기자의 대사와 행동을 미리 짜 놓은 '대본(script)'과 같은 것이어서 그 사회 전체에 일반적으로 통용되는 문화적 규범의 역할을 한다. 러시아는 다음과 같은 "표현성"의 문화 대본을 갖고 있다.

> [A] "표현성"의 러시아 문화 대본 (Goddard, 2006)
> people think like this:
> it is good if a person wants other people to know what this person thinks
> it is good if a person wants other people to know what this person feels

이 대본에 따르면 러시아에서는 자신이 생각하거나 느끼는 것을 다른 사람들에게 알리는 것이 바람직하다고 생각한다. 즉 자신의 생각이나 느낌을 숨기거나 다른 사람들로부터 피하려고 하는 것보다 투명하게 드러내고 다른 사람들이 알게 되기를 바라는 게 좋다는 것이다. 앞에서 본 Ommura인들이나 Cheq Wong인들은 이 문화 대본 [A]가 매우 낯설게 느껴질 것이다. 이들이 이 문화 대본을 모르고 일반적인 러시아인과 대화를 나눌 경우 감정 표출 문제로 이질감을 느낄 가능성이 높다.

다른 언어 간 대화뿐 아니라 같은 영어라고 하더라도, 다른 영어권, 즉 오스트레일리아, 영국, 미국 등의 문화 대본은 각각 약간씩 중요한 차이를 보이기도 한다. 예를 들어, Wierzbicka(1999)에 따르면, 미국 영어에서는 한 개인이 실제로 느끼지 않더라도 좋은 기분을 표현하는 것을 가치

있게 바라보고 장려하며, 반대로 타인에게 유용하지 않다거나 타인을 불쾌하게 할 수 있는 나쁜 기분은 절제하려 한다. 이러한 문화 대본은 미국의 'Smile Code'(Klos Sokol 1997: 117)나, 미국 담화에서 항상 나타나는 단어 'great', 그리고 미국 담화에서 중요한 개념인 'happy'를 통해 나타난다.[15] 예를 들어, 미국 담화에서는 'great'이라는 단어가 자주 등장하여, 화자의 긍정적인 감정 혹은 기분을 나타내는 것으로 사용된다. 구체적으로 미국 영어 담화에서 look이라는 동사와 결합하여 'You look great', 'Your X looks great' 등으로 표현되는데 미국 문화를 잘 모르는 사람은 이 말을 듣고 진짜로 'great'하게 보인다는 뜻으로 오해하기 쉽다. 또한 미국 영어 담화 혹은 미국 문화에서 중요한 개념인 'happy'도 마찬가지로 화자의 긍정적인 감정을 나타내며, 화자의 심리적 행복(well-being)과 사회적 조정을 위한 척도로 사용된다.

또 다른 문화 대본의 예를 보자. 아래에 제시된 문화 대본 [B]는 말레이 문화에서 발화나 행동에서의 경계, 특히 타인의 감정에 대한 경계에 대한 문화 대본이다. 이 문화 대본에 따르면, 말레이 화자들은 타인에 대한 고려나 걱정을 중요시하고, 다른 사람에 대해 민감한 태도를 보여야 한다.

[B] 타인의 감정에 대한 말조심의 말레이 문화 대본 (Goddard, 2006)
    people think like this:
    it is not good if when I say something to someone,
        this person feels something bad because of it

---

15 Klos Sokol은 폴란드 문화와 비교하여 미국인들이 "Great!" 또는 "Fantastic!"과 같은 과장된 긍정적 표현을 더 자주 사용하며, 실제 의미는 그보다 덜할 수 있다고 지적한다. 예를 들어, "It was great!"는 "괜찮았어" 정도의 의미일 수 있다. 'Smile Code'는 명랑함과 긍정적 모습을 미덕으로 생각하는 미국인들이 일상적인 어려움이나 부정적인 감정을 공개적으로 드러내지 않고, 대신 미소를 지어 긍정적인 면을 보여주려고 노력해야 한다는 것을 시사한다. 이는 다른 사람에게 불편함을 주지 않고 사회적 상호작용을 원활하게 하기 위한 목적도 있다.

because of this, when I want to sat something to someone,
it is good if I think about if for some time before I say it

영미권 문화와 비교해서, 말레이의 문화 대본은 화자 자신의 기분 혹은 감정에 상관없이, 자신이 행동하는 것, 특히 발화하는 것이 상대방의 기분을 나쁘게 하는 것이라면, 발화하기 이전에 그것에 대해 생각해 보는 것을 권장한다. 이에 반해, 영미권 문화에서는 화자 자신의 감정이나 기분이 좋다면 (당연히) 타인도 이것에 대해 알게끔 하는 것이 좋은 것이며, 반대로 자신의 감정이나 기분이 나쁘다면 이를 절제하고 표현하지 않는 것이 권장된다.

이 문제에 관해서 한국의 경우는 대체로, 특히 나이든 세대에서, 말레이의 경우와 유사한 측면을 보이며, 영미권, 특히 미국 문화와는 반대의 양상을 보인다. 자신의 긍정적 상태나 감정을 나타내는 것이 혹여나 상대방에게 자랑이나 자만으로 보일 수 있고, 이것이 아시아 문화, 특히 한국의 경우 겸손이라는 문화적 가치에 손상을 줄 수 있으므로 영미권과 달리 긍정적인 기분이나 감정은 잘 드러내지 않는다. 하지만 한국에서는 겸손이라는 문화적 가치를 고려한 나머지 부정적인 감정이나 상태를 상대방에게 표현하고 드러내는 것은 어느 정도 용인되며, 한국 담화에서 자연스럽게 나타나는 양상이라고 할 수 있다. 예를 들어 한국어 담화에서는 인사말이나 안부를 묻는 상황에서의 대답으로 다음과 같은 발화가 자연스럽게 여겨진다:

(A와 B는 서로 친숙한 사이로 오랜만에 만난 상황)
A: 어, 오랜만이야! 얼굴 좋아졌네. 그 동안 무슨 좋은 일이라도 있었어?
B: 아, 뭐 좋아지긴요. 그렇죠 뭐. 좋기는 뭐 요즘 다들 어렵잖아요.

물론 해당 언어 공동체 내에서 모든 구성원들, 즉 화자들이 이러한 문화 대본에 전적으로 동의하지 않고 일부는 이를 받아들이지 않을 수 있는 등의 개인차는 상존한다. 하지만 이러한 개인차가 존재함에도 여전히 해당 언어 공동체의 구성원들, 즉 화자들은 이러한 문화 대본에 최소한 익숙하며, 이러한 점은 특정 문화적 맥락 안에서 화자들 간 담화나 사회적 행동이 해석 가능하게끔 만들어주는 배경이 될 수 있다.

문화 대본은 그 문화에 속한 사람이나 조직들 전체에 다 적용될 수도 있고 그보다 낮은 수준에서 소규모 집단이나 조직에서만 적용되는 문화 대본도 있다. 개인의 감정 표현은 이처럼 높은 수준의 문화 대본과 낮은 수준의 문화 대본 모두에 적용을 받는다. 물론 어떤 문화 대본이 높은 수준에서 작용한다고 해서 그 나라 사람이라면 누구나 다 해당 문화 대본을 절대적으로 따른다는 것은 물론 아니다. 모든 사람이 다 동의하지는 않더라도 이 문화 대본은 엄연히 존재하고 알려져 있어서 사람들의 말이나 사회적 행동을 판단하거나 평가할 때 중요한 역할을 할 수 있다. 문화 대본이 특히 유용한 경우가 바로 적절한 호칭어나 인사말의 사용 문제이다. 이에 대해 서아프리카의 광범위한 지역에서 통용되는 문화 대본의 예를 보자.

> [C] 서아프리카 성인들의 호칭 사용에 관한 문화 대본 (Goddard 2006)
> people think like this:
> if I think about someone like this: "this person is not a child[M]"
> when I want to say something to this person, I can't say this person's name[M]

이 문화 대본에 따르면, 서아프리카 사람들은 어른에게 대화를 시도해야 할 경우 그 성인의 이름을 부를 수 없기 때문에 이름 이외의 다른 호칭어를 사용하든지 또는 호칭어 없이 성인과 의사소통을 시도할 것이다. 현대 한국 사회에서도 자기보다 나이 많은 사람의 이름을 함부로 부를 수 없다는 점에서 이와 유사한 문화 대본이 존재한다. 이 대본에 보면 child와 name이란 용어가 사용되고 있는데 이는 Wierzbicka나 Goddard의 NSM model에는 의미기본소(primitive)로 설정되지 않았지만 서아프리카 성인들의 호칭 사용에 대해 설명하기 위해 특별히 더 이상 그 의미를 분해하지 않고 원래 영어의 단어가 가진 의미를 의미분자(molecule)로 사용한 것이다.

그런데 서아프리카의 문화 대본 [C]는 어린아이가 아니면 성인 누구나 나이나 지위 차이에 상관없이 통용되는데 비해 한국의 경우는 단순히 청자가 성인일 뿐 아니라, 화자를 기준으로 청자가 화자에 비해 나이가 많다거나 (예를 들어, 구체적으로 화자의 나이를 기준으로 화자 자신의 부모님의 나이대와 비슷하거나 그 이상일 경우) 혹은 권력 관계에서 우월한 지위를 가진 사람에게 또는 사회적 거리가 먼 사이일수록 이름을 부르지 않고 다른 호칭어를 사용하여 청자와 의사소통을 시도한다는 점에서 문화 대본이 더 복잡한 조건들을 포함하고 있다.

송창은(2017)은 한국어 담화에서 발생하는 친족호칭어 사용의 감정적 양상에 대해 다음과 같은 문화 대본 [D]를 제시하고 있다.

　　[D] 한국어 대화에서 친족호칭어 사용의 문화 대본
　　　　people think like this:
　　　　　　if I think about someone like this:
　　　　　　　　"this person is above me and this person is not my
　　　　　　　　family[M].
　　　　　　　　because of this, I cannot say this person's name[M]
　　　　　　　　but I think something good about this person or I feel
　　　　　　　　something good towards this person"

When I want to say something to this person, I can say
something to this person like my family[M]

송창은(2017)에 따르면 한국어 담화에서는 가족 구성원이 아닌 타인에게
도 친족 호칭어가 확대되어 사용되는 것을 볼 수 있는데 모든 친족호칭어
가 사용되는 것은 아니며, 많은 호칭어 중 일부 호칭어들이 한국어 담화에
서 빈번하게 사용된다. 예를 들어 '아줌마', '아저씨', '이모'[16], '형', '오빠',
'누나', '언니'라는 호칭어가 한국어 담화에서 빈번하게 사용되는데 주로
빈번하게 사용되는 호칭어들의 공통점은 화자 자신을 기준으로 가족 구성

---

16 이모라는 친족호칭어는 "어머니의 자매를 가리키거나 부르는 말"이므로, "부모와 같
은 항렬의 여자를 이르거나 부르는 말"인 아줌마(아주머니의 낮춤말)의 하위 개념
으로 들어갈 수 있다고 여겨짐에도, 이모라는 호칭어는 아줌마와 다르게 독립적인
지위로 빈번하게 사용되는 듯하다. ex) "이모~ 여기 소주 한 병 더요~."라는 발화와
"아줌마~ 여기 소주 한 병 더요~"라는 발화는 호칭어의 차이 하나만으로 화자와
청자 간 거리감이 확연히 다르다는 것을 알 수 있다. 이와 관련하여 친족호칭어
'아줌마'와 '이모'의 차이는 다음과 같이 기술할 수 있다.

호칭어 '아줌마'의 한국 문화 대본
    a. When I say this to someone, I think like this:
        "I do not know this person, but this person is like my
        mother[M]
        because of this, this person is not someone like me
        this person is someone above me"

호칭어 '이모'의 한국 문화 대본
    a. When I say this to someone, I think like this:
        "this person is someone like my mother[M]
        because of this, this person is above me, but I like this
        person"
    b. when I think about someone in this way, I think something good
        about this person and I feel something good towards this person.
    c. when I say this to this someone, I want this person to feel
        something good towards to me and I want this person to do
        something good to me

원들 중 자신보다 항렬이 높은 사람들의 호칭어들을 사용한다는 점이다. 일반적인 한국어 담화에서 가족 구성원이 아닌 사람에게 '아들', '조카' 등의 항렬이 낮은 호칭어를 사용하는 것은 매우 어색하고 특수한 경우가 아닌 이상 사용되지 않는다. 이러한 점 때문에 위 문화 대본에는 "this person is above me"라는 구절이 삽입되어 있다. 김은경(2017)에 따르면 한국어 담화에서 친족호칭어는 일반적인 상황에서 항상 사용된다기보다 청자와 친근감을 나타내고 싶을 때 의도적으로 사용하는 수단이 되며, 백화점이나 시장 같은 곳에서 흔히 들을 수 있다. 이처럼 한국어의 친족호칭어는 화자의 청자에 대한 친근감의 표현이거나 혹은 전략적인 친근감의 표현 수단이 될 수 있다. 화자와 청자 간 사회적 거리가 멀거나 화청자 간 대화의 상황이 격식을 차려야 할 경우에는 친족호칭어를 가족이 아닌 타인에게 사용하는 것은 부적절하게 여겨지거나 어색하게 들릴 수 있다.

한국과 같은 동아시아 문화권에 속한 중국의 경우 인사말을 건넬 때 적용되는 다음과 같은 문화 대본이 있다.

> [E] 중국인들이 타인에게 인사말을 할 때의 문화 대본
> people think like this:
> when I see a shuren[M], if I have not seen this person for
> some time I have to say something like this to this person:
> "I see you now
> because of this I know that you are doing something now
> I want to know more about it"
> if I say this, this person can think that I feel something bad
> towards this person
> I don't have to say something like this to a person if this person
> is now a shuren[M]

문화 대본 [E]에 따르면, 중국에서는 상대방에 대한 어떤 정형화된 인사말이

존재하는데, 상대방이 개인적으로 아는 사이, 즉 한국어로는 지인(知人)에 해당하는 shuren(숙인)이라면 반드시 위 문화 대본에 나온 방식으로 상대방에게 인사말을 건네야 하며, 이런 방식의 인사말을 하지 않으면 상대방 혹은 청자는 화자가 자기에게 안 좋은 감정이나 태도, 기분을 가지고 있을 것이라고 생각하게 된다. 이 대본에 사용된 shuren은 중국어에서 '잘 알고 있는 사람'이라는 뜻의 '熟人'에서 온 것으로 원래 Wierzbicka(1999)의 NSM model에 수록된 의미기본소(primitive)는 아니지만 본 대본의 특정한 목적을 위해 더 이상 기본소로 분해하지 않고 사용된 의미분자(molecule) 로서 대본에는 [M]으로 표시된다.

'인사(人事)'는 한자 그대로 '사람(人)이 하는 일(事)'을 의미하며, 사전적으로는 "마주 대하거나 헤어질 때 예의를 표하는 말이나 행동"을 뜻한다. 즉, 사람들이 서로 만나거나 헤어질 때, 안부를 묻거나 공경, 친애, 우정 등의 마음을 말과 행동, 표정, 때로는 선물 등을 통해 나타내는 모든 행위를 통틀어 말한다. 한국에서는 시간대에 상관없이 보편적으로 "안녕하세요"란 말을 쓰지만 중국에서는 "你好"나 "您好" 외에도 아침에는 "早上好" 또는 "早"라고 하고 저녁에는 "晚上好", 밤에는 "晚安"으로 나누어 인사한다. 한국도 중국의 이 문화적 규범과 유사한 대본이 있는데 한국어 대화에서 처음 보는 사람에게는 안부 인사가 부적절하고 어색할 수 있지만, 화청자 간 이미 아는 사이이고, 서로 본 지 오래되었다면, 오랜만에 만난 경우 대화의 패턴은 자연스럽게 안부를 묻는 인사로 시작한다. 물론 한국어의 "안부"라는 단어는 아는 사이에서만 사용되지 않고, 모르는 사이에서, 특히 다음 예시문에서처럼 화청자가 아닌 화청자와 관련된 제 3자에 대해서 안부를 묻는 경우에도 사용되며, 제 3자에 대한 안부를 묻는 행위는 한국어 담화에서 오랜만에 만난 지인 간의 안부 인사만큼 빈번히 등장한다.

김 부장은 만날 때마다 가족의 안부를 묻는 인사말을 잊지 않았다.

그녀는 한 달에 한 번씩 꼭 전화를 해서 나의 안부를 묻곤 하였다.

전자의 예시가 바로 청자(나)와 관련 있는 제 3자(가족)의 안부를 화자인 김 부장이 묻는 것을 나타내는 문장이다. 후자는 화자인 그녀와 청자인 내가 이미 아는 사이에서 안부를 묻는 행위이다. 실제 안부를 묻는 대상이 청자이건 제 3자이건 상관없이, 안부를 묻는 발화 행위 자체는 화청자 간에 긍정적인 영향을 미친다는 점에서 중국의 문화 대본 [E]와 유사하다고 할 수 있다. '인사하기'는 단순한 안부 표현을 넘어 상대방에 대한 공경, 친애, 우정, 그리고 예의를 표현하는 가장 기본적인 소통 방식이자 중요한 사회적 약속이다. 인사는 개인과 개인의 관계뿐만 아니라 사회 구성원 간의 유대감을 형성하고 유지하는 데 필수적인 역할을 한다. 한국 문화에서 인사는 상대방의 존재를 인정하고 존중한다는 의미를 담고 있는데 특히 인사말과 함께 악수를 할 때도 목례를 겸하기도 하고 윗사람에게는 허리를 굽혀 공경심을 표출한다. 인사는 원만한 관계를 형성하고 유지시켜 주며 인사를 잘하는 사람은 예의바르고 성실한 사람으로 인식된다. 이는 조직 내에서의 원활한 소통과 협력에 큰 영향을 미칠 수 있다. 특히 한국의 경우 초면인 사람들끼리의 대화에서 상대방의 나이나 결혼 여부 등을 묻는 것이 비교적 용납되는 반면, 개인 프라이버시에 대한 생각이 강한 서구 문화권에서는 초면에 이런 개인적 질문을 하는 것은 무례한 발화라고 생각할 것이다. 이는 한국어는 대부분의 서양 언어와 달리 존댓말과 반말이라는 특유의 경어법 체계가 있어서 당장 상대방의 나이를 알아야만 적절한 화계로 대화를 할 수 있기 때문이기도 하다.

또 다른 예로 한국 문화에서 좋은 일에 대한 권유에 관한 다음 문화 대본을 보자.

[F] 한국 문화에서 좋은 일에 대한 권유의 거절과 공손함(politeness)에 관련된 문화 대본

people think like this:

when someone want a person to do something good

this someone say something like this to this person:

  'maybe it is very good if you think about it

  it will be good if you do it'

if this person want to do it

  it is good to say something like this at the moment:

    "I cannot do it

    I do not want to do it"

  after this person say like this

  it is good if this someone say something like this to this person:

    'it is good if you think about it more

    it will be very good if you do it'

  after this happens many(some) times people feel politeness[M]

  it is good if this person say something like this:

    "I want to do it

    I will do it"

if this person do not want to do it

  it is good to say something like this at the moment:

    "I feel good because you want good things

    I do not want you to feel bad

    I cannot do it

    I will not do it"

이 문화 대본은 한국 문화에서 권유와 그 권유에 대한 거절과 관련된 것이다. 이 문화 대본에서 사용된 용어인 politeness 역시 원래 Wierzbicka(1999)의 NSM model에 수록된 의미기본소(primitive)는 아니지만 본 대본의

특정한 목적을 위해 더 이상 기본소로 분해하지 않고 사용된 의미분자 (molecule)로서 대본에는 [M]으로 표시된다. 한국 문화에서는 화자가 청자에게 무엇인가 좋은 것을 권유할 때, 이런 화자의 권유에 대해 청자는 수락할 수도 있고 수락하지 않을 수도 있다. 수락하지 않을 때는 화자가 나를 위하여 좋은 권유, 제안을 해주었다는 것을 말하고 정중하게 거절하게 된다. 이때, 다양한 언어적 혹은 언어외적 장치들을 통해서 청자의 거절이 화자에게 줄 수 있는 부정적인 감정을 줄이는 것을 "예의"로 생각한다. 반면에, 수락을 할 때 한국 문화만의 특징이 나타난다. 한국 문화에서는 청자가 화자의 권유를 수락한다고 하더라도, 화자의 처음 제안에 이를 바로 수락하는 것을 좋게 보지 않는다. 좋은 것을 바로 수락하는 것을 "예의"에 어긋나는 것이라고 생각한다. 따라서, 청자는 화자의 제안에 '자신은 할 수 없다고' 적어도 한번은 해야 한다. 물론 이때 화자도 청자가 한 번 거절했다고 제안을 그만두는 것이 아니라 계속해서 제안을 해야 하는 어떤 의무나 역할을 부여받는다. 이렇게 권유와 거절이 오고 가면서 화, 청자가 "예의"를 충분히 지켰다고 인지하면 청자는 화자의 권유를 수락하게 되고 권유에 대한 일련의 과정이 끝이 난다. 이렇게 "예의"와 관련해서 다른 사람의 권유를 거절하는 것은 전통적으로 유교나 불교문화에서 전해진 것으로 보인다. 한국어의 사저성어에서 이와 관련된 것들이 많이 있는데, 예를 들어 삼양지덕(三讓之德)과 삼고초려(三顧草廬)등과 같은 성어는 모두 어떤 일에 대해서 세 번은 거절해야지 미덕이라고 보는 문화적 경향을 표현한 것으로 볼 수 있다. 물론, 이러한 문화적 믿음을 나타내는 대본이 모든 사람에게 동일하게 수용되는 것은 아니다. 특히, 서구적인 문화에 익숙한 세대에서는 이런 사양이나 양보의 미덕보다 솔직하게 표현하는 것이 더 적절하다고 여기는 경향이 크다.

이런 문화 대본의 예시가 될 수 있는 것은 한국어의 "사양하다(겸손하여 받지 아니하거나 응하지 아니하다. 또는 남에게 양보한다. - 네이버 국어

사전)"라는 단어에서 살펴 볼 수 있다. 한국 문화에서 이 표현은 보통 정중하게 거절할 때 사용되지만, 대화 상대에게는 이를 말하는 화자가 겸손해서 또는 "예의"를 차리기 위해서 하는 것으로 받아들이는 경향이 있고, 한 번 사양한다고 해서 그치지 않고 계속해서 권유를 한다.

1. ...묘정스님이 나가더니 나물죽 한 그릇을 소반에 받쳐들고 들어왔다. 길산은 못내 **사양하다가** 점심 요기로 먹으면서 문득 사자암의 중 여환이 생각나서 그에게 물었다. ...〈장길산 - 황석영〉
2. ...먼 옛날의 조상들도 오늘날의 한국인들과 마찬가지로 서로 술잔을 주고 받았으며, 더러 **사양하고** 간곡하게 권하기도 하면서 정을 나누었던 것이다. 그리고 보면 술잔 돌리기는...〈김흥규 칼럼 - 김흥규〉
3. ...그 나그네더러 어서 들어와 점심이라도 들고 가라고 간곡히 부탁하였다. 손님은 **사양하는** 척하다가 마침내 안주인의 요청을 수락하고, 마루에 걸터앉아 점심상을 기다리게 된 ... 〈가을에 만난 사람 - 박원서〉
4. ...퍼런 줄이 죽죽 간 개구리참외는 통째로 깎아서 골고루 나누어 주었습니다. **사양하는** 두 청년에게 인심 좋게 여러 번 권했습니다. 모두들 즐겁고 맛있게...〈고향을 지키는 아이들 - 박상규〉
5. ...너무나 어린 학생이 영악하고 당돌하고 조금도 주저하는 빛이 없다. 좀 **사양하는** 모습이 있으면 맛있는 것을 더 사 주고 싶었을 것 같았다. ...〈한국인의 짝사랑 - 임계순〉
6. ..나한테 와. 그건 그렇고 한 잔 마셔. 술을 이렇게 권하는데 **사양하는** 것은 이쪽 성의를 무시하는 거야. 자, 한잔만 마셔, 내가...〈사랑은 사슴처럼 - 정현웅〉
7. ...신랑에게 노래 한 곡조를 청하자 안압방은 마치 기다렸다는 듯 한두번 **사양하는** 시늉도 없이 특유의 걸쭉한 목청으로 육자배기를 한바탕 불러젖혔다. 웃음꽃이 만발한...〈소라단 가는길 - 윤흥길〉
8. 자, 아주머니 시험삼아 이것을 쓰고 한번 가게로 들어가서 쌀과 반찬을 가지고 와서 저녁밥을 해잡수셔요. 자, **사양하지** 마시고 어서 받으셔요. 과부는 이웃 아주머니가 하도 권하는 바람에 그 푸른 보자기를 받았습니다. 〈한국 전래 동화집 10 - 윤창래〉

9. 전하, 무슨 상이옵니까? 소인이 스스로 한 일이 아니옵고, 꿈속에 나타난 선녀가 시킨 대로 했을 뿐이옵니다. ... 어서 **사양하지** 말고 그대의 소원을 말하도록 하라. 뭘 머뭇거리느냐?... 〈한국 전래 동화집 7 – 윤창래〉
10. 여약사는 내게 발이 나을 때까지만 자신의 집에서 쉬어갈 것을 권유했다. ... 나를 보니 자신의 아들이 생각난다는 것이었다. 나는 그 권유를 **고맙지만** 나 자신과의 약속 때문에 받아들일 수 없다고 거절했다. 〈낯선 별에서의 청춘 – 장석주〉
11. 공 아저씨는 당치않은 말이라고 대뜸 거절했습니다. "말씀은 **고맙지만,** 반씩 나누어 가질 아무런 이유가 없어요. 그대로 가지고 어서 돌아가십시오." 〈사과나무밭 달님 – 권정생〉

위의 예시 3번을 보면 손님은 예의를 차리기 위해 사양하는 '척'을 하는 것을 볼 수 있고, 5번에서는 사양하는 모습을 보이지 않는 어린 학생을 좋지 않은 시선으로 보고 있다. 또, 7번의 예시를 보면 어떤 권유에 대해서 한, 두 번 사양하는 것을 당연한 것으로 여긴다는 것을 알 수 있다. 이렇게 한국 문화에서는 다른 사람의 권유를 바로 수락하는 것을 자신의 잇속을 챙기는 이기적인 태도로 보고, 예의를 차리기 위해서는 여러번 권유를 사양하는 것이 당연하게 여겨진다. 뿐만 아니라, 다른 사람의 권유가 '나'에게 크게 부담이 되지 않는다면 대체로 권유를 받아들이는 것을 긍정적으로 본다. 반면에, 권유를 거절하는 경우인 11과 12번의 예시를 보면 청자는 원치 않는 화자의 권유를 거절하기 위해서 먼저, 화자가 자신을 생각해준 것에 대한 고마움을 표시하고, 거절의 발화를 표현한다. 또한, 거절의 이유를 설명하여 화자가 자칫 가질 수 있는 부정적인 감정을 줄이려고 하고 있다.

지금까지 본 한국 문화에서의 권유의 거절에 대한 문화 대본 [F]를 앵글로 문화에서의 다음 문화 대본 [G]와 비교해 보자.

[G] 앵글로 문화에서 좋은 일에 대한 권유의 거절과 공손함(politeness)에
관련된 문화 대본
people think like this:
when someone want a person to do something good
this someone say something like this to this person:
    'maybe it is very good if you think about it
    it will be good if you do it'
if this person want to do it
    it is good to say something like this at the moment:
        "I want to do it because of it is good
        I will do it"
if this person do not want to do it
    it is good to say something like this at the moment:
        "I feel good because you want good things
        I do not want you to feel bad
        I cannot do it
        I will not do it"
    if this someone want very much a person to do it
        it is good if this someone say something like this to
        this person:
            'it is very good if you think about it more
            it will be very good if you do it'

앵글로 문화에서의 좋은 일에 대한 권유와 관련된 위 문화 대본 [G]는
앞서 본 한국 문화의 대본 [F]와 유사하지만, 한국 문화와는 다르게 반복적
으로 계속되는 권유는 없다. 청자가 화자의 제안이 마음에 들면 수락하는
표현을 하고 마음에 들지 않으면 정중하게 거절하는 것이 끝이다. 한국
문화에서처럼 자신이 원하는 것일 때 여러 번 "사양하는 것"을 예의라고
생각하지 않는다. 오히려, 어떠한 경우에도 자신이 원하는 것을 분명히
말하는 것이 더 선호되는 경향이 있다. 다만, 화자가 진정으로 청자가 어떻

게 하기를 바란다면 권유를 몇 번 더 할 수도 있다. 이때에는 화자가 자신이 진정으로 원한다는 설명이 추가된다. 또한, 한국 문화에서와 마찬가지로, 상대방의 제안을 거절할 때는 다양한 장치들을 사용하여 거절의 말이 화자에게 줄 수 있는 부정적인 감정을 줄이려고 노력한다. 앵글로 문화에서는 보통 거절을 할 때 "No, thanks"와 같은 표현을 주로 사용하고, 상대방의 권유를 수락할 때는 긍정의 표시인 "Yes"와 더불어 상대방을 칭찬하거나 기쁨을 표현하는 여러 언어적, 언어외적 장치들을 사용한다. 또, 청자가 권유를 거절했을 때 화자가 다시 권유하는 표현으로는 "Are you sure?"의 표현과 더불어 권유의 이유를 구체적으로 설명한다. 이를 입증하는 실제 코퍼스에서 찾은 예문들을 보자.

1. How did he know what he wanted? "Anything for you?" he asked. "**No, thanks**. I'm not one bit hungry." She titled her head at him. 〈The idea of love - Patti Callahan〉 Book

2. "Sir. Lemon?" " No, thanks." "Are you sure? It's my pleasure to serve." "**No lemon. Thanks.**" 〈Waiting for a Me Like You - Chris Willrich〉 Book

3. "Don't they have an age limit for shows like that?" "You just made the cutoff.""How nice." "Thank you for thinking of me, really, but **no thanks**." 〈A good man - J. J Murray〉

4. "I have an extra bottle, would you like it?" " **Oh, God yes, You're a lifesaver.**" 〈Saving Sopohie - Ronald H. Balson〉

5. "That' stands for' very good. Would you care for a coconut biscuit?" "**Oh, yes!** Might I have two?" 〈Death and the Cyprian Society - Pamela Christie〉

6. "Would you like a drink?" She set down the final three roses in front of the vase. "**That would be wonderful,**" Jack said. 〈Jach shade in the Forest of Souls - Rachel Pollack〉

7. "Do you want me to help you look?" Thea noted the open drawers

and mussed desktop. "**Yes. Bless you, my dear**. But you have better things to do then help a forgetful old woman find her missing mail." 〈A stitch in crime - Cathy Elliott〉

8. "Do you want my car?" Das asks me. **Yes. Yes, I want your car**. Because I need you to drive me everywhere I go. 〈Beloved father person - Patricia Colleen Murphy〉

9. "Would you like a coffee?" "**No, thank you**," she replies. "Are you sure?" I say, and in retrospect, this is probably my point of no return. "If you get the chance to impact somebody and you really feel this is a moment where you can help another soul ... then that's a beautiful thing to grab with both hands." 〈the Newyork Times - Charity : how far do you go? What I did when I met a homeless backpacker. march 11, 2017.〉

10. Tina picked up the plate of rabbit. "Have some more, Grandpa?" "**No, thanks, honey**, I've had enouhg." He leaned back in his chair. 〈An Ounce of Prevention - Jerry Oltion〉

위 예시들에서는 화자가 청자에게 무엇인가 좋다고 생각하는 어떤 것을 제안, 권유하고 있다. 이에 대해서 청자가 거절의 의사를 표현 할 때는 "No, thanks"가 사용되는데 제안에 대한 감사와 거절의 이유등도 같이 표현한다. 보통 앵글로 문화에서는 한번 제안을 거절하면 다시 묻지 않지만, 예시 2번과 9번에서처럼, 화자가 제안, 권유하는 일이 청자에게 매우 중요하고 좋은 일이라고 판단하면 재차 권유를 할 수도 있다. 이때에는 권유하는 이유와 그 일에 대해서 더 강조하며 자세히 말하고 있다. 또, 5, 6, 7, 8번에서처럼 화자의 권유를 수락할 때에는 긍정의 표현과 함께 화자에게 감사를 표현하는 것이 일반적이다.

이상에서 살펴보았듯이 문화 대본에서 볼 수 있는 언어 용법은 실제로 생각과 행동의 일상적인 지표로서 기능한다. 코퍼스 자료의 증가와 접근성의 용이함은 이러한 언어 자료를 찾는 것을 더욱 편리하게끔 하고, 더욱 구체적이고 세부적인 언어적 증거 혹은 자료 사용이 가능하게끔 만들어준다. 언어 자료는 NSM이론이나 민족화용론의 목표를 달성할 수 있게 해주는 역할을 한다. 즉 언어 증거를 통해 해당 문화 구성원들의, 다시 말해 내부자의 관점에 더욱 가까워질 수 있다. 사회학이나 인류학에서는 종종 외부적 관찰자의 시점이나 관점으로 재-코드화(re-code)를 하는 경우가 발생하는데, 이 경우 연구자가 관찰하고자 하는 해당 문화나 사회 고유의 관점이나 시선으로부터 멀어질 수 있다. 하지만 민족화용론과 NSM 접근법은 내부자의 관점으로 연구가 가능하며 동시에 외부자에게 해당 문화의 가치나 태도 그리고 그들의 고유 언어 사용을 이해시킬 수 있다는 장점을 갖고 있어서 횡단문화적 화용론 연구에 유용한 도구가 된다.

감정과 소통

기본적으로 감정은 사회적 상황에서 더 번성하는데, 특히 감정주가 다른 한 사람과 같이 있는 경우에 가장 많이 감정이 유발되고, 그 다음으로는 여러 명으로 이루어진 그룹, 그리고 마지막으로는 혼자 있을 때에도 감정이 유발될 수 있다. 그러나 모든 사회적 상황에서 감정이 유발되지는 않는다. 가까운 관계의 사람과 함께 있는 경우가 잘 모르거나 낯선 이방인과 함께 있는 경우보다 더 감정 유발이 크게 발생한다. 구체적으로는 사회적 거부라는 위협은 공포를 가져다주고, 관계의 단절이나 상실, 제외, 반대 혹은 불허 등의 사회적 상황은 슬픔을 유발한다. 모욕은 화를 유발하고, 자부심, 칭찬, 사랑, 좋아하는 것 혹은 애정은 즐거움을 유발한다. 사회적 세상에서의 대부분의 사건들은 그것의 해석들로부터 완전히 해방되거나 혹은 분리되는 것이 불가능하다. 사회적 상호작용에서 발생하는 것은 개인적으로 그리고 문화적으로 정의된 의미들의 정교한 체계를 통해 해석될 때만 유의미하기 때문이며, 그리고 이러한 의미들은 마치 그 의미들의 언어, 인지, 그리고 문화의 중심에 놓여있는 것처럼 감정의 중심에 놓여있기 때문이다.

감정의 표출과 소통을 이해하기 위해서는 감정 표현의 의미를 파악하는 것이 중요하다. 그러나 Weigand(2004)의 주장처럼 사람들이 말을 주고 받으면서 세계의 이미지를 지각하고 만드는 것은 어휘 의미만으로 이루어 지는 것은 아니다. Weigand(2004:13)은 "개념이란 존재론적 개체(ontological entities)가 아니라 화자가 시계를 지각하고 이해하는 능력에 좌우되는 것"이라고 한다. 따라서 감정은 어휘에서 시작되지만 그 어휘가 사용되는 맥락에서 생명력을 부여받아 최종적인 화청자 간의 소통이 이루어지는 것이다. 이런 의미에서 이성범(2021)은 언어를 식물에 비유해서 "언어의 뿌리는 문법이고 언어의 꽃은 의미이지만 언어의 열매는 소통이다"라고 한 바 있다. 뿌리가 튼튼하지 못한 풀이나 나무는 생존할 수 없듯이 문법이 없는 언어는 존재할 수 없다. 일단 뿌리가 뻗어내려 그 식물을 지탱하게 되면 그 풀이나 나무의 정체를 보여주는 꽃이 피는데 이는 그 식물의 정화(精華)라고 할 수 있다. 꽃을 보면서 우리는 그 식물의 이름을 이야기하고 갖가지 의미를 부여한다. 그런데 이렇게 예쁜 꽃 자체가 식물의 존재 목적은 아니다. 꽃은 아름답지만 대개 오래 가지 못하고 시들게 되고 그러면 그 자리에 열매가 맺힌다. 열매는 풀이나 나무가 오랜 시간 동안 갖고 있던 잠재력이 최후의 단계로 승화(昇華)된 결과물로서 유한한 존재인 식물이 비록 그 세대는 소멸할지라도 그 다음 세대로 계속 영원히 이어지는 연결고리가 된다. 소통은 언어의 존재 이유이자 대대로 물려줄 인간 정신의 승화이다. 건강하고 생산적인 소통은 인간 정신의 승리이다. 상하거나 벌레 먹은 열매가 되지 않도록 우리 모두가 적절하고 포용적이며 언어적으로 적합한 사회적 소통을 위해 협조해야 할 의무가 여기에 있는 것이다.

PART 3
감정과 문화: 감정의 사회문화적 측면

"나는 정열이 어떤 것인지 알고 싶습니다."
그가 이야기하는 것이 들렸다.
"나는 무언가를 강렬히 느끼고 싶습니다."
"개인이 감정을 가지면 사회는 동요하는 법이에요," 레니나가 확신에 차 말했다.
"사회가 좀 동요하면 어떻습니까? 그러지 말아야 할 이유라도 있습니까?"
"버나드!"
그러나 버나드는 거들떠보지도 않았다.
"지적으로, 그리고 작업시간에는 어른이시만, 감정이나 욕망에 이르러서는
갓난아기들이 되고 맙니다." 버나드가 계속해서 말했다.

-올더스 헉슬리, 〈멋진 신세계〉에서, 이덕형 역-

Oh, East is East, and West is West, and never the twain shall meet,
Till Earth and Sky stand presently at God's great Judgment Seat;
But there is neither East nor West, Border, nor Breed, nor Birth,
When two strong men stand face to face, tho' they come from the
ends of the earth!

-Rudyard Kipling, 〈The Ballad of East and West〉에서-

지금까지 우리는 감정의 심리적 측면과 언어적 측면을 살펴보았는데,
감정 표출과 소통은 사람의 마음과 언어 외에도 개인들끼리 상호작용하는

사회적 맥락과 그들이 속한 문화에 따라 영향을 받을 수 있다. 이는 원활한 사회적 소통과 문화 간 대화에 매우 중요한 요소로 작용하는데 이 장에서는 이러한 감정의 사회문화적 측면에 대해 알아보자.

우선 위에 인용한 1932년 헉슬리(Huxley)가 쓴 〈멋진 신세계〉는 앞으로 다가올 고도의 과학문명의 디스토피아(dystopia)를 묘사하고 있다. 이 미래의 세계에서 "문명인"인 레니나를 짝사랑하는 "문명인답지 않은 문명인"인 버나드는 낡아빠진 옛날 방식인 낭만과 사랑의 감정으로 레니나를 접근하지만 레니나는 "문명인"답게 그런 열등한 감정은 갓난아기나 갖는 것이라며 무시하고 사랑을 어른답게 오직 성관계로만 생각한다 (물론 이 "문명사회"에서 섹스는 인간의 약점이자 추잡한 행위로 간주되고 모든 인간은 인공수정으로만 태어난다). 앞으로 AI가 사람을 지배하게 되는 세상이 만약에 오게 된다면 그 세상의 실질적 지배자인 "문명인 어른" 로봇들에게 보통 인간들은 고리타분하고 쓸모없는 감정의 노예인 "야만인 갓난아기" 취급을 받게 될지도 모른다. 이 점은 현재 많은 연구자들이 인공지능에게 인간의 감정을 이해시키려고 노력하고 있지만, 그런 노력 자체가 무의미하게 될 가능성도 있다는 것을 시사한다. 감정은 과학이 이 정도로만 발전한 현재에 그리고 우리가 살고 있는 이 지구상에서나 유용할 뿐, 과학이 극도로 발전한 미래에 그리고 지구 이외의 다른 별에서는 사회를 파멸로 이끄는 위험하거나 불필요한 것이 될 수 있음을 지금으로부터 거의 100년 전, 그것도 "이성의 시대"가 저물고 있을 때 활동한 헉슬리가 우리에게 경고하고 있다. 감정은 과연 인류를 구할 것인가 아니면 파멸로 이끌 것인가? 이런 걱정을 하기에 앞서 우리 자신에게 물어보아야 할 보다 현실적인 문제는 이해관계가 첨예하게 대립할 수도 있는 사회적 맥락이나 서로에 대해 잘 몰라서 아집과 편견이 지배하는 문화적 맥락에서 어떻게 하면 감정을 잘 표출하고 소통할 것인가의 문제라고 할 수 있다. 그런 준비가 된 다음에 인공지능에게 감정을 가르치고 따라하게 해도 늦지 않다고 생각한다.

　위에서 두 번째로 인용한 1889년에 처음 출판된 키플링(Kipling)의 시는 인도 북서부 국경에서 영국군 장교의 아들과 아프간 부족의 수장의 아들 사이의 만남을 다루고 있다. 이들은 처음에는 적대적인 관계로 시작하지만, 서로의 용기와 용맹함을 인정하면서 결국에는 우정을 맺게 되는데 이 시에서 가장 유명한 구절은 바로 "Oh, East is East, and West is West, and never the twain shall meet."이다. 잘 알려진 대로 이 문장은 동양과 서양의 문화적, 이념적 차이가 너무 커서 결코 화합할 수 없다는 일반적인 인식을 나타낸 것으로 이는 아시아를 식민지로 생각하는 서구 제국주의 시대의 사고방식을 반영한다. 즉, 서구 문명이 우월하며 동양 문화는 열등하다는 시각을 내포하고 있다고 볼 수 있다. 이 시의 이 구절만 기억하고 동양과 서양은 결코 화합할 수 없다고 결론짓는 사람들이 많은데, 같은 시의 후반부에는 극적인 반전이 이루어진다. Kipling은 "But there is neither East nor West … When two strong men stand face to face,"라고 설파한다. 즉, 다른 것에 휘둘리지 않고 오직 객관적으로 판단할 수 있는, 각자의 문화를 대표하는 '두 강한 사람'이 직접 마주하게 될 때, 다시 말해서 개인적인 만남과 상호 존중이 이루어질 때에는, 동양과 서양 등의 구별은 무의미해진다는 것을 의미한다. 첫 구절에서 느꼈던 운명론적인 체념을 극복하고 인간적인 공통점과 상호 이해가 문화적 차이를 초월할 수 있다는 희망적인 메시지를 전달하고 있는 것이다. 이처럼 Kipling은 처음에는 동서양의 차이를 강조하지만, 결국에는 인간적인 만남과 이해를 통해 그러한 차이를 극복할 수 있다는 점을 시사한다. 서로 다른 문화에 속한 사람들끼리 감정의 교환 역시 그러하다. 문화적 요인에 크게 영향을 받는 감정 표출과 소통이지만 그런 문화적 차이에도 불구하고 인간 본성의 공통점에 대해 확신을 갖고 상호 존중을 통해 소통하다보면 동양도 없고 서양도 없는 오직 하나의 지구촌만이 존재하는 그런 이상적인 경지에 도달할 수 있다는 메시지를 새겨들을 필요가 있다. 문화가 다른 사람들 사이에서의 감정 소통은 물론 쉽지 않다. 그러나 서로를 이해하고 편견과 선입견에서 벗어나려는 노력이 있으면 전혀 불가능한 것은 아니라는 긍정적이고 진취적인 자세가 세계화 시대를 사는 진정한 지성인의 자세이다.

감정과 가치

사람의 감정 발생과 표출 양상은 그가 갖고 있는 가치관과 긴밀히 연결되어 있다. 이때 가치란 사람이 자기 주위의 대상과의 관계에 의해 지니게 되는 의미로서 유형 또는 무형의 사물이나 생각에 부여하는 값이나 유용함이라고 볼 수 있다. Kluckhohn(1951)과 Rokeach(1973)에 따르면, 가치란 바람직한 목표로서 인간의 삶을 인도하는 원칙의 역할을 한다. 예를 들어 흔히 사랑에 울고 사랑에 웃는다고 하고, 돈이나 권력이 없으면 대개 의기소침하여 심할 경우 낙심하고 비관적이 될 수 있으며, 의리를 저버린 친구에게는 분노의 감정이 치솟게 된다. 최근 젊은이들 사이에서 인기를 끌고 있는 미디어인 유투브(YouTube)를 보면 소위 크리에이터 (creator)라고 부르는 제작자들이 과한 성취욕에 사로잡혀 조회 수와 구독자 수를 늘리기 위해서라면 어떤 일도 마다하지 않는 경우가 많이 있다. 이러한 사람들은 수치심이나 타인에 대한 배려심 따위는 아랑곳하지 않고 단지 많은 사람들의 관심을 받을 때 행복감과 자긍심이 높아지며 사람들의 관심이 물거품처럼 사라지면 무기력과 불안감, 불만족에 빠지는 경향이 있다. 어떤 이유로든 자신이 추구하는 가치를 충족시키지 못해 발생하는 욕구불만은 정신적으로나 신체적으로 불안정을 유발하여 삶의 항상성을 깨뜨려서 질병에 걸릴 가능성이 높아지며 이런 사람들이 늘어날수록 그 사회나 국가는 건강하지 못하므로 한 사회나 국가의 구성원들이 중요하게 생각하는 가치들과 가치들의 우선순위를 면밀히 파악할 필요가 있다. 또한 가치가 충돌하고 이에 따른 감정 대립이나 폭발이 예상될 경우 해결할 수 있는 바람직한 장치들과 가치가 실현되지 못할 경우 보상받을 수 있는 방법들에 대한 고려가 필요하다. 예를 들어 한국은 다른 선진국에 비해 청소년 및 노년층의 자살률이 높아 사회문제가 되고 있다. 이에 따라 극단적 선택을 예방하고 그런 위기에 처한 사람들을 적극 도와줄 수 있는 방법들을 마련하고 있는데 이런 것들은 가치와 감정에 대한 연구가 기본 토대가 된다. 감정의 사회적 인식과 소통은 문화의 영향을 받는데 이는 문화의 핵심을 이루는 가치 체계와 밀접한 관련이 있다.

가치에 대한 관점이나 판단으로서 가치관이란 어떤 대상이나 사건, 현상에 대해 좋은지, 옳은지, 바람직한지, 중요한지 등을 생각하는 것을 의미하는데 이는 개인의 경험과 교육, 문화적 배경 등에 의해 형성되며, 개인의 삶의 방향과 행동을 결정하는 중요한 역할을 한다. 가치관은 개인 수준에서만 머무는 것이 아니라 개인이 모여 이루는 집단에서도 형성되고 공유되어 그 집단 특유의 정체성의 중요한 요소가 되는데 이에 대해서는 다음 절에서 자세히 살펴보기로 하자. 우선 사회적 대화에 참여하는 개인들의 가치에 대한 적절한 생각은 사회적 소통에서 다음과 같은 긍정적 역할을 한다:

1) 공감과 이해의 증진: 엄밀히 말해 어떤 두 사람도 살아온 경험과 배경이 다르기 때문에 완전히 같은 가치관을 가질 수는 없다. 그러나 가치란 무엇인가를 중요하게 생각하는 것으로서 서로 다른 가치관을 가진 사람들도 상대방의 가치관을 존중하고 이해하려는 노력이 있으면 상호 공감과 이해를 할 수 있다.

2) 갈등의 예방과 해결: 가치관이 다른 사람들 사이에서는 갈등이 발생할 수 있다. 예를 들어, 서열과 지위를 존중하는 전통적 가치관을 지키려고 하는 사람과 개인의 자유와 수평적 평등을 중시하는 사람들이 서로의 생각을 이해하거나 존중하지 못하면 갈등이 발생할 수 있고 의사소통이 원활하지 않을 수 있다. 가치관이 다른 사람과의 소통에서 어려움을 겪지 않기 위해서는 가치관의 차이를 인정하고, 상대방의 입장을 이해하려고 노력하며 서로의 가치관을 이해하고 존중하려는 자세를 가져야 한다.

3) 사회적 합의의 도모: 가치관이라고 불리는 관점의 차이에 따라 가치들에 대한 평가와 우선순위가 개인마다 달라질 수 있고, 더 나아가 집단이나 문화에 따라 차이가 있을 수 있다. 즉 어떤 이는 다른 사람으로부터 구속받지 않은 완전한 독립을 가장 중요한 가치로 생각할 수 있고, 또 다른 이는 타인과의 조화로운 관계 속에서 자신이 이룩한 것에 대해 인정을 받는 삶을 지향하기도 한다. 공동체의 발전을 위해서는 다양한 가치관을 가진 사람들이 서로 협력하고 타협하는 것이 필요한데 이를 실현하기 위해서 적절하고도 포용적이며 언어적으로도 적합한 사회적 소통이 선결조건이 된다.

정체성과 소통

한 사람이나 그 사람이 속한 집단에 대한 느낌, 신념, 가치관의 집합으로서 정체성(identity)은 개인적 정체성(personal identity)과 사회적 정체성(social identity 또는 group identity)으로 나눌 수 있다. 자기 자신을 타인과 다른 존재로서 정의하게 하는 개인적 정체성은 한 개인이 태어날 때부터 가지고 있는 것일 수도 있고, 성장하면서 형성되는 것일 수도 있는데 이러한 정체성은 개인의 행동, 생각, 감정에 영향을 미칠 수 있다. 또한 자신이 속한 집단의 구성원들이 추구하는 가치와 사고와 행동의 기준으로서 사회적 정체성 역시 그 집단에 속한 사람의 감정과 판단 및 행동에 영향을 줄 수 있다.

Tajfel(1978)은 사회적 정체성 또는 사회문화적 정체성이란 개인이 어떤 사회 집단의 소속됨으로써 갖게 되는 자아 개념으로 이 개념에는 가치와 "감정적인 의미(emotional significance)가 따라붙게 된다(attached)"고 하였다 (p.64). 그 결과 정체성이 다른 사람들 사이의 대화는 감정적 대립이 일어날 가능성이 크다. 이는 정체성이 대화참여자의 가치관, 신념, 경험과 밀접하게 관련되어 있고 대화의 주제와 연관될 경우 표출되어 충돌할 가능성이 있기 때문이다. 즉 서로 다른 정체성을 가진 사람들이 대화를 할 때, 자신의 정체성과 관련된 가치관이나 신념이 위협받는다고 느낄 경우 감정적인 불편함이나 어색함을 넘어 분노와 공격성까지 유발할 수 있다. 반대로 동질적인 사회적 정체성을 갖고 있는 사람들 사이의 대화는 동류의식 또는 동지애와 같은 감정의 기저 하에 대화상으로도 서로를 호의적으로 받아들이고 상대방의 말을 신뢰하거나 지지하는 경향이 높게 된다 (Tajfel & Turner, 2004).

정체성의 동질성/이질성과 감정의 일치/불일치 사이에는 연관성이 있다. 정체성이 다른 사람들 사이의 대화는 감정적인 불일치를 유발할 가능성이 큰데 이는 서로 다른 정체성을 가진 사람들이 서로 다른 가치관, 신념, 경험을 가지고 있기 때문이며 이를 감정적으로 수용하기 어렵기 때문이다. 이러한 차이로 인해 대화에서 의견 충돌이 발생할 수 있고, 이는 감정적인 불일치로 이어질 수 있다. 사회적 정체성을 공유하는 사람들 사이에서의 소통은 그렇지 못한 사람들 사이에서의 소통에 비해 상호 호의적인 감정을 느끼고 신뢰감을 가지면서 원활한 소통이 이루어질 가능성이 높다. 이런 상태를 합치(accordance)라고 하면 정체성에서 차이를 느낀 나머지 거리감을 갖게 되고 비호감을 느끼거나 의심하게 되며 더 나아가 감정적 대립과 충돌의 가능성이 높은 상태를 불합치(discordance)라고 하자. 이성범(2023)은 소통에 참여하는 사람들의 정체성의 차이가 대화에 미치는 영향과 그 대화의 결과에 대해 다음과 같이 분류하였다.

〈표 11〉 정체성의 가능한 조합

정체성(identity)			
[+accordant] 합치(Accordance)		[-accordant] 불합치(Discordance)	
[+active] 열정적 상호작용 (enthusiastic interaction)	[-active] 소극적 공존 (passive coexistence)	[-active] 소극적 불화 (passive dissension)	[+active] 강력한 반작용 (strong counteraction)
↓	↓	↓	↓
협조(Cooperation) 합작(Collaboration) 공모(Collusion)	동의(Agreement) 묵인(Acquiescence) 순종(Compliance)	비동의(Disagreement) 불복(Disobedience) 불순종(Non-compliance)	갈등(Conflict) 반목(Animosity) 적대감(Hostility)

위 표에서 왼쪽 부분은 합치의 경우들이고 오른쪽 부분은 불합치의 경우들이다. 합치의 상황도 소통에 참여하는 사람들의 상호 감정적 일치의 정도에 따라 그 대화는 열정적으로도 일어날 수 있고 소극적으로 일어날 수도 있다. 마찬가지로 불합치의 경우도 그 상호 감정적 불일치의 정도에 따라 비호감도가 높아질수록 갈등의 양상이 심각해질 수 있는데 단순 소극적 불화에 그치는 경우와 강력하게 부딪히는 경우로 나누어 볼 수 있다. 또한 각 유형의 대화는 그에 따른 결과로 완전한 협조에서부터 완전한 반목에 이르기까지 소통 참여자들 사이에서 판이한 관계를 형성하게 된다.

1) 열정적 상호작용(enthusiastic interaction)
소통에 참여하는 두 사람 사이의 정체성이 일치하고 서로 상대방을 적극적으로 지지하는 태도를 보이는 경우로서 그 대화의 결과는 협조와 합작 및 심지어 공모까지 일어날 수 있다.

2) 소극적 공존(passive coexistence)

상대방에 반대하지는 않지만 적극적으로 동의하지도 않는 상태로서 이런 마음가짐으로 대화에 임할 경우 그 결과는 분명한 지지가 아닌 수동적인 동의와 묵인 또는 순종에 머무를 수 있다.

3) 소극적 불화(passive dissension)

대화상대방 사이의 정체성이 다르되 그로 인한 감정적 불일치가 과도하게 대화에 부정적 영향을 미칠 정도는 아닐 경우로 이런 상태에서 대화가 일어날 경우 대화참여자는 서로 비동의 또는 불복종과 불순종으로 대화를 봉합하고 끝낼 수 있다.

4) 강력한 반작용(strong counteraction)

소통에 참여하는 사람들이 자신의 정체성에 대한 한 치의 양보도 없이 고양된 감정을 유지한 채 대화에 임하는 경우로서 대화의 결과는 갈등을 만들거나 지속 또는 증폭시키며, 반목과 적대감을 축적하는 쪽으로 마무리될 수 있다.

이상에서 본 네 가지 경우를 실제 대화의 예에서 확인해 보면 다음과 같다. (이하 예문은 실제 발화문의 맞춤법과 띄어쓰기 등을 수정하지 않고 그대로 전재한 것임)

[CASE 1]

>>[hoonkim3114] 생명은 종을 구분하지 않고 모두 존귀한데.. 저렇게 철창에서 긴 시간 고통받은 강아지들을 보니 가슴이 먹먹합니다. 그래도 이렇게 찾아주셔서 구호활동을 하시니 너무 고맙네요.

>>[chanminpark9316] 고생 많으셨습니다. 덕분에 많은 생명이 새 삶을 살게 되었네요.

>>[user-nm5tn6fh1c] 인간이 정말 어디까지 벌을 받아야 이런 짓을 멈출까요? 대신 구조해 주신 분들께 넘넘 감사드려요. 응원합니다. 많은 복도 많이 많이 받으시길 간절히 빕니다.

>>[user-qp1vc6tg4g] 응원합니다.

>>[user-oy3qo1uy9w] 유행하는 품종을 무조건 작은 아이들을 쇼핑하듯 골라서 구매한다는 것이 어떤 의미인지 사람들이 널리 알았으면 합니다. 번식장이 없어지길 바라지만 현실적으로 당장은 불가능 하다면 정부의 철저한 관리 감독을 촉구합니다.

>>[jennylee4602] 감사합니다 구조해주셔서 ㅜㅜ

>>[sunflower8290] A dog is spiritual animal our best friend helping people, dogs are just like people they can't speak but they have a feeling. DOGS are not toy or trash either!!! wishing them many volunteers to help them care for all these lovely poor babies!!! Thank you so much hardworking people. KARA GOD BLESS YOU ALL!!!

>>[user-oq5dv3zs6l] 차마 못 보겠습니다! 어떻게 아이들한테 저런 짓을 할 수 있나!!? 이놈의 인간들!!

>>[user-kj1gz9qz4l] 참담함 그 자체네여 이게 정말먼지.. 안쓰럽고 마음 아프고 이럴 수가 있을까 저 아이들이 다 펫샵으로 간다는 건데 사지 말고 입양하세요란 말이 절실하네여 미앙하다 아가들아 정말 미앙하다 강아지 사는 분들 제발 이걸 보고 느끼는 게 있었음 합니다

>>[franceslynch8815] Good god. My heart is broken. How can humans do this to our fellow creatures who are our children who cannot fend for themselves or be with pack group (family). Why do we let this go on.

>>[redonion1530] 서명하고 왔습니다.

(출처: https://youtu.be/8HyySkZLf-8?feature=shared)

이 대화는 동물권 행동 단체인 KARA가 열악한 환경에서 오직 판매할 목적으로 애완용 개를 기르는 이른바 개번식장에서 개를 구조하는 모습을 보여주면서 한국에서 개번식장의 폐쇄를 요구하는 루시 프로젝트에 서명하고 자신들을 후원해 줄 것을 촉구하는 비디오 클립에 달린 댓글들의 일부이다. 이 댓글들은 예외없이 개를 돈벌이 수단으로만 삼는 개번식장 업주에 대한 분노와 이를 해결하기 위해 나선 동물권 행동 단체인 카라를 지지하고 감사하는 감정을 감추지 않고 있다. 국가와 언어를 떠나 이 댓글을 단 사람들은 모두 한국에서의 비위생적이고 비인격적인 개 사육을 금지해야 한다는 점에서 의견이 일치하고 있고 그러한 뜻을 교환하는 데 있어서 매우 열정적으로 임하고 있다. 그 결과 이들의 대화는 강력한 유대감 위에서 이 사회 문제의 해결을 위해 관계 요로에 보낼 서명 작업에 모두 참여하고 협조하는 방향으로 논의가 이루어지고 있다. 이는 위의 표에서 본 '합치(accordance)' 중 '열정적 상호작용'의 예라고 볼 수 있다.

[CASE 2]

>>[Davidson Vorhes] A training model "opt-in" is a nice idea, but to what end? And enforced how? If one artist opts out, but then a collective of open-source-advocate artists create a suite of hand-made pieces "in the style of" the opted-out artist and then submits THOSE pieces to the ethical model is that morally acceptable? Can we even police that??...

>>[Steve Dennis (author)] To the end of making a technology that isn't ethically and legally dubious, and gives artists a means of compensation. We manage with music royalties and have existing legal frameworks for enforcing plagiarism of art. We would probably need some new ones that took the specifics of machine learning into account. If the tech is

cool (and it is), I see no reason why we can't strive as a group to make it cool *and* ethical.

>>[Paul DelSignore] Great article. I think the overall problem is that we are in a new creative space by which we don't have language for yet. There is no 'artist' in this post-humanist AI age, it is a mashup or plurality of processes - human imagination 〉 synthesis 〉 composability. Generative technology is changing the game to something we have not processed yet as a culture. IP or copyright makes no sense in this new age - I actually think all AI art should fall under CC0 - public domain.

>>[Steve Dennis (author)] I think we differ in opinion there a little, but I appreciate the response. I think copyright and IP are still perfectly valid as inputs into the models (as in, should be respected). I don't think we are anywhere near AI being able to generate great art, and think the future is augmenting artists rather than replacing them.

(출처: 〈Towards Data Science〉, Dec 22, 2022)

[CASE 2]는 Towards Data Science라는 제목의 인공지능(AI)과 예술의 관계를 다룬 저서의 저자와 그 독자들 간의 예술 분야에서 인공지능의 역할과 이에 따른 예술가들의 위치 설정과 이로 인한 사회적, 윤리적 문제들에 대한 논의의 일부이다. 이들은 각자가 자신의 생각을 허심탄회하게 논의하고 있다. 위에서 본 [CASE 1]과 비교해 볼 때 [CASE 2]는 열정적이지는 않지만 각자가 AI의 역할에 대해 갖고 있는 생각들을 개진하고 있는데 윤리적 성찰이 필요하다는 대전제는 동의하지만 이를 위해 어떤 일들을 해야 할지에 대한 각론에서는 약간 의견의 차이를 드러내고 있다. 그러나 그 차이는 상호 의견 충돌까지 이를 정도로 심각하지는 않으며 상대방

의 의견을 존중하는 태도는 지키고 있다. 즉 이들은 의견을 교환하는 과정에서 [CASE 1]의 열정적 상호작용에는 미치지 않고 다분히 소극적인 공존의 자세를 취하고 있되 윤리적으로 우려의 여지가 있다는 점에서는 어느 정도 동의가 이루어지고 있다는 점에서 앞에서 본 표의 두 번째 경우인 '소극적 공존'의 사례로 볼 수 있다.

[Case 3]

>>[bobjordan5231] This is what an intellectually honest person concludes when looking at the data, even if they came into the issue with biases. Well done Michael.

>>[malr1975] You are being sarcastic yes?

>>[bobjordan5231 to malr1975] Nope. He began with a bias, and looked at the data, and changed his mind.

>>[malr1975 to bobjordan5231] I didn't see him discuss data. He references other people's work, and made statements but didn't address the economics of NP. Looks very like a NP lobbying presentation I've seen a lot of times at various places. The NP lobby are a pretty impressive bunch of people...very convincing.

>>[bobjordan5231 to eliwhitley1878] Very well stated. Don't expect the Bum to follow any logic though...

>>[malr1975 to bobjordan5231] No need to lower the tone to name calling Bob. Calling me a BUM! You insult me sir. If this were 1856, we would dual at dawn! Seriously guys, it's the economics. It doesn't work and never has. I can't see how that's going to improve. Who would start a nuclear project given the last 20 years of budgets going out of control and delays of decades? No commercial companies will.

>>[mightym] As someone who used to be pro nuclear 10 years

ago, solar energy is starting to become so advanced the discussion around nuclear will be a distant memory soon. P.s. even if you go nuclear for central power generation, you will still need batteries for cars.

>>[KingBobXVI@malr1975] - the economics being "bad" is a poor argument when the goal is to build a functioning necessary utility while combating the effects of global warming. The obsession with turning a profit is going to ultimately be what screws us over in the end. We should be building nuclear plants as public utilities, not as profit engines. The only reason this isn't done is due to the fear mongering making it publicly unpopular, and it taking more than one terms worth of construction so politicians supporting it don't personally benefit in the short term.

(출처: Why I changed my mind about nuclear power | Michael Shellenberger |TEDxBerlin)

반면에 [CASE 3]는 원자력 발전을 반대하다가 찬성 쪽으로 돌아선 Michael이란 사람의 TED 강연을 본 누리꾼들이 각자의 생각을 교환하고 있다. 이 과정에서 일부 누리꾼은 상대를 빈정대는 듯한 표현으로 반감을 표명하고 있지만 그럼에도 불구하고 심각한 의견 대립으로 인한 험악한 분위기의 감정 대립은 일어나지 않고 있다. 서로 반대를 위한 반대라기보다 반대를 굽히지 않으면서 그 이유를 설명하고 설득하려고 하는 자세를 보여주고 있다. 따라서 이 대화는 전체적으로 앞의 표에서 보았던 '불합치(discordance)' 상황에 속하되 그 중 '소극적 불화'의 대화로서 핵심 논점에 대해서는 비동의하며 상대의 의견에 따르지 않는 결과를 가져올 가능성이 높다.

[Case 4]

>>[내장] 한남충들아 그럼 니네는 딸치고 파라다이스 올 때 그거 휴지로 닦아서 버리지도 마;그것도 생명인데 그걸 잔인하게 버리냐.. 도로 꾸역꾸역 쑤셔 넣어야지.

>>[성직자] 니네도 생리하면 그 피 다시 꾸역꾸역 집어 넣어라

>>[ㄴㄱ] 일리다리야 이것아 생리를 어떻게 꾸역꾸역 집어 넣는데 생각 좀 해라

>>[lil pump] 내장 그럼 니도 생리 쳐하지 말고 그 피 받아다가 다시 처먹으삼 병신같은 년

>>[모뇨 모뇨] 우리나라에서 낙태 인식 낙태를 한다 〉 여자가 걸레네.. ㅉㅉ함부로 몸을 굴리니까 그러지, 피임 좀 제대로 하지, 살인자 등등 낙태를 안 한다 〉 책임지지도 못할 거면서 왜 낳음?? 어쩌라고 시발

>>[곤란해요] 뭘 어쩌긴 어째.. 아이를 낳아서 책임감을 갖고 키운다 당신 부모님처럼.. 당연한 걸 묻네..

>>[감주소] 모뇨 모뇨 그런 소리 안 들으려면 피임을 해야죠 피임을 확실하게 하지 않았다는 거 자체가 임신에 대해 무지하거나 그런 소리 듣는 걸 감수한다는 얘기 아닌가요?

>>[*너보다 우월한 존재] 감주소 애초에 그런 소리를 왜 들어야 됨

>>[감주소] *너보다 우월한 존재 말 그대로 인식인데요? 굳이 누가 말 안 해도 사회가 그런 인식을 갖고 있다는 건데 융통성이 좀 부족하신 듯

(출처: 까칠 남녀-낙태가 죄라면 #001)

대화참여자들 사이의 정체성 조합의 마지막 유형으로서 [CASE 4]는 매우 극단적인 공격적 대화로서 이른바 '플레이밍(flaming)'의 모습을 보여주는 예이다. 플레이밍이란, 이성범(2018a)에 따르면, 온라인상에서 어떤 주제에 대해 이야기하거나 토론할 때 단순 의견 제시나 질의응답의 정도를 넘어서 감정적 비방과 비논리적 반박, 조롱이나 욕설 등의 공격적인

메시지를 올리는 것을 말한다. 주로 인터넷 포럼이나 사회망서비스(SNS)에서 민감한 사회적 이슈를 놓고 의견이 첨예하게 대립될 때 다른 집단정체성을 가진 참여자들이 논의 주제를 이탈하여 과도하게 인격모독성 메시지를 올리는 것을 쉽게 볼 수 있다.

플레이밍은 한 개인이 자신의 감정을 격정적으로 토로하는 데에서 그치지 않고 종종 그와 뜻을 같이 하는 사람들이 가세하여 자신들과 생각이 다른 개인이나 집단을 타겟으로 '플레임(flame)' 즉 "인신공격성 메시지(ad hominem message)"를 퍼붓고 (Arendholz 2013:100), 또 상대방 역시 이러한 공격적 메시지에 같은 방식으로 응수하여 이른바 '플레임 배틀(flame battle)' 또는 '플레임 전쟁(flame war)'이라고 부르는 대규모 공방전으로 비화되기도 한다. 최근 우리나라에서는 성소수자의 권리나 양심적 병역거부자의 군복무 대체, 군가산점 부여, 미투와 남녀평등, 동물의 권리 등 사회적으로 큰 이슈가 되고 있는 다양한 주제에 대한 온라인 토론에서 놀라울 정도로 과열된 양상의 플레이밍을 자주 볼 수 있는데 위의 [CASE 4]는 대표적인 플레이밍의 예다. 여기서는 사회적 정체성이 전혀 상반되는 남성과 여성이 도저히 양립불가능한 '불합치(discordance)'의 상태 속에서 강력한 반작용의 연속으로서 설전을 벌이고 있다. 이런 대화의 결과는 문제의 해법이나 협조는 기대할 수 없고 감정적 앙금으로서 반목과 적대감을 확인하고 자신의 입장을 고수하며 자신과 다른 입장에 있는 사람과의 갈등을 심화시키는 결과만을 낳는 반사회적 대화라고 할 수 있다.

마음챙김과 감정 표출

우리는 앞에서 감정 표출 지수에 대해 살펴보았는데 각종 텍스트에 내재된 감정전달가는 그 텍스트를 만든 사람이 글의 주제나 제재 또는 대화

상대방 등에 대한 감성적 태도와 자세를 보여준다. 그런데 이런 감정전달자가 사회에서 용인하는 범위를 벗어나 과도하게 높을 경우 단순한 감정적 흥분 상태를 벗어나 사회적 갈등과 대립, 충돌을 일으킬 수 있는 파괴력이 있다. 따라서 사회적으로는 이를 적절하게 제어하고 교육할 수 있는 방법이 필요한데 이런 방법 중의 하나로 '마음챙김(mindfulness)'이란 것을 생각해 볼 수 있다.

'마음챙김'이란 원래 요가의 명상이나 불교의 참선 수행 방식을 일컫는 말이었다. 기본적으로 마음챙김이란 수행자가 마음을 집중하여 깨어 있는 것을 말하는데 매 순간 우리가 누구이고 어디에 있으며 무엇을 하고 있는지를 알아차리려고 하는 것이다. 단 그런 것들을 선과 악으로 평가하지 않고 지나치게 반응하지 않으면서 그런 것들에 의해 압도되지 않으려고 하는 마음의 자세이다. 종교적 명상법에서 비롯된 마음챙김은 일본 선불교의 Philip Kapleau 스님의 제자로 알려진 MIT의 Jon Kabat-Zinn이 종교적 원리가 아닌 과학적 원리로 변모시켰다. 그는 스트레스 감소 클리닉을 설립하고 고통과 통증을 완화하는 방법으로 마음챙김 프로그램을 개발하였다. 사회심리학에서도 Langer(1989)는 '마음챙김/마음쓰지 않음(mindfulness/mindlessness)'이란 개념을 사용하여 행동을 설명하고 있다. 그녀에 의하면 우리가 우리의 마음을 제대로 쓰지 않으면 마치 프로그래밍이 되어 있는 자동장치(programmed automatons)와 같은 존재가 되어 단순하고 경직된 방식으로 정보를 처리하게 되지만, 반대로 마음챙김을 할 경우에는 현재의 순간순간에 대한 오리엔테이션이 일어나 맥락에 민감해지면서 낡은 마음가짐(old mindsets)이라는 관성의 굴레에서 벗어날 수 있게 된다고 주장하였다. 마음을 쓰지 않는 상태가 지속되면 마치 항공기 기장이 그때그때 비행 상황에 대해 세심하게 주의를 기울이지 않고 관성항법 장치로만 날아가는 비행기처럼 위험한 사고를 당할 가능성이 높지만, 숙련되고 책임감이 있는 파일럿이 매순간 주의 집중하여 적절하게 대처하며 운항하는 비행기는 목적지에 무사히 안전하게 도달할 수 있다. 마음챙김은 건강이나 생산성 증진에 도움이 될 뿐 아니라, 중독으로부터의 해방, 번아웃의 탈피 등 좋은 결과들을 가져다 줄 수 있다. 우리 각자는 자기 삶의 조종사인데 그 조종사가 마음을 잘 챙기는지 아닌지에 따라 그 삶의 방향과 결과는 전혀 다르게 실현될 수 있다는 것이다.

　Thomas(2006)는 마음챙김을 사유에 대한 사유, 즉 메타사유와 지식이나 행동의 유연성 등을 연결하는 메타인지전략으로 재해석한다. 여기서 메타인지란 인지에 대한 인지로서 자신이 뭘 아는지 또는 모르는지를 아는 것을 말한다. 다시 말해 자기 자신의 지식과 경험의 처리 과정을 의식하고 이해하는 것이다. 마음챙김은 대화나 언어적 소통에도 적용될 수 있다. 사람들은 베이컨이 말한 동굴의 우상, 극장의 우상, 종족의 우상, 시장의 우상 외에도 권력이나 돈, 물질문명 등에 현혹되어 편협하고 왜곡된 시선으로 세상을 바라보며 소통에 임하기 때문에 각종 오해와 갈등, 불통을 피할 수 없게 된다. 대화나 소통의 장애 요소로서 작용하는 각종 우상에서 벗어나려면 이성범(2023)은 대화참여자들의 자발적인 마음챙김이 요구된다고 주장한다. 마음챙김은 알아차림(awareness)과 받아들임(acceptance)이라는 두 가지 큰 축으로 되어 있는데 이 중에서 알아차림이란 현재 일어나고 있는 마음속에서의 과정과 경험에 집중하는 지식이나 능력을 가리키고 받아들임이란 생각의 흐름을 판정하거나 회피하지 않고 관찰하고 수용하는 능력을 말한다. 보다 구체적으로 마음을 챙기는 대화참여자는 상대의 말을 평가하려고 하는 대신 그 의도를 이해하기 위해 노력하고 차이점을 인식하되 여기에서 머물지 않고 가능한 의견 수렴의 지향점을 찾아보려고 모색하는 자세를 갖는 사람이다. 또한 어떤 발화를 하게끔 만들어주는 거시화용론적 대맥락을 알아차리고 자신과 상대방이 각기 속한 집단이나 사회의 정체성을 이해하고 문화적 가치와 규범과 마찰을 일으키지 않는 범위 내에서 최대한 유의미한 소통을 이루려고 노력하는 태도를 견지한다.

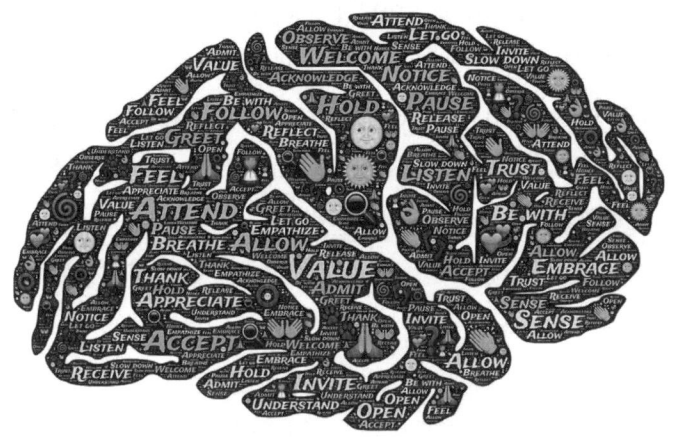

[그림 16] 마음챙김의 뇌 (John Hain @ Pixabay)

　마지막으로 유능한 토크쇼 호스트라면 예측하기 어려운 게스트에 맞춰 그때그때마다 적절한 선택을 하면서 유연하고 능수능란하게 대화를 이끄는 것처럼 마음챙김의 화자는 대화의 주제에서 이탈하지 않고 필요한 경우 적당한 수준의 감정을 적절한 방법으로 표출하며, 자신의 언어적합성을 조절한다. 결국 마음챙김이란 저절로 일어나는 것이 아니라 부단한 수련과 교육으로 얻어지는 소통 능력이라고 할 수 있다. Ting-Toomey(1998)는 마음챙김을 개인적 문제뿐 아니라 횡단문화적 소통의 문제를 설명하는 주요 개념으로 사용하고 있다. 해외에서 문화가 다른 사람과의 소통이라든지 국내에서 이주민이나 외국여행자들과의 소통에서 대화참여자들은 각자의 문화 환경을 이해하기 위해 자신의 반응적 인지 스키마타를 모니터링하고 수정하는 것이 필요하다.[17] 이는 동양의 고전인 중용에서 말하는 역지사지(易

---

17 반응적 인지 스키마타(Responsive Cognitive Schemata)란 우리가 자극을 인지

地思之)의 정신과 상통한다. 이처럼 상이한 문화적 가치를 이해하고 그에
맞는 대화의 메타인지 전략을 구사하여 마음챙김이 원활하게 일어나는
사람은 단지 성격적인 특성이 아니라 문화 지능(cultural intelligence)이
높은 사람이라고 볼 수 있다. 집단 간 소통이나 문화 간 소통에서의 마음챙김
은 Ting-Toomey(2017)가 "정체성 협상(identity negotiation)"이라고
부른 사회문화적 소속 정체성(sociocultural membership identity)과
개인적 정체성(personal identity)을 살펴 정체성 협상을 잘 하는 능력이자
기술을 의미한다. Ting-Toomey & Dorjee(2015)는 이를 문화 간 소통
능력이라고 부르고 다음과 같이 정의한다.

> 문화 간 소통 능력(intercultural competence)
> 문화 간 소통 능력이란 필요한 문화와 인종 정체성에 관련된 지식과
> 인종상대적(ethnorelative) 태도뿐 아니라 정체성에 뿌리를 둔 이슈들
> 을 적절하고 효과적이며 상황에 맞게 관리하고 해석의 탄력성을 유지한
> 채 원하는 정체성의 결과를 달성할 수 있도록 대화의 기술들이 최적의
> 상태로 통합된 것을 말한다. (Ting-Toomey & Dorjee, 2015: p.507)

이러한 문화 간 소통 능력의 평가 기준으로서 적절성(appropriateness)
과 유효성(effectiveness)을 Spitzberg & Cupach(2002, 2011)는 다음
과 같이 제시하고 있다.

> 소통 적절성(communication appropriateness)
> 서로 주고받는 행위가 적합하고(proper) 해당 문화 내부자들이 형성하
> 고 공유하는 예상치(expectations)와 부합하는 정도를 말함. 이때 어떤

하고 해석하며 반응하는 방식을 구조화하는, 경험을 통해 형성된 정신적 틀을 의미
한다. 이는 우리가 세상을 이해하고 행동하는 데 사용하는 '마음속의 지식 지도'라
고 할 수 있다.

주어진 문화적 상황에서 적합하게 행동하려면(behave properly), 유능한 협상가들은 그 상호작용의 지침이 되는 보다 더 큰 상황적 규범들(larger norms)의 스키마를 갖고 있어야 한다. (Spitzberg & Cupach, 2002)

소통 유효성(communication effectiveness)
   대화 참여자들이 대화에서 상호 공유된 의미와 통합적인 목표-관련 결과들을 얻어내는 정도를 말한다. (Spitzberg & Cupach, 2011)

유효성은 여러 의미들을 정확히 그리고 문화적 감수성을 갖고 주목하고 개인적 목표나 서로가 원하는 목표들이 전략적이면서도 창조적인 방향으로 이루어질 때 소통의 유효성이 달성되었다고 말할 수 있다 (Canary, Lakey, and Sillars 2013). 적절성 기준과 유효성 기준은 상호 긍정적으로 얽혀 있다. 대화 상황을 적절하게 관리하면 이런 믿음을 주는 행동은 대화의 유효성을 높일 수 있고 그 역도 성립한다. 마지막으로 적절하고 효과적으로 소통에 임하기 위해서는 정신적으로나 행동 면에서도 기민하고 유연성이 있어야 하는데 이런 능력을 소통 적응가능성이라고 한다.

소통 적응가능성(communication adaptability)
   상황에 맞추어 행동 방식과 목표를 바꿀 수 있는 능력을 말한다. (Ting-Toomey 2004, 2009)

다른 관점에서 이성범(2023)은 효과적인 사회적 소통이 이루어지기 위해서는 대화참여자들 사이에서 대화 주제에 대한 이해와 일관성 있는 대화 참여가 필요하며, 상대를 이해하고 가능한 범위 내에서 포용하려는 수렴적 자세가 요구되며 마지막으로 대화에 사용되는 언어적 표현들이 사회적으로 용인될 수 있는 적합성을 유지해야 한다고 주장한다. 이 세 가지 요소는 각기 적절성(appropriateness), 포용성(engagement), 언어적합성(linguistic suitability)인데 앞서 본 인격의 3요소인 지, 정, 의에 각기 대응하는 소통의 3대 요소로서 성공적인 사회적 소통의 3대 축을 형성한다.[18]

포용적 소통

소통에서의 포용성(engagement)이란 대화나 담화에 참여하는 사람들끼리 서로의 생각과 관점을 이해하고 경청하며 필요할 경우 상호 교섭 과정에서 자신의 생각이나 관점을 수정할 수도 있는 개방적인 자세를 말한다. 포용성이 높은 대화나 담화(engaging exchange)는 상대방과의 거리를 좁히고자 하는 마음가짐이 있는 합의지향적 소통인 반면, 포용성이 낮거나 없는 대화나 담화(disengaging exchange)는 상대방과의 거리를 유지하거나 넓히려는 마음가짐에서 비롯된 갈등지향적 소통이다. 소통의 포용성이 높다는 것은 자신이 참여하는 대화나 담화의 목표와 쟁점에 대한 전반적인 이해도가 높다는 것뿐만 아니라 상대방의 순간순간 감정 변화에 대해 열린 마음으로 유연한 자세를 견지할 수 있는 감성지능(EI)이 높다는 것을 의미한다. 포용적인 소통을 하는 사람일수록 타인을 설득할 수 있고 진정한 리더가 될 수 있다. 소통의 포용성에 영향을 주는 것에는 다음과 같은 것들이 있다.

---

18 이성범(2023)은 실제 대화에서 이 세 가지 축은 계량적으로 값을 측정할 수 있는데 그 결과 얻어지는 값을 '사회적 소통 지수(Societal Communication Index)'라고 부른다. 이 사회적 소통 지수는 예를 들어 앞서 본 CASE 1부터 CASE 4까지의 서로 다른 대화의 성격을 수치로써 보여줄 수 있다. 사회적 소통의 3대 요소와 사회적 소통 지수 산출 및 결과 해석에 대해서는 이성범(2023)을 참고할 것.

- 자신의 주장을 앞세우기 전에 상대방의 입장을 미리 생각하고 가능한 한 일치점을 모색하려고 하는 전향적인 태도
- 상대방의 말에 동의할 수 있는 부분을 먼저 찾고 동의하지 않을 경우에도 그 합리적 이유가 있는지를 찾는 개방적인 마음챙김
- 상황에 따라 달리 요구되는 것들을 충족시키기 위해 행동과 목표를 바꿀 수 있는 소통 적응 능력

특히 서로 다른 문화에 속한 사람들끼리의 문화 간 소통 상황에서 적절하고 유효한 소통을 하기 위해서는 각 나라의 문화에 대한 이해와 더불어 상대방의 소통 방식을 받아들이고 실제 대화나 담화 현장에서 정신적으로나 행동 상으로 민첩하고 융통성이 있어야 한다 (Arasaratnam 2007, Ting-Toomey 2004, 2009).

이상의 논의를 종합하면 세부적인 사항에서는 학자나 연구자들마다 다른 용어와 원리들을 사용하고 있지만 총론적인 면에서는 감정 표출을 포함한 사회적 소통에서는 지성적인 측면과 정서적인 측면, 의지적인 측면이 조화를 이룰 필요가 있다는 것을 강조한다는 점에서 일맥상통한다. 이를 이성범(2023)은 다음과 같이 비교하였다.

〈표 12〉 인격과 사회적 소통의 요소

	Appropriateness	Engagement	Linguistic suitability
아리스토텔레스	logos	pathos	ethos
동양사상	지(知)	정(情)	의(義)
그리스 철학	truth	good	beauty
사회심리학	인지적 이해	정서적 공감	실질적 행동
불교	혜(慧)	정(定)	계(戒)
기독교	믿음	사랑	소망
소통능력이론	전략적 능력	상호작용 능력	언어적 능력
결여된 상태	무지(無知), 몽매	무정(無情), 냉담	무모(無謀), 불의

성공적인 사회적 소통의 첫 요소인 적절성은 본 책의 1장에서도 보았듯이 아리스토텔레스의 수사학에 나오는 개념인 로고스와 일맥상통하며 이는 동양사상에서 완전한 인격체를 구성하는 3대 요소 중 하나인 지(知) 또는 지성과 같은 개념이다. 또한 이는 그리스 철학에서 연유하여 서구적 인간 관을 형성하고 있는 진-선-미 개념 중 이지적 능력인 진(眞)에 해당하고, 현대 사회심리학에서 말하는 기초 단계인 인지적 이해와 상통하며, 불교 의 혜(慧) 또는 지혜와 유사하고 소통능력이론에서 전략적 능력에 해당한 다. 소통의 두 번째 요소인 포용성은 감성을 뜻하는 파토스나 정(情), 선함 등과 연결되며 사회심리학에서 말하는 정서적 공감과 불교의 정(定)과 일맥상통하고 이는 결국 마음과 마음끼리 상호작용 능력을 가리킨다. 마 지막으로 언어적합성이란 아무리 알고 있는 게 많고 포용적인 태도로 대 화에 임하려고 해도 실제 대화에서 사용하는 말이 맥락에 비추어 적합하 지 못할 경우 그의 본심이나 의도는 효과가 감소될 수밖에 없다는 점을 가리킨다. 따라서 이는 실천적인 차원에서 소통에 임할 때 올바르고 사회 적으로 용납될 수 있는 표현을 사용할 것을 말하는데 이런 행동 강령은 아리스토텔레스의 에토스적인 측면이며 동시에 의지를 가리키고 그런 행 동은 미적인 가치를 갖게 된다. 이는 실천해야 하는 행동으로 규칙이나 규범과 같은 계율로서 작용하고 이런 행위를 능숙하게 할 수 있는 것은 언어적 능력이 뒷받침될 때이다. 기독교에서 말하는 '믿음, 소망, 사랑'은 종교적인 맥락에서 신과의 관계와 인간의 내면적인 성숙을 강조하는 반면, 아리스토텔레스의 '로고스, 에토스, 파토스'는 수사학적인 맥락에서 설득 과 소통의 기술을 강조한다는 점에서 차이가 있다. 즉, '믿음, 소망, 사랑'은 인간의 내면적인 가치와 태도를 강조하는 반면, '로고스, 에토스, 파토스' 는 외부 세계와의 소통과 설득을 강조한다. 다만 둘 다 모두 인간의 내면적 인 가치와 태도를 다루는데 '믿음'은 '로고스'와 유사하게 신에 대한 신뢰와 확신을, '사랑'은 '파토스'와 유사하게 타인에 대한 무조건적인 헌신과 봉사 및 감정적인 호소력을 포함한다. 또한 '소망'은 미래에 대한 기대로서 절망하지 않고 긍정적인 방향으로 나아가는 힘이고 로고스는 논리적인 방향으로 나아가는 힘이라는 점에서 방향성을 제시해 준다는 공통점이 있다.[19]

이런 소통과 관련된 요소들의 고려는 넓은 의미에서 인간다움의 요소들에 대한 고려와 불가분의 관계가 있다. 아리스토텔레스는 감정을 이성과 대비되는 것으로 보았지만, 인간의 삶에서 중요한 역할을 한다고 생각했다. 그는 감정을 "쾌락이나 고통을 동반하는 어떤 것"으로 정의했는데 적절한 상황에서 적절한 방식으로 감정을 느끼는 것은 덕이라고 보았다. 예를 들어, 적절한 상황에서 적절한 정도로 분노하는 것은 용기의 미덕에 속한다는 것이다. 결국 사회적 소통의 세 요소인 지적 적절성, 정서적 포용성, 의지적 언어적합성은 인간의 소통 능력의 핵심으로서 서로 성격이 다르지만 하나의 인격체 내에서 긴밀하게 연결되어 있다고 볼 수 있다.

감정 대응방식

이상에서 살펴본 마음챙김의 개념을 감정에 대한 우리 논의에 적용해 보면 유연하고 탄력적이며 상생을 추구하는 감정 표현의 이상적 대응 방

---

19 '혜, 정, 계'는 불법에 도달하는 세 가지 방식을 말한 것이고, 기독교에서의 '믿음, 소망, 사랑'은 신과의 관계를 말하는 것이지만 서로 다른 목적과 맥락에서 사용되지만, 인간의 내면과 소통에 대한 깊은 이해를 제공한다는 점에서 공통점을 가진다고 볼 수 있다. 다만 불교나 기독교에서 일반 대중들을 상대로 교리를 설파할 때에는 세 가지 요소 중 감정에 해당하는 사랑의 역할을 강조한다는 점에 주목할 필요가 있다. 즉, 기독교에서는 "그런 즉, 믿음, 소망, 사랑, 이 세 가지는 항상 있을 것인데, 그 중의 제일은 사랑이라"고 말하고 있고 (고린도전서 13:13), 불교에서도 "중생은 갖가지 은애(恩愛)와 탐욕을 가지고 있기 때문에 윤회하는 것이고, 모두 음욕(淫慾)으로 인하여 성명(性命)을 이루므로, 윤회는 사랑을 근본으로 한다"고 (능엄경) 말함으로써 사랑의 우월적인 지위를 부여하고 있다.

식으로 볼 수 있다. 그러나 현실에서는 사람이 감정을 표출할 경우는 반드시 이상적으로 마음챙김의 자제력을 발휘하는 경우는 드물다. 실제적으로 인간이 감정적 발화에 대응하는 방식을 크게 세 가지로 나눌 수 있다. 첫째로는 누군가의 감정적 발화에 대해 자신도 동감이든 반감이든 감정적으로 대꾸하는 것으로 이런 유형의 대응방식을 '감정맞대응형'이라고 부른다. 반면에 상대방의 감정 표출에 대해 속으로는 어떤 생각이 들지 몰라도 적어도 표면적으로는 자신의 감정을 나타내지 않고 그 감정을 유발하게 된 사안에 대해 명시적인 언급을 피하는 것으로 이를 '감정회피형'이라고 부른다. 마지막으로 누군가가 감정적인 발화를 할지라도 똑같이 감정 표출로 응수하거나 모른 척하고 그냥 넘어가지 않고 대신 상대방의 발화에 담긴 감정 토로에 대해 논리적으로 해석하거나 자신의 생각을 설명함으로써 그 감정을 드러내놓고 공론화하는 유형의 대응방식이 있는데 이런 유형을 '감정조율형'이라고 한다. 이 세 가지 다른 유형의 감정 대응방식에 대해 가장 대표적인 부정적 감정인 분노의 예를 통해 알아보자.

Spielberger, Krasner, and Solomon(1988)은 누군가가 분노를 유발하는 말이나 행위를 하였을 경우 이에 대응하는 방식을 '분노의 표출(anger-out)'과 '분노의 삭임(anger-in)' 및 '분노의 조절(anger-control)'의 세 유형으로 나누고 있는데 이는 앞에서 본 우리의 '감정맞대응형', '감정회피형', '감정조율형'의 세 유형 분류에 해당한다. 분노 유발자를 향해 자신의 분노 감정을 솔직하고도 직접적인 표현으로 분출하는 것이 '분노의 표출(anger-out)'이며, 같은 분노 감정이라도 분노를 경험하는 자기 자신 쪽으로 내밀고 함축적으로 표출하는 것이 '분노의 삭임(anger-in)'이다. Averill(1982)에 따르면 분노의 표출과 분노의 삭임은 서로 다른 방향을 향하지만 하나의 척도를 이루고 있어서 '분노의 표출'이 상대적으로 더 강하고 솔직하게 분노를 터뜨리는 것이고 '분노의 삭임'은 내면적이고 덜 자극적인 방식으로 분노를 표현하는 것이라고 한다. 그런데 보다 거시적으로 보면 방향과 정도의 차이는 있지만 '분노의 표출'과 '분노의 삭임'은 모두 감정적 영역에 속하는 표현 행위이다. Spielberger et al.(1988)은 분노 표현은 반드시 감정의 영역에서 머무는 것이 아니라 분노를 느낀 주체가 이에 대해 인과 관계를 생각하거나 더 나아가 논리적으로 해결책을 모색하는 등 분노를 조절하려는 노력도 있는데 이들은 이를 또 다른 분노 양식인 '분노의 조절(anger-control)'이라 부르고 있다. '분노의 조절'은 '분노의 표출'이나 '분노의 삭임'과는 달리 분노의 반응을 감정의 영역에서 머물지 않고 이성의 영역으로 이동시키려는 것으로 볼 수 있다.

구체적으로 분노를 표현하는 언어 행위 중에서 상대방을 직접적으로 모욕하는 행위나 저주하는 행위, 금기어를 사용하여 욕을 하는 행위, 협박하는 행위, 책망하는 행위 등은 모두 '분노의 표출' 양식에 속하는 반면, '자책하기', '개탄하기', '동정하기'처럼 상대적으로 약한 화행을 자신의 분노 표현 전략으로 사용하는 것은 '분노의 삭임' 양식에 속하는데 이 두 가지 분노 표현 양식은 감정과 이성의 영역 중 감정의 영역에 속하는 것이다. 이에 비해 '분노의 조절'은 분노의 감정에서 출발하지만 이성적으로 조절하려고 노력하면서 분노의 마음을 비감정적인, 즉 이성적인 방식으로 포장하여 표현하려는 노력으로서 '주장하기'와 '설명하기' 화행이 이에 속한다. 인터넷 등에서 흔히 볼 수 있듯이 분노 표현으로 욕설과 금기어를 퍼붓는다든지 특정 종교나 대상을 과도하게 공격하고 말꼬리잡기나 인신 공격 등 말단지엽 적인 문제로 소모적인 설전을 벌이는 감정맞대응형 대화방식이나 자신의 감정을 숨기기에 급급한 감정회피형 대화방식은 Kincaid(1979)나 이성범 (2023)의 소통 이론에 따르면 커뮤니케이션의 엔트로피(entropy)를 과도하 게 높여서 소통 참여자들 사이를 더 벌어지게 하는 발산적(divergent) 언어 행위가 된다. 반면에 공분을 표현하되 다른 사람의 공감을 얻을 수 있고 문제 해결을 지향하는 감정조율형 발화는 조직의 안정성과 예측가능성 에 기여하고 질서 있는 의견 교환을 가능하게 하는 수렴적(convergent)

언어 행위가 된다.

분노 표출의 사회심리적 유형인 세 가지 분노 표현 양식을 한국어, 영어, 일본어 세 언어별로 조사한 결과는 다음과 같다.[20] 이 표에서 각 셀의 숫자 중 첫 번째 숫자는 수집된 분노 표현의 토큰 숫자를 의미하며, 두 번째 숫자는 백분율을 의미한다(이 결과는 이성범(2016)에서 인용한 것).

〈표 13〉 분노 반응

분노 표현 양식	대응 유형	한국어	영어	일본어
분노의 표출 (anger-out)	감정맞대응	84 (49.70%)	96 (59.63%)	92 (60.53%)
분노의 삭임 (anger-in)	감정회피	55 (32.54%)	11 (6.83%)	18 (11.84%)
분노의 조절 (anger-control)	감정조율	30 (17.75%)	54 (33.54%)	42 (27.63%)

분노 표현의 세 가지 양식을 보면 분노의 표출의 비율이 가장 높았는데 언어별로는 일본어가 가장 높았고 영어, 한국어 순이었다. 한국어의 경우는 전체 분노 표현 중 분노의 표출이 49.70%로 상대적으로 낮았다. 또한 한국어는 분노의 삭임이 32.54%에 달해 일본어나 영어보다 훨씬 높게 나타났다. 이 점은 한국어와 영어를 비교한, 앞에서 본 Chon, Kim, and Ryoo(2000)의 연구 결과와 일부 일치한다. 한국어 사용자들은 분노를 속으로 삼키는 개탄하기나 동정하기, 자책하기의 비율이 32.54%로서 다른 언어 사용자들보다 월등하게 높은 반면, 영어 사용자들은 이런 분노 표현 양식의 비율이 6.83%에 머물러 매우 낮게 나타났으며 일본어의 경우는 한국어보다 영어에 더 가까운 것으로 드러났다. 마지막으로 분노를

---

20 이 조사는 한국어, 영어, 일본어의 공적 분노 표현양식을 비교, 분석한 것으로 자세한 것은 이성범(2016)을 참조할 것

이성의 영역으로 끌어들여 설명하거나 나름대로 원인을 찾고 제안을 하는 분노 표현 양식인 분노의 조절은 조사 대상 세 언어 중 영어에서 높은 비율로 나타난 반면 한국어는 가장 낮게 나타났다.

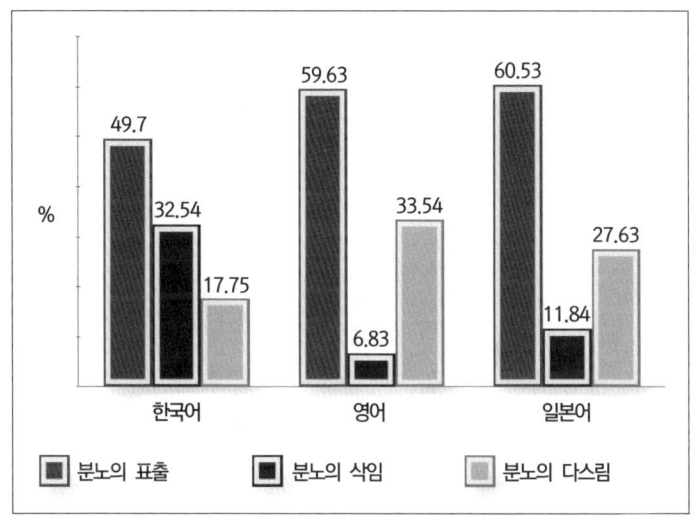

[그림 17] 언어별 분노 표현 양식

이상에서 보았듯이 분노 표현에 대한 대응 방식의 선택은 각 문화에서 유의미한 차이를 보여준다. Chon, Kim, and Ryoo(2000)의 조사에 따르면 일반적인 분노 수준은 한국인이 10점 만점에 8.1로서 미국인의 7.1보다 높다. 이들에 따르면 이 결과는 한국의 집단지향적 문화와 미국의 개인지향적 문화의 차이에서 비롯된 것으로 해석하고 있다. 그런데 이 연구는 아무런 발화 맥락을 제시하지 않고 단지 피험자들에게 "당신은 얼마나 자주 화를 내십니까?"와 같은 질문을 하고 이에 대해 10점 평정 척도로 답하게 한 것이기 때문에 구체적 발화 맥락에서의 실제 상황에서 사용되는 분노 표현 양식과는 일치하지 않을 수 있다. 그런데 세 가지 분노 표현 양식 중 '분노의 표출'은 앞에서 말한 감정맞대응형으로 Lewis(2005)의 소통의 유형론에서 다중활동적 소통(mluti-active communication)의 특성이라고 볼 수 있는 반면 '분노의 삭임'은 감정회피형으로서 반응적 (reactive) 소통의 특성이며 '분노의 조절'은 감정조율형으로서 부정적 감정에만 적용되는 '선형활동적(linear-active) 소통의 특성인데 이에 대해서는 다음 절에서 자세히 다루도록 한다.

엔트로피(entropy)

다양한 사회적 이슈에 대한 토론에서 참여자들은 때로 서로 아무런 감정의 노출 없이 자신의 생각과 의견을 교환하기도 하지만 적지 않은 경우 개인의 신념이나 사회적 정체성 때문에 곧잘 입장 차이만 확인하거나 갈등을 빚고 감정적으로 대립하기도 한다. 일반적으로 민감한 사회적 이슈는 그것이 공론화되는 과정에서 문제를 제기한 사람 외에 이해관계나 관점이 다른 여러 사람들이 참여하면서 모두가 수긍하는 해결책이나 사회적 합의에 도달하기보다는, 추가되는 온갖 정보가 많아지게 됨에 따라 처리가 더욱 복잡해지고 논의 자체가 무질서해질 가능성이 높다. 정보 자체의 질도 사실이 아닌 거짓 정보나 증거가 없는 정보일 경우에는 더욱 그러하다. 이런 상황에서의 토론은 자칫 대화의 본령에서 벗어나 감정적 다툼으로 변질되기도 하는데 그럴 경우 대화참여자들 사이에서 의견 수렴이 아닌 발산으로 치달아 포용적 소통은 더욱 어려워지게 된다.

우리는 사회적 토론의 포용성과 관련된 이런 과정을 '엔트로피 (entropy)'로 설명할 수 있다. 원래 엔트로피는 열역학에서 물질 변화의 경향성을 설명하기 위해 대두된 개념으로서 쉽게 말하자면 무질서의 정도를 가리킨다 (Clausius, 1850). 고전적인 열역학에서 엔트로피는 열에너지가 다른 형태의 에너지로 변환될 수 없는 정도를 나타내는 상태 함수이다. 즉, 엔트로피는 사용이 불가능한 에너지의 증가 정도, 또는 유효하게 사용할 수 있는 에너지의 감소 정도를 나타내는 척도라고 할 수 있는데, 중요한 점은 물질의 변화는 대부분 무효한 에너지가 증가하는 방향, 다시 말해서 무질서도가 증가하는 방향, 즉 엔트로피가 증가하는 방향으로 진행된다. 예를 들어 뜨거운 물 한 컵을 실온에 두고 별다른 조작을 가하지 않으면 시간이 지남에 따라 물은 식고 주변 공기는 아주 약간 따뜻해진다. 이 과정에서 열에너지는 물에서 공기로 전달되지만, 다시 자발적으로 공기에서 물로 돌아가지는 않는다. 이는 외부와 물질이나 에너지의 교환이 없는 고립된 계에서는 엔트로피가 증가하거나 유지되는 방향으로만 변화가 일어나는 열역학 제2법칙 때문이다. 즉, 전체 에너지는 보존되지만, 그 유용성은 감소하는 것이다. 방 안에 향수병을 열어두면 향기 분자가 방 전체에 퍼지는 현상도 엔트로피 증가의 예이다. 향기 분자는 처음에는 한 곳에 모여 있었지만, 시간이 지나면서 무질서하게 퍼져나가게 된다. 원래 열역학 제2법칙은 물질이나 에너지를 그 체계 환경과 교환할 수 없는, 고립되어 있거나 폐쇄된 체계에 대해 적용되는 원리로서 우주에서 일어나는 모든 현상은 자발적인 변화에 따른 것이므로 우주의 엔트로피는 끊임없이 증가한다고 한다. 이렇게 엔트로피가 증가하는 방향의 변화는 저절로 일어날 수 있지만 엔트로피가 감소하는 역반응은 비자발적 변화이므로 일어나기가 쉽지 않다. 향수병에서 나온 향기 분자들을 다시 다 채집해서 원래 상태대로 향수병으로 집어넣는 것은 자발적으로 일어날 수 없고 매우 어려운 일이다.

이처럼 엔트로피는 물질과 에너지의 문제를 다루는 물리학에서 시작된 개념이지만, 자연 현상 외에도 인문사회적 여러 현상들을 설명하는 데에도 유용하게 사용될 수 있다. 예를 들어 Bailey(1990)는 열역학 제2법칙에 기반을 두고 여러 사회적 행동을 평가하는 사회적 엔트로피 이론(theory of social entropy)을 제안하였다. 이 이론에 따르면 사회 시스템은 정보,

에너지, 자원 등의 흐름을 통해 유지되는데, 이러한 흐름이 막히거나 효율성이 떨어지면 시스템의 무질서도가 증가한다고 본다. 예를 들어, 조직 내 소통 부재, 의사 결정 지연, 목표 의식 상실 등은 사회적 엔트로피를 증가시키는 요인으로 작용할 수 있다. 그런데 자연계와는 달리 인간이 만든 사회 시스템은 어떤 방식으로든 재구조화와 혁신을 통해 엔트로피 증가를 억제하려고 한다. 각종 규칙이나 윤리 규범, 공유된 가치, 계층 구조 등은 사회 시스템의 질서를 유지하고 예측 가능성을 높이는 역할을 한다. 하지만 지나치게 경직된 규범이나 가치 체계와 사회 구조 등은 오히려 시스템의 적응력을 떨어뜨리고 변화에 대한 저항을 증가시켜 엔트로피를 가속화할 수 있는 문제점을 항상 내포하고 있다. 그 대표적인 예를 들면 1979년 이란에서는 친미 성향의 팔레비 왕조를 몰아내고 이슬람 원리주의에 입각한 공화국을 건설하는 이슬람혁명이 일어났다. 그 후 종교지도자 호메이니를 중심으로 이슬람 율법 샤리아에 의한 엄격한 독재 정치는 국민들의 인권과 자유를 억압하여 국가의 안정을 이루기보다는 오히려 많은 시민들의 반발과 불복종을 불러일으켰다. 그 결과 이란 사회는 계속 혼란이 그치지 않고 안정을 이루지 못하게 되었다. 사회 전체적으로 엔트로피가 크게 증가한 것이다. 칼 포퍼(Karl Popper)가 1945년에 출간한 〈열린 사회와 그 적들〉에서 전체주의에 대해 통렬한 비판을 가한 지 한 세대 만에 이란에서 그 비판이 현실화된 것이다. Popper는 개인의 자유와 비판적 사고를 존중하는 "열린 사회"를 이상적인 사회로 보는데 그가 옹호한 자유민주주의는 전체주의와 대척점에 있는 정치사상으로 한국에서 일부 유투버들이나 정치인들이 전가의 보도처럼 외치는 반공이데올로기로 이념화된 자유민주주의와는 본질적으로 다르다. 열린 사회를 위해서는 다양한 의견이 자유롭게 표출되고 비판과 토론을 통해 사회가 점진적으로 발전하는 것이 바람직하다고 보는데 사회의 발전은 급진적인 혁명을 통해서 이루어지는 것이 아니라 점진적인 개혁으로 가능하다. 그러기 위해서는 각종 사회문제를 세분화하여 각 주체들이 자주적으로 실험하고 소통하며 개선하려는 자세가 필요하다. 이런 방법은 사회적 엔트로피 증가를 최소화할 수 있는 실천 가능한 방안이다. 엔트로피가 꾸준히 증가하는 고립된 시스템과 달리 외부와 상호 작용하는 열린 시스템은 외부로부터 에너지와 정보를 유입하여 엔트로피 증가를 완전히 막을 수는 없어도 어느 정도 늦출 수 있다. 하나의 사회 시스템은 외부 환경과의 교류를 통해 새로운 아이디어, 기술, 자원 등을 받아들여 변화에 적응하고 쇠퇴를 방지할 수 있다. 또한 사회 변동은 사회 시스템의 엔트로피 수준에 영향을 미칠 수 있다. 급격한 사회 변동은 시스템의 혼란과 무질서를 증가시켜 엔트로피를 높일 수 있지만, 적절한 수준의 점진적인 개선과 변화는 시스템의 활력을 유지하고 새로운 질서를 형성하는 데 기여할 수 있다.

이와 같은 엔트로피의 변동은 소통 방식과 밀접한 관련이 있다. 어떤 조직 내에 의사소통이 부재하거나 목표 의식이 약화되어 활발한 토론이 사라졌거나, 이념이나 정치관 등의 차이로 인해 상대방을 인정하지 않고 남의 말은 듣지 않은 채 자기가 하고 싶은 말만 하는 일방통행식 소통이 심화되면 조직의 효율성이 저하되고 무질서도가 증가되어 조직 전체의 엔트로피가 커질 가능성이 높아진다. 예를 들어 누군가가 어떤 사건을 최초로 목격하고 이를 글로 정리했다고 하자. 그 글을 사회관계망 서비스(SNS) 등을 통해 불특정 다수의 사람들이 읽고 또 다른 사람들에게 그 내용을 전달하면 그 과정에서 원래 글이 그대로 전달될 수도 있지만 전달하는 사람의 생각이나 감정이 곁들여져 옮겨갈 수도 있고 원래 메시지의 일부가 삭제 또는 왜곡되어 전달될 수도 있다. 따라서 사회적 엔트로피를 줄이려면 합리적이고 포용적인 의사소통이 필요한데 시스템 내 정보 흐름을 원활하게 하여 혼란을 줄이고 발언권을 보장하며 상대를 경청하면서 조금이라도 받아들일 수 있는 부분을 찾으려 하는 유연한 자세를 갖고 사용하는 어휘나 표현을 절제하면서 토론의 질서를 유지하는 게 중요하다.

그런데 실제 대화에서 이런 유연한 자세는 항상 기대할 수 없으며 오히려 그 반대로 경직된 자세를 경험할 때가 흔하다. 예를 들어 최근에 일어난 다음 대화를 보자.

>>Brian Glenn: Why don't you wear a suit? Why don't you wear a suit. You are at the highest level in this country's office and you refuse to wear a suit. Just want to see if -- do you own a suit?
>>Volodymyr Zelensky: Yes, yes. Do you have problems?
>>Brian Glenn: A lot of Americans have problems with you not respecting this office.
>>Volodymyr Zelensky: I don't have.. I will wear costume after this war will finish.
>>Brian Glenn: OK
>>Volodymyr Zelensky: Yes, maybe. Maybe something like yours, yes. Maybe something better. I don't know. We will see. Maybe something cheaper than that. Thank you!

2025년 2월 28일 백악관을 방문한 우크라이나의 젤렌스키 대통령은 트럼프 대통령을 위시한 미국 고위 관리들과 회담에 들어가기 앞서 기자들의 질문을 받았다. 이때 Real America's Voice라는 우파 언론 매체의 백악관 특파원인 브라이언 글렌은 젤렌스키 대통령이 양복 정장을 입지 않고 전투복 차림으로 백악관에 온 것을 두고 질문이라기보다는 감정 섞인 비난을 퍼붓기 시작하였다. 글렌은 젤렌스키가 정장을 하지 않은 것은 미국을 존중하지 않는 것을 보여준다고 비판하면서 "대체 정장이 있기는 하냐?"는 다소 경멸적인 질문 아닌 질문까지 던졌다. 이에 대해 젤렌스키는 예상치 못한 모욕적인 질문에 대해 자신은 우크라이나-러시아 전쟁이 끝나면 "의상"을 입을 것이라고 말하면서 이에 그치지 않고 한 걸음 더 나아가 그런 불쾌한 말을 한 "글렌의 옷보다 더 좋지만 저렴한 옷을 입을 것 같다"고 말했다. 이때 그의 표정은 일그러져 있고 목소리는 다소 흔들리며 영어 표현도 서툴렀는데 더 이상 설전을 벌이는 대신 서둘러 감사 아닌 감사의 말을 외치면서 불편한 대화를 끝내버렸다. 이 볼썽사나운 대화는 우크라이나-러시아 전쟁을 우크라이나의 의사와는 상관없이 미국 주도로 속히 종결지으려고 하는 트럼프의 셈법에 맞서 안전 보장을 요구한 젤렌스키에 대한 미국 일부 지도층의 반감을 여실히 보여준 것이었다. 이어진 대화는 부통령 JD Vance의 젤렌스키에 대한 노골적인 공격과 트럼프의 고압적인 태도에 맞선 약소국 대통령 젤렌스키의 처절한 항변으로 결국 아무 소득 없이 파국으로 끝났다. 일부 언론에서는 우크라이나 체르노빌 원전 붕괴에 버금가는 대재앙이라고 표현할 정도였다. 엔트로피의 관점에서 위의 브라이언 글렌과 볼로디미르 젤렌스키의 대화는 서로에 대해 자신의 생각을 고수하고 아무런 마음챙김과 타협점을 찾을 생각이 없이 냉소적인 어휘를 사용하면서 말씨름만 함으로써 문제 해결을 위한 상호 수렴보다 발산의 방향으로 치달은 비포용적 대화라고 할 수 있다.

이처럼 총성 없는 전쟁이라고 불리는 적대적 외교 현장에서의 대화나 이념적으로 반목하는 정치인들 사이의 대화는 대개 수렴적이고 포용적이기보다는 그 반대 방향으로 흐를 가능성이 높다는 것이 우리의 경험 법칙이다. 하물며 수십 년을 서로 원수처럼 적대시하고 지내온 남한과 북한의 공적인 대화는 국민들의 열망과는 달리 아무런 소득 없이 평행선을 걷거나 별다른 상호 이해의 노력 없이 논쟁과 비방으로 끝나는 경우가 보통이었다. 그러나 예외적인 경우가 있었는데, 바로 2018년 4월 27일, 문재인 당시 대통령과 김정은 국무위원장은 판문점 평화의 집에서 남북정상회담을 하였다. 오랜 적대 관계에도 불구하고 이 날만큼은 남과 북이 적어도 표면상으로는 서로를 존중하고 이해하려는 노력을 보여 국내외 많은 이들에게 놀라움을 안겨 주었다. 특히 대다수 언론 보도에 따르면 문재인 대통령은 김정은 위원장의 발언을 경청하고 공감하려는 모습을 시종일관 유지하였다고 한다. 이 회담에서 김정은 국무위원장은 "우리는 과거의 잘못을 되풀이하지 않아야 합니다."라고 먼저 운을 떼었고 이에 문재인 전 대통령은 "위원장님의 말씀에 깊이 공감합니다. 우리 모두 미래를 향해 나아가야 합니다."라고 화답하였다. 이어 김정은 국무위원장이 "우리는 평화를 원합니다."라고 말하자 문재인 전 대통령은 "우리 역시 마찬가지입니다."리고 동감을 표하였다. 이밖에도 수차례 발언이 오고갔는데 예전과는 달리 가시돋힌 설전과 비방의 말은 찾아볼 수 없었다. 물론 이 회담에서 북한이 한반도에서의 적대 행위 중단과 평화 정착에 진정성을 갖고 대화에 임하였는지는 알 수 없고 바라보는 사람들마다 평가가 달라질 수 있다. 또한 이 정상회담의 결과가 역사적인 남한 대통령의 평양 방문으로 이어지기는 했으나 후속 사태 변화에서 평화 체제 정착과 실질적인 북한의 비핵화와 긴장 완화에까지는 이르지 못했다는 아쉬움을 갖게 한다. 다만 이 대화 자체만을 들여다보면 양측의 진정한 의도는 무엇인지 알 수 없어도 최소한 상대방을 존중하고 간극을 좁히려고 노력하는 모습이 보였다는 것은 부정할 수 없다. 따라서 그 결과에 상관없이 이 대화 자체만을 놓고 본다면 남과 북이 전쟁 이후 가장 유화적이고 상호 수렴적인 태도를 보인 대화로서 파국으로 치닫던 남북 관계에 비록 잠시나마 숨통을 불러일으키고 더 나아가 당시 한반도를 무겁게 짓누르던 불안정성의 완화를 기대할 수 있게 하였다. 아쉽게도 이런 분위기는 오래 가지 못한 채 북한이 다시 핵무기 개발을 가속화하면서 악화일로를 걷게 되면서 남북 관계는 예측 불허의 긴장 상태로 엔트로피가 급격히 증가하게 되었다. 앞에서 본 젤렌스키 대통령과 브라이언 글렌 기자의 상호 경멸적이고 발산적인 태도가 여실히 드러난 비포용적인 대화에 비하면 지금 살펴본 2018년 남북 정상 간의 대화는 마음챙김의 자세에서 상호 절제하고 포용적인 태도를 보인 수렴적 대화라고 할 수 있다. 그런 면에서 이 대화는 단기간일지라도 엔트로피를 감소시킨 건설적인 대화로 평가할 만하다. 반대로 2020년 베트남 하노이에서 있었던 트럼프 미국 대통령과 김정은 위원장 사이의 회담은 두 사람 시종일관 자신들의 입장만을 고수하고 상대방의 일방적 양보를 촉구하는 바람에 아무런 성과 없이 무위로 끝나고 말았다. 이 회담에서 트럼프나 김정은 모두 문제 해결을 위한 적극적인 자세는 결여된 채 평행선을 걷다가 결과적으로 단지 두 정상이 만났다는 데에 의의를 찾아야 했다.

비단 정상급 대화뿐 아니라 일상생활에도 엔트로피의 개념은 적용될 수 있다. 비유적으로 말하자면, 깨끗하게 정돈된 방은 엔트로피가 낮은 상태라고 할 수 있는데 그런 방도 며칠 동안 계속 청소를 하지 않고 방치해 두면 점점 먼지도 쌓이고 사람들이 들락날락하면 더러워지게 되어 무질서도가 높아지면서 엔트로피가 올라간다. 이렇게 한번 엔트로피가 올라가면 이는 저절로 또는 우연히 내려갈 수 없다. 또한 한번 깨끗한 방을 어지럽히는 것은 비교적 쉽지만, 어지러워진 방을 치우고 정리하여 원상태로 되돌리는 것은 상당한 노력이 필요하다. 마찬가지로 사회직 소통의 예민한 사회적 이슈들은 스스로 해결될 수 없고 그냥 방치해 둘 경우 엔트로피는 증가하게 된다. 사회적 소통에서 엔트로피가 높아진다는 것은 소통참여자들 사이에서 컨센서스(consensus)가 낮아지거나 메시지와 의도가 왜곡되고, 합의(agreement)와 상호 이해(mutual understanding)가 부족한 상태로의 변화를 뜻한다. 높은 엔트로피는 사회적 소통의 불안정성을 야기하고 불통과 사회적 갈등을 증폭시킬 수 있다. 다만 사회적 소통은 자연계의 물질 변화와는 달리 엔트로피가 감소하는 방향으로의 변동 가능성이 충분히 있다. 즉 대화에 참여하는 사람들의 태도에 따라 그 사회적 소통은 엔트로피가 증가할 수도 있고 감소할 수도 있다. 엔트로피가 증가하는 소통은 발산성(divergence)이 높은 소통이고 엔트로피가 감소하는 소통은 수렴성(convergence)이 높은 소통이다.

Bailey 이후 사회적 엔트로피 개념을 수량화하고 계측하려는 시도가 이어져왔다. 예를 들어, 정보 이론을 활용하여 사회 시스템 내의 정보 흐름과 무질서도를 측정하는 방법을 만들려고 하거나 사회 네트워크 분석을 통해 사회 시스템의 구조적 특징과 엔트로피 간의 관계를 연구하기도 한다. 그러나 사회적 엔트로피는 물리학의 엔트로피 개념을 사회 현상에 비유적으로 적용한 것이므로, 두 개념을 엄격하게 동일시할 수는 없다. 사회적 엔트로피를 계산하는 것은 매우 복잡한 문제이며, 아직까지 완벽한 측정 방법은 존재하지 않는다. 그렇지만 대화에서 엔트로피는 대화참여자들의 수렴적 태도 또는 발산적 태도 여부에 따른 포용성을 고려하여 계산할 수 있다. 먼저 사회적 소통에서 엔트로피의 변화는 대화참여자들의 태도에 따라 여러 가능한 조합 가능성이 있다. 일단 대화참여자 두 사람 S1, S2는 각자 상대방에 대해 수렴적인 자세를 갖고 대화에 임할 수도 있고, 반대로 발산적인 자세를 갖고 대화에 임할 수 있다. 또한 수렴적이지도 않고 발산적이지도 않은 중립적인 태도를 보일 수 있다. 그 결과 S1과 S2의 선택에 따라 다음 표처럼 9가지 경우의 수가 발생한다. (표에서 C, N, D는 대화에 임하는 참여자들의 태도를 가리키는 것으로 C는 '수렴적(Convergent)', N은 '중립적(Neutral)', D는 '발산적(Divergent)'인 태도를 말한다.)

〈표 14〉 소통 수렴성과 엔트로피

S1의 태도	S2의 태도	entropy	소통 수렴성
C	C	큰 감소	강한 수렴적 소통
C	N	감소	중간 수렴적 소통
C	D	작은 감소	약한 수렴적 소통
N	C	감소	중간 수렴적 소통
N	N	작은 증가	약한 발산적 소통
N	D	증가	중간 발산적 소통
D	C	작은 감소	약한 수렴적 소통
D	N	증가	중간 발산적 소통
D	D	큰 증가	강한 발산적 소통

S1의 태도와 S2의 태도의 조합을 $\langle A(S1), A(S2) \rangle$라고 표시하도록 하자. 이때 $A(S1)$은 S1이 취할 수 있는 상대방과의 소통에 대한 태도인 수렴적 태도(C) 또는 중립적 태도(N) 또는 발산적 태도(D) 중의 하나를 가리키고, $A(S2)$ 역시 {C, N, D} 원소 중 하나라고 하면, 대화의 결과로 엔트로피가 증가되는 경우는 4가지 순서쌍의 조합($\langle N, N \rangle$, $\langle N, D \rangle$, $\langle D, N \rangle$, $\langle D, D \rangle$)인 반면 감소가 되는 경우가 5가지 순서쌍의 조합($\langle C, C \rangle$, $\langle C, N \rangle$, $\langle C, D \rangle$, $\langle N, C \rangle$, $\langle D, C \rangle$)으로, 이론상 대칭적이지 않고 감소가 되는 경우가 하나 더 많다. 이 점은 대화참여자 중 한 사람만이라도 수렴적인 태도 C를 보였다면 상대방의 태도와 무관하게 그 대화는 수렴적인 소통으로 향할 수 있다는 것을 시사한다. 물론 가장 수렴적인 소통이 될 가능성이 높은 조합은 S1과 S2 모두 수렴적인 자세로 대화에 임하는 경우로서 그럴 경우 이 대화로 얻어지는 엔트로피는 다른 조합에 비해 대화 시작 전보다 대폭 낮아질 것이다. 반대로 두 사람 모두 상대를 인정하지 않거나 제압하려는 의도를 가진 발산적인 태도로 대화에 참여하여 그런 태도를 유지했다면 그 결과는 강한 발산적 소통이 되어 문제의 해결과는 정반대로 무질서와 혼란이 심화된 상태가 되어 엔트로피는 대화 전보다 대폭 증가할 것이다. 앞서 본 백악관에서의 젤렌스키와 글렌 기자 사이의 대화는 이런 경우에 속한다. 재미있는 사실은 S1과 S2 둘 다 상대방과의 수렴이나 발산에는 관심이 없고 중립적인 태도로 대화에 임할 경우 아무 일도 일어나지 않는다고 생각할 수 있겠지만, 인위적 조작이 없는 자연 상태에서 시간의 흐름은 엔트로피를 높이는 방향으로 나아가는 것처럼, 사회적 대화에서도 두 사람이 중립적인 태도로 수렴이나 발산을 위한 아무런 노력을 기울이지 않을 경우에는 그 결과 대화 자체의 효력이 없음을 인식하게 되고 상호 간의 입장 차이만을 확인하여 엔트로피는 소폭 증가한다고 보아야 한다. 앞서 본 2020년 하노이에서 트럼프-김정은 회담은 서로 특별한 제안 없이 중립적인(N) 자세를 견지하다 결국 아무런 성과를 내지 못한

채 끝난 약한 발산적 소통의 예로서 그 결과 엔트로피는 소폭 증가한 것으로 보인다. 결론적으로, 일단 대화가 시작되었다는 것만으로 엔트로피는 저절로 내려가지는 않으며, 중요한 점은 효과적인 소통을 위해서는 대화 참여자들 사이에서 문제 해결을 위한 진지한 노력이 필요하다는 것이다.

대화참여자 모두 수렴적인 태도로 대화에 임할 때에는 엔트로피가 상대적으로 크게 감소하고, 둘 다 발산적인 때는 엔트로피가 크게 증가한다. 그런데 어느 한 쪽은 수렴적이지만 다른 한 쪽이 발산적일 경우는 엔트로피가 상대적으로 작게 감소하는데 그 이유는 점은 대화에서 어느 한 쪽이라도 다른 사람의 태도에 관계없이 그를 포용하려고 하는 자세를 유지한다면 종합적으로 엔트로피는 내려갈 수 있다는 것이다. 비유적으로 말해 불과 물이 만나면 아무 변화 없이 무승부로 끝나는 것이 아니라 비록 소량일지라도 물이 불을 만나게 되면 불은 어느 정도 위세가 줄어들게 되는 것과 흡사한 이치이다. 반면에 둘 다 중립적인 자세로 대화를 한다면 엔트로피는 작게 증가하는데 이는 대화를 시작할 때의 기댓값에 미치지 못하는 방향으로 흘러가기 때문이다.

앞에 제시된 표에서는 대화참여자가 S1, S2 둘일 경우로만 표시했는데 엔트로피는 두 사람 사이의 대화에서만 적용되는 것이 아니라 대화 참여자가 셋 또는 그 이상 여러 명일 때에도 측정이 가능하다. 그러한 예로 다음은 "Feeling behind by age?"란 제목의 유튜브 게시물에 대해 복수의 시청자들이 자신들이 생각하는 점을 올린 것이다 (https://www.youtube.com/watch?v=xbQz_9xFFGU).

>>aliciamartinez8793: Now at 74 I find myself more aware of the beauty of nature, I love listening to at the birds in my backyard and I am grateful that I am not rushing to go to work taking my time to enjoy my coffee in the morning etc.

>>jamesdeluca6657: I felt that way since I was born, its a blessing.

>>Peekaboo-Kitty: Being more aware is because your Brain matures. Older brains tend to show increased connectivity between different Brain networks, suggesting that while individual connections might weaken with age, the overall network integration is stronger in older adults, potentially contributing to better ability to draw connections and see patterns across information.

>>JosephineNuttall: Yes you are so right. We see things differently as we age and believe it or not time slows down to allow us to see the miracles that we once took for granted. The sun shining for the first time after a long cold dark winter feels that much warmer when we just stop and breathe. At 78 I too feel so blessed to still feel the beautiful world we live in.

>>chrisweidner4768: This I've made a big part of my, now 66 years old, life. The joy of watching birds/squirrels enjoying the water I bring them in various locations, etc.

여기서 다섯 명의 대화참여자들은 게시물에 나온 인생의 의미에 대해 설파하는 선승의 가르침에 공감하면서 노화에 대해 자신이 느끼는 점을 서로서로 진솔하게 나누고 있다. 이러한 대화참여자들의 상호포용적, 수렴적 태도는 이 주제와 관련된 부분에서 엔트로피의 상당한 감소를 가져올 수 있다.

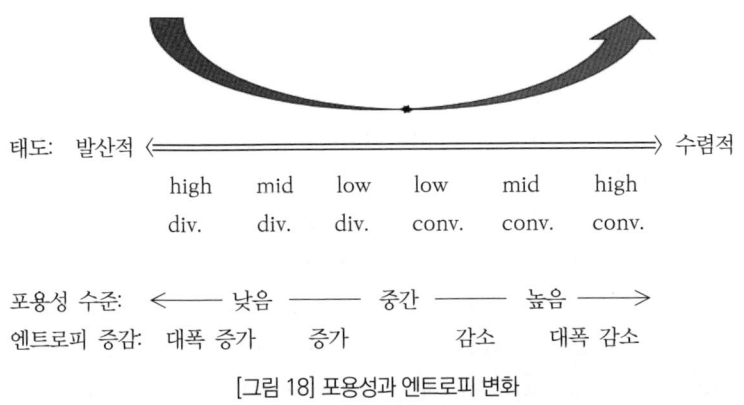

태도: 발산적 <====================> 수렴적

high	mid	low	low	mid	high
div.	div.	div.	conv.	conv.	conv.

포용성 수준: ←── 낮음 ──── 중간 ──── 높음 ──→
엔트로피 증감: 대폭 증가   증가   감소   대폭 감소

[그림 18] 포용성과 엔트로피 변화

앞에서 본 젤렌스키와 글렌의 대화는 포용성 수준이 매우 낮은 발산적 대화의 예라고 한다면 2018년 판문점 남북 정상 대화는 비교적 포용성 수준이 높은 수렴적 대화라고 볼 수 있다. 엔트로피의 증감 여부는 포용성 수준에 의해 결정되는데 위 그림 척도에서 왼쪽의 발산적인 상황에서 점차 오른쪽으로 옮겨가면서 포용성 수준이 증가하며 가장 오른쪽으로 나아갈수록 수렴적 대화가 이루어져 엔트로피가 대폭 감소하는 것을 볼 수 있다. 이상에서 보듯 Bailey의 사회적 엔트로피 이론은 감정 소통을 포함한 사회 현상을 이해하는 데 유용한 틀을 제공하며, 사회 시스템의 유지 및 발전을 위한 전략 수립에 시사점을 제공한다. 물론 사회 시스템은 물리적 시스템보다 훨씬 복잡하고 다양한 변수가 작용하기 때문에 고전적 엔트로피 개념을 그대로 적용하는 데에는 한계가 있다. 다만 이성범(2023)에서도 지적하듯 사회적 소통 역시 얼마든지 지수 체계(index system)로서 수치화된 계량적 분석이 가능하며 일종의 역학 관계로 접근할 수 있는 성격을 띠고 있기 때문에 엔트로피 개념을 충분히 적용할 수 있다.

요약하면 자연 상태에서 엔트로피는 증가하는 방향으로 나아가지만 인간의 언어적 소통은 엔트로피의 증가 속도를 낮추거나 더 나아가 줄이는 방법을 모색할 수 있다. 그런 대표적인 방법이 소통의 수렴성을 높이려는 지적, 정서적, 실천적 노력인데 세대 간 소통이라든지 양성 간 소통 등 여러 유형의 사회적 소통의 성패는 소통의 이성적 측면인 적절성과 감성 적 측면인 포용성, 의지적 측면인 언어적합성이라는 세 가지 핵심 요소들 에 의해 결정된다. 엔트로피는 대화의 수렴성/발산성, 즉 대화참여자 사이 의 마음챙김 및 정서적 공감과 관련된 것으로 언어 소통의 파토스(pathos) 적 측면인 포용성을 보여준다. 대부분의 현대 사회에서의 사회적 난제들 은 저절로 해결될 수 없으며 적어도 그 구성원들이 민주사회를 지향한다 면 깨어있고 포용적이며 질서를 존중하는 다수의 노력에 의해서만 그 해 결 방향이 결정된다. 지난 대선에서 일부 정치인이 득표 전략으로 이른바 세대 간 갈라치기나 남녀 간 갈라치기를 공공연히 운위하며 발산적 태도 를 보인 것은 국민 통합에 전혀 도움이 되지 않고 오히려 사회적 소통의 엔트로피만 과도하게 높인 결과가 되었다는 점에서 앞으로는 결코 반복되 어서는 안 된다. 엔트로피에 대한 소통참여자들의 인식과 조절가능성 및 실천은 이른바 소통 능력(communicative competence)의 중요한 부분 으로 문법이나 어휘, 발음 등에서의 유창성을 말하는 언어적 능력 (linguistic competence)에 못지않게 필수적인 능력이다. 앞으로 사회가 요구하는 인재는 무엇보다 타인의 감정을 잘 헤아리고 포용하려는 자세로 대화에 임하는 소통 능력이 뛰어난 사람일 것이며 가정이나 학교에서의 교육은 이런 소통 능력을 계발하는 데 초점을 맞추어야 한다.

집단의 가치

가정이나 학교와 같은 작은 집단부터 사회나 국가, 인종, 문화 등의 거대 집단에 이르기까지 각 차원의 집단에서는 제 각기 추구하는 가치가 다를 수 있는데 어떤 집단은 단결이나 통일(unity)을 강조하는 반면 다양성(diversity)의 가치를 높게 평가하는 사회도 있다. 이른바 가훈이라고 해서 각 가정마다 중요하게 생각하는 가치를 내걸고 이를 따르도록 교육하기도 하며 어떤 종교에서는 사랑이 최고의 가치로서 원수마저 사랑하라고 가르치고 또 예와 인, 지혜 등도 사람이라면 추구해야 할 미덕으로 강조된다. 한국에서는 흔히 돌잡이라고 하여 아기가 태어나 첫 돌을 맞으면 앞으로의 삶에서 어떤 것에 행운이 따를지를 점치기도 한다. 과거에는 실이나 국수처럼 긴 물체를 빠짐없이 돌잡이상에 올려놓고 만약 아기가 이런 것을 잡으면 장수할 것이라고 다들 기뻐하고 축하하기도 했다. 그러나 이제 장수는 기본으로 생각하는 백세 시대가 됨에 따라 실이나 국수의 가치는 예전만 못하고 부모들도 자기 자식에게 그런 가치를 최고로 생각하지는 않는 경향이 있다. 겉으로는 건강이 최고라고 하지만 실제로는 물질적인 풍요로움을 외면할 수 없도록 세태가 바뀌면서 과거에는 점잖은 양반집의 돌잡이상에 별로 놓지 않았던 지폐를 많이 올려놓고 아무것도 모르는 아기로 하여금 이것을 잡도록 주위사람들이 유도하기까지 하는 경우가 있는데 그만큼 돈이 상징하는 재물과 부의 가치가 가장 높은 순위를 차지하게 된 것이다.

이처럼 가치는 한 문화나 사회에서조차 고정된 것이 아니라 변화 가능한 것인데 과거에는 상상조차 할 수 없던 마이크가 이제는 돌잡이상에 필수 아이템으로 올라가 있는 것은 마이크가 상징하는 연예인의 사회적 위상 상승에 따른 가치관의 변화를 반영하는 단적인 예라고 할 수 있다. 국가적인 차원에서도 가치는 다르게 평가되거나 선택될 수 있다. 누구는 자유민주주의가 최고의 가치라고 주장하기도 하고 또 누구는 공정과 평등이 중요하다고 외친다. 어떤 이는 평화와 정의가 타협할 수 없는 최고의 가치로 생각할 수 있다. 보다 구체적으로 한국의 어느 세대는 남북통일의 필요성에 대해 물을 필요도 없이 당연하다고 답하는 반면, 또 어느 세대는 남북통일의 필요성을 실감하지 못하며 만약 남북통일에 막대한 비용이 수반된다면 재고할 필요가 있다는 미온적인 반응을 보이기도 한다. 이처럼 한 사회나 국가에서의 가치는 우선순위가 다를 수 있으며 더 나아가 문화가 다른 집단들 사이에서는 종종 대립되는 가치 추구로 인한 불통과 갈등의 가능성이 상존한다.

가치의 구조

가치는 전통적으로 사회학이나 심리학, 인류학 등에서 인간의 행동과 사회적 조직 및 사회 변화 등을 설명할 때 중요한 개념으로 사용되고 있다 (예를 들어 Durkheim, 1897/1964; Weber, 1905/1958 등). 그러나 가치의 개념 및 여러 가치들의 구조와 관계, 가치를 측정하는 신뢰할 만한 방법 등에 대해서는 연구자들 사이에 이렇다 할 합의가 없이 연구가 진행되어 온 것도 사실이다 (Hitlin & Piliavin, 2004; Rohan, 2000). 단, 예외적으로 각 문화에서 가치들을 계량적으로 측정하기 위해 Schwartz(1992)는 세계 82개 나라에서 Schwartz Value Survey(줄여서 SVS)와 Portrait Values Questionnaire(줄여서 PVQ)의 방법으로 조사하고 그 결과를 보여주고 있다. 대체적으로 문화마다 존중하는 가치에서 차이가 있지만 대부분의 사회 집단에서의 평균적인 가치 우선순위는 유사한 서열적 순서를 보여주고 있다. 우선 Schwartz(1992)는 사람들의 공통된 경험이 그들의 가치 우선순위에 어떤 식으로 영향을 주는지, 그리고 개인만이 갖는 경험이 어떻게 가치의 우선순위에 영향을 주는지에 대해 탐구하였다. 또한 개인의 가치 우선순위가 그들의 행동 성향과 선택에 영향을 주는지의 문제와 가치 우선순위에서 문화 간 혹은 국가 간의 차이가 있는지 그리고 그것의 원인과 결과는 무엇인지에 대해 조사하였다. 이런 질문에 답하기 전에 우선 해결해야 할 다음과 같은 기본적인 문제가 있다. 첫 번째는 가치 내용과 관련된 것으로, 인간 가치의 실질적인 내용이 무엇인지 확인해야 한다는 것이다. 두 번째는 포괄성(comprehensiveness)과 관련된 것으로, 가치 유형의 포괄적인 집합을 확인한 적이 있었는지의 문제이다. 세 번째는 의미가 같은지에 관한 것으로, 가치가 사회를 구성하는 다양한 그룹에서도 일정하게 같거나 유사한 의미를 갖는지의 문제이다. 네 번째는 가치 구조와 관련된 것으로, 가치 구조가 존재하는지 그리고 그것이 일반적인지의 문제인데 이에 대해 하나씩 살펴보기로 하자.

Schwartz의 가치 목록

가치의 문제에 대한 초기 연구로서 Schwartz & Bilsky(1990)는 가치 내용을 생물학적 요구, 조직화된 사회적 상호작용의 필요조건, 집단의 생존과 복지 요구 등 인간 존재의 보편적 필요로 분류하였다. 그리고 이로부터 친사회적(prosocial), 제한적 순응(restrictive conformity), 향유(enjoyment), 성취(achievement), 성숙함(maturity), 자기주도(self-direction), 안전(security), 권력(power)이라는 여덟 개의 가치를 기본적인 가치로 제안하였다. 이후 Schwartz(1992)는 20개국의 40개 표본을 바탕으로 이 제안을 확대, 수정하면서 보편적인 가치의 구조들을 재정립하려고 시도하였다.

이처럼 다양한 가치들을 구분하는 내용적 측면은 Schwartz(1992)의 이론에 따르면 그것들이 나타내는 동기부여적(motivational) 목표 유형이다. 즉 가치의 내용은 1)생물학적 요구, 2)조직화된 사회적 상호작용의 필요 조건, 3)집단의 생존과 행복 요구 등 인간 존재의 보편적 세 가지 요구사항으로 분류되며 그의 10개 가치 유형은 이 세 가지의 보편적 요구사항으로부터 나온 것으로, 자기주도(self-direction), 자극(stimulation),

쾌락주의(hedonism), 성취(achievement), 권력(power), 안전(security), 순응(conformity), 전통(tradition), 박애심(benevolence), 보편주의(universalism)가 그것이다.

첫째로, 자기주도(self-direction)란 독립적 사고와 행동에 관한 가치이다. 사람들은 어떤 생각이나 일을 하는 데 있어서 타인의 명령에 의해 수동적으로 하기보다는 자기 스스로 주체적인 입장에서 설계하고 실행하려는 것에 더 의미를 부여한다. 유한양행 창업주인 유일한 회장은 세상을 떠나기 전 가족들이나 사원들에게 "스스로 길을 개척하라"는 말을 자주 하였다고 하는데 국내 제약업계의 초창기 개척자다운 말이라고 할 수 있다. 유사한 예로 미국의 빌 게이츠 회장은 자녀들에게 "철저하게 자립하라"는 말을 하곤 했다는데 이 역시 자기주도의 가치를 강조한 것이다. 자기주도라는 가치 유형에 속한 가치 항목으로는 자존감, 프라이버시, 자유, 창의성 등을 들 수 있다.

두 번째는 자극(stimulation)으로, 이는 인간이 최적의 수준에서 활성화를 유지하기 위해 필요로 하는 다양성과 생리적, 심리적, 사회적, 물리적 자극을 의미한다. 사람은 대체로 나이가 들수록 환경이 바뀌는 것에 적응하기 어려워지고 변화가 어렵게 느껴지며 새로운 자극을 기피하는 경향이 있다. 그러나 고인 물은 썩기 마련인 것처럼 어느 시대, 어느 사회를 막론하고 발전의 원동력으로서 건전한 자극은 필수적이다. 자극은 사람을 흥분하게 만들고 도전정신을 고취시키며 무미건조함에서 벗어나 재미있고 호기심을 충족되는 삶을 지향하게 한다. 자극은 예측불가능성으로 인한 위험의 가능성을 내재하고 있지만 모험심과 개척정신의 모태가 되고 또 다른 가치인 성취와 긴밀히 연결된다. 역사적으로 고구려를 건국한 동명성왕이나 발명왕 에디슨, 최초의 우주인인 가가린 등을 위인으로 칭하는 것은 자극이라는 가치의 중요성 때문이다.

Schwartz(1992, 2012) 이론에서 또 다른 기본적 가치인 쾌락주의

(hedonism)는 인간의 만족과 관련된 요구에 주목하는 것으로서 즐거움 (pleasure)은 늘리고 고통(pain)은 줄이려고 하는 생각이다. 고대 수메르 의 서사시인 길가메시(Gilgamesh)에서는 "너의 배를 채우라. 밤낮으로 즐거라. 하루가 기쁨으로 가득하도록 하라. 춤추고 노래하라. 이런 것들이 사람이 걱정해야만 하는 것이다"라고 하면서 쾌락주의를 옹호하고 있고, 그리스의 사상가 데모크리투스(Democritus)도 삶의 최고의 목표는 만족 (contentment)에 있다고 하면서 기쁨은 좋은 것이고 슬픔은 해로운 것이 라고 말한 바 있다. 이후 쾌락주의는 철학의 주요 이론 중 하나로서, 세부 적인 내용에서는 차이들이 있지만 일반적으로 철학적 쾌락주의자들은 인 간 행동은 고통을 피하고 행복감을 확대하기 위한 동기에서 비롯된다고 보고 있는데, 이는 자칫 무절제하고 무책임하며 감각적인 쾌락주의나 이 기적이고 방탕한 삶을 추구하는 세속적 쾌락주의(folk hedonism)와는 거리가 있다. 최근에는 복지국가의 개념이 보편화되면서 많은 정치인들이 '행복'이라는 말을 많이 구사하고, 임금은 다소 적더라도 여가를 즐길 수 있는 직장을 선호하며, 일과 생활의 균형을 뜻하는 워라밸이나 어차피 인생은 한 번뿐이라는 YOLO와 같은 말이 널리 쓰이고 있다. 또한 텔레비 전 등에 먹방이나 여행과 같은 즐거움을 추구하는 프로그램으로 도배되다 시피 하는 것은 모두 이런 쾌락주의적 가치관을 반영한다.

네 번째 가치는 성취(achievement)로서 자신의 잠재 능력을 입증하 는 개인적인 성공과 업적을 의미한다. 물론 성공이란 다분히 주관적인 것이지만 사회적 기준도 엄연히 존재한다. McClelland(1961)는 사람의 중요한 세 가지 욕구(need)로 권력(power)과 교제(affiliation)와 성취 (achievement)를 들고 있는데 그 중 성취욕은 어떤 목표를 달성하고자 하는 욕망을 말한다. 그런데 성취욕은 개인적 수준에서 뿐 아니라 집단 적 수준에서도 볼 수 있는데 McClelland는 장기간의 조사를 통해 성취 에 대한 동기부여가 높은 조직일수록 발전이 빨랐음을 확인했다. 각자의 성취욕은 그가 처한 환경과의 상호작용에서 결정적인 영향을 받을 수 있는데 학교 교육은 학생들로 하여금 현실적으로 달성 가능한 목표를 설정하고 최선의 노력을 다할 수 있는 환경을 북돋아 주는 방식으로 성취동기를 높이는 것이 중요하다. 또한 회사나 국가는 공동의 목표에 대한 자발적인 합의를 바탕으로 이에 도달하기 위한 구성원들의 성취욕구를 결집해서 발전의 동력으로 삼아야 한다. 이 점은 교육자와 지도자들의 역할로서 이들은 적절한 과업과 이를 달성할 시 받게 될 정당한 보상을 제시하고 가능한 위험을 피할 수 있는 최선의 방법을 알려주어 성취가능성에 대한 자신감을 갖게 해야 한다. 이 과정은 모든 사회구성원들 사이의 원활한 소통에 기반을 두는 것으로 소통이 잘 되는 집단이나 국가일수록 동기부여가 명확하여 성취도가 높아질 가능성이 높다.

Schwartz 가치 체계이론에서 다섯 번째 가치인 권력(power)은 사회적 지위와 명성, 사람과 자원에 대한 통제 또는 지배를 의미한다. McClelland의 세 가지 욕구 중 하나인 권력욕구(need for power)는 타인에게 영향력을 행사하고 정보나 자원들을 포함한 환경을 통제하려는 욕구를 말한다. 권력에는 개인적인 이익을 중시하고 타인들이 자신에게 충성하기를 원하는 성향의 개인중심적 권력과 개인적인 차원이 아닌 조직의 차원에서 공동의 목표 달성을 위해 영향력과 통제력을 행사하는 사회중심적 권력이 있다. 다만 현대사회는 권력은 조직구성원들의 합의에 의해 지도적 위치에 있는 사람에게 위임되는 것이고 권력을 가진 만큼 그에 따른 책임도 수반하도록 각종 법적, 사회적 장치들을 마련했지만 종종 권력에 따른 책임을 망각하는 경우가 발생하기도 한다. 적절한 견제 장치가 없는 권력은 브레이크가 고장이 난 자동차처럼 위험천만한 것이다. 15세기 르네상스를 꽃피운 이태리 피렌체의 로렌조 메디치는 "권력을 얻으려면 돈을, 돈을 지키기 위해서는 권력을(Money to get the power, Power to get the money)"이라고 말했다는데 Schwartz는 권력을 궁극적 가치로 분류

했지만 로렌조 메디치의 말은 권력 자체가 때로는 다른 가치를 얻기 위한 수단이 된다는 점을 표현한 것으로 도구적 가치로서 권력의 속성을 보여주는 말이다. 앞서 본 가치인 성취는 권력처럼 사회적 인정과 존경에 초점을 맞춘 것으로 성취는 구체적인 상호작용에서의 활동적인 능력 입증을 강조하는 반면, 권력은 더 보편적인 사회 체계 속에서 지배적인 위치를 유지하는 것을 강조한다.

여섯 번째 가치인 안전(security)은 자아 및 자신과 동일시하는 사람들과 사회 전체의 확실성과 조화, 안정성에 관한 것이다. 안전은 물리적, 신체적 무사함(safety)을 뛰어넘어 존재의 자립과 정체성을 보호하고 질서를 유지하는 기본적인 가치로서 "안전 제일"이란 단지 건설공사장에서만 통용되는 모토가 아니라는 것은 국제기구인 UN에서도 안전보장이사회(Security Council)가 실질적으로 가장 핵심적인 역할을 하는 조직이라는 것으로 보아도 알 수 있다.

Schwartz의 가치 이론에서 일곱 번째 가치는 순응(conformity)으로서 타인을 혼란스럽게 하거나 해치며 사회적 기대나 규범을 어길 수 있는 행동, 성향, 충동을 자제하는 것이다. 부모나 연장자들을 공경하는 것과 권위에 대해 순종하는 것 등도 이에 포함된다. 일본인들은 어려서부터 남에게 폐를 끼치는 이른바 '메이와쿠(迷惑)'를 경계하라는 말을 들으며 자라나는데 이를 어길 경우 이지메와 같은 집단 따돌림을 당할 수 있다. 그 결과 타인에 대해 직설적인 언사를 자제하고 속마음을 쉽게 드러내지 않는 문화를 형성하고 있다. 또한 일본어의 '와(和)'는 타인과 화합하고 '이치닌마에(一人前)'라 불리는 책임의식으로 각자가 맡은 바를 성실히 완수하여 상호 원만한 관계를 이루고 조화로운 사회를 추구하는 정신을 강조한다. '와'는 일본 최초의 성문법이라고 하는 쇼토쿠태자의 '헌법17조'에서 제일 먼저 강조한 것으로 〈일본서기〉에는 "以和爲貴、無忤爲宗。人皆有黨。亦少達者。以是、或不順君父。乍違于隣里。然上和下

睦、詣於論事、則事理自通。何事不成。(화(和)를 귀한 것으로 삼고, 거슬림이 없음을 종(宗)으로 할지니. 사람이면 다 그 무리가 있다. 또한 어떤 분야에 특출난 자도 적다. 이 때문에 혹은 임금과 아버지에게 불순하고, 이웃 간의 도리를 어긴다. 하지만 위로는 화하고 아래로는 목하여 일을 논하는 데에 이르면 사리는 스스로 통하리니 무슨 일인들 이루지 못하랴)"고 나와 있다. 이처럼 화는 일본의 가장 중요한 덕목이 되어 일본 문화의 상징처럼 되었기 때문에 和食, 和服, 和紙, 和式처럼 일본을 대신하는 접두사로도 쓰이게 될 정도이다.

조화의 개념과 관련하여 바둑은 스포츠인지 아닌지의 논란이 있어 왔다. 그러나 체스나 브릿지처럼 관중들 앞에서 정해진 규칙에 의해 승부를 겨루는 정신적 활동이라는 점에서 2002년 대한체육회는 바둑을 스포츠로 인정하였고 2008년부터는 월드마인드스포츠게임의 한 종목이 되었으며 2010년 광저우 아시안 게임의 정식 종목으로 채택되어 각 나라를 대표하는 선수들이 메달을 걸고 경쟁한다. 그럼에도 중국에서 태어나 14세에 일본으로 와 평생 일본기원에서 활약한 현대바둑의 기성이라 불리는 우칭위안은 바둑은 싸움이나 승부가 아니라 조화라고 단언한다. 그는 2014년 100세를 앞두고 동아일보와의 인터뷰에서 "바둑은 (여전히) 조화라고 생각한다... 바둑은 세계 평화에 도움이 되기 때문에 모두 사이좋게 즐겼으면 좋겠다"고 말한 바 있다. 반면에 한국이 배출한 또 다른 일본기원 소속의 세계적인 기사인 조치훈은 1981년 자서전의 제목처럼 "목숨을 걸고 (바둑을) 둔다"고 할 정도로 철저한 승부사의 면모를 보여주었다. 같은 바둑을 두고도 두 사람의 의미 부여가 다른 것은 아마도 상이한 가치관에서 비롯된 것으로 생각된다. 영어에서 스포츠 경기를 하는 것은 play라는 동사로 표시하는데 이는 그 경기가 본질적으로 노는 것이라는 뜻을 갖고 있다. 그런데 스포츠 경기도 승부에 집착하는 등 종종 과열되면 노는 것이 아니라 싸우는 것으로 변질되는데 한국에서 스포츠 응원구호로 정착된 "화이팅(fighting)"은 아무리 운동 경기라고 하더라도 단순히 참여에 의의가 있는 것이 아니라 승리를 지상 목표로 생각하는 투쟁심의 발로라고 할 수 있다.

Schwartz의 가치 체계에서 여덟 번째 가치는 전통(tradition)으로, 이는 시간적으로 내려오는 관례와 풍습에 대한 존중과 준수를 나타낸다. 어느 곳에 있는 집단이든 공유된 경험과 운명을 나타내는 상징과 관례를 만드는데 관습으로서 전통은 이에 관한 것이다. 전통은 정신적인 것과 물질적인 것을 모두 포함하는데 예를 들어 유럽의 여러 나라에는 아직도 중세 때의 모습이 그대로 남아 있는 곳이 많지만 한국은 박물관에나 가야 알 수 있을 정도로 전통에 대한 가치 의식이 낮다. 한국에서는 유네스코에서 지정한 문화유산 앞에 고층 아파트를 짓는 일이 가능한 몇 안 되는 국가일 것이다. 다른 선진국에 비해 근대화 과정이 압축되어 일어난 까닭에 전통과의 단절이 비일비재하고 전통적 가치의 큰 축이 되어 왔던 유교적 윤리와 도덕은 케케묵은 것으로 치부되고 지도적 사상으로서의 권위를 상실하면서 자본주의 등이 그 자리를 대치하고 있다. 한국은 홍익인간과 같은 고유한 이념을 계승, 발전시키지 못하고 외래적 사상이 항상 지배적 이념이 된다는 것은 생각해 볼 문제이다. 은근과 끈기가 한때 한국인의 성향을 보여주는 키워드처럼 생각되던 때도 있었지만 거의 모든 영역에서 일분일초를 다투는 초스피드화 시대에 맞지 않는 가치가 되고 있다. 그러나 기술의 발전에 따라 일상생활에서 변화의 속도가 엄청나게 가속화되면서 지나친 과속 발전에 대한 반작용으로 '슬로 라이프(slow life)', 슬로우 시티(slow city)'란 개념과 운동이 생겨나고 맥도날드(McDonald's)로 상징되는 '패스트 푸드(fast food)'에 대항하는 '슬로우 푸드(slow food)'란 것이 이탈리아를 중심으로 대두되었다. 언론에서도 지나친 속보 경쟁을 지양하고 "빠른 것은 좋지만 느린 건 더 좋다(Fast is good; Slow is better)"라는 슬로건 하에 SNS를 기반으로 하는 온라인 매체인 '슬로우뉴스(Slow News)'가 창간되어 주목을 끌고 있다.

[그림 19] 튀르키에 이즈미르의 슬로시티 조형물

    그런데 Inglehart & Baker(2000)가 전 세계 65개국을 대상으로 한 세계가치조사(World Values Survey)에 따르면 거의 모든 나라에서 산업화가 일어나 소득이 높아지고 생활수준이 향상되는 등 사회가 발전할수록 전통보다는 세속적인 세계관을 중요시하는 경향이 있었지만 예외적으로 미국은 전통적인 가치들을 중시하는 방향을 고수하는 것으로 나타났다. 그러나 2023년에 실시된 월스트리트저널(WSJ)과 시카고대학 여론조사센터의 조사에 따르면, 애국심이 매우 중요하다고 답한 미국인은 38%로서 1998년의 70%에서 크게 줄었고 종교의 중요성 역시 같은 기간 62%에서 39%로 감소했다. 뿐만 아니라 전통적 가치의 하나인 가정과 자녀 양육의 중요성도 1998년 59%에서 2023년 30%로 절반 가까이 줄었다. 이와는 대조적으로 유일하게 중요성이 증가한 가치는 '돈'으로 나타났는데 1998년 31%였던 응답이 2023년에는 43%로 늘어 애국심보다 더 중요한 가치로 부상하게 되었다.

그럼에도 불구하고, 여전히 많은 미국인이 전통적인 가치들을 지지하는 경향을 보인다. 애리조나 크리스천 대학교 문화연구센터의 2022년 조사에 따르면, 성인의 71%가 오늘날 미국에서 전통적인 도덕적 가치를 지지한다고 답했다. 특히 보수적인 성향의 응답자들은 89%가 전통적인 가치를 지지한다고 밝혔으며, 진보적인 성향의 응답자들 중에서도 52%가 지지 의사를 보였다. 이는 전통적인 가치가 여전히 미국 사회 전반에 걸쳐 일정 수준의 영향력을 가지고 있음을 보여주는 것이다.

아홉 번째 가치인 박애심(benevolence)은 Schwartz & Bilsky(1987, 1990)의 친사회성(prosocial)을 더 좁게 정의내린 것으로, 친사회성이란 모든 경우에 모든 사람의 행복과 관련되지만 박애심은 일상적 상호작용에서 가까운 사람들의 복지와 관련된 것이다. 과거 유명한 부호였던 경주 최부자가 "굶어죽는 이가 없게 하라"고 한 것이나 록커펠러가 "주는 사람이 더 행복하다"고 말한 것은 노블레스 오블리쥬의 덕목인 박애의 정신을 실천하려고 한 것으로 볼 수 있다. 박애심의 대표적인 가치항목으로는 우정과 사랑 등을 들 수 있는데 박애는 자비(mercy)와 비슷하지만 지위의 고하나 책임의 유무와 관계없이 수평적인 관계에서 행해질 수 있다는 점에서 차이가 있다.

박애심과 관련이 있는 Schwartz(1992) 체계에서 열 번째 가치인 보편주의(universalism)는 포괄적 이타주의를 뜻하는데 친구나 가족과 같이 단순히 소맥락에서 가까운 사람들을 위하는 박애심과 달리, 보편주의는 대맥락에서 더 넓은 범위의 사람들과 자연 전체에 대한 관심과 배려를 포함한다. 이는 인류 전체의 안녕과 지구 환경의 보호를 추구하는 가치라고 할 수 있다. 보편주의의 동기부여적 목표는 대맥락에서 모든 인간의 행복과 자연에 대한 이해, 감사, 관용과 보호이다. 노벨상을 만든 알프레드 노벨(Nobel)은 모든 사람들이 평화를 실현하도록 노력하라고 당부했는데 이는 자신에게 거대한 부와 명성을 얻게 해준 화약이 인류를 대규모로 살상할 수 있는 무기로 쓰이게 된 것을 괴로워하는 마음의 발로라고 할 수 있다. 이상의 열 가지 가치 외에도 Schwartz(1992)는 영성(spirituality)을 기본적인 가치 목록에 추가할 것을 고려하고 있는데 이는 초자연적인 존재와 힘에 관한 믿음을 뜻한다.

위에서 열거한 10가지 개별 가치 유형들은 보다 큰 범주인 1)변화에 대한 개방성(Openness to Change), 2)보존(Conservation), 3)자기고양(Self-Enhancement), 4)자기초월(Self-Transcendence)이라는 4가지 상위 가치영역에 각각 속하는데 이를 표로 나타내면 다음과 같다:

〈표 15〉 가치 유형과 상위 가치 영역

가치	상위 가치영역
1. 권력(power)	1)자기고양(self-enhancement)
2. 성취(achievement)	
3. 쾌락주의(hedonism)	
4. 자극(stimulation)	2)변화에 대한 개방성(openness to change)
5. 자기주도(self-direction)	
6. 보편주의(universalism)	3)자기초월(self-transcendence)
7. 박애심(benevolence)	
8. 전통(tradition)	4)보존(conservation)
9. 순응(conformity)	
10. 안전(security)	

상위 가치영역으로서 변화에 대한 개방성은 독립적 사고와 행동을 강조하는 것으로서 자기주도와 자극이 이에 속하면 보존은 전통적인 관행을 따르는 것으로서 안전과 순응, 전통이 이에 속한다. 자기초월은 타인을 자신과 동등하게 받아들이고 타인의 행복에 관심을 갖는 것으로 보편주의와 박애심이 이에 속한다. 자기고양은 자기 자신의 성공과 타인에 대한

지배를 추구하는 것으로 권력과 성취가 이에 속한다. 단 쾌락주의는 변화에 대한 개방성과 자기고양이라는 양면의 성질을 가진 가치로 분류된다. 인간의 삶 속에서 추구할 의미가 있는 목표로서 가치들은 각 문화마다 서로 다른 가중치와 우선순위를 갖게 되어 다른 가치체계를 형성하며 언어행위나 의사소통을 포함한 모든 행동과 해석에서 차이를 가져온다.

주목할 점은 위에 나열한 가치 유형들은 상호 구별되기는 하지만 관련성이 있는 동기적 연속체(motivational continuum)를 이룬다. 다시 말해, 하나의 가치 유형은 완전 독립된 것이 아니라 근접한 다른 가치와 동기적 의미에서 겹치는 부분이 있다. 보다 구체적으로 Schwartz에 의하면 여러 문화에서 보편적으로 볼 수 있는 개별적인 10가지 가치 유형들은 다음 그림처럼 상호 관계를 맺으면서 각각이 표현하고 있는 동기부여(motivations)를 반영하는 순환 구조(circular structure)를 형성한다고 주장한다.

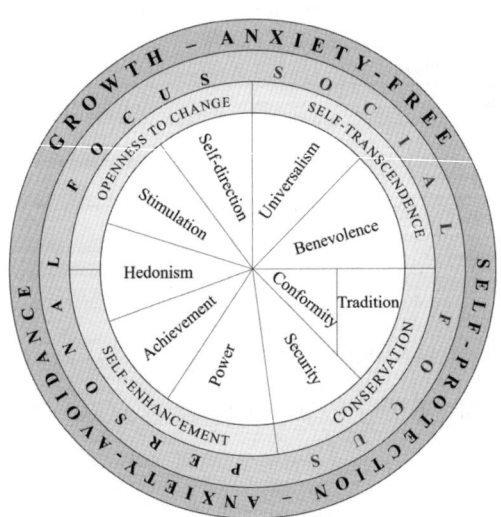

[그림 20] 가치의 순환 구조 모형 (Schwartz, 1992)

이 순환 구조는 10개의 가치들 사이의 대립하는 것과 양립가능한 것들을 보여주는데 예를 들어 박애심(benevolence)이란 가치와 권력(power)이란 가치는 종종 충돌할 수 있고 순응(conformity)과 안전(security)은 상호 양립가능할 가능성이 높다. 1장에서 보았던 감정의 윤상모형과 유사한 Schwartz의 가치의 순환 구조 모형에서 서로 근접한 가치일수록 양립가능성이 높으며, 거리가 먼 가치들끼리는 양립가능성이 줄어들고 충돌이 늘어난다. 한 번에 여러 가치를 추구하는 것의 양립가능성은 다음과 같이 9가지 경우의 가능성이 있다.

[가치의 양립가능성]
첫째, 권력과 성취는 사회적 우월성과 존경을 강조하여 양립한다.
둘째, 성취와 쾌락주의는 방종과 관련이 있어 양립한다.
셋째, 쾌락주의와 자극은 기분 좋은 자극에 대한 욕구를 수반하여 양립한다.
넷째, 자극과 자기주도는 지배와 변화에 대한 개방성에 대한 본질적인 동기로 양립한다.
다섯째, 자기주도와 보편주의는 스스로의 판단에 대한 의존을 표현하고 존재의 다양성을 북돋아서 양립한다.
여섯째, 보편주의와 박애심은 타인의 향상과 이기적인 이익 초월과 관련이 있어서 양립한다.
일곱째, 전통과 순응은 자기 자제와 순종과 관련이 있어 양립한다.
여덟째, 순응과 안전은 관계에 있어서 질서와 조화의 보호를 강조하여 양립한다.
아홉째, 안전과 권력은 관계와 자원을 통제하여 불확실성의 위협을 피하여 양립한다.

이런 양립가능성에 추가하여 Maslow(1985)는 자아실현의 욕구가 강한 사람은 자기주도적 성향을 띨 가능성이 높고 성취 욕구가 강한 사람일 가능성이 높다고 보고 따라서 성취와 자기주도 역시 양립할 수 있다고 주장한 바 있다 (A. Maslow, 1985. 존재의 심리학. 이혜성 역).

서로 다른 가치는 양립할 수 있을 뿐 아니라 동시에 다른 가치를 추구하는 것은 충돌의 양상을 보이기도 하는데 대표적인 경우는 다음과 같다.

[가치의 충돌가능성]
첫째, 자기주도와 자극은 순응, 전통, 안전과 충돌한다. 독립적인 사고와 행동이 전통적 관행의 유지와 충돌을 일으키기 때문이다.
둘째, 보편주의와 박애심은 성취와 권력과 충돌한다. 타인을 동등한 인격체로 받아들이며 타인의 행복에 관심을 갖는 것이 자신의 성공과 타인에 대한 지배를 간섭하기 때문이다.
셋째, 쾌락주의는 순응과 전통과 충돌을 일으키는데, 자신의 욕구 탐닉과 충돌을 억제하는 것은 모순되기 때문이다.
넷째, 영성은 쾌락주의, 권력, 성취와 충돌을 일으키는데, 매일 현실을 초월하여 의미를 찾아가는 것이 감각적인 보상과 모순되기 때문이다. 불교에서 '해탈'이란 이런 모든 욕심으로부터 벗어나는 것을 말하는데 일반 대중들은 이를 실천하기가 쉽지 않다. 마음을 비우거나 내려놓는 것 자체가 또 다른 성취욕이 될 수 있기 때문에 영성과 성취는 갈등관계에 있을 수 있고 또한 자신의 주인됨을 포기한다는 점에서 자기주도와도 충돌할 수 있다. 이런 충돌은 번민을 낳고 그 과정에서 숱한 좌절감을 느끼게 된다.

이밖에도 성취와 쾌락주의는 충돌할 수 있는데 다음 한국의 예를 보자. OECD는 2015년 72개 나라의 15세 학생들을 대상으로 국제학업성취도 평가(PISA)를 실시했는데 한국 학생들은 '무엇을 하든 최고가 되고 싶다'고 답한 비율이 OECD 평균 65%를 상회하는 80%였고, '반에서 가장 잘하고 싶다'는 비율은 82%로 OECD 평균인 59%를 웃돌았다. 이처럼 한국 학생들의 학습 성취욕구는 매우 높은 반면, 같은 학생들을 대상으로 조사한 삶의 만족도 지수는 10점 만점에 6.4점으로 OECD 회원국 평균 7.3점보다 낮고 최하위인 튀르키예보다 겨우 한 단계 위인 최하위권의 만족도를 보여주었다 (출처: 머니투데이 2017년 4월 21일 보도). 학습 성취욕구는 높지만 이를 실현하지 못하는 환경에 좌절한 나머지 삶의 행복감은 낮게 나타난 것이다. 이는 현대 한국사회의 어두운 자화상이라고 할 수 있다. 한국인들은 전통적인 집단주의 문화의 영향으로 비슷한 목표를 가지고 한줄서기에 익숙해 있다. 해마다 수능시험이 끝나면 학원이나 입시 컨설팅업체들은 점수별로 입학가능한 대학과 전공학과의 순서를 표로 만들어 발표하고 일부 언론매체에서는 이를 당연하다는 듯 공표하며 수험생이나 학부모는 이를 마치 바이블처럼 생각한다. 대학교를 졸업한 후에도 가고 싶어하는 직장은 이미 정해져 있어서 그 경쟁의 틀에서 벗어나는 것은 어리석거나 매우 용감한 사람으로 치부되기 일쑤이다.

Schwartz에 따르면 일단 가치의 순환 구조 자체는 문화적으로 보편성이 있는데 그 이유는 인간의 동기부여가 보편적인 조직을 갖고 있기 때문이며 이 구조는 그런 심리적 원리에 근거를 둔 것이기 때문이다. 그러나 개별적인 가치 자체와 그것들의 구조 및 관계는 보편적일 수 있지만 개인은 제 각기 다른 감정과 가치관을 갖고 있고 우선순위에서도 차이가 있다. 더 나아가 개인이나 사회는 자신들이 선호하거나 선호하지 않는 감정 표현을 갖고 있고 대화 스타일이 다를 수 있기 때문에 실제 소통 면에서는 위에서 본 방식대로 가치관이 실현되는 것은 아니다.

가치와 감정 표현

개인이 생각하는 가치와 정동(affect)의 관계에 대해 Schwartz(2012)는 불가분의 관계라고 하면서 어떤 가치가 문제가 되면 바로 감정으로 유입된다는 점을 지적한다. 예를 들어 독립(independence)이 중요한 가치인 사람들은 자신의 독립이 위협을 받게 되면 흥분의 감정 상태에 이르게 되고 독립을 지킬 수 없게 되면 절망하게 되며 반대로 독립을 누릴 수 있으면 행복감을 느끼게 된다고 하였다. 또한 가치와 감정 표현의 상관성에 대해 Sagiv & Schwartz(2000)는 행복하고 자신의 삶에 만족감이 높은 사람일수록 자율(자기주도)을 추구하고 관용(보편주의)을 강조하며 가까운 사람들의 복지(박애심)에 초점을 맞추는 정서적 자원(emotional resources)들을 갖고 있을 가능성이 더 높다고 주장하였다. 반면에 불행하고 만족감을 느끼지 못하는 사람일수록 자기 자신의 문제에만 몰두하게 되고 '건강한' 가치들을 추구할 자원들이 없을 가능성이 높은데 그러한 사람들은 대신 안전(security)이나 권력(power)과 같은 가치를 추구하는데 이런 가치들을 실현하면 불안과 불확실성으로부터 해방되고 생존을 위해 필요한 것들을 충족시킬 수 있기 때문이라고 보았다. Schwartz의 가치 체계 이론에서 제시된 몇 가지 가치들과 감정 표현 사이의 관계를 요약하면 다음과 같다.

> 자기주도: 자기 자신의 생각과 행동에 대한 자율적 통제권을 갖는 가치로서 자기주도 가치가 높은 사람이나 집단은 자신의 감정을 자유롭게 표현하는 경향이 있다. 자기주도 가치가 높은 사람들은 자신의 감정을 다른 사람에게 표현하는 데 좀 더 개방적이고, 자신의 감정에 대해 보다 더 솔직하며, 자신의 감정에 대해 보다 더 자각하고 있다.
>
> 자기초월: 타인을 돕고 사회에 공헌하는 가치로서 보편주의와 박애심과 같은 자기 초월 가치가 높은 개인이나 집단들은 타인을 돕기 위해 자신의

감정을 드러내놓고 표현하는 경향이 있다. 이들은 자신의 감정을 표현하는 데 더 능숙하고, 타인을 돕기 위해 자신의 감정을 표현하는 것이 중요하다고 생각한다.

전통: 과거의 가치와 관습을 중요시하는 가치로서 전통 가치가 높은 사람이나 집단은 감정을 표현하는 데 있어 사회적 규범을 따르는 경향이 있다.

권력: 사회적 영향력과 지배력을 추구하는 가치로서 권력 가치를 높이 평가하는 사람이나 집단은 타인에게 영향력을 미치기 위해 자신의 감정 표현을 사용하는 경향이 있다. 권력 가치가 높은 사람들은 자신의 감정을 표현하는 데 있어 그렇지 않은 사람들 보다 더 능숙하고, 자신의 감정을 표현하는 데 있어 타인에게 영향력을 미치는 것이 중요하다고 생각한다.

성취: 성공과 목표 달성을 추구하는 가치로서 성취 가치가 높은 사람이나 문화에서는 자신감을 표현하기 위해 앞서 본 권력 가치와 유사하게 자신의 감정 표현을 도구적으로 사용하는 경향이 있다. 이들은 자신의 감정을 표현하는 데 있어 능숙하고, 자기 자신에 대한 자신감을 표현하는 것이 중요하다고 생각한다.

안전: 위험과 불안으로부터 자신을 보호하는 가치로서 안전 가치가 높은 사람들은 자신의 감정을 표현하는 데 있어 우선적으로 위험을 피하기 위해 사용하는 경향이 있다.

Schwartz(1992)의 이런 분석은 절대적인 것은 아니며 개인의 성격이나 경험, 문화적 배경 등 다양한 요인에 따라 각 가치와 감정 표현의 관계는 달라질 수 있어서 과도한 일반화는 경계되어야 한다. 개인뿐 아니라 사회적 차원에서도 서로 다른 가치들 사이에서 갈등이나 충돌이 발생할 경우 필연적으로 공동체나 집단들 사이에서 선택과 양보의 문제가 따르게 된다. 이는 가치의 우선순위와 서열구조 등에 의해 결정되는데 문화상대적인 측면이 강하다.

예를 들어 김연신·최한나(2009)는 Schwartz의 보편적 가치 이론이 한국 사회에도 그대로 적용될 수 있는지에 대해 실증적으로 검토하였다. 한국의 대학생들을 대상으로 한 SVS 결과를 통해 한국의 문화적 맥락에서

Schwartz의 이론 중 자기고양 영역에 속한 가치 유형인 자기주도, 자극, 쾌락주의, 권력, 성취, 안전과 자기초월 영역에 속한 보편주의 전통, 박애심, 순응은 일치하는 것으로 나타났다. 반면에 변화에 대한 개방성과 보존은 Schwartz의 이론에서만큼 분명히 구별되지 않았다. 또한 10개의 가치 중 박애심과 순응은 분리되지 않고 통합된 것처럼 인식되었는데 김연신·최한나의 분석에 따르면 이는 한국의 문화적 맥락에서 박애심과 순응은 불교나 유교 등의 종교에서 뿌리내린 전통적인 가치에 포함되기 때문이라고 보았다. 결국 조남국(1994)도 지적하였듯이 Schwartz의 이론이 여러 문화 현상에 대한 논의의 토대 역할을 할 수 있는 보편적 가치 이론이 되기 위해서는 마치 생성문법에서 핵심적인 보편문법과 매개변수를 분리하여 각각을 조사하고 상호 관계에 대한 종합을 시도하듯이 먼저 서로 다른 각 문화에서의 가치 체계를 면밀히 검토하고 공통점과 차이점을 상호 비교하여 보다 높은 설명적 타당성을 확보하는 것이 필요하다.

집단의 가치의식

개인뿐 아니라 집단도 그것이 내세우고 신봉하는 핵심적 가치가 있다. 대표적으로 세계의 여러 나라들은 그 구성원인 국민들이 중요하게 생각하고 지키고자 하는 가치가 있고 이는 그 나라의 국가 구호, 즉 슬로건이나 모토에 잘 반영된다. 예를 들어 미국의 경우는 이민자들로 이루어진 연방국가로서 다양한 가치들이 주장된다. 미국은 건국 과정에서부터 연방주의와 반연방주의의 대립이 있었고, 다양성을 존중하며 광활한 국토에 여러 인종과 민족들로 이루어진 국가인 만큼 미합중국을 구성하는 50개 주마다 조금씩 다른 문화적 특성을 갖고 있다. 그 결과 미국의 주들은 제각기 서로 다른 모토(motto)나 슬로건(slogan)을 갖고 있는데 이는 그 주에서 가장 중요시하는 가치를 집약한 것이다. 이를 앞에서 본 Schwartz의 가치 체계에서의 주요 가치 범주에 따라 분류하면 다음과 같다.

1) 영성(spirituality)을 중시하는 모토

Arizona주 "하나님이 풍요롭게 하시네(God enriches)", Colorado주 "신의 섭리 없이는 아무 것도(Nothing without providence)", Florida주 "하나님을 우리는 믿는다(In God We Trust)", Kentucky주 "하나님께 감사하자(Let us be grateful to God)",[21] Ohio주 "하나님과 함께라면 모든 일이 가능하다(With God, all things are possible)", South Dakota주 "하나님의 백성들이 다스린다(Under God the people rule)"

2) 자기고양 중 권력(power)을 중시하는 모토

Arkansas주 "사람들이 다스린다(The people rule)", Illinois주 "주의 주권, 국가 연합(State sovereignty, national union)", South Dakota주 "하나님의 백성들이 다스린다(Under God the people rule)"

3) 보존 중 순응(conformity)을 중시하는 모토

Kentucky주 "뭉치면 살고, 흩어지면 죽는다(United we stand, divided we fall)", Louisiana주 "연합, 정의, 확신(Union, justice, confidence)", Vermont주 "자유와 단결(Freedom and Unity)", Nevada주 "우리 모두 우리나라를 위해(All for our country)", North Dakota주 "자유와 연합, 언제나 영원히, 분리할 수 없게 하나 되어(Liberty and union, now and

---

21 켄터키주는 원래 "뭉치면 살고 흩어지면 죽는다(United we stand, divided we fall)"는 모토를 갖고 있었는데 2002년에 "Deo gratiam habeamus (하나님께 감사하자)"는 라틴어 모토를 공식으로 추가했다.

forever, one and inseparable)"

4) 보존 중 안전(security)을 중시하는 모토

Alabama주 "우리는 감히 우리의 권리를 지킨다(We dare defend our rights)", Massachusetts주 "검으로 우리는 평화를 논한다(By the sword we speak peace)", Iowa주 "우리의 자유를 소중히 여기고 우리의 권리를 지킬 것이다(Our liberties we prize and our rights we will maintain)"

5) 자기초월 중 보편주의(universalism)를 중시하는 모토

Georgia주 "지혜, 정의, 절제(Wisdom, Justice, Moderation)", District of Columbia "모두를 위한 정의(Justice for all)", Nebraska주 "법 앞에 평등(Equality before the law)", Rhode Island주 "희망(Hope)", South Carolina주 "내가 숨쉬는 동안 나는 희망한다(While I breathe, I hope)", Texas주 "우정(Friendship)", Wyoming주 "평등한 권리(Equal Rights)"

6) 자기고양 중 성취(achievement)를 중시하는 모토

Connecticut주 "이주해 온 자 여전히 번성한다(He who transplanted still sustains)", Kansas주 "난관을 뚫고 저 별들을 향해(To the stars through difficulties)", New Mexico주 "가는 곳마다 성장한다(It grows as it goes)", New York주 "언제까지나 위로(Ever Upward)", Oklahoma 주 "노동이 모든 것을 지배한다(Labor conquers all things)", Utah주 "근면(Industry)", Alaska주 "북쪽에서 미래로(North to the Future)"

7) 변화에 대한 개방성 중 자기주도(self-direction)를 중시하는 모토

Delaware주 "자유와 독립(Liberty and Independence)", Maine주 "나는

선도한다(I lead)", Mississippi주 "용기와 무기로(By valor and arms)", Vermont주 "자유와 단결(Freedom and Unity)", New Hampshire주 "자유롭게 살지 않으려면 죽어라(Live Free or Die)", Oregon주 "자기 자신의 날개로 난다(She flies with her own wings)", Pennsylvania주 "미덕과 자유와 독립(Virtue, liberty, and independence)", West Virginia주 "산사람들은 항상 자유롭다(Mountaineers are always free)", Idaho주 "영원하라(Let it be perpetual)", Hawaii주 "이 섬의 운명은 의로움 속에서 영원하다(The Life of the Land is Perpetuated in Righteousness)", Wisconsin "앞으로(Forward)"

8) 자기고양 중 쾌락주의(hedonism)를 중시하는 모토
Michigan주 "즐거운 반도를 찾는다면 네 주위를 둘러보라(If you seek a pleasant peninsula, look about you)", Missouri주 "주민의 복지가 최상위 법이 될지어라(Let the welfare of the people be the supreme law)", New Jersey주 "자유와 번영(Liberty and Prosperity)"

9) 보존 중 전통(tradition)을 중시하는 모토
Tennessee주 "농업과 상업(Agriculture and Commerce)", Vermont주 "14번째 별이 밝게 빛나길(May the fourteenth star shine bright)"

10) 자기초월 중 박애심(benevolence)을 중시하는 모토
North Dakota주 "다음 시대의 혜택을 위해 씨를 뿌린다(One sows for the benefit of another age)"

11) 자극(stimulation)을 중시하는 모토
North Carolina주 "외양이 아니라 실체(To be, rather than to seem)",

Washington주 "멀지 않아(By and by)"²²

미합중국의 공식 모토는 처음에는 1782년부터 제정한 "다수에서 하나로 (Out of many, one)", 라틴어로는 E pluribus unum이었다. 이는 미국의 건국 초기 원주민들을 포함한 다양한 민족들이 미국 땅에 정착하면서 새로운 나라를 건설하는 과정에서 다양성을 존중하되 그 속에서 단결하자는 뜻이 내포되어 있다.

[그림 21] 미국의 국장

그런데 1950년대 냉전 시대를 거쳐 미국 내에서 무신론적 공산주의에 대한 반대의 물결이 높아지고 조직화된 기독교 세력의 정치참여가 활발해지면서 미국의 국가적 통치 이념과 최고 가치를 압축하여 표상하는 모토와 구호에 대한 재검토가 이루어졌다. 일단 1954년에는 미국 충성서약 (Pledge of Allegiance)에 그 전에는 없던 "under God"이란 구절이 삽입되었고, 1956년에는 아이젠하워 대통령이 서명한 법에서 미국의 모토를

---

22 워싱턴주는 치누크 원주민의 Al-ki를 모토로 채택하였는데 이는 영어로 By and by의 뜻으로 미래지향적인 도전정신을 표현하고 있다.

"(하나님을 우리는 믿는다(In God we trust)"로 바꾸었다. 즉 1892년에 최초로 제정된 미국 충성 서약문은 "I pledge allegiance to my Flag and the Republic for which it stands, one nation, indivisible, with liberty and justice for all."이었는데 1954년에 개정된 서약문은 "I pledge allegiance to the Flag of the United States of America, and to the Republic for which it stands, one nation under God, indivisible, with liberty and justice for all."로 기독교의 하나님을 새로 집어넣음으로써 미국이 신의 섭리에 의해 세워진 나라임을 명시하였다. 1956년에 새로 제정된 미국의 공식 모토는 이미 오래 전 1864년부터 미국의 동전에 새겨져 왔는데 정치와 종교를 분리하는 미국의 1차 수정헌법에 위반된다는 주장이 대두되었지만, 1970년 Aronow v. United States 재판에서는 이 모토가 위헌이 아니라고 판결하였고 대법원은 이 민감한 이슈에 대해 아무런 관여를 하지 않음으로써 논쟁을 피해갔다. 미국인들은 국가에 나오는 "자유로운 자들의 땅이요 용감한 자들의 집이다(The land of the free and the home of the brave)"를 미국과 미국인을 잘 묘사한 구절로 애송하고 있는데 이는 공식 모토와는 달리 종교적인 의미가 포함되어 있지 않다. 한국의 경우 애국가에 "하느님이 보우하사"라는 구절을 "하나님이 보우하사"라고 바꿔 부르는 경우가 있는데 일반적으로 "하느님"은 기독교에서 말하는 유일신이 아닌 토속적인 믿음의 대상으로 종교와는 무관하게 받아들여진다.

미국뿐 아니라 세계 여러 나라들도 자국민들의 가치관을 집약한 슬로건이나 모토를 갖고 있는데 이 모토는 그 나라의 문화적 지향성을 엿볼 수 있다. 우선 제정일치국가들인 중동 및 이슬람 국가들은 대부분 이슬람의 신을 모토에 명시하고 있다. 이런 나라의 예는 다음과 같다.

Afghanistan: 알라신 외의 신은 없다. 무하마드는 알라신의 메신저이다. (There is no god but God; Muhammad is the messenger of God.)

Brunei: 언제나 신의 인도하심을 따라 (Always in service with God's guidance)

Iran & Iraq: 알라신은 가장 위대하다 (God is the Greatest)

Kuwait: 알라신과 국민과 에미르 (God, The Nation, The Emir)

Saudi Arabia: 알라신 외의 신은 없다. 무하마드는 알라신의 메신저이다. There is no God other than God and Muhammad is the Messenger of God

United Arab Emirates: 알라신과 국가와 대통령 (God, Nation, President)

이슬람 외에도 가톨릭이나 개신교가 국민의 다수를 차지하고 있는 일부 국가들도 종교적 가치가 모토에 반영된다. 예를 들어

Dominica: 하나님을 따른 지구(After God, the Earth)

Ecuador: 신, 조국, 자유(God, homeland, and freedom)

Dominican Republic: 신, 조국, 자유(God, Fatherland, Liberty_)

El Salvador: 신, 연합, 자유(God, Union, Liberty)

Croatia: No official motto. Unofficial motto: 신과 크로아트인(God and Croats)

Philippines: 신과 국민을 위해, 자연과 국가를 위해(For God, for the people, for nature and for the country)

United States: 하나님을 우리는 믿는다(In God We Trust)

반면에 내전이나 민족 분쟁을 겪은 경험이 있는 국가나 다민족 국가는 단결과 일치를 강조하는 경향이 있다.

Bolivia, Belgium & Malaysia: 단결이 힘이다(Unity makes strength 또는 Unity is strength)

Indonesia: 다원성 속에서 통일성(Unity in diversity), Rwanda: 단결, 노동, 애국심(Unity, Work, Patriotism)

Serbia: 공식 모토는 없지만 비공식적으로 통용되는 모토는 '단결만이 세르비아 국민들을 구한다(Only Unity Saves the Serbs)'

South Africa: 단합된 다양한 민족(Diverse people unite or Unity in Diversity)

Tanzania: 자유와 단결(Freedom and Unity)

Zambia: 하나의 잠비아, 하나의 국가(One Zambia, One Nation)

또한 어떤 나라들은 질서와 법치, 통치 체제, 이념 등의 규범적 가치를 모토로 내세운다.

Chile: 이성이 아니면 힘으로(Through Reason Or By Force)

중국: 공식 모토는 없지만 중국공산당의 공식 모토는 '인민을 위해 복무한다 (Serve The People!, 为人民服务)'

Colombia: 자유와 질서(Freedom and order)

Syria: 단결, 자유, 사회주의(Unity, Freedom, Socialism)

대한민국: 공식 슬로건은 없지만 실질적으로 통용되는 모토는 '홍익인간 (To broadly benefit the human world)'

일부 국가는 국가 모토에서 절대군주에 대한 충성을 강조하는데 특히 왕위 제도가 있는 입헌군주국가의 경우가 그러하다. 이런 국가들은 보존 (conservation)이라는 가치 영역에 보다 더 민감한 국가라고 볼 수 있다.

Cambodia: 민족, 종교, 왕(Nation, Religion, King)

Fiji: 신을 두려워하고 왕을 공경하라(Fear God and honour the King)

Thailand: 비공식적으로 쓰이는 모토는 '민족, 종교, 왕(Nation, Religion, King)'

Morocco: 하나님, 국가, 왕(God, the Country, the King)

UK: 영국의 국가는 '신이여 왕을 보호하소서(God save the king)'
Vatican City: 공식적인 모토는 없지만 교황 프란시스코의 개인적인 모토인
   '자비로이 보시고 선택하시어(By giving mercy and by choosing)'를
   차용해서 사용한 적이 있다.

국민의 행복이나 복지를 강조하는 모토를 사용하는 나라도 있는데 이는
Schwartz의 가치 체계에서 자기고양(self-enhancement)에 속하는 쾌
락주의적 가치관을 중요시하는 것이다.

Myanmar: 현재 공식 모토는 없고 과거에는 '조화를 통한 행복(Happiness
   through harmony)
Vietnam: 독립, 자유, 행복(Independence, Liberty, Happiness)
Panama: 세계의 도움이 되는 나라(For the benefit of the world)
Peru: 연방으로 꾸준히 행복하게(Steady and happy for the union)

미래지향적인 내용을 담고 있는 국가 모토들도 있는데 이는 Schwartz의
가치체계이론에서 변화에 대한 개방성으로서 자극(stimulation)이라는
가치관과 연결된다.

Singapore: 싱가포르여 전진하라(Onward Singapore)
Spain: 더 나아가라(Further beyond)
Bahamas: 다 같이 앞으로, 위로, 전진하라(Forward, Upward, Onward
   Together)
Australia: 현재 공식 모토는 없고 과거 모토는 '호주여 나아가라(Advance
   Australia)'

보편주의를 강조하는 모토를 채택하는 나라들도 있다.

France & Haiti: 자유, 평등, 박애(Liberty, equality, fraternity)
Trinidad and Tobago: 함께 열망하고 함께 이루자(Together we aspire,
together we achieve),
Mauritania: 명예, 박애, 정의(Honor, Fraternity, Justice)

보존이란 상위 가치영역에 속하는 가치인 전통을 지향하는 모토를 가진
나라들도 있다.

Luxembourg: 우리는 지금 이대로 남길 원한다(We wish to remain what
we are)
Madagascar: 사랑, 대대로 내려온 이 땅, 진보(Love, Ancestral-land,
Progress)

마지막으로 국가 슬로건에 성취의 가치를 직접 표시한 나라도 있다.

Marshall Islands: 공동의 노력으로 이루어내자(Accomplishment/
Achievement through Joint Effort)

대한민국의 경우 국가적 차원의 정해진 슬로건은 없지만 한때 승공통일,
국민총화, 조국근대화, 시월유신, 새마을정신 등이 널리 회자되었는데 이
는 위정자의 가치관, 이념 성향과 정책 방향에 따라 그때그때 정해져 사용
되다가 폐기되곤 하였다. 국가적 차원의 모토나 슬로건 대신 지방자치단
체는 각자의 특색을 반영하는 슬로건을 제정하여 사용하고 있는데 대부분
의 자치단체가 영문과 국문으로 된 구호를 병용하는 것이 특징이며 주로
행복과 기회, 번영 등의 실질적 가치를 반영한 슬로건을 사용하고 있다.예
를 들어 인천광역시는 한국의 대표적인 국제공항을 끼고 있는 도시답게
"All ways INCHEON"과 "시민이 행복한 세계 초일류 도시 INCHEON"

이라는 구호를 사용하고 있고, 경기도는 영문으로는 두운을 염두에 둔 "GO GREAT GYEONGGI"를, 국문으로는 진취적이고 보편주의적 가치를 반영한 "새로운 경기, 공정한 세상"을 구호로 쓰고 있다. 부산광역시는 한때 "Dynamic BUSAN"에서 "Busan is good"으로 바뀌고 국문은 "부산 먼저 미래로, 그린스마트 도시 부산＋다시 태어나도 살고 싶은 부산"이라는 역동성과 진취성을 강조한 다소 긴 슬로건을 사용하고 있다. 반면에 대구는 "Powerful Daegu", "자유와 활력이 넘치는 파워풀 대구"란 모토가 사용되는데 이는 보수의 중심도시답게 Schwartz 가치 체계에서 권력 (power)과 자기고양(self-enhancement)라는 측면을 강조하는 것으로 해석된다. 유사하게 경상북도는 "경북의 힘으로 새로운 대한민국"을 강조하고 울산광역시는 "THE RISING CITY ULSAN"과 "새로 만드는 위대한 울산"이라는 모토를 사용하는데 정치적 성향이 보수적인 이들 영남의 자치단체들은 광역단체이든 지방단체이든 보존(conservation)이라는 상위 가치영역에 속하는 보수적 가치라고 할 수 있는 힘과 전통, 자유 등을 강조하는 경향이 있다. 반면에 대한민국의 전통적인 곡창지대인 전라남도는 "생명의 땅 으뜸 전남"이라는 모토를 사용하고 전라북도는 "함께 혁신, 함께 성공, 새로운 전북"이라는 슬로건으로 보편주의와 박애심, 성취 등의 가치를 반영하고 있으며 광주광역시는 빛고을이라는 별칭답게 "광주, 내일이 빛나는 기회의 도시"라는 구호로 진취적인 자세를 강조하는 구호를 사용하고 있다. 대전광역시는 "Daejeon is U"와 "일류경제도시 대전"을 사용하는데 이 중 영문 구호는 "대전이쥬"라는 충청방언을 연상케 한다. 이는 서울시가 한때 사용한 "I・SEOUL・U"와 흡사하고 국문 모토는 구체적으로 '경제'를 명시함으로써 실용적 가치를 중시하고 있음을 보여준다. 세종시는 신생도시답게 미래지향적인 구호인 "세종이 미래다/창조와 도전의 미래전략수도 세종"를 사용하고 있고 충청북도는 "충북, 중심에 서다"라는 슬로건이 있고 충청남도는 "힘쎈 충남, 대한민국의 힘"이라는 권력의 가치를 강조한 구호를 사용하고 있다. 반면 최근 특별자치도가 된 강원도는 "새로운 강원! 특별 자치시대!"라는 구호로 변화를 추구하는 마음을 반영하고 있고 제주도는 "다함께 미래로, 빛나는 제주"라는 제주만의 특별함과 미래지향성을 강조한 문구를 사용하고 있다. 서울시는 2002년에 "Hi Seoul, Soul of Asia"란 영문 구호를 채택했다가 "Hi Seoul"이라는 것이 누가 누구한테 말하는 것인지 그 뜻이 모호하고 서울시민들이 가장 중요하게 생각하는 가치를 전혀 반영하지 못하고 있다는 비판을 받게 되자 2015년에 시민 공모를 통해 "I·SEOUL·U, 너와 나의 서울"로 바꿨다. 당시 서울시에 따르면 이 브랜드와 모토는 서울을 중심으로 나와 너, 시민과 시민, 서울시민과 세계인이 공존하는 도시 서울이라는 의미를 담은 것으로 상호 연결된 개념인 '공존'과 '열정', '여유'로 '서로 공존하며 여유있는 삶을 추구하는 열정도시'라는 의미를 담았다고 한다. 그런데 이 슬로건은 23만 명이 넘는 시민들과 외국인이 직접 참여하여 제안한 것 중 서울브랜드추진위원회에서 선정한 것으로 이를 홍보하기 위해 각종 조형물을 설치하는 등 이른바 도시마케팅에 막대한 예산을 투입하였으나 결국 오래가지 못하고 2023년부터는 또 "SEOUL, MY SOUL"로 변경하였다. 이 구호는 "Hi Seoul, Soul of Asia"와 비슷한 점이 있어서 이 시대로 회귀한 듯한 인상을 주는데 이는 그 몇 년 사이에 서울시민들의 가치관이 다시 바뀌었기 때문에 행정적으로 이런 변화를 어쩔 수 없이 반영한 것이라기보다는 전임자 당시에 채택한 구호를 물려받아 사용하려 하지 않고 새로 바꾸려고 하는 정치적 동기가 더 강력하게 작용한 것으로 보인다. "I·SEOUL·U"란 문구의 문법적 오류와 의미적 난해함이 문제가 될 수는 있지만 그런 언어적 차원의 문제의식이나 시민들의 가치의식보다는 전임자가 한 것은 일단 부정하고 차별화를 하려고 하는 한국 정치의 특징이 반영된 것으로 생각된다. 각 지방자치단체들이 자신이 속한 지역의 홍보와 가치 상승을 위해서 긍정적인 인식을 제고하기 위한 수단으로 로고와 브랜드에 골몰하는 것은 이해할 수 있는 부분이지만 보다 그 지역의 역사와 전통 및 철학이 담겨 있고 무엇보다 지역민들의 가치와 염원을 잘 살피고 통합해서 압축적인 문구로 전달하려는 자세가 성공적인 마케팅의 선결요건이 될 것이다.

감정 표출의 문화적 배경: 개인주의와 집단주의

감정을 표출하는 데 작용한다고 생각되는 여러 문화적 요소들 중에서 대중적으로 가장 잘 알려진 것은 개인주의와 집단주의이다. 개인주의 문화와 집단주의 문화는 문화의 두 가지 주요 차원 중 하나인데 개인주의 문화는 개인의 독립성과 자율성을 강조하는 반면, 집단주의 문화는 집단의 조화와 협력을 강조한다. 이러한 문화적 차이는 소통 스타일에도 영향을 미친다고 보는 것이 전통적인 견해이다. 예를 들어 Markus & Kitayama(1991)는 개인주의와 집단주의가 자아(self) 개념에서 차이가 있고 이런 차이가 각 문화에서 감정 표출 방식의 차이로 이어진다고 보았다. 이들 이론에 따르면 개인주의는 독립적 자아(independent self) 개념을 강조하는 반면 집단주의는 상호의존적 자아(interdependent self) 개념을 강조하는데 이에 따라 개인주의 문화에서 화자는 상대적으로 자유롭게 자신의 감정을 표현하는 반면, 집단주의 문화에서는 화자의 말을 듣는 사람들에게 부정적인 영향을 줄 수 있는 감정의 표출은 자제할 것이 요구된다. 일반적으로 개인주의 문화에서의 소통 스타일은 직접적이고 명확한 의사소통을 지향하는데 이런 문화에서는 자신의 의견과 감정을 직접적으로 표현하는 것이 선호되고 개인적인 관계보다 업무를 우선시하는 경향이 있다. 즉 개인주의 문화에서는 업무 관계가 개인적인 관계보다 우선시되며 개인주의 문화에서는 경쟁이 장려되고 자신의 생각과 의견을 밝히는 것을 제한하는 요인들이 비교적 덜하다. 반면에 집단주의 문화에서의 소통 스타일은 자신의 의견과 감정을 간접적이고 암시적인 방식으로 표현하는 것을 선호하며 공적인 것과 사적인 것 사이의 경계가 종종 불분명하고 사적인 관계가 공적인 업무 관계보다 우선시되는 경향이 있으며 경쟁보다 협력이 장려된다. 아울러 집단주의 문화에서는 자신의 의견과 감정을 직접적으로 표현하는 것이 무례하거나 공격적으로 간주될 수 있다. 따라서 서로 다른 문화권의 사람들과 효과적으로 소통하려면 그들의 문화적 차이를 이해하고, 그에 맞는 소통 방식을 사용하는 것이 중요하다.

개인주의는 내집단(in-group)에게 혐오(disgust)와 슬픔(sadness)의 감정을 쉽게 나타내는 것과 관련이 있는 반면 집단주의는 외집단(out-group)에게 분노(anger)를 표현하는 것과 관련되어 있다. 그러나 1990년대 이후의 연구들은 이러한 개인주의-집단주의와 감정 표출 규칙 사이의 직접적 연관성에 한계가 있음을 지적하기 시작했다. 예를 들어, Schwartz & Ros(1995)에 따르면, 개인주의-집단주의의 이분법은 대상 집단들 사이의 의미 있는 차이를 모호하게 만든다고 하며 Koopmann-Holm & Matsumoto(2011)는 가치의 관점에서 볼 때, 개인주의적 문화로 간주되는 미국이 또 다른 개인주의적 문화인 서유럽보다 오히려 집단주의적 문화로 간주되는 동아시아와 더 유사하다고 주장한다.

코로나19라는 전세계적인 대재앙 이후 여러 나라에서 내집단이 아닌 상황에서도 외국인에 대한 혐오를 공공연히 나타내기도 한다. 예를 들어 독일에서 한국인 유학생이 엘레베이터에 타자 이미 타고 있던 독일 사람이 옆의 다른 사람들이 다 들을 수 있도록 "요즘은 엘레베이터만 타면 외국인을 꼭 마주치게 된다 말이야"라고 했다. 독일인들은 엘레베이터와 같은 공적인 장소에서 낯선 사람들에게 대놓고 이런 말을 하는 것이 생각하기 어려운데 자기 집에서 가족들과의 대화라면 몰라도 생면부지의 외집단인 서양에서는 코로나19 이후 외국인, 특히 아시아계 주민이나 여행자들에 대한 반감과 혐오의 표시가 과격화되고 있다. 뉴욕의 거리를 지나가고 있는 한국인 관광객에게 "중국인들은 다 돌아가라"고 외치면서 테러를 가하는 사건도 있었다. 마음속에 반감을 가지고 있는 것과 이를 언어나 신체적 폭력으로 표출하는 것은 천지 차이가 있는데 이를 제어하는 것을 Koopmann-Holm & Matsumoto(2011)는 "감정 표출 규칙(emotional display rules)"이라 부르고 있다.

감정 표출 규칙과 문화

감정과 가치에 대한 최근 연구들은 각 문화마다 감정 표출 규칙과 가치에서의 공통점과 차이점에 대해 조사하고 둘 사이의 연관성을 문화적 수준에서 밝히려고 한다. 그러나 개인적 수준에서 구체적인 가치를 명확하고 분리된 감정 표출 규칙과 연관시키는 이론적 체계를 만드는 것은 쉽지 않은데 Koopmann-Holm & Matsumoto는 그러한 체계를 제시하려고 시도하는데 특히 미국과 독일에서 감정 표출 규칙의 문화적 차이에 대해 비교하고 있다. 이들은 개인적 수준의 가치에 있어 문화적 차이가 존재하고, 이것은 문화 내의 감정 표출 규칙과 관련이 있다고 가정한다.

감정 표출 규칙이란 Koopmann-Holm & Matsumoto(2011)에 따르면 사회적 상황에 의존하여 감정 표현을 조절하고 관리하는 것으로 유아의 언어 습득 시기와 유사한 시기에 습득되는 문화적 특수성 규칙인데 각 문화는 자기 나름대로 독특한 감정 표출 규칙을 갖고 있다. 예를 들어, Friesen(1972)의 연구에 의하면 일본인들은 혼자 있을 때보다 높은 지위의 실험자가 있을 경우 미국인들에 비해 부정적인 감정을 더 감추었다고 하고, Ekman(1972)과 Friesen(1972)은 일본인이 자신보다 높은 지위의 사람에게는 부정적인 감정을 표출하지 않기 때문에 감정 표출에서의 차이가 발생한다고 추측하였다. 일본인은 자신의 감정을 솔직하게 표현하기보다는 사회적 규범과 타인의 감정을 고려하여 적절한 방식으로 표현하는 경향이 있다. 또한, 일본 사회는 여전히 개인주의보다는 집단주의 문화를 바탕으로 하고 있기 때문에, 타인의 감정을 배려하는 방식으로 감정을 표현하는 것을 중요시한다. 일본인은 상호 관계의 깊이에 따라 소통 방식을 조절하는 경향이 있어서 친분이 깊지 않은 상대와 소통할 때에는 상대방의 입장을 고려하여 조심스러운 표현을 사용하는 것이 적절하다고 생각된다. Smith(1991)에 따르면 비행기에서 옆 자리에 앉은 사람이 전혀 모르는 사람이라도 스스럼없이 인사말을 던지는 미국인에 비해 일본인은 그런 상황에서 여간해서는 먼저 말을 건네지 않으며 특히 연장자처럼 보이거나 성이 다른 상대에게는 그런 경향이 더 강하다고 한다.

이와 관련된 연구로 Furukawa & Tangney(2012)는 초등학교 3학년에서 6학년 중 688명의 미국 어린이들과 144명의 일본 어린이들 및 180명의 한국 어린이들을 대상으로 하여 TOSCA-C 측정 방식으로 수치심(shame), 죄의식(guilt), 자부심(pride)의 세 가지 감정에 대해 횡단문화적 일치 조사를 하였다. 그 결과 일본 아동들이 수치심(shame)에서 가장 높은 수준을 보여주었고 한국 어린이들은 죄의식(guilt)에서 가장 높은 수준을 보였으며, 미국 어린이들은 자부심(pride)에서 수치가 높았다. 또한 이 세 나라 학생 집단에서 모두 수치심을 가장 많이 느끼는 학생들이 공격 성향도 가장 높았고 죄의식이 높은 학생들일수록 실패와 위반에 대한 책임을 지려고 하는 경향이 높았는데 이는 국적과는 무관하였다고 한다.

감정은 개인적인 경험과 문화에 따라 다르게 표현될 수 있는데 모든 사회와 문화에서 그 구성원들은 감정의 적절한 언어적 표출 방식을 마치 불문율처럼 공유한다. 이를 앞 장에서 보았듯이 Goddard, Wierzbicka 등은 문화 대본(cultural script)이라고 부르는데 이 대본

은 모국어 사용자들은 유아 때부터 넓은 의미의 소통 능력의 일부로 습득하게 된다. 우리가 낯선 나라를 여행할 때 그들의 문화 대본을 미처 몰라 저지르는 실수는 한두 번은 애교로 봐줄 수도 있지만 과거에는 감옥에 갇힐 수도 있는 중대한 범죄로 간주되는 수많은 사례들이 있었다. 세계화 시대라고 하는 현대에도 다른 문화에서 감정의 언어적 표출 방법을 잘 아는 것이 중요하다. 예를 들어 상대방의 모자에 대해 칭찬할 때 한국어는 보통 "니/네 모자 참 예쁘다"와 같이 말하는 반면, 영어는 "That's a nice hat"이라고 할 수도 있지만 "I like your hat"처럼 주어를 화자로 표시하여 말하는 경우가 많다. 스페인어는 화자를 목적어로 표시하여 "Me encanta tu sombrero"라고 표현한다. 만일 같은 상황인데 한국 사람이 "나는 니/네 모자가 좋다"라고 말하면 이는 상대방 모자에 대한 단순한 칭찬 이상의 다른 의미가 함축된 것으로 이해될 수 있고, 영어로 "Your hat is pretty"라고 말하면 발화자의 호의적인 감정이 충분히 표시되지 않은 객관적 묘사 정도로 받아들여질 수 있다. 이런 표현의 차이는 기본 어순의 차이와는 무관한데 영어와 같은 SOV어인 중국어의 경우도 "你的帽子真好看(너의 모자가 참 좋아 보인다)"라고 말한다. 한국어와 기본 어순이 같은 일본어는 "きみの帽子はすてきだ", 터키어도 "Şapkan çok güzelmiş"라고 하여 주어를 화자 대신 감정을 유발하게 만드는 대상, 즉 감정원인 '너의 모자'로 표시한다. 기본 어순이 SVO인 네덜란드어에서는 "Je hoed is mooi"(너의 모자가 아름답다)라고 말하기도 한다. 반면 영어처럼 화자를 주어로 표시하는 언어로는 인도네시아어("Aku suka topimu"), 프랑스어("J'adore ton chapeau"), 독일어("Dein Hut ist wunderschön")가 있고 스페인어처럼 화자를 목적어로 표시하는 언어로는 이태리어("Mi piace il tuo cappello")와 포르투갈어("Gosto do teu chapéu")가 있다. 이런 차이는 감정 표출에 있어서 감정주인 화자에 우선적인 초점을 맞추는 화자중심적 언어와 감

정원인 청자 또는 청자와 관련된 물건에 초점을 맞추는 청자중심적 언어의 차이로 접근해 볼 수 있다.

감정 표출 방식의 차이 중 또 다른 점은 표현의 명시성이다. 어떤 문화는 자신의 감정을 다른 사람의 눈치를 보지 않고 솔직하게 표현하는 것이 아무런 문제가 되지 않는 반면, 상대방과의 관계를 먼저 고려해야 하는 문화에서는 자신의 감정을 직설적으로 표현하기보다는 에둘러서 모호하게 표현하는 것이 바람직하다고 본다. 예를 들어 한때 인기를 끌었던 모 보일러 광고에서는 시골에 사는 늙은 부모가 도시에 사는 아들에게 영상 메시지를 보내는데 "아들아, 옆집 철수네 보일러가 참 좋더구나"라고 말한다. 그러면서 "그렇다고 뭐 사달라는 것은 아니다"라고 말을 흐리면서 끝나는데 이 말은 결국 '아들이 늙은 부모에게 보일러를 사 주면 좋겠다'는 뜻을 함축적으로 전달하고 있음을 누구나 알게 된다. 이런 간접적인 대화 함축은 한국 사회에서는 흔히 볼 수 있다. 상다리가 부러질 정도로 음식을 많이 준비해 놓고 안주인은 손님에게 "차린 것은 없지만 많이 드세요"라는 다분히 문장 모순적이면서 상황 모순적인 발화를 날리는 게 예의에 맞다고 생각된다. 그 말을 곧이곧대로 받아들여서 "차린 게 없다는 데 어떻게 많이 먹지요?"라고 반문한다든지 "이렇게 많이 차리셨는데 왜 차린 게 없다는 건가요?"라고 이해가 안 된다는 듯 물어보는 것은 한국 문화를 잘 모른다는 증거가 된다. 이를 영어로 직역해서 "I don't have anything prepared, but please eat a lot"이라고 한다면 그 손님은 순간적으로 잘 이해가 안 될 수도 있다. 때로는 "맛은 없지만 많이 드세요"라고 말하기도 하는데 자신의 음식에 대해서 겸손함을 표시하는 말이지만 처음 듣는 외국인은 고개를 갸우뚱할 수 있다. 반면에 영어는 그런 화자의 겸손함은 별로 표시하지 않고 대뜸 "Help yourself"라고 하는데 이를 초보적인 번역기를 사용해서 한국어로 직역하면 "네 자신을 도와주세요"가 되어 전혀

무슨 뜻인지 모르는 말이 된다. 같은 "맘껏 드세요"라고 말할 상황에서 일본어는 "どうぞ"라고만 말해도 충분하다. 한국어에서 상대방의 노고나 친절에 대한 감사의 표시로 하는 "수고하셨습니다"라는 말은 점차 "고생하셨습니다"로 바뀌고 있는데 이는 영어로는 그냥 "Thank you" 정도가 적절할 때가 대부분이고 특별히 상대의 노력을 치하할 때에는 "Thank you for your efforts"라고도 한다. 같은 상황에서 중국어는 "辛苦了"라 말할 수 있고 일본어는 "お疲れさまでした"라고 하는 반면 독일어는 "Vielen Dank", 스페인어는 "Gracias por su tiempo" 정도가 적당하다고 여겨진다. 즉 한국어를 비롯한 동아시아어는 감사한 행위를 한 청자에 초점을 맞추고 화자인 나는 가급적 표현하지 않는 반면, 서유럽언어는 감사의 감정을 느끼는 나를 주어로, 감정을 느끼게 해준 상대방을 목적어로 사용한다.

감정과 관련된 발화에 대한 적절한 응답은 세대나 발화 맥락에 따라서도 달라질 수 있다. 영어에서는 다소 격식을 차린 상황에서 누군가가 "Thank you"라고 하면 그는 "You're welcome"이라고 답하는 것이 자연스럽다. 다만 굳이 격식을 차리지 않아도 될 잘 아는 사이라든지 젊은 사람끼리라면 "No problem"이라든지 "Sure", "You got it", "Cool"과 같이 답하기도 한다. 그런데 같은 상황에서 한국어는 누군가가 나에게 "고맙습니다"라고 말할 경우 "천만에요"나 "별말씀을요"라고 답하는 것은 아마도 나이든 사람이거나 격식을 갖춘 맥락일 가능성이 높다. 영어에서 상대방에게 미리 양해를 구할 때 "Excuse me"라는 말을 하는데 한국어에서는 "실례합니다"가 과거에는 적절한 발화로 간주되었지만 이제 그런 말을 하는 사람은 이른바 '올드 스쿨'이고 젊은 사람들은 "잠깐만요"로 말하는 것이 대세이다.

한국 문화에서는 세대 차이가 있기는 하지만 아직까지는 많은 사람들이 겸손을 미덕으로 여기기 때문에 칭찬을 받았을 때 "아니에요"라고 답하는 것이 일반적이다. 하지만 다른 문화권에서는 칭찬에 대한 반응이 다를 수 있다. 예를 들어, 미국에서는 자기 자신이나 자기 배우자에 대해 잘생겼다고 칭찬을 들으면 이를 "No"라고 부정하기보다는 "Thank you" 또는 "I appreciate that"과 같이 감사를 표현하는 것이 가장 흔한 답변이다. 물론 때로는 "You're too kind"와 같이 겸손한 표현을 덧붙이기도 하지만, 한국처럼 강하게 부인하는 경우는 드물다. 한국에서 강하게 부정했다고 해서 반드시 그렇지 않다는 것을 의미하지는 않는다. 특히 전통적으로 자기 배우자에 대해 대놓고 자랑하는 것은 팔불출이라는 비난을 받을 수 있기 때문에 일단 형식적으로 부정을 하는 것일 뿐 속마음은 다를 수 있다.

일본에서도 한국과 마찬가지로 겸손을 중시하는 문화가 있다. 그런데 같은 칭찬을 받았을 때 일본인들은 형식적으로라도 "아니에요"라고 강하게 부정하는 것은 상대방을 무안하게 만들 수 있다고 생각한다. 따라서 "ありがとうございます(감사합니다)"와 같이 감사를 표하거나, "そんなことありません(그런 말씀 마세요)"과 같이 겸손한 표현을 사용하는 것이 일반적이다. 중국 역시 남에게 칭찬을 받았을 때 일본처럼 겸손한 태도를 보이되 직접적으로 부정하기보다 "谢谢(감사합니다)"와 같이 감사를 표하거나, "过奖了(과찬이십니다)"나 "哪里哪里(어디 어디, 과찬입니다)"와 같이 겸손한 표현을 사용하는 것이 적절하다고 생각된다. 반면에 이탈리아나 독일에서는 칭찬을 받았을 때 긍정적이고 솔직하게 반응하는 경향이 있어서 "Grazie!(감사합니다)"나 "Danke(감사합니다)"와 같이 감사를 표하거나, "Sei molto gentile(당신은 정말 친절하네요)" 또는 "Das ist sehr nett von Ihnen" (당신은 정말 친절하시네요)와 같이 칭찬에 대한 답례를 하는 것이 적절하다고 생각된다. 물론 칭찬 받는 것을 싫어하는 사람은 없겠지만 각 문화권마다 칭찬에 대한 반응 방식이 다르며 공통적으로 적절하다고 생각되는 방식으로 감사를 표하는 것이 중요하다. 겸손한 태도

를 보이는 것도 좋지만, 지나치게 부정하거나 겸손한 척하는 것은 오히려 상대방에게 실례가 될 수 있다. 칭찬을 받았을 때는 진심으로 감사하는 마음을 표현하고, 상대방의 칭찬에 대한 답례를 하는 것이 좋은 방법이 된다.

이처럼 각론에서는 차이가 있지만 일반적으로 인정되는 것은 감정 표출이 충동적으로 일어난다기보다는 동일 문화에 속한 사람들이 공유하는 규칙에 따라 분출되기도 하고 억제되기도 하며, 대부분의 경우는 예측가능한 방식으로 일어난다는 점이다. 또한 이런 감정 표출 규칙도 언어 소통 능력(communication competence)의 일부로서 이런 능력이 부족할 경우 어색한 상황에 처하거나 오해마저 불러일으킬 수 있다. Koopmann-Holm & Matsumoto(2011)는 4개 상위 가치 유형과 감정 표현 규칙 그리고 문화적 차이의 설명 가능성과의 연관성을 서술하고 있는데 이를 위해 먼저 CAD 가설이란 무엇인지 알아보자.

CAD 가설 (공동책임, 자율성, 신성 가설)

1990년대 말 Shweder, Much, Mahapatra, and Park(1997)가 제안한 '공동책임, 자율성, 신성 삼단 가설(CAD Triad Hypothesis)'이란 공동책임(Community), 자율성(Autonomy), 신성(Divinity)의 세 가지 도덕률 또는 도덕적 가치와 관련된 감정에 대한 가설들로서 특정한 가치에 특정한 감정을 연결하는 하나의 체계이다. CAD Triad Hypothesis는 의무 이행이나 사회적 위계와 같은 공동책임(Community)의 위반은 경멸(contempt)을 유발하고, 개인의 자유와 정의와 같은 자율성(Autonomy)의 위반은 분노(anger)를 유발하며, 영적인 오염으로부터의 보호와 같은 신성(Divinity)의 위반은 혐오(disgust)를 유발한다고 보았다.

이 세 가지의 도덕률은 Schwartz(1992)의 네 가지 상위 가치 유형과 연관시킬 수 있다. 공동책임(Community)은 순응(conformity), 전통 (tradition), 안전(security)을 포함하는 보존(conservation) 및 권력 (power), 성취(achievement)를 포함하는 자기고양(self-enhancement)과 연관되고, CAD 가설의 자율성(Autonomy)은 자기주도(self-direction), 자 극(stimulation)을 포함하는 변화에 대한 개방성(openness to change)과 보편주의(universalism), 박애심(benevolence)을 포함하는 자기초월 (self-transcendence)과 관련이 있으며, CAD 가설의 신성(Divinity)은 보존 (conservation)과 연관이 있다. 그런데 Koopmann-Holm & Matsumoto (2011)는 특정 가치를 상대적으로 더 많이 지지하는 문화의 사람들은 그 가치의 위반과 관련된 감정의 표현을 상대적으로 더 많이 한다고 주장하였다. 예를 들어, 순응을 지지하는 문화에서는 이것을 위반한 사람에 대해 경멸을 많이 표현한다. 앞에서 제시한 가치를 바탕으로 다음과 같은 가설을 제시할 수 있다. 보존(conservation)과 자기고양(self-enhancement)은 경멸을 표 현하는 감정 표출 규칙과 관련이 있는데 보존(conservation)은 또한 혐오를 표현하는 감정 표출 규칙과 관련이 있다고 본다. 두 감정은 사회 질서와 위계를 유지하는 것이기 때문에 밀접하게 관련이 있다. 그리고 변화에 대한 개방성(openness to change)과 자기초월(self-transcendence)은 분노와 슬픔을 표현하는 감정 표출 규칙과 관련이 있다. 변화에 대한 개방성과 자기 초월은 상실, 불평등, 불만, 피해에 의해 유발되기 때문에 분노뿐만 아니라 슬픔의 감정까지 느끼게 되는 것이다. 이를 표로 나타내면 다음과 같다.

〈표 16〉 도덕률 및 가치체계와 감정

도덕률	가치 체계		위반시 표현 감정
	가치 유형	가치	
공동책임	보존	순응, 전통, 안전	경멸, 혐오
	자기 고양	권력, 성취	경멸
자율성	변화에 대한 개방성	자기주도, 자극	분노, 슬픔
	자기 초월	보편주의, 박애심	분노, 슬픔
신성	보존	순응, 전통, 안전	경멸, 혐오

그러나 이런 분석은 지나치게 도식적이라는 문제를 내포하고 있다. 어떤 가치를 위반한 것을 목격할 경우 일어날 수 있는 감정은 미리 정해져 있지 않고 그 사건의 맥락에 따라 다를 수 있으며 어느 한두 가지의 고정된 것만 발생하는 것은 아니다. 누군가가 사회적 공동체가 공유하는 가치를 위반한 경우 그를 경멸하거나 혐오하는 감정이 생길 수 있다. 그런데 이런 감정 외에도 분노의 감정이나 슬픔과 연민의 감정도 발생하지 말라는 법은 없다. 예를 들어 한국 사회에서 어떤 여자가 생활고를 겪다 자신이 낳은 아기를 돌보지 않고 방치해 둔 결과 끝내 사망에 이르게 한 사건이 보도되자 그 비정한 모친을 경멸하거나 혐오하는 반응이 홍수처럼 쏟아졌다. 이와 동시에 화가 난다거나 아무 죄도 없는 아기의 죽음을 애도하는 글도 많이 볼 수 있었으며 소수이기는 하지만 엄마가 오죽하면 그런 일을 저질렀겠느냐며 동정심을 표하는 글도 있었고 우리 사회가 어찌하다가 이런 지경에 빠졌느냐며 당혹감과 자괴심을 보이는 반응도 있었다. 이렇듯 같은 사건임에도 이를 받아들이고 감정으로 표출하는 방식은 결코 위의 표에서처럼 미리 정해져 있지 않다. 감정은 단일하지 않고 그 경계가 불분명한 연속체로 그 연속체의 어느 부분에 속한 감정이 집중적으로 강하게 타격을 받게 되면 인접한 다른 감정까지도 여파가 있을 수 있다. 뿐만 아니라 감정은 반드시 사회가 공유하는 가치가 위반되었을 때에만

발생하는 것이 아니라 개인적인 사유에서 비롯되는 경우도 많으며 이런 상황에 따라 발생되는 개인적인 감정은 지속성이 약하고 순간적으로 변할 수 있다.

이런 문제점에도 불구하고 앞에서 언급한 체계는 문화 내에서 가치와 감정 표출 규칙 사이의 관계를 나타낼 뿐만 아니라 감정 표출 규칙 내의 문화 간 차이도 설명할 수 있다. 제시된 이론적 체계와 문화 간 적용 가능성을 입증하기 위해, 이들은 미국인과 독일인의 가치와 감정 표출 규칙에 대해 연구하였다. Schwartz & Ros(1995)는 독일을 포함한 서유럽과 미국이 문화적 차원의 가치에 큰 차이가 존재한다고 주장하였기 때문이다. 그들은 미국이 지배력(Mastery), 계급(Hierarchy), 배태성(Embeddedness)에 중점을 두지만, 평등주의(Egalitarianism), 지적 자율성(Intellectual Autonomy), 조화(Harmony)는 덜 중요시한다고 설명하였다. 그리고 서유럽의 문화적 가치는 이와 반대된다고 주장하였다.

1980년대 보수화 물결 이후 미국 사회는 종교나 애국심, 가족 등 전통적 가치를 강조하는 경향이 있다. 특히 종교의 영향력이 서유럽에 비해 강하며, 이는 정치, 사회 문제에 대한 태도에도 영향을 미친다. 예를 들어 트럼프는 여러 가지 개인적인 문제에도 불구하고 기독교적 가치를 전면에 내세움으로써 상대 후보와의 차별화에 성공하고 보수 성향의 유권자들을 사로잡는 데 성공하였다. 반면에 서유럽은 개인의 자유, 평등, 합리성 등 세속적 가치를 중시하는 경향이 강하다. 서유럽도 국가마다 차이가 있고 이민자 증가 등으로 인해 극우파들이 점차 세력을 넓히는 추세지만 여전히 미국에 비해 종교의 영향력은 상대적으로 약하며, 개인의 선택과 자유를 중요하게 생각한다. 또한 미국은 세계 어느 나라보다 강한 개인주의 문화가 특징이다. 개인의 독립성, 자율성, 성취를 중요하게 생각하며, 경쟁을 통해 개인의 능력을 입증하는 것을 강조한다. 예를 들어 미국에서 총기 난사 사고가 빈번하게 일어나지만, 원주민과 맞서 총으로 건국한 나라에서 총은 개인의 자유와 독립성의 상징이므로 총기를 규제하는 것은 그런 개인의 자유와 독립성을 침해하는 것으로 여기는 사람들이 서유럽에 비해 압도적으로 많다. 미국이 국가적 차원에서 총기 규제가 불가능한 것도 바로 이런 생각이 저변에 깔려 있기 때문이다.

서유럽은 미국에 비해 집단주의적 성향이 강하다. 개인보다는 사회 전체의 조화와 협력을 중시하며, 공동체의 이익을 위해 개인의 희생을 감수하는 것을 미덕으로 여기기도 한다. 평등 사회, 복지 사회를 건설하기 위해 고율의 세금도 감수하려는 경향이 강한 반면 미국은 이런 복지 정책을 포퓰리즘으로 폄하하는 경향이 강하다. 서유럽의 많은 나라에서는 공공 의료나 대학 교육이 거의 무상이지만 미국의 의료비는 가히 살인적이며 대학 등록금은 보통 서민들이 감당하기 어려운 수준이다. 그럼에도 불구하고 이런 문제에서 국가의 역할보다 개인의 노력을 더 중요시하는데 이는 케네디 대통령이 1961년 취임 연설에서 미국민들이 국가를 위해 더 헌신하고 봉사할 것을 촉구한 "Ask not what your country can do for you, but what you can do for your country"라는 문장의 앞 부분을 마치 '국가의 역할을 기대하지 말라'고 부정적으로 해석하는 것으로 들릴 수 있다. 세계 최고의 자본주의 국가인 미국은 물질적 풍요와 성공을 중시하는 경향이 있다. 높은 소득과 소비, 경제적 성장을 추구하는 경향이 강하다. 반면에 서유럽은 물질적인 것도 중요하지만 삶의 질이나 여가, 복지 등을 중시하는 경향이 있다. 앞에서도 보았듯이 현재 한국에서는 '워라밸'이라고 하여 일과 삶의 균형을 중요하게 생각하며, 사회 복지 시스템이 잘 발달되어 있다. 미국은 시대마다 약간의 차이가 있지만 대체로 미래에 대한 낙관적인 태도를 가지고 있으며, 끊임없는 발전과 혁신을 추구한다. 역사적으로 산업혁명에서 최고의 혁신을 이룬 나라인 영국이 그 댓가로 해가 지지 않는 대영제국을 이루었던 것처럼 20세기 이후 최대의 혁신을 보여주고 있는 미국은 영국을 이어받아 세계 최강의 국가를 만드는 데 성공하였다. 반면 영국을 포함한 서유럽은 현재의 삶을 즐기는 것을 중요하게 생각하며, 미래에 대한 지나친 낙관이나 비관 없이 현실에 충실하려는 경향이 있다. 마지막으로 미국은 비교적 직접적이고 명확한 소통 방식을 선호하며 자신의 의견을 솔직하게 표현하는 것을 중요하게 생각하는 반면 서유럽은 상황에 따라 간접적이고 우회적인 소통 방식을 사용하기도 하며 상대방의 감정을 배려하고, 갈등을 피하려는 경향이 있다. 이 점에 대해서는 다음 절에서 더 자세히 보도록 하겠다.

이상에서 살펴본 문화적 차이점들은 결코 절대적인 경향을 나타내는 것이며, 모든 미국인과 서유럽인에게 적용되는 것은 아니다. 개인의 성격, 출신 배경, 교육 수준 등에 따라 가치관은 다르게 나타날 수 있다. 하지만 이러한 차이점을 이해하는 것은 미국과 서유럽 문화를 이해하는 데 중요한 도움이 될 것이다. 이러한 가치관의 차이는 정치, 경제, 사회, 문화 등 다양한 분야에서 나타날 수 있으며, 때로는 오해나 갈등을 야기하기도 한다. 따라서 상호 문화에 대한 이해와 존중이 중요하다.

문화차원 이론과 소통 스타일

Hofstede(1980, 2001)의 문화차원 이론은 최초 발표된 이후 몇 차례 수정을 거듭해 왔는데 기본적으로 문화를 5가지 차원으로 구분한다.[23] 5가지 차원은 각기 문화가 언어적 소통을 포함한 여러 가지 개인과 사회의 행동에 미치는 영향을 설명하는데 핵심적인 개념인데 5가지 차원이란 다

---

23 Hofstede는 나중에 6번째 차원으로 탐닉(Indulgence)/절제(Restraint)를 추가하였다. 이 차원은 한 사회가 얼마나 낙관적이고 즐거움을 추구하는 경향이 있는지, 또는 얼마나 엄격한 사회적 규범과 절제를 강조하는지를 이해하는 데 도움을 준다.

음과 같다.

1) 권력 거리(Power Distance): 권력의 분배에 대한 문화적 관용도를 나타낸다. 권력 거리가 높은 문화권에서는 권위의 차이를 인정하고, 상하 관계가 명확하게 구분된다. 반면에 권력 거리가 낮은 문화권에서는 권위의 차이가 상대적으로 작고, 상하 관계가 유연하다.

2) 불확실성 회피(Uncertainty Avoidance): 불확실성에 대한 문화적 불안감을 나타내는데 불확실성 회피가 높은 문화권에서는 불확실성을 피하고, 규칙과 절차를 중시하며 불확실성 회피가 낮은 문화권에서는 불확실성을 받아들이고, 변화를 추구한다.

3) 개인주의(Individualism): 개인의 독립성과 자율성을 강조하는 문화적 특성을 나타내는데 개인주의 문화권에서는 개인의 권리와 자유를 중시하는 반면, 집단주의 문화권에서는 집단의 조화와 협력을 강조한다.

4) 남성성(Masculinity): 남성의 역할과 가치를 강조하는 문화적 특성을 나타내는 것으로 남성성 문화권에서는 경쟁과 성취를 중시하는 반면 여성성 문화권에서는 협력과 관계를 중시한다.

5) 장기지향성(Long-Term Orientation): 미래에 대한 투자와 장기적인 보상 추구를 강조하는 문화적 특성으로서 장기지향성 문화권에서는 미래를 위해 절제하고, 노력을 통해 목표를 달성하는 반면 단기지향성 문화권에서는 현재의 성과와 즉각적인 만족을 추구한다.

이러한 문화 차원들은 소통 스타일에도 영향을 미치는데 다음은 각 문화 차원과 소통 스타일의 관계에 대한 예시이다.

1) 권력 거리: 권력 거리가 높은 문화권에서는 상하 관계가 명확하게 구분되기 때문에, 상하 관계에서의 의사소통이 공식적이고 의례적일 수 있다. 반면, 권력 거리가 낮은 문화권에서는 상하 관계가 유연하기 때문에, 상하 관계에서의 의사소통이 보다 자유롭고 개방적일 수 있다.

2) 불확실성 회피: 불확실성 회피가 높은 문화권에서는 불확실성을 피하기 위해 명확한 규칙과 절차를 선호하기 때문에, 의사소통에서 명확성과

구체성을 강조할 수 있다. 반면, 불확실성 회피가 낮은 문화권에서는 불확실성을 받아들이기 때문에, 의사소통에서 유연성과 창의성을 강조할 수 있다.

3) 개인주의: 개인주의 문화권에서는 개인의 권리와 자유를 중시하기 때문에, 의사소통에서 자신의 의견과 감정을 직접적으로 표현하는 것을 선호할 수 있다. 반면, 집단주의 문화권에서는 집단의 조화와 협력을 중시하기 때문에, 의사소통에서 상대방의 의견을 존중하고, 긍정적인 관계를 유지하는 것을 선호할 수 있다.

4) 남성성: 남성성 문화권에서는 경쟁과 성취를 중시하기 때문에, 의사소통에서 논쟁과 설득을 통해 자신의 주장을 관철시키는 것을 선호할 수 있다. 반면, 여성성 문화권에서는 협력과 관계를 중시하기 때문에, 의사소통에서 타협과 조화를 통해 합의를 도출하는 것을 선호할 수 있다.

5) 장기지향성: 장기지향성 문화권에서는 보다 먼 미래를 위해 노력하기 때문에, 의사소통에서 장기적인 목표와 비전을 강조할 수 있는 반면, 단기지향성 문화권에서는 현재의 성과와 즉각적인 만족을 추구하기 때문에, 의사소통에서 단기적인 결과와 실용성을 강조할 수 있다.

물론 이러한 관계는 문화 차원과 소통 스타일의 상관관계를 나타내는 일반적인 경향일 뿐이며 모든 문화권에서 동일한 소통 스타일을 보이는 것은 아니다. 같은 문화권이라도 그 문화권에 속한 개인의 성격과 경험에 따라 소통 스타일은 달라질 수 있다. Hofstede의 문화차원 이론은 문화를 5~6개의 차원으로 나누어 설명하고 있지만 문화가 사람의 삶의 방식과 관련된 모든 것이라는 점에서 5~6개의 차원만으로 설명하는 것은 지나친 단순화라는 지적이 있고 이 기준 자체도 자의적으로 이루어진 것이라는 비판이 있다. 아울러 이 문화차원 이론은 종종 문화를 국가와 동일시하는 오류를 범하고 있는데 하나의 국가 안에도 여러 문화가 존재할 수 있고 하나의 문화가 여러 국가에 공유되는 경우도 있으며 문화는 고정된 것이 아니라 역동적인 것이어서 한국의 K-pop 문화처럼 한 국가에서 시작된 것이 전 세계적으로 공유되는 경우도 허다하다. 뿐만 아니라 Hofstede의 초기 연구는 IBM 직원들을 대상으로 이루어졌는데, 이들은 특정 직업군(영업 및 마케팅), 성별(주로 남성), 그리고 특정 기업 문화에 속한 사람들이었기 때문에 이들이 각 국가의 전체 문화를 대표한다고 보기 어렵다는 비판이 있다. 아울러 문화와 같은 복잡하고 다면적인 현상을 몇 가지 설문 문항만으로 측정하는 것은 지나치게 단순화된 접근이라는 지적도 있으며 또한 설문 문항의 번역 과정에서 의미가 왜곡될 가능성도 배제할 수 없다. 뿐만 아니라 그의 연구가 서구 기업에서 시작되었기 때문에, 서구적 사고 방식이나 가치관이 연구 설계 및 해석에 영향을 미쳤을 수 있고 이는 비서구권 문화에 대한 이해를 왜곡하거나 부적절하게 적용할 수 있는 한계점을 내포하고 있다.

문화적 관심사 이론

앞에서 본 감정 표출 규칙과 문화의 관계에 대한 보편적 관점과는 또 다른 관점에서 Cohen & Nisbett(1994)이나 Rodriguez Mosquera, Manstead, and Fischer(2002)는 각종 '문화적 관심사(cultural concerns)' 때문에 여러 문화에서 감정 표출이 달라진다고 보았다. Mesquita & Karasawa(2002: 127)는 감정은 마음속의 관심사, 즉 염려하는 것에 좌우된다고 하였다. 이때 염려란 어떤 상황이 일어나거나 일어나지 않기를 바라는 마음으로서 바라는 상황이 일어나는 것은 기쁘거나 즐거운 긍정적 감정을 유발하고 반대로 바라지 않는 상황이 일어나는 것은 불쾌하고 낙담하는 부정적 감정을 유발한다. 구체적으로 문화적 염려의 대상이 되는 것에는 한 문화에서의 핵심 가치에 부합하고 격려되는 목표, 희망 사항, 이상 등이 있는데 예를 들어 명분보다는 실리를 중시하는 문화에서 태어나서 자라난 사람은 자신의 명예가 위협을 받을 수 있는 사건에 대해 그렇지 않은 문화에 속한 사람들과는 다르게 반응할 것이라는 점이다. Rodriguez Mosquera, Manstead, and Fischer(2002)의 조사에 따르면 스페인 사람과 네덜란드 사람은 모욕적인 말에 반응하는 방식이 달랐는데 스페인 사람들은 자기 가문의 명예를 위협하는 발화에 대해 보다 격렬하게 감정적으로 대응하는 경향이 네덜란드 사람들보다 높았다. 물론 이 결과를 개인주의 대 집단주의의 관점에서 해석할 수도 있는데 스페인 사람들은 개인이 속한 가문에 대한 연대의식이 강해서 가문을 모욕적으로 공격하는 것은 자신에 대한 공격으로 일치하는 것으로 생각하기 때문에 그러한 공격에 격하게 반응하는 반면 네덜란드인들은 그러한 집단적 연대의식이 덜 하기 때문에 감정적 대응 수위가 낮은 것으로 해석할 수 있다.

역사적으로 1920년대 이후 이탈리아에서 등장한 파시즘이나 독일의 나치즘 및 일본의 군국주의와 같은 전체주의는 집단주의보다 더 강압적인 방식으로 개인의 자유와 역할을 최소화하고 행복이나 명예, 자부심, 수치심, 분노 등에서 극단적인 표출 방식을 양산하였다. 예를 들어 2차세계대전 중 일본의 카미카제 특공대는 소위 천황폐하를 위해 목숨을 바치는 일을 자랑스럽고 숭고한 일로 생각해서 아무런 저항 없이 자살 공격의 선봉에 나섰고 태평양 제도에서 연합군에게 쫓긴 일부 일본인들은 연합군에게 붙잡히는 것을 치욕으로 생각하고 훗날 자살 바위라고 불리게 된 절벽에서 자발적으로 뛰어내림으로써 황국신민의 도리를 다하는 것을 명예로운 일로 생각하였다. 반대로 일본군은 여성들을 병사들의 성적 욕구를 충족시켜주는 노리개로 이용하는 위안부 제도를 실시하고 이를 찬양하기까지 하였는데 이는 어떠한 경우에도 여성의 인권을 존중하는 다른 나라의 관점에서는 도저히 이해할 수 없는 만행이라고 생각된다. 이런 관점이 차이는 아직까지도 일본이 피해자들에 대해 공식적으로 사과하지 않는 중요한 근거가 되고 있다.

[그림 22] 사이판의 자살 바위

한 국가의 국민들의 감정이 집단적 가치관과 결합하여 특유의 문화적 맥락으로 자리잡을 수 있는데 이를 국민정서라고 부르기도 한다. 국민정서는 같은 사안에 대해서 서로 다른 나라가 다르게 반응하게끔 만드는 동력이 되는데 예를 들어 2차세계대전의 추축국으로서 독일은 유태인 학살 등 전쟁 중 일으킨 범죄 행위에 대해 국가적으로 공식 사과하고 비록 자기들에게는 뼈아픈 흑역사이지만 이를 되풀이하지 않도록 전범자들을 계속 찾아내어 정의의 심판대에 올리며 홀로코스트와 같은 잔학 행위를 옹호하고 나치를 찬양하는 것을 법으로 용납하지 않고 있다. 또한 독일의 학교에서는 이런 사건을 은폐하고나 축소하지 않고 사실 그대로 가르치고 있다. 반면에 독일과 동맹국이었던 일본은 난징 대학살, 생체 실험, 위안부 강제 동원, 강제 징용 등에 대해 그 어느 하나 공식적으로 사과하지 않고 인정조차 하지 않으며 주변국들의 항의에도 아랑곳하지 않고 전범을 찬양하는 야스쿠니 신사를 정부 관리들이 공식 참배하거나 공물을 보내 기리는 등 침략과 식민통치의 역사를 미화하고 정당화하는 등 양국이 정반대의 방향을 보여주고 있다. 과거사 문제에 대해 이 두 나라가 이토록 큰 차이를 보이는 이유는 무엇일까? 일본은 전쟁의 책임을 둘러싸고 미국도 책임이 있다는 논리를 펼치고 있다. 히로시마와 나가사키의 핵폭탄이 떨어진 곳을 평화공원이라고 명명하면서 전쟁의 참상을 보여줌으로써 마치 일본이 전쟁의 최대 피해자인 양 이른바 피해자 코스프레를 하는 것이다. 일부 미국인들은 히로시마 원폭 공원에서 원폭피해자들을 위해 눈물을 흘리며 묵념을 올리고 자신들의 잔학행위를 사과하기도 한다. 1968년 유럽에서 일어난 학생 운동 이후 독일의 청년세대들은 기성세대들이 전쟁 범죄에 침묵해온 것을 비판하고 역사에 대해 책임감을 느끼고 전향적인 사과와 반성의 움직임을 키워나갔다. 반면 일본의 젊은 세대들은 태평양전쟁은 자기와 무관한 어른 세대들의 일로서 그 결과에 대해 자신들이 책임을 지거나 사과할 필요가 없다고 생각한다. 학교 교육에서도 전쟁 중에 일어난 일본군들의 잔혹 행위와 반인류적 범죄를 거의 가르치지 않거나 심지어 왜곡하여 가르치기 때문에 주변국에서 이 문제를 계속 제기하는 것을 이해하지 못하고 극우주의자들의 험한 선동에 휩쓸려 반발하기까지 한다. 2015년 5월에 당시 독일 메르켈 총리는 한때 전쟁 동맹국이었던 일본에 대해 "과거를 인정하고 화해하는 것만이 주변국과의 화해를 위한 전제조건이며 역사를 정직하게 직시하고 끊임없이 사죄하는 것이 중요하다"고 당시 아베 총리에게 이례적인 어법으로 말했지만 당시 총리였던 아베를 위시한 일본의 우파 정치인들은 아무도 이를 새겨듣지 않았다.

앞에서 우리는 일부 조사에 따르면 미국이 사회적 평등이나 주변국들과의 조화 등에는 별로 관심이 없고 지배와 계급, 배태성에 더 관심이 있다고 했는데, 이런 점에서 독일과 일본 중 일본이 보다 미국과 가까운 문화적 성향이 있다. 이에 더하여 앞서 본 Hofstede(2015)의 문화차원 중 남성성, 권력 거리 등에서 일본은 독일보다 훨씬 남성성이 강하고 권력 거리가 심한 문화적 특성을 갖고 있어서 자신의 약점을 인정하는 것을 주저하고 잘못을 사과하는 것을 패배로 받아들이는 경향이 있다. 반면 68세대 이후 독일은 보편주의와 인류애 등의 감수성이 높고 평등적 인권 개념이 강하며 남성성과 권력 거리가 모두 낮은 문화적 특성의 사회로 변모하면서 전쟁 범죄나 과거사 등에서의 사과와 반성에서 비교적 유연한 태도를 갖게 되었다고 볼 수 있다. 그런 의미에서 1968년 유럽의 대학가를 중심으로 일어난 학생운동은 전통적인 가치와 대립하는 새로운 가치의 형성을 가져온 중대한 역사적 사건으로서 규율과 질서를 금과옥조처럼 신성시해온 독일 국민들이 편협한 순응을 버리고 보편주의를 지향하는 계기가 되었다. 그 결과 1970년 12월 빌리 브란트 당시 서독 수상이 폴란드를 방문하여 파격적으로 무릎을 꿇고 홀로코스트를 반성하는 장면을 연출하여 주변국들의 의혹의 시선을 해소하는 데 어느 정도 성공하고 그가 주도한 독일의 동방정책은 훗날 주변국들의 반대 없이 독일 통일을 가능하게 한 초석이 되었다. 반면 일본은 공산당이나 사회당 등 좌파 세력의 퇴조와 함께 독일 못지않게 규율과 질서를 강조하는 국민정서가 이어지고 정치지도자들은 이를 이용하여 시대착오적인 군국주의를 연상케 하는 단결과 일치라는 순응의 미학을 은근히 부추기면서 독일과는 다르게, 인류애적 가치를 인식하고 책임을 흔쾌히 인정하는 데에 도달하지 못함으로써, 여전히 주변국들의 반발과 마찰을 불러일으키고 있다.

국가 차원 뿐 아니라 군대나 일부 종교 집단, 운동부 등과 같은 특수 집단에서의 감정 표현 역시 제한되는 경우가 많다. 예를 들어 2023 KBO 신인 드래프트에서 전체 1순위로 한화 이글스에 지명된 김모 선수는 고졸 최대어로 손꼽힐 만큼 지대한 관심의 대상이었다. 그런데 시즌을 앞두고 실시된 미국 애리조나에서의 스프링캠프 도중 본인의 인스타그램 부계정에 소속 팀의 일부 코치와 팬을 비하하는 글을 올린 것이 문제가 되어 호된 여론의 질타를 받고 급기야 사과까지 해야 했다. 원래 이 부계정은 비공개이지만 일부 관련자는 볼 수 있었는데 훈련에 늦은 것과 밥을 안 먹은 것에 대해 주의를 준 코치에 대해 비속어를 섞어 짜증을 부리고, 등번호 11번을 달지 않은 것에 대한 팬들의 말에 대해 섭섭한 감정을 내비치며 담배를 왜 계속 피게 되는지 이해가 된다는 등 부정적인 심경을 토로한 것이 공개되어 그 동안의 호의적인 여론이 일제히 등을 돌리게 되는 계기가 되었다. 그런데 일각에서는 아직 20살도 되지 않은 어린 선수가 프로야구 입문을 앞두고 경험하는 새로운 상황에서 솔직한 심정을 정제되지 않은 용어로 표출했다고 해서 일방적인 여론의 몰매를 맞는 것은 과하다는 주장도 있었지만 그렇지 않아도 당시 소속 선수들의 연이은 일탈 행위로 골머리를 앓아온 구단의 입장에서는 이른바 "팀보다 위대한 선수는 없다"는 집단 우선주의를 내세워 어떠한 식으로든 부정적인 감정의 표출은 용납하기 어려웠을 것이다. 이 말은 영국 EPL의 맨체스터 유나이티드의 전성기를 이끌었던 명감독 알렉스 퍼거슨이 한 말로 유명한데 월드클래스의 스타플레이어가 즐비한 축구단을 효율적으로 관리하기 위해서는 팀웍과 기강을 강조할 수밖에 없는 특별한 맥락에서 나온 말로 보인다. 그럼에도 불구하고 프리미어리그는 선수들의 돌출된 행동 및 선수들과 감독 사이의 언쟁 등이 끊임없이 터져 나오는데 이는 최고로 상업화된 직업 스포츠에서만 볼 수 있는 특이한 문화라고 할 수 있다. 남녀 사이에서도 문화적 관심사에 차이가 있는데 Manstead & Fischer(2002: 7)는 일반적으로 여자들에 비해 공명심에 대한 관심이 더 강한 남자들은 자신이 누군가에게 모욕을 당했다고 생각할 경우 분노를 터뜨리고 공격적으로 돌변하는 것이 적절한 대응이라고 생각하는 경향이 강하다고 보았다.

　　Mesquita & Karasawa(2002)는 자기-해석(self-construal)에서 문화적 차이가 감정 표출에서의 차이를 설명하는 데 도움이 된다고 한다. 이들에 따르면 미국과 일본 사람들이 자기 문화에서 참여하는 특징적인 방식을 뜻하는 "자기-방식(selfways)"에서의 차이가 감정 표출과 함수 관계에 있다고 한다. 이들은 양국에서 설문조사를 하여 일주일 동안 매일 4번씩 자신의 감정과 관심사를 평가하고 보고하도록 했는데 일본인 응답자들은 미국인 응답자들보다 감정을 전혀 느끼지 않았다는 비율이 높았다. 또한 미국인들은 자신들의 감정 사건들을 긍정적인 말로 표현하였고 독립적 자아의식이 강한 미국인들은 그런 종류의 문화적 관심사에 더 즐거움을 느끼는 반면, 상호의존적 자아의식이 강한 일본인들은 독립적인 문화적 관심사보다는 상호의존적 문화적 관심사에서 더 즐거움을 느낀다고 답했다. 문화적 관심사의 차이가 감정 생활의 질적 차이와 직접 연결된다는 것이다. 이 이론의 핵심적 개념인 문화적 염려는 마음 쏠림으로서의 심리적 취향인데 이는 개인적으로 차이가 있을 수 있고 한 문화를 공유하는 사람들 사이에서도 다를 수 있다.

언어범주 모델

집단주의/개인주의 문화적 차이와 감정 표현의 사용과의 관계에 대해 Semin et al.(2002)은 사회구성원들 사이의 관계와 내집단에서의 조화와 일치 및 상호의존성을 중요하게 여기는 집단주의 문화에서는 관계 표시 (relationship-marker)의 기능을 담당한 어휘들과 구체적인 어휘들이 더 많이 사용되는 반면, 개성과 독립성을 중시하는 개인주의 문화에서는 자기 표시(self-marker)의 기능을 맡은 감정 표현들이 자주 사용되고 용어들이 보다 추상적인 경향이 있다고 하였다. 이 주장은 언어적 특징에 따라 감정 표현들을 분류한 Semin & Fiedler(1991)의 "언어범주 모델 (Linguistic Category Model, 줄여서 LCM)"에 기반을 둔 것으로 이 모델에서는 언어 표현들을 구체성/추상성에서 차이를 보이는 다음과 같은 유형으로 나누고 있다 (Semin & Fiedler 1991, p.5).

유형	예	특징
1. Descriptive Action Verbs (묘사적 행위동사: DAV)	call, meet, kick, kiss	단일한 행동적 사건 기술; 특정 대상과 상황을 지칭; 이해에 맥락 필수; 관찰가능한 사건에 대한 객관적 기술
2. Interpretive Action Verbs (해석적 행위동사: IAV)	cheat, imitate, help, inhibit	단일한 행동적 사건 기술; 특정 대상과 상황을 지칭; 자립적인 이해 가능; 기술 내용 이상의 해석이 발생 가능
3. State Action Verbs (상태 행위동사: SAV)	surprise, amaze, anger, excite	비특정적 행동에 의해 목적어에 일어난 상태를 가리킴
4. State Verbs (상태 동사: SV)	admire, hate, abhor, like	사건들로부터 추상화된 지속적 상태를 가리킴; 사회적 상황보다 객체를 지시; 맥락 지시는 보존되지 않음
5. Adjectives (형용사: ADJ)	honest, impulsive, reliable, helpful	매우 추상적인 인간적 성향; 객체나 상황, 맥락 등을 지시하지 않음

첫째로, "A punches B"에서의 동사 punch처럼 구체적이고 관찰가능한 단일 사건을 기술하는 묘사적-행위-동사(Descriptive-Action-Verb, DAV)가 가장 구체적인 어휘이고, "A hurts B"에서의 hurt처럼 단일한 행위가 아니라 행동의 일반적인 부류를 지칭하는 해석적-행위-동사(Interpretive-Action-Verb, IAV)가 두 번째로 구체적인 동사이다. 이 중 DAV는 시작과 끝이 비교적 분명하고 긍정적이거나 부정적인 감정가를 갖지 않는다. IAV는 DAV와 비슷하지만 일회성 사건이 아닌 행동의 일반적 부류(class)를 언급하며 긍정 또는 부정의 의미를 내포하고 있다. 또한 IAV는 그 술어가 쓰인 문장의 뜻을 이해하기 위해 맥락의 도움이 필수적이지 않지만 동사의 의미 이상으로 추가적인 해석이 발생할 수 있다. Semin and Fiedler의 초기 분류에 따르면 상태 행위동사 SAV는 IAV와

유사하지만 행동 자체를 가리키는 것이 아니라 행동의 감정적 결과를 표현한다는 점에서 차이가 있다고 보았다. 반면 상태-동사(State-Verb, SV)는 "A hates B"의 동사 hate처럼 특정 사건에 국한되지 않고 관찰할 수 없는 감정 상태를 기술하는 구체성이 낮은 동사로서 심리적이거나 감정적인 상태를 지칭하는 말인데 정해진 시작과 끝이 없고 진행형과 명령법에서 쓰이지 않으며 기술 내용 이상의 해석이 발생할 수 있다고 한다. 다만 이 분류에서는 SAV와 SV의 구별이 다소 모호한데 나중에 Semin et al.(2002)에서는 SAV를 별도의 유형으로 분류하지 않고 상태동사 SV와 통합하였다. 마지막으로 "A is aggressive"의 aggressive와 같은 형용사(Adjective, ADJ)는 관찰가능성도 낮고 단일한 사건을 기술하지도 않으며 여러 사건들을 일반화하여 주어 A에 대해서만 기술하는 가장 추상적인 표현으로 분류된다. 이런 추상적인 표현은 다른 세 가지 표현들과는 달리 주어 A가 목적어 B와 맺는 관계는 더 이상 표시할 필요가 없는 말이 된다. Semin et al.(2002)의 다섯 번째 범주인 대인관계의 감정적 형용사는 맥락의존성이 낮아서 그것이 쓰인 문장은 일어나고 있는 사건에 의해 진위를 판별할 수 없다고 주장한다. 즉 대인관계를 서술하는 데 사용되는 종류의 형용사는 추상성이 높은 범주로서 특정 사건으로부터 분리된 것으로 객체나 상황을 직접 가리키지 않고 대신 그것이 기술하는 내용 이상의 해석이 요구되는 문법 범주라고 보았다.

언어범주 모델(LCM)은 사회적 인지와 언어 사이의 관계에 주목하는데 특히 지각이나 기억, 사회적 추론과 같은 인지심리학적 과정은 언어의 구조에 일정한 영향을 받는다고 가정한다. 이는 언어상대성이론에서 제기된 주장과 유사하지만 LCM은 보다 구체적이고 특정한 언어적 기제들에 초점을 맞추어 언어의 역할을 다면적으로 보고 있고 언어와 사회적 인식 사이의 관계를 헤겔이 말한 정반합의 역동적 관계로 보고 있다는 점에서 차이가 있다. 즉 Semin & Fiedler(1991)는 언어와 사회적 인지를 변증법적 관계로 생각하는데 언어는 사회인지적 활동의 산물이지만 이렇게 생겨난 언어는 다시 우리의 사회인지적 과정에 영향을 준다. 이 모델에서 언어는 구조이자 복합적인 기술이면서 동시에 실질적인 활동이라는 다면성을 갖고 있다.

Semin et al.(2002)은 집단주의/개인주의가 다른 유형이나 범주에 속한 감정 표현의 사용과 밀접한 관계가 있다고 보는데 집단의 목표를 중시하고 상호 관계에 높은 우선순위를 부여하는 집단주의 문화에서는 가장 구체성이 높은 묘사적-행위-동사(DAV)와 그 다음으로 구체적인 해석적-행위-동사(IAV) 등이 더 많이 사용되고 대신 상태 동사나 형용사는 비교적 사용 빈도가 떨어지는 반면, 개인의 목표를 우선시하는 개인주의 문화에서는 정반대로 추상성이 높은 형용사(ADJ)나 상태 동사(SV)가 많이 쓰이고 해석적-행위-동사나 묘사적-행위-동사는 상대적으로 덜 쓰인다고 한다. 즉 일반적으로 집단주의 문화에 속하는 힌두스탄-수리남 화자들은 개인주의 문화에 속하는 네덜란드 화자에 비해 상호의존적 관계를 나타내는 감정 표현들을 두 배 이상 더 많이 사용하는 것으로 나타났다. 결론적으로 이들의 조사에 참여한 힌두스탄-수리남 사람들에게 감정은 '지금-여기'라는 발화 맥락에 보다 직접적으로 닻을 내리고 있는 대인관계적인 경험(interpersonal experience)으로서 보다 구체적인 사건으로 인식되는 반면, 네덜란드인들에게 감정은 발화 맥락으로부터 추상화되어 사건 자체가 탈맥락화되고 고립화된 개인내부적인 상태(intrapersonal state)로 표시되는 경향이 있다.

또한 Semin et al.(2002)은 같은 사건을 서술할 때에도 화자가 속한 문화의 차이가 감정과 관련된 표현의 사용에서 언어의 차이로 이어질 수 있음을 밝혔다. 특히 자아(self) 개념에서 상호의존적 자아 개념을 가진 문화는 독립적 자아 개념을 가진 문화보다 감정적 서술에서 맥락화 술어(contextualizing predicates)의 사용 비율이 현저히 높게 나타났다. 이런 문화는 자아를 맥락화하여 해석하는 경향이 강한 문화로서 집단주의적 자아 개념이 강한 곳이다. '맥락화 술어(contextualizing predicates)'란 주어가 처한 상황이나 환경에 대한 정보를 제공하여 주어의 행동이나 감정을 이해하는 데 도움을 주는 서술어를 의미한다. 즉, 단순히 "영미는 화가 났다"라고 말하는 대신, "영미는 시험 결과 때문에 화가 났다"와 같이 화가 난 이유나 배경을 함께 설명해 주는 것이다. 한국과 같은 상호의존적 자아 문화권에서는 감정이 개인의 내면적 상태뿐만 아니라 외부 환경과의 상호작용 속에서 형성된다고 보기 때문에, 감정 서술 시 맥락적 정보를 더 많이 포함하게 된다. 반면 서유럽과 같은 독립적 자아 개념을 가진 문화에서는 개인의 내면적 상태를 중심으로 감정을 직접적으로 표현하는 경향이 더 강하다. 이들의 연구에서는 튀르키예어와 네덜란드어 화자들을 비교하였는데 상대적으로 집단주의 성향이 강한 튀르키예어 화자들은 자신의 감정을 구체적으로 표현하면서 주로 동사를 사용한 반면, 개인주의적 성향이 강한 네덜란드어 화자들은 같은 상황에서의 자신의 감정을 보다 추상적으로 주로 형용사나 명사를 사용하였다. 이 차이는 White(1994)의 조사와도 일맥상통하는데 그에 의하면 대인관계적 자아 개념이 강한 A'ara어 화자들은 자신의 감정을 맥락과 분리된 추상적이거나 단절적인 (discrete) 심리 상태로 표현하는 것이 거의 불가능하며 감정은 대부분 동사로만 표현된다고 한다. 한국은 세대 간의 문화적 차이가 심화되고 있고 자아 개념도 달라지고 있다. 보다 집단주의적 성향을 보이고 상호의존적 자아 개념을 가진 노년층과 비교적 개인주의에 덜 비판적이고 독립적 자아 개념에 가까운 MZ세대 사이에는 같은 감정 유발적 사건에 대한 서술에서 주로 사용하는 언어 표현의 범주가 차이를 보인다. 예를 들어 젊은 세대는 명사형을 선호하고 기성세대는 서술형 문장을 선호한다.

엄태현(2019: 44)은 독립적인 자아 개념이 강하고 개인주의적 성향을 가진 Z세대의 언어에 대해 논하면서 "독립적인 자기 이해는 언어사용에서의 계급, 소속감, 정치적 경향, 연령, 성별 등에서의 정체성을 표현하고 드러내는 하나의 문법이 된다. 화자는 자기정체성에 대한 이해와 전략적 선택에 따라서 언어를 선택한다"고 했다. 이런 Z세대들의 선택 중 두드러지는 것은 비표준성과 새로운 조어법인데 새 세대들이 비표준적 어법을 모색하는 것은 엄태현은 내면적으로 자유로운 역동적 자기표현으로 볼 수 있다고 하였다. 휴대폰과 같은 모빌리티의 사용이 가장 빈번한 젊은 세대일수록 통신 수단의 특성을 고려한 줄임말의 사용이 많은데 여기서 한 가지 주목할 만한 점은 원래 교착어인 한국어의 명제 단위의 문장적 개념을 형태상으로는 마치 한 단어처럼 통합시킨 융합어적인 조어법이 유행하고 있다는 점이다. 예를 들어 아래 표현들 중 화살표 왼쪽의 표현은 문장이나 술어부가 명시되어 있는 표현인 반면, 화살표 오른쪽의 표현은 이를 하나의 단어처럼 줄이고 압축한 표현이다.

지켜주지 못해 미안해 → 지못미
낄 때 끼고 빠질 때 빠져 → 낄끼빠빠
복잡한 세상 편하게 살자 → 복세편살
금방 사랑에 빠지다 → 금사빠
세상에서 제일 예쁜 → 세젤예
자연스러운 만남을 추구한다 → 자만추
갈수록 비호감 → 갈비
담배를 피우지 않음 → 노담
영혼까지 끌어모은다 → 영끌
좋다 못해 사랑한다 → 좋못사
혼자서 영화를 보다 → 혼영
오 놀 줄 아는 놈인데 → 오놀아놈
팬은 아니지만 일단 저장한다 → 팬아저
갑자기 통장을 보니 알바해야 할 것 같아 → 갑통알
중요한 건 꺾이지 않는 마음이다 → 중꺾마

갑자기 분위기가 싸해지다 → 갑분싸

이십대의 태반이 백수이다 → 이태백

십대도 장차 백수가 될 것을 생각해야 한다 → 십장생

울 오빠 삼일절. 이생망 → 우리 오빠 31세까지 취업 못하면 절대 취업을
할 수 없다. 이번 생은 망했다.

그런데 이는 단지 글자 수를 줄이는 것 뿐 아니라 개념의 압축까지 일어나
술어적 차원에서 명사적 차원으로 유형 전환(type-shifting)을 일으키는
것이다. Partee(1987)는 자연언어의 다양한 의미 관계와 의미 현상을 설명
하는 데 유형 전환 함수(type-shifting function) 개념을 사용한다. 그
중에서 술어로부터 명사화가 일어나는 과정을 IOTA라는 유형 전환 연산으
로 설명하는데 IOTA는 함수를 뜻하는 ⟨e, t⟩ 유형의 술어를 개체를 나타내는
e 유형의 명사구로 옮겨주는 기능을 가진 연산자이다. 이 과정에서의 결과물
인 e 유형의 개체는 한정성을 지니게 되어 그 존재가 전제된다는 점에서
이 연산자를 전제적 연산자 또는 언어적 전제 현상을 연구한 학자인 스트로슨
(Strawson)의 이름을 따서 스트로슨 연산자(Strawsonian operator)라고
부르기도 한다.

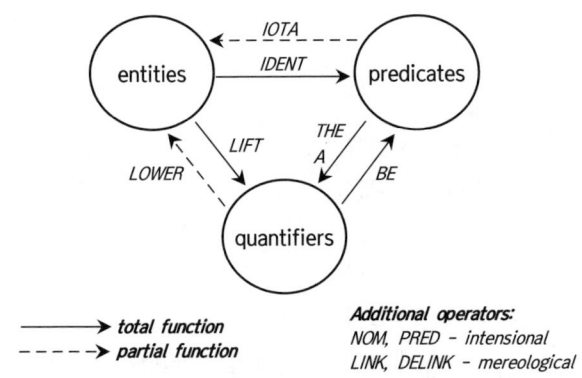

[그림 23] 유형 전환 함수 (출처: Partee, 1987)

IOTA 함수는 술어를 유일한 개체(unique entity)로 변환하는 함수로서 어떤 속성을 만족하는 유일한 개체를 찾아내는 역할을 한다. 예를 들어 'the president'란 명사구에서 'president'는 속성을 나타내는 술어인데 'the'라는 IOTA 함수를 적용하여 한정성을 가진 '현재의 바로 그 대통령'이라는 속성을 만족하는 유일한 개체를 지시한다. 역으로 IDENT 함수는 개체를 술어로 변환하는 함수로서 어떤 개체를 속성으로 만드는 역할을 한다. 예를 들어 "한국은 아름답다"라는 표현에서 '한국'은 개체인데 이 문장 전체의 의미를 해석하기 위해서는 '한국'이 '아름다움'이라는 속성을 가지는 것으로 해석되어야 한다. IDENT 함수는 '한국'을 '한국임'이라는 속성으로 변환하여 이러한 해석을 가능하게 한다. 이런 유형 전환 함수는 자연어에서 단어나 구가 다양한 문맥에서 다양한 의미 유형으로 사용될 수 있는 유연성을 설명하는 데 도움을 준다, 또한 유형 전환 함수를 통해 문장의 의미를 효율적으로 해석하고, 다양한 의미 현상을 일관된 방식으로 설명할 수 있으며 형식의미론의 발전에 기여하여 자연어의 의미를 더욱 정밀하게 분석하고 이해하는 데 도움을 준다. 뿐만 아니라 이 개념은 문화적 맥락에서 언어 사용의 변이를 설명하는 데에도 유용한 도구가 될 수 있다.

현대 한국어 사용자 중에서 신세대일수록 IOTA 유형 전환의 예라고 볼 수 있는 술어적 표현의 명사구 전환이 빈번한 것은 Semin et al.(2002)이 주장했듯이 집단주의적 문화에서 구체성이 높은 DAV와 IAV의 사용을 선호하고 개인주의적 문화에서 추상성이 높은 ADJ나 명사구를 사용하는 것을 선호하는 것과 일치한다. 예를 들어 한국의 기성세대들은 "나는 금방 사랑에 빠지지는 않아"라고 구체적인 묘사적 술어로 기술할 사안을 MZ세대들은 "나는 금사빠는 아님"이라고 압축적이고 추상적인 명사적 표현으로 기술하는 경향이 있다. 또한 기성세대들은 묘사적인 술어를 사용하여 "오늘 공모주 청약을 했는데 빛의 속도로 탈락하고 말았어"라고 기술할 상황을 MZ세대들은 "오늘 공모주 청약 광탈"이라는 극히 압축적이고 간결한 명사형으로 표현하는 경향이 있다. 이밖에도 "극혐, 취저, 열폭, 맘충, 한남충, 김치녀, 답정너, 넌씨눈, 툭튀, 솔까말, 개펀리펀, 예지앞사" 등은 이런 경향의 예시적인 표현들이다.

언어범주 모델에서는 명사와 형용사는 동사에 비해 추상성이 높고 특정 맥락에 국한되지 않는 탈맥락적 표현으로 간주되고 있다. 그러나 이것을 일반화하기까지에는 다양한 언어적, 비언어적 요소들을 고려하여 테스트하는 것이 선결되어야 한다. 예를 들어 영어나 한국어에서 동사는 문장에서 술어로 사용될 경우 시제가 표시되는데 He sings well처럼 행위동사가 현재 시제로 쓰이면 이는 단일한 사건이나 지금 현재 발화 맥락에서 일어나고 있는 구체적 사건이 아닌 것을 기술할 수 있다. 이때 행위동사 sing은 그것의 파생명사형과 대응해서 He sings well은 He is a good singer와 같은 뜻이 된다. 그런데 문제는 동사가 과거 시제로 표시될 경우인데 예를 들어 He sang well은 발화 시점보다 앞선 과거의 어느 시점에서 일어난 1회적인 사건도 될 수 있고, He sings well의 의미가 과거 시점으로 옮겨서 그 당시에 일어난 지속적이거나 일반적인 행위도 된다. 이런 후자의 경우에만 He sang well은 He was a good singer와 같은 뜻이 된다. 따라서 명사는 항상 관찰이 불가능한 추상적인 탈맥락화된 사건을 가리키고 동사는 그 반대의 뜻으로 사용된다는 주장은 성립하지 않는다. "The murder of the man by a terrorist was tragic"에서 'murder'는 "A terrorist murdered the man"에 비해 추상화의 정도가 높지만 "The murder of the man by a terrorist is possible"에서의 'murder'에 비해서는 같은 명사형이지만 추상성이 낮다. 아울러 명사들 중에서 responsibility, creativity, happiness 등과 같은 형용사 어간을 가진 파생명사와 response, creation, adjustment 등과 같은 동사 어간을 가진 파생명사 및 responding, creating, running 등과 같은 동명사의 세 가지 경우에 추상성과 탈맥락성의 차이도 있는데 LCM에서 이런 차이는 무시되고 있다. Grimshaw(1994)가 지적했듯이 명사 중에는 동사처럼 논항을 취할 수 있는 것과 동사와는 달리 논항을 취하지 않는 것으로 나뉘는데 필수 논항의 차이 역시 의미적 탈맥락성과 깊이 연결되어 있다고 보이는데 이런 점도 충분히 고려해야 할 것으로 보인다.

LCM이 언어의 구조와 문화적 특성 간에는 일정하고도 유의미한 관계가 있을 것으로 가정한다는 점에서 이는 앞서 말한 언어상대성 이론과 중복되는 부분이 있다. 그런데 언어와 문화 사이의 관계에 대해 이른바 사피어-워프 가설로 불리는 언어상대성 이론의 주창자인 Sapir 자신은 언어가 생각이나 지각을 결정할 것이라고 보는 강력한 언어결정론은 순진한 생각이라고 비판한 바 있다. 뿐만 아니라 언어와 문화는 본질적으로 연결되어 있지 않으며 서로 다른 언어들이 같은 문화에서 사용될 수 있고 아메리칸 원주민 언어 중의 하나인 Athabaskan어는 언어적으로 같은 것이지만 이 언어를 사용하는 부족들은 각기 다른 문화를 갖고 있다는 것만 보아도 언어와 문화 사이의 정해져 있는 고유한 관계는 생각하기 힘들다고 보았다 (Sapir & Swadesh, 1946, pp.100-107). 따라서 개인주의와 집단주의라는 문화적 특성과 언어의 구조 사이의 관계에 대해 논할 때에는 보다 실증적인 분석과 치밀한 이론화의 과정이 요구된다.

저맥락 문화와 고맥락 문화

Hall(1976)이 제안한 이분법적 개념인 고맥락 문화/저맥락 문화는 문화에서 교환된 메시지가 얼마나 명시적인지, 그리고 의사소통에서 맥락(context)이 얼마나 중요한지에 대한 연속체(continuum)의 양끝을 가리킨다. 즉 고맥락 문화(high-context culture)와 저맥락 문화(low-context culture)는 서로 완전히 분리된 두 가지 문화를 가리키는 것이 아니라 가장 고맥락인 문화에서부터 고맥락이기는 하지만 가장 고맥락인 문화보다는 덜 맥락에 의존하는 문화도 있을 수 있고, 같은 개념적 연속체 안에서 맥락의 역할이 상대적으로 약한 저맥락 문화가 자리잡을 수도 있으며 마지막으로는 가장 저맥락적인 문화가 맨 끝에 자리하는 방식으로 이루어진 연속체로서 이분법적인 개념이 아니라 정도의 개념이다.

고맥락 문화는 맥락을 중시하는 문화로서 고맥락 소통에서의 메시지는 대부분의 정보가 물리적 상황에 있거나 사람들에게 내면화된 것인 반면, 명확하게 부호화된 메시지 정보는 상대적으로 빈약하거나 빈번히 생략된다. 고맥락 문화에서의 의사소통 스타일은 대인관계의 근접성과 잘 구축된 사회 계층, 그리고 강력한 행동 규범에 의해 영향을 받는다. 고맥락 문화에서는 의미가 이런 비언어적 정보 속에 깊이 내재되어 있어서, 모든 의미가 말하기나 글쓰기에서 외형적으로 두드러지게 제시되지 않는다. 따라서 이런 문화에서 청자는 명시적으로 언급되지 않은 것, 즉 행간에 내포된 의미를 자신의 배경지식을 동원하여 파악할 수 있어야 한다. 화자는 청자로부터 방해를 받지 않고 자신의 말을 거의 정해진 방식에 따라 계속해서 말할 수 있다. 따라서 고맥락 문화에서의 의사소통은 간접적이고, 다분히 모호하며, 은폐되거나 맥락에 의존하여 뚜렷하게 드러나지 않는 부분이 많고, 대화 중에 질문을 하는 것은 개인적인 것이 아닌 질문이더라도 매우 조심스럽게 행해진다. 이런 고맥락 문화의 예로는 일본, 중국, 베트남 등의 아시아 문화를 들 수 있는데 이 문화권에서는 비언어적 커뮤니케이션이 언어적 커뮤니케이션 못지않게 중요한 역할을 한다. 예를 들어, 표정, 몸짓, 어조, 톤 등이 중요한 정보를 전달하며 상대방의 관계와 상황에 따라 의사소통 방식이 달라질 수 있다. Hall(1976)은 동아시아 문화권의 여러 언어들은 말의 내용에 의해 전달되는 정보의 비율이 상대적으로 낮고 맥락적 단서(contextual cues)나[24] 운율적 요소(prosody)들의 역할이 비교적 중요한데 이런 고맥락 문화의 언어를 고맥락 언어(high-context language)라고 불렀다. 또한 중동지역의 문화도 일반적으로 고맥락 문화로 간주되는데 이 문화권에서는 개인적인 관계가 중요하며, 관계를 구축하는 데 시간이 걸릴 수 있고 감정은 일반적으로 직접적으로 표현되지 않는다. 고맥락 문화는 대체로 안정적이고, 통일성이 있으며, 응집력이 비교적 높은 데 비해 변화가 느리다. Hall & Hall(1990)은 일본과 아랍 국가뿐 아니라 유럽의 그리스, 스페인, 이태리도 대표적인 고맥락 문화로 분류하고 있고, 일부 문화학자는 한국도 일본과 같은 고맥락 문화로 보기도 한다. 그런데 한국은 역사적으로 일본과 제도나 문물 등 많은 부분을 공유하지만 현대에 접어들어 문화는 상당한 차이를 보이고 있어한국을 일본과 같은 수준의 고맥락 문화로 묶는 것은 점점 어려워지고있다. 한국은 소통에서도 일본에 비해 보다 직설적이고 명시적인 반면일본은 여전히 간접적이고 비명시적인 부분이 많다. 어쨌든 고맥락 문화의 사람들은 사건에 대한 의미를 부여하기 위해 자신들의 역사와 지위, 관계, 종교를 포함한 다른 정보에 의존하는 정도가 높다.

반면에 저맥락 문화는 발화 상황보다 메시지 자체를 중시하는 문화로서메시지는 명확하게 부호화되어 있고 언어 기호를 통해 의미가 명시적으로전달되며 맥락에 대한 이해가 필수적이지 않다. 만약에 언어 메시지에불분명한 점이 있다고 생각되면 청자나 독자는 화자나 저자의 추가적인

---

24 맥락적 단서란 우리가 언어적으로 접하는 정보뿐 아니라, 그 정보가 놓여 있는 주변 환경, 상황, 그리고 과거의 경험 등 모든 요소를 포함하여 어떤 것을 이해하고 처리하는 데 도움을 주는 실마리들을 말한다. 한국어의 '아이고!'나 '거시기' 같은 표현은 그 해석을 위해 이런 맥락적 단서나 운율적 요소의 도움이 필요한 대표적인 예이다.

설명이 뒤따를 것으로 기대하거나 요구한다. 저맥락 문화의 소통은 직접적이고 정확성을 추구하며 화자나 저자 자신의 진실한 의도를 해석의 주된 기반으로 여긴다. 미국이나 영국, 캐나다, 호주, 서유럽 등 서양 문화는 일반적으로 저맥락 문화로 간주되는데 이 문화권에서는 직설적인 의사소통이 선호되고 감정은 보통 직접적으로 표현된다. 저맥락 문화에서는 정보가 대부분 말의 내용(verbal content)에 의해 전달되며 말소리의 높낮이나 성조와 같은 운율적 요소는 상대적으로 덜 중요한 역할을 하는데 이런 문화에서 사용되는 언어를 저맥락 언어(low-context language)라고 부른다. 저맥락 문화에서는 또한 개인주의가 강조되어 집단의 화합보다는 개인의 의견과 감정을 표현하는 것이 선호되며 고맥락 문화에서 지나치게 개인적이고 심지어는 불쾌한 것들이라고 여겨지는 것들을 질문하는 것도 괜찮다고 받아들여진다.

메시지의 해석에서 고맥락 문화권에서는 메시지의 맥락을 종합적으로 이해하는 것이 중요한 반면 저맥락 문화권에서는 메시지의 문자적 내용 자체를 우선적으로 이해하는 것이 중요하다. 아울러 감정의 표현에서도 고맥락 문화권에서는 감정이 직접적으로 표현되지 않을 수 있지만 저맥락 문화권에서는 감정이 직접적으로 표현될 수 있다. 고맥락 소통에서는 발화의 맥락이 일단 정해지면 대화참여자들의 생각의 방향이 어느 정도 예측할 수 있고 이런 방향을 지킬 것으로 기대된다. 이런 문화는 발화의 맥락을 제거한 상태에서 발화를 들을 경우 종종 발화의 뜻이 중의적일 수 있다. 일본어의 "いい"는 문자 그대로의 의미는 "좋다"인데 때로는 상대방의 행위를 칭찬하는 뜻도 되고 때로는 괜찮으니 이제 그만이라는 뜻도 되는데 이는 그 말이 발화된 맥락이나 화자의 성조 등을 보고 중의성을 해소해야 한다. 그런데 이는 일본어와 같은 고맥락 언어에서만 국한된 것은 아니며 저맥락 언어인 영어의 경우도 "Good morning"은 아침에 만났을 때의 인사도 되지만 억양이나 성조 등 운율적 요소를 어떻게 바꿔 말하느냐에 따라 '더 이상 이야기할 게 없으니 이제 그만 떠나시오'라는 다소 불편한 심기를 나타내는 재촉의 뜻도 되는데 이 역시 발화 맥락에서 단서를 찾아 해석해야 한다. 이처럼 의례화된 말들은 고맥락 문화는 물론 저맥락 문화에서도 맥락에 따라 다양한 뜻으로 사용될 수 있다. 영어의 "Excuse me"는 보통 남에게 피해가 되는 일을 하기 앞서 미리 양해를 구하는 뜻으로 쓰이지만 누군가가 의외의 말을 할 경우 '뭐라구요'라는 놀라움이나 불쾌감을 뜻할 수도 있고 '잘 못 들었으니 다시 한 번 말해주세요'라는 뜻으로도 사용될 수 있다. 마찬가지로 일본어의 "すみません"은 '죄송합니다'는 뜻 외에도 발화 맥락에 따라 '여기 좀 봐 주세요', '잠깐만이요' 등의 다양한 의미가 가능하다.

Ambay, Koo, Lee and Rosenthal(1996)은 미국에서 사교적 소통의 공손 전략 선택은 소통의 내용에 주로 영향을 받는 반면 한국에서는 소통의 내용보다는 상대방과의 관계에서 비롯되는 관심사(relational concerns)에 더 영향을 받는다고 주장한다. 예를 들어, 직장 상사에게 보고할 때, 미국인은 상사의 직위나 자신과의 관계보다는 보고해야 할 정보의 정확성과 명료성에 더 중점을 두고 공손 전략을 선택할 수 있다. 물론 기본적인 예의는 지키지만, 한국 문화에서처럼 관계의 깊이나 상황에 따라 매우 다양한 간접적인 표현이나 정교한 공손 전략을 구사하는 정도는 덜할 수 있다는 것이다. Sanchez-Burks(2005)의 연구 역시 미국은 직장에서 동료와의 정서적, 관계적 관심사들과 같은 비업무적 요소에 대한 고려가 업무 수행에 적절하지 않다고 생각하는 비율이 가장 높은 나라로 나타났다. 이런 요소들은 "프로정신(professionalism)"에 어긋나는 것이고 "업무에만 초점을 맞추어라(Focus on the task)"라든지, "매사를 사사롭게 받아들이지 말라(Don't take things personally)"와 같은 구호가 당연하게 여겨진다. 예를 들어 갤럽사의 CEO인 James Clifton의 보고에 따르면 그가 접촉한 회사 관리자들 중 한 사람은 "우리는 직장에서 친구 관계(friendships)를 형성하는 것을 막으려고 한다"고 하면서 직장에서의 업무효율성과 생산성을 높이는데 개인적인 이슈나 감정적인 감수성은 방해가 된다는 견해가 팽배해 있다고 한다.

반면에 미국 이외의 다른 문화권에서는 직장 동료들 사이의 사교적, 감정적 교류를 용납하거나 오히려 권장하는 분위기를 가진 나라들도 많이 있다. Triandis et al.(1984)에 따르면 멕시코에서는 한국의 '인정(人情)'과 유사한 simpatia라는 전통적인 문화적 가치가 직장에서도 통용되고 있고, Tsui & Farh(1997)는 중국에서 guanxi(关係)라는 대인관계적 네트워크가 모든 업무 수행에서 강력한 힘을 발휘하고 있다는 점을 실례를 들어 설명하고 있다. 또한 일본에는 원래 자녀가 어머니에게 응석을 부리는 것에서 비롯된 '아마에(甘え)'라는 기본적 정서가 있는데 이에 대해 Doi(1971)는 유아가 엄마로부터 분리되면 겪게 될 불안과 절망감을 부정하려는 심리적 방어기제라고 하였다. 이 아마에는 어머니뿐 아니라 직장의 상사와 같이 자신에게 사회적 영향력을 행사하는 대상으로부터 안정감과 만족감을 주는 일종의 수동적인 대상애라고 할 수 있다. 문제는 여러 나라들에서 이런 감정적 요소들이 직장에서도 최소한 암묵적으로 받아들여질 뿐 아니라 이를 외면하거나 부정할 경우 원만한 업무 소통이 불가능해질 수 있다는 점이다 (이윤정 (역), 2001).

한국에서도 직장에 취직하면 맡은 업무만 충실히 수행하는 것으로는 부족하고, 같은 부서내 직원들의 관계를 잘 파악하고, 회사 내 상조회나 동호회와 같은 조직에 가입하여 다달이 회비도 내고 행사에 참여하며 직장 동료들의 경조사를 열심히 챙기는 것이 직장 생활의 일부라고 생각하는 경향이 있다. 이런 상호 대인관계적 고려사항들을 소홀히 할 경우 업무와는 무관하게 인성에 문제가 있다고 하여 따돌림을 받거나 심할 경우 직장 생활을 이어나가는 데 큰 어려움을 느낄 수 있다. 미국 직장인들은 사교적이고 감정적인 상사보다 과업에 초점을 맞추는 상사들을 선호하지만, 역대 대통령 선거를 보면 상대방에 비해 유권자들의 감성에 호소하는 데 더 효과적이었던 아이젠하워나 레이건, 트럼프 등이 승리한 것을 보면 그들이 처한 국가적 상황에 따라 바람직한 지도자의 모습도 달라질 수 있음을 알 수 있다. 그런데 Hampden-Turner & Trompenaars(1993)는 미국과 같은 개인주의 문화를 갖고 있는 프랑스나 이탈리아도 직장에서는 개인의 목표보다 팀의 목표를 강조하고 있음을 지적하고 있다는 점에서 이런 직장에서의 정서적 요소의 배제 문제는 개인주의만으로는 설명하기 어려운 부분이다.

고맥락 문화와 저맥락 문화의 차이는 문장의 통사 구조에도 달리 반영된다. Kashima & Kashima(1998)는 영어나 독일어와 같은 개인주의적 문화의 배경을 가진 언어에서는 문법적으로 적합한 대명사를 문장 중에 반드시 포함시켜야 하는 저맥락 언어의 특성을 보이는 반면, 한국어나 일본어, 중국어, 스페인어와 같은 집단주의적 문화의 언어는 대명사의 생략이 비교적 자유롭게 일어나고 그 해석은 맥락에 의존하는 고맥락 언어의 특성을 보인다. 또한 Kitayama & Ishii(2002)는 영어와 같은 저맥락 문화의 언어는 감정 발화의 이해 처리 시스템이 주로 단어 평가(word evaluation)에 의존하는 반면, 일본어와 같은 고맥락 문화의 언어는 소리 감정(vocal emotion)에 의존한다. 이들은 일본어 화자와 영어 화자에 대해 감정적으로 발화된 평가 어휘의 단어 평가와 소리 감정 판단 실험을 통해 이런 결론에 도달하였는데 "Good!"이란 평가 어휘를 거칠게 발화하면 청자는 그 발화를 한 사람이 진정으로 좋다고 생각하지는 않는다고 추론할 수 있다. 이처럼 단어의 소리 감정은 단어의 유쾌도(pleasantness)와 각성도(arousal) 차원에서 정확히 인식될 수 있다는 것이 정설이다 (Scherer 1986). 뿐만 아니라 어느 나라, 어느 사회든 문화는 단일하지 않고 그 안에 여러 변이형이 존재하며 주류 문화와 대비되는 하위문화

(subcultures)도 존재한다. 뿐만 아니라 문화는 시간에 대해 고정 불변이 아니고 변화하며 이 변화의 속도 또한 국가나 사회마다 다르다. 따라서 문화에 대한 논의에서 지나친 스테레오타입은 경계할 필요가 있다.

이상에서 본 것처럼 문화를 크게 고맥락 문화와 저맥락 문화로 나누는 분석법은 여러 나라에서의 문화적 차이를 이해하는 데 유용한 도구이지만 많은 문제점이 지적되고 있다. 그 중 가장 큰 문제점은 이런 이분법은 지나친 단순화로서 문화의 다양성을 제대로 반영하지 못할 수 있다는 점이다. Hall(1976)은 이 구분이 문화를 양분하는 것이 아니라 연속체의 개념을 가진 것이라고 했지만 실제 연구들은 마치 어떤 문화가 고맥락 문화 아니면 저맥락 문화의 어느 한쪽에만 속하고 다른 쪽의 특성은 전혀 공유하지 않는 것처럼 분석하고 있다. 분명한 사실은 모든 문화가 고맥락 문화와 저맥락 문화로 명확하게 구분되지 않으며, 더 나아가 하나의 문화 내에서도 개인마다 맥락의 중요성에 대한 인식은 다를 수 있고 여러 변이형의 다양한 하위문화가 존재할 수 있다는 점이다. 아울러 문화를 고맥락 문화와 저맥락 문화로 나누는 것은 문화를 특정 국가나 지역과 연결하여 설명하는 경향이 있다. 그러나 교통과 통신 기술이 발달한 현대에는 한 국가나 지역의 문화는 다른 국가나 지역으로 쉽게 전파될 수 있어 매우 유동적이며, 시간이 지남에 따라 매우 다르게 변화할 수 있다. 따라서 문화를 이런 단순 이분법으로 스테레오타입처럼 고정관념화하는 것은 바람직하지 않다. 뿐만 아니라 고맥락 문화/저맥락 문화의 분석은 양쪽의 문화적 차이를 지나치게 강조하고 있어서 고맥락 문화권과 저맥락 문화권의 사람들이 의사소통 과정에서 오해를 빚을 수 있는 등 부정적인 결과를 초래할 수 있다.

이러한 문제점들을 보완하기 위해서는 문화를 보다 세분화된 차원으로 구분하거나, 문화적 차이를 상대적인 개념으로 이해하는 것이 필요하다. 또한, 문화적 차이를 이해하는 데 있어서는 문화의 단면만을 고려하는 것이 아니라, 문화의 다양한 요소를 종합적으로 고려하는 것이 중요하다. 예를 들어, 문화적 차이를 이해하기 위해서는 소통에서 맥락의 역할 뿐 아니라 문화적 가치관, 사회 구조, 역사적 배경 등 다양한 요소를 고려해야 한다. 문화를 칼로 무 베듯이 고맥락 문화와 저맥락 문화로 나누는 것은 전반적인 문화적 차이를 이해하는 데 유용할 수 있지만 모든 것을 설명해 주지는 않으며 오히려 이 이분법에 따르면 전혀 다른 문화권이지만 한국 과 미국에서 언어적 차이가 줄어드는 방식으로 변화가 일어나는 경우도 있음을 설명하기 어렵다. 예를 들어 현재 영어와 한국어는 일부 어휘의 품사 전용이나 품사에 따른 활용 제한의 완화 현상이 일어나고 있다. 예를 들어 다음 표현들은 형용사 술어도 청유형이나 명령형이 가능한 예이다.

- Let's Get Merry! (Thrifty Car-Rental ad.)
- Don't worry, be happy! When you worry you make it double.
- But don't worry, be happy, be happy now! (Don't Worry Be Happy by Bobby McFerrin)
- And why's everyone so sad? Let's get happy and let's be gay
- Let's stop feelin' sad and down. Whoah... let's get happy (Let's Get Happy by Lou - Louise Hoffner)

한국어의 경우 형용사는 원래 어간에 '-자, -자꾸나, -세, ㅂ시다' 등의 청유형 어미가 붙지 않는다. 청유형이란 화자가 청자에게 같이 행동할 것을 요구하는 것으로 상태를 나타내는 형용사는 원칙적으로 불가능하다 예를 들어 (1)은 매우 어색하고 대신 (2)는 상대적으로 수용가능성이 있다.

(1) ??우리 같이 아름답자, ??덜 슬픕시다, ??다음엔 좀 더 정확하세,

??계속 기쁘자꾸나

(2) 우리 같이 아름다워지자, 덜 슬퍼하자, 다음엔 좀 더 정확하게 하자, 계속 기뻐하자

그럼에도 불구하고 일부 한국어 화자들, 특히 신세대들 화자들은 형용사의 청유형을 사용하기도 한다. 대표적인 경우로 가수 자이언티가 부른 양화대교라는 노래 가사에 보면 "행복하자, 행복하자, 아프지 말고"라는 말이 나오는데, 이는 한때 국립국어원의 게시판에까지 올라간 문제로 공식적으로 "행복하자"라는 표현은 문법에 어긋나는 것으로 판정되었지만 그래도 많은 사람들이 이 표현을 사용한다. 대신 "행복해지자, 행복하게 살자"와 같이 형용사에서 파생한 동사형으로 쓰면 청유형이 가능하다. 형용사는 동사와는 달리 행위가 아닌 상태를 가리키는 말인데 주어의 의지로써 변화시킬 수 없는 것으로 인식된다. 그럼에도 불구하고 "나는 키가 크고 말 것이다. 나는 날씬하고 말 것이다. 나는 행복하고 말 것이다. 나는 부자가 되고 말 것이다." 등과 같은 표현은 비문법적이지 않다고 생각되기도 한다. 이때 형용사의 종류가 문제가 되는데 이런 청유형 어미의 가능을 둘러싸고는 감정형용사와 성상형용사의 차이를 볼 수 있다. 일부 감정형용사는 청유형이 비교적 용인되는 경향이 있지만 (예를 들어 %우리 이제 행복하자, %그만 슬프자, %기쁘세 등은 일부 수용가능성이 있다고 생각되기도 함) 성상형용사는 청유형이 아직 어색하게 느껴지고 동사형으로 우회해야 한다 (예를 들어 ??우리 이제 날씬하자 ??그만 뚱뚱하자, ??말랑말랑하세 등은 수용가능성이 전혀 없음).

고맥락 문화/저맥락 문화의 이분법이 갖고 있는 지나친 경직성을 완화하기 위해 Marieke de Mooij(2014)는 Hofstede의 문화 차원이론에서 제시된 권력 거리나 불확실성 회피, 남성성, 개인주의 등의 다른 매개변수

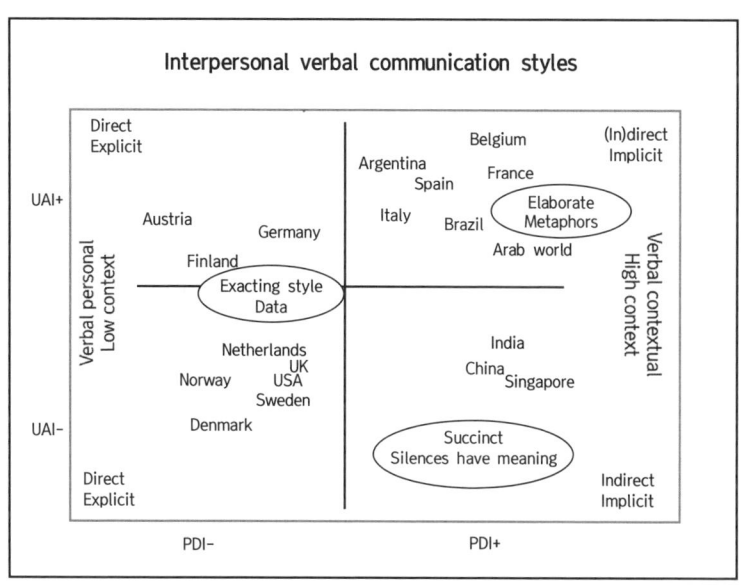

[그림 24] 대인관계에서 언어 소통 스타일 (Mooij 2014에서 인용)

들을 사용하여 고맥락 문화와 저맥락 문화 중에서도 명시성과 직접성 및 은유 활용 여부 등에 따라 소통의 양식을 보다 더 세분하고 있다. 아래 그림은 Hofstede의 문화적 차원 중 대인 관계 의사소통 스타일을 설명하는 권력 거리 지수(Power Distance Index, 즉 PDI)와 불확실성 회피 지수(Uncertainty Avoidance Index, 즉 UAI)를 기준으로 사분면에 주요 국가들을 분포시킨 것이다.

권력 거리 지수가 양(+)인 국가로는 호주, 독일, 핀란드, 벨기에, 아르헨티나, 프랑스, 스페인, 이태리, 브라질, 아랍 국가들이 있고, 권력 거리 지수가 음(-)인 국가로는 네덜란드, 영국, 노르웨이, 미국, 덴마크, 인도, 중국, 싱가포르가 있다. 또한 불확실성 회피 지수가 양(+)인 국가들은 그림의 우측 두 사분면에 위치한 나라들로서 인도, 중국, 싱가포르, 벨기에, 아르헨티나, 프랑스, 스페인, 이태리, 브라질, 아랍 국가들이 이에 속하며 불확실성 회피 지수가 음(-)인 국가들은 그림의 좌측 두 사분면에 위치한

나라들로서 호주, 독일, 핀란드, 네덜란드, 영국, 노르웨이, 미국, 덴마크가 이에 속한다. Hall이 저맥락 언어라고 부른 맥락 중심 언어 스타일(verbal personal style)의 언어는 왼쪽 사분면의 문화를 특징짓는 개인 중심(individual-centered)의 언어를 포괄하며, Hall의 고맥락 언어에 해당하는 개인 중심 언어 스타일(verbal contextual style)의 언어는 오른쪽 사분면의 문화에서 발견되는 역할 중심(role-centered)의 언어를 포괄한다. 개인 중심 언어 스타일은 '나' 정체성을 강조하고 인물 중심적인 언어로서 영어를 예를 들 수 있는 반면, 맥락 중심 언어 스타일은 맥락 관련 역할의 정체성을 강조하는 언어로 중국어가 이런 언어에 속한다고 보고 있다. 또한 개인 중심 언어 스타일의 언어는 동등한 지위를 추구하는 낮은 권력 거리와 연결되고 저맥락 문화의 특성인 개인주의와 밀접하게 연결되어 있는 반면, 맥락 중심 언어 스타일은 계층적 인간 관계를 우지하는 높은 권력 거리와 고맥락 문화의 특성인 집단주의와 연결되어 있다. 즉 일본어나 한국어와 같은 맥락을 중시하는 스타일의 언어는 지위나 연령에 따라 다른 사람들에게 다른 방식으로 말하는 것이 일반적이다.

위 그림에서 정교한 은유(elaborate metaphor) 스타일로 표시된 것은 풍부하고 표현력 있는 언어 사용을 의미하는 반면, 정확하거나 정밀한 (exacting) 스타일은 요구되는 정보 이상도 이하도 제공하지 않는 스타일이다. Mooij는 Hofstede의 불확실성 회피 지향 지수(UAI)가 중간에서 강한 고맥락 문화는 정교한 스타일을 사용하는 경향이 있는데 예를 들어 아랍 문화는 은유, 긴 형용사 배열, 화려한 표현 및 속담을 사용하는 등 정교한 언어소통 스타일을 활용한다고 주장한다. 반면에 미국이나 영국처럼 불확실성 회피가 약한 저맥락 문화는 정확한 스타일을 사용하는 경향이 있다고 보며 간결한(succinct) 스타일은 불확실성 회피가 강한 고맥락 문화에서 발견되는데 일본어가 이에 속한다고 한다. Mooij(2014)는 이런 소통 스타일의 차이를 효율적인 광고 전략과 연결시키는데 개인주의 문화의 광고에서는 직접적인 소통 스타일이 사용되고, 집단주의 문화에서는 대명사 "당신" 또는 "우리"를 사용하지 않는 간접적인 스타일이 선호된다고 주장한다. 그러나 집단주의 문화들에도 간접성에 차이가 있는데 예를 들어 싱가포르의 중국인들은 대만인보다 더 직접적이라고 생각된다 (Bresnahan et al. 1999). 이는 Cutler et al.(1997)이 수행한 연구에서도 확인되었다. 이러한 매개변수의 추가 도입으로 인한 고맥락 언어 대 저맥락 언어의 차이점 분석은 고전적인 고맥락/저맥락 단순 2분법에서 탈피하여 보다 유연한 방식으로 의미있는 연구 결과들을 보여줄 것으로 기대된다.

Lewis의 문화와 소통 스타일 분석

Lewis(2018)는 세계 여러 나라의 의사소통 방식을 중심으로 문화를 3가지 범주로 나누었는데, 1)선형활동적 문화(linear-active culture), 2)반응적 문화(reactive culture), 3)다중활동적 문화(multi-active culture)가 그것이다. 첫째로, 선형활동적 문화는 차분하고, 사실에 기반하며, 결정론적인 꼼꼼한 계획자들의 문화이다. 그들은 과업지향적이고, 매우 조직적이며, 한 번에 하나의 과업을 하는 것을 선호한다. 또한 그들은 그들이 믿을 수 있는 자료에서서 추출한 사실과 수치를 신뢰하며, 솔직하고 직접적인 토론을 지향하고, 대등한 위치에서 말하고 듣기를 좋아한다. 둘째로, 반응적 문화는 겉으로 보기에는 정감이 있고, 수용적이고 타협하는 좋은 청자들의 문화이다. 그들의 문화는 '듣기 문화'로 일컬어지는데 반응적 문화의 사람들은 자신과 상대방 모두의 위치를 잡기 위해 먼저 서로 듣는 것을 선호한다. 이들은 또한 상대방의 발화가 끝난 후에도 느리게 반응하며 그들이 말할 때는 대립에 대한 명확한 신호가 없어서 실제로는 아닐지라도 겉으로는 별다른 갈등이나 불화가 없는 것처럼 느껴질 수 있다. 마지막으로 다중활동적 문화는 따뜻하고, 감정적이며 말이 많고, 충동적인 사람들의 문화이다. 이 문화에 속한 사람들은 한 번에 여러 일을 하는 것을 좋아한다. 즉 전화 통화를 하면서 동시에 요리를 하고 강아지에게 먹이를 주며 내일 외출할 때 입을 옷을 생각하기도 한다. 이들은 우회적이고 생동감 있는 방식으로 말하기 좋아한다. 이들은 말하는 것과 듣는 것을 동시에 하기를 좋아하므로 결과적으로 상대가 말을 할 때 본의 아니게 가로막기를 할 가능성이 있으며 이는 크게 무례한 행위로 인식되지 않는다. 이들은 또한 침묵을 불편해하고 이 문화에 있는 사람들 사이에서는 대화에서 침묵을 경험할 기회가 별로 없다.

Lewis(2018)는 아래 그림처럼 자신이 조사한 세계 여러 나라의 문화를 이 세 가지 유형이 각기 꼭지점을 이루는 삼각형의 세 변에 문화적 특성의 정도에 따라 순서대로 배열하였다.

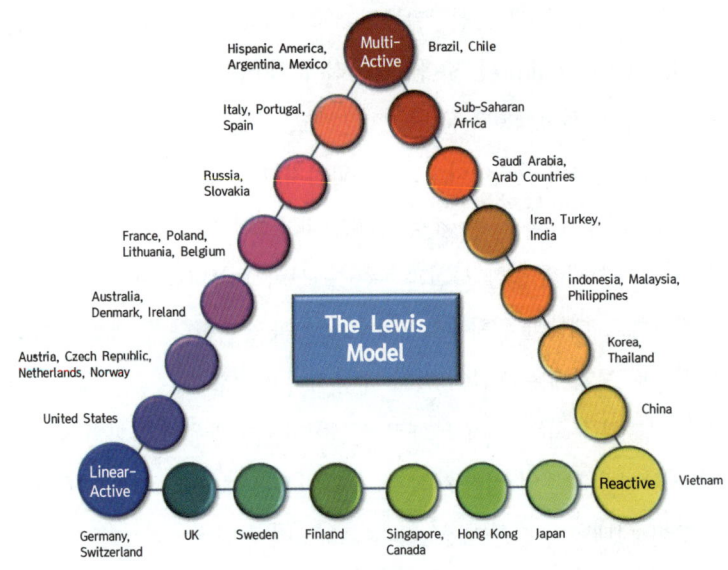

[그림 25] Lewis의 문화 모델

Lewis의 이 LMR-모델에 따르면 소통 스타일에서 가장 반응적 문화를 가진 나라는 베트남이고 중국과 일본 역시 베트남과 유사하게 반응적이지만 중국은 보다 다중활동적 문화의 성향이 있는 반면 일본은 반응적 문화가 주된 특성이면서 중국과 달리 선형활동적 문화의 성향이 있다. 한국은 중국과 거의 비슷한 반응적 문화이지만 중국보다는 약간 더 다중활동적 문화의 특성을 보인다. 또한 Lewis에 따르면 미국인들 및 서유럽인들의 의사소통 스타일은 외향적이고, 단호하며, 생동감 넘치고 직접적으로 말로 표현하며, 수다스럽고, 침묵을 좋아하지 않고, 외교적이기 이전에 진실되며, 명시적인 바디랭귀지를 구사한다고 한다. 한편 아시아인들의 의사소통 스타일은 내향적이고, 겸손하고, 조용하며, 조용히 생각하고, 말을 가로막지 않으며 지나치게 말 많은 사람들을 신뢰하지 않는 대신 침묵을 활용하고 신체언어를 거의 사용하지 않는다고 보았다. 그런 점에서 핀란드 사람들은 소통 스타일 측면에 있어서는 아시아인들과 많은 접점이 있다. 그들은 내향적이고, 겸손하며 조용하고, 침묵하면서 생각하고, 말을 가로채지 않고 말 많은 사람들을 신뢰하지 않고 적은 바디랭귀지를 사용한다는 것이다. 다만 핀란드인들이 미국인들 또는 서유럽인들의 소통 스타일과 유사한 점은 사교 능력보단 진실을 중시한다는 것이다. 한국은 아시아 국가이므로 Lewis의 분석에 따르면 다른 아시아 국가들처럼 내향적이고, 겸손하고, 조용하고, 침묵하면서 생각하는 것이 중시되어야 하지만 이 또한 세대와 연령에 따라 차이가 있을 가능성이 높다. 지금까지 본 것을 표로 요약하면 다음과 같다.

<표 18> 선형활동적 소통 문화, 다중활동적 소통 문화, 반응적 소통 문화

선형활동적 소통 문화 linear-active	다중활동적 소통 문화 multi-active	반응적 소통 문화 reactive
독일, 스위스, 미국백인, 영국	브라질, 남미, 멕시코	베트남, 일본, 중국, 홍콩, 한국
대화시간의 반 정도 말함	대화시간의 대부분 말함	대화시간의 대부분 들음
말하기와 듣기가 비슷	잘 듣지 않음	잘 말하지 않음
통계나 연구로 데이터 축적	사람들로부터 직접 정보구함	데이터와 인적 정보 혼용
한 번에 하나씩 처리	한 번에 여러 개 처리	상대의 행동에 따라 반응
단계마다 미리 계획함	전체적으로만 한 번 계획	일반적 원칙들을 따르려 함
정중하지만 직설적임	감정적임	정중하지만 간접적임
부분적으로 마음을 숨김	마음을 드러내놓음	마음을 숨김
논리적으로 맞섬	감정적으로 맞섬	맞서는 것을 피하려 함
체면 잃는 것을 싫어함	항상 변명 거리가 있음	체면 잃기는 절대 안 됨
프로젝트를 부분부분으로 나눔	하나의 프로젝트가 다른 프로젝트에 영향을 줌	전체 그림을 보려 함
여간해서는 끼어들지 않음	자주 끼어듦	끼어들지 않음
과제-지향형	인간-지향형	인간-지향형이 강함
신체언어를 제한적으로 사용	신체언어를 무제한으로 사용	미세한 신체언어 사용
사실 지향적	사실보다 느낌이 중요	진실도 타협의 대상이 됨
외교보다는 진실 추구	유연한 진실	진실보다는 외교 추구
때때로 인내심 잃음	인내심이 없음	인내심 있음
공적 체제 존중	배후 조종	네트워크
사회와 직업을 구분	사회와 직업이 얽혀 있음	사회를 직업과 연계함
시간 지킴을 매우 중시함	시간 지킴은 안 중요함	시간 지킴을 중시함

　　같은 선형활동적 문화라고 하더라도 소통 스타일에서 상당한 차이를 보이기도 한다. 예를 들어 Zilles(204)에 따르면 독일인은 사실과 논리에 기반한 대화를 선호하는 반면 아일랜드인은 간접적이고 완곡하게 의사소통하는 경향이 있다고 한다. 협상에서 비유적 표현을 별로 사용하지 않는 독일인과 달리 아일랜드인은 비유와 유머, 농담을 즐겨하는 것으로 드러났다. 이처럼 같은 선형활동적 문화에 속한 서구권이라도 내부적인 차이는 존재한다.

　　Lewis(2018)는 세계 여러 지역에서의 가치관과 사회의식을 논할 때 서양과 동양의 전통적인 이분법에서 크게 벗어나지 않는다. 즉 그에 따르면 미국인들과 서유럽인들의 가치관은 기본적으로 민주적이고, 자신이 독립적으로 결정을 내리며, 여성에게도 동등함이 부여된다고 보고 있다.

또한 이들은 윤리적으로 일하고 인권을 중시하며 생태를 중시한다고 평가한다. 한편 Lewis의 조사에 따르면 아시아인들은 운명론을 믿고 남성중심적이며 수직 서열화되어 있다고 한다. 아시아인들은 불평등을 받아들이고, 환경을 보존의 대상이라기보다 이용과 개발의 대상으로 보는 경향이 있다는 것이다. 그러나 그의 이런 평가는 오리엔탈리즘적 분석과 매우 유사하다. Lewis가 마치 하나의 문화적 공동체라고 보는 아시아는 너무나 다양한 문화들이 혼재해 있어서 하나로 재단하는 것이 불가능할 정도이다. 또한 미국도 다수 주류 세력인 앵글로색슨들의 문화 외에도 소수 민족들의 문화가 다양하게 존재하고 있어서 일률적으로 재단할 수 없다. Lewis가 이상적인 사회라고 높이 평가하는 핀란드는 가치관 측면에서는 미국 및 서유럽과 많은 부분을 공유하는데 민주적이며, 자기결정적이고 양성평등을 중시하고 윤리적으로 일하며 인권과 생태에 관심을 가진다고 한다. 한국은 이런 점에서 다른 아시아 국가와 비슷한 점이 많은데 아직 계층적이고, 남성중심적이고 양성불평등이 남아 있다고 본다.

이상에서 본 Lewis의 문화 모델은 문화 간 커뮤니케이션 스타일의 차이를 직관적으로 이해하고 적용하는 데 매우 유용하며 실용적인 모델이다. 특히 초기 국제 비즈니스 진출이나 다문화 팀 관리 등에서 빠른 판단을 내리는 데 도움을 줄 수 있다. 그러나 그의 모델은 과학적 엄밀성의 부족과 과도한 일반화 및 문화의 역동성 간과 등의 한계 또한 분명하다. 따라서 이 모델을 사용할 때는 모든 문화적 차이를 설명하는 절대적인 기준으로 여기기보다는, 문화 간 상호작용의 첫 걸음으로 활용하고, 더 깊이 있는 이해를 위해 다른 문화 이론이나 특정 문화에 대한 개별적인 학습을 병행하는 것이 바람직하다.

사례 연구: 핀란드, 일본, 인도의 경우

Hall의 고맥락 문화/저맥락 문화 분석 이후 세계 여러 문화에 대해 다양한 관점에서 특성과 차이점을 분석하는 연구들이 봇물처럼 쏟아지게 되었다. 특히 문화적 특성과 소통 스타일 사이의 관계에 주목을 하여 주요 국가들에 대해 집중적으로 분석하는 연구들이 나왔는데 그 중 하나가 Nishimura, Nevgi, and Tella(2009)이다. 이들은 서로 다른 문화를 가진 핀란드와 일본, 인도의 소통 스타일(communication style)을 비교 분석한 결과 이 세 나라를 포함하여 일반적으로 다른 나라의 사람들은 각기 다른 방식으로 소통을 하는데, 문화적 차이가 다른 소통 스타일을 초래한다고 주장한다. 이들이 말하는 소통 스타일이란 스스로를 표현하는 방식을 가리키고, 전형적이라고 말할 수 있는 소통 양식을 말한다. 먼저 Tella(2005)는 외국인들의 눈에 비친 핀란드인들이 고맥락 문화의 사람들처럼 행동한다고 본다. 이는 Lewis(2005)가 말한 핀란드인 특유의 '극도의 과묵함(ultra-taciturnity)'이다. 핀란드 사람들은 과도할 정도로 말이 없으며 유럽에 있지만 고맥락 문화에 있는 사람처럼 행동한다. 이런 점에서 Lewis는 핀란드 사람들이 가치관은 서유럽 나라들의 가치관을 가지고 있으나, 소통 스타일은 아시아식 소통 양식을 보이는 딜레마를 갖고 있다고 한다. 그는 이 두 가지 점이 양립불가능하다고 보았으나, 핀란드의 사례는 비록 고맥락 문화라고 하더라도 다른 저맥락 문화의 가치관을 공유할 수 있어서 가치관과 소통 스타일 사이에 비례관계가 항상 성립하지 않는다는 것을 보여주고 시간의 변화에 따라 소통 스타일도 변할 수 있어서 딜레마가 될 수 없다고 생각한다. 핀란드와 유사하게도 현대 한국은 가치관은 빠르게 서구권의 그것과 유사해지고 있지만 소통 스타일은 아직 고맥락 문화의 소통 방식을 고수하고 있다. 핀란드 문화의 특성은 강한 응집력과 높은 헌신이다. Lewis(2005)의 예를 들면, 핀란드인들은 한번 내뱉은 말은 다른 사람들을 위해서라도 꼭 지킨다고 한다. 핀란드는 시간 개념에서 선형적이고, 한 번에 한 과업만을 한다. 또한 저맥락 문화를 반영하는 '시간은 금이다'와 같은 속담이 선형활동적인 부분을 보여준다. 핀란드 사람들은 능동적인 청자이고, 그들의 의사소통 스타일이 주로 독백, 쉼, 성찰 등으로 구성되어 있다는 점에서 반응적이다. 이 점은 하나의 문화가 반드시 하나의 의사소통 스타일만 가질 필요가 없다는 점을 보여주며 그런 점에서 Lewis의 문제 제기처럼 특이한 딜레마로 볼 수 없다.

반면에 Nishimura, Nevgi, and Tella(2009)에 의하면 아시아의 대표적인 인구 대국인 인도의 소통 스타일은 고맥락 문화이다. 인도에서 쓰이는 대부분의 언어는 연장자와 말할 때는 한국어처럼 높임말(respectful form)을 쓴다. 나이가 어린 사람들은 나이가 많은 형, 누나, 언니에게 말할 때 그들의 이름을 바로 부르지 않는다. 특히 2022년 현재 2억5천만 명이 모어로 사용하고 L2 및 L3 화자까지 포함하면 거의 5억 명이 사용하는 인도 영어(Indian English)는 주로 교육 수준의 높은 엘리트 계층에서 쓰이고 있어서 언어적 형식을 중시하고 영국 영어와는 다른 방식으로 예의를 갖추는 어법을 발전시켜 왔고 겸손과 명예의 표현을 빈번히 한다. 예를 들어 연장자를 부를 때는 접미사 -jee/ji를 이름 뒤에 붙여 존경을 표하며, 가게가 문을 닫게 되어 고객에게 불편을 초래할 수 있을 경우 가게 주인은 "The store will be closed this afternoon due to staffing shortages. Kindly adjust."라고 정중하게 사과하는 "kindly adjust"와 같은 표현을 붙이기도 한다. 그런데 많은 인도 언어의 불분명한 표현과 다의적인 의미는 저맥락 문화에 익숙한 사람들 사이에서는 오해를 낳기도 하는데 한국의 경우와 유사하게 인도의 소통 스타일도 점차 저맥락 문화의 소통 방식으로 변화하고 있다.

Kapoor, Hughes, Baldwin, and Blue(2003)는 개인주의 대 집단주의 측면에서 미국의 백인 학생들과 인도 학생들의 소통에 투영된 고맥락 문화와 저맥락 문화가 어떻게 다른지를 연구했는데 인도 학생들은 미국 학생들보다 덜 직접적인 대화방식을 취하고 대화의 침묵을 긍정적으로 바라보았다. 그러나 연구 대상인 인도 학생들은 다른 미국 학생들보다 더 직접적이었는데 이 점은 인도 의사소통 스타일인 점점 저맥락 문화로 변화하고 있다는 하나의 징표가 된다. 인도는 다양한 인종과 언어를 가지고 있기 때문에 많은 측면에서 인도 문화는 다원적이거나 애매모호한 점이 많다. Sen(2005), Varma(2004), Lewis(1998) 등은 인도의 문화적 특성을 논하면서 인도 사람들이 종교와 카스트제의 영향을 많이 받아 겉으로는 영적이고 내세지향적으로 보이지만 실제로는 그 반대의 측면도 있어서 물질적인 것을 추구하고 사업에서의 성공을 중시하며 개인의 창조성을 중시한다고 보고 있다. 또한 인도 사람들은 지역사회에서는 매우 집단적이지만, 외부인과 접촉할 때는 매우 개인적인 성향을 보인다. Hofstede의 개인주의/집단주의 차원에서 봤을 때 인도는 세계 평균에 가깝고 Nishimura et al.(2009)은 인도 학생들이 개인주의적인 면에서 미국 학생들과 별반 다르지 않다고 주장하지만 소통 방식은 여전히 차이가 있다는 점은 주목할 만하다.

　마지막으로 일본어의 소통 스타일을 이해하기 위해서는 먼저 일본어의 언어적 특징을 알아야 한다. 일본어의 형태통사적(morpho-syntactic) 특성을 살펴보면, 일본어는 교착 언어의 특성을 띠는데, 소사, 조동사, 보조형용사 등과 같은 서로 다른 요소들을 많이 포함하는 언어로 이런 것들은 단어에 붙는다. 소사는 단순히 문법적인 역할을 할 뿐 아니라 개인적인 감정도 표현한다. 한편 음성학적인 특성은 일본어는 음절의 무게를 결정하는 소리단위인 'moras'의 수를 제한하는데 이것은 동음이의어를 만든다. 대략 35%의 일본어 단어들은 동음이의어를 가진다고 한다. 따라서 일본어는 동음이의어 때문에 맥락 없이 이해될 수 없다. 뿐만 아니라 어법에 있어서도 일본의 다테마에(建前)는 다른 사람들을 향한 민감성과 대중적 자아를 말하는 것이고 혼네(本音)는 자기 자신을 향한 민감성을 말한다. 따라서 이러한 일본어 소통의 이중성은 고맥락 문화를 가리킨다.

Nishimura, Nevgi, and Tella(2009)에 따르면 핀란드인들과 일본인들은 겸손의 가치를 공유하는 반면, 이에 비해 인도인들은 보다 외향적이고 적극적이다. 그 결과 인도의 소통 스타일은 핀란드나 일본의 소통 스타일보다 더욱 활기찬 경향이 있다. 핀란드인과 일본인은 대화에 있어서 침묵하며 생각하는 시간을 선호한다. 이 점에서 한국인은 획일적이지 않고 개인적인 성격에 따라 침묵을 선호하거나 선호하지 않는 것으로 보인다. 반면 인도인들은 자신의 생각이나 감정을 말로써 표현하는 것을 좋아하고, 자기가 말할 때 누군가가 가로막는 것을 비교적 잘 참는다고 한다. 인도사람들은 신체언어를 많이 사용하고, 핀란드나 일본사람들은 의견을 밝히지 않는 반면 한국의 의사소통 스타일은 내성적이고 겸양지덕을 존중하며 남의 말을 자르는 것을 무례하다고 생각하고 신체언어를 지나치게 사용하는 것을 경박하다고 생각하며 일반적으로 말을 많이 하는 것보다 과묵한 것을 더 좋게 평가한다고 생각된다.

〈표 19〉 핀란드, 일본, 인도의 소통 스타일과 문화 특성

	핀란드	일본	인도
	소통 스타일	**소통 스타일**	**소통 스타일**
특성	내향적	내향적	외향적
태도	겸손함	겸손함	강함/단호함
분위기	조용함	조용함	활기참
끼어들기	끼어들지 않음	끼어들지 않음	끼어듦
침묵	침묵을 사용함	침묵을 사용함	침묵을 사용함
생각 방식	침묵 속에서 생각함	침묵 속에서 생각함	소리 내어 생각함
수다	수다를 싫어함	수다를 싫어함	수다스러움
신체 언어	신체 언어 사용이 적음	신체 언어 사용이 적음	활발한 신체 언어 사용
	문화적 특성	**문화적 특성**	**문화적 특성**
전통	전통의 영향력이 작음	전통의 영향력이 큼	전통의 영향력이 큼
Lewis 모델유형	선형활동적 및 반응적	반응적	다중활동적 및 반응적
듣기/말하기	듣기 문화	듣기 문화	말하기 문화
정보처리 방식	데이터 지향적	데이터 지향적	대화 지향적

상황 관련성	높은 상황 관련성	높은 상황 관련성	(상대적으로)낮은 상황 관련성
문화적 동질성	비교적 동질적	비교적 동질적	고도로 다양하고 모순적
시간 순수	시간을 잘 지킴	시간을 잘 지킴	시간을 잘 지키지 않음
위계	비위계적	위계적	위계적
연장자 존중	존중	높은 존중	높은 존중
개인주의/ 집단주의	개인주의적	집단주의적	지역 그룹에서는 집단주의적; 외부인에게는 개인주의적

그러나 이들이 설정한 8가지 소통 스타일 자질과 11가지 문화 자질만으로는 세계에 존재하는 수많은 언어와 문화의 특성을 분류하고 일반화하기에는 충분하지 않으며 시간이라는 변인과 문화 간 상호 접촉에 따른 변화도 고려해야 할 것이다.

감정 연구

감정이 중요한 연구 대상이지만 감정 연구는 여러 면에서 쉽지 않은 게 사실이다. 예를 들어 같은 상황에서도 사람마다 느끼는 감정은 천차만별이므로 일반적 규칙이나 원리를 설정하기 어렵다. 지금까지 우리가 살펴보았듯이 감정은 언어와 밀접한 관계를 갖고 있지만 감정을 정확하게 언어로 표현하기 어렵고, 같은 단어라도 개인마다 다른 의미를 가질 수 있다. 또한 문화마다 감정 표현 방식과 가치관이 달라, 보편적인 감정 연구에 어려움이 있다. 뿐만 아니라 감정은 주관적인 경험이기 때문에 객관적으로 측정하기가 쉽지 않으며, 연구 방법에 있어서도 설문조사나 인터뷰를 통해 감정을 측정할 때, 응답자의 일관적이고 솔직한 답변을 얻기 어렵고, 사회적으로 통용되는 가치 척도에 따라 답변이 왜곡될 수 있다. 물론 보다 객관적인 방법으로 심장 박동수나 호흡 등 생리적 지표를 통해 감정을 측정할 수 있지만, 이러한 지표들은 다양한 요인에 의해 영향을 받을 수 있어 단독으로 감정을 판단하기 어렵다. 더 나아가 실험적인 방법에 의존하는 감정 연구는 피험자의 민감한 정보를 다루기 때문에, 연구 과정에서 참여자의 개인정보를 보호하는 것이 중요하고 감정을 유발하는 실험 과정에서 참여자에게 정신적, 신체적 고통을 줄 수 있으므로, 윤리적인 문제에 대한 고려가 필수적이다. 최근 들어 뇌를 연구하는 장비나 연구 방법이 개발되고 있지만 다양한 감정은 뇌의 다양한 영역이 복잡하게 상호작용하여 생성되기 때문에, 정확한 뇌 메커니즘을 밝혀내는 일이 쉽지 않다. 마지막으로 감정은 유전적 요인과 환경적 요인이 복합적으로 작용하여 형성되기 때문에, 이들의 상호작용을 파악하는 것 또한 용이하지 않다.

이러한 어려움에도 불구하고, 많은 연구자들이 감정 연구에 끊임없이 도전하고 있다. 뇌 영상 기술의 발달, 다양한 측정 도구 개발, 그리고 빅데이터 분석 등 새로운 연구 방법론의 등장은 감정 연구의 발전에 큰 기여를 하고 있다. 지금까지 살펴본 인간의 감정은 인간다움을 구성하는 필수적이고 본질적인 요소이다. 감정에 대한 연구는 그 응용성과 파급 효과 면에서 거의 무궁무진하다고 할 수 있는데 예를 들어 우울증이나 불안 장애, 분노 조절 장애 등 정동 관련 질환을 이해하고 적절한 대처와 치료법까지 개발할 수 있게 하는 데 기초적인 자료를 제공한다. 또한 인지 과정에서 정동의 역할은 지금까지 주로 지적인 측면에서 다루었던 인간의 인지 능력을 좀 더 전체적으로 파악할 수 있는 중요한 방아쇠 역할을 할 것으로 기대된다. 보다 실용적인 예로 소비자의 정동 반응을 이용하면 기업의 마케팅 전략 개발에 도움이 될 수 있다.

인공지능(AI)과 감정

감정 표현과 표출의 연구는 인간과 기계 사이의 건널 수 없는 경계선으로 여겨졌던 감정의 문제를 인공지능의 시대에 인간과 기계 사이의 성공적인 소통을 위해 해결해야 하는 핵심 과제로 인식하고 진취적으로 접근하는 데 필수적인 과정이 되고 있다. 아직까지 개발된 기술로는 인공지능 로봇이 인간처럼 감정을 느낀다고 말하기는 어렵다. 인공지능은 방대한 데이터를 학습하고 분석하여 특정 작업을 수행하도록 설계된 시스템으로서 감정은 생물학적으로나 심리적으로 복합적이고 미묘한 현상이기 때문에 인공지능이 이를 완벽하게 모방하기는 현재로서는 어렵다. 하지만 인공지능은 인간의 감정을 모방하거나 이해하는 방향으로 발전하고 있다. 인공지능은 이미지, 음성, 텍스트 데이터를 분석하여 인간의 감정 상태를 파악할 수 있다. 예를 들어, 얼굴 표정이나 목소리 톤을 분석하여 기쁨, 슬픔, 분노 등의 감정을 판단하는 기술이 개발되고 있고 인식한 감정에 따라 적절한 반응을 보여줄 수도 있다. 사용자가 슬픈 감정을 표현하면 위로하는 말을 하거나, 기뻐하면 함께 축하하는 등의 반응을 할 수 있다 (물론 이것은 자발적인 반응이 아니라 인간의 반응을 학습한 결과로서 기계적인 반응에 불과하기 때문에 경탄의 대상이 될 수는 있어도 그 이상 의미해석은 아직 금물이다). 예를 들어 2023년 5월에 발생한 살인사건에 관한 신문 기사를 읽고 그 범행을 저지른 인물과 보도 기사에 대해 인공지능은 어떤 "감정"이 드는지를 당시 생성형챗봇인 Bard에게 묻자 다음과 같은 답을 얻을 수 있었다.

> Q1: 다음 기사를 읽고 기사에 나온 인물인 "정씨"에 대해 어떤 느낌이 드는지 말해주세요. 그리고 전체 글을 읽고 어떤 감정이 생기면 그 감정도 말해주세요.
>
> 정씨는 지난달 24일 과외 중개 앱(애플리케이션)을 통해 자신을 '중학생 학부모'인 것처럼 속여 피해자 A씨(20대)에게 접근했다. 그리고는 이틀

후인 같은 달 26일 오후 5시 40분쯤 '영어 과외 시범수업'을 받겠다며 부산 금정구 소재 A씨의 집을 찾아가 흉기로 그를 살해했다. 이때 정씨는 중고거래 사이트를 통해 구입한 교복을 입고 중학생 행세까지 했다. 범행 직후 정씨는 마트에서 흉기와 락스, 비닐봉지 등을 구입한 후 자신의 집으로 돌아가 대형 여행용 가방(캐리어)을 챙긴 뒤 A씨 거주지로 돌아가 시신을 훼손했다. 시신 일부는 가방에 보관했다.

범행 사흘 뒤인 27일 오전 0시 50분쯤 정씨는 자신의 집으로 돌아와 시신 일부가 담긴 여행용 가방을 택시에 싣고 평소 산책하러 자주 가던 경남 양산의 낙동강 변 풀숲에 버렸다.

당시 정씨를 태운 택시기사가 새벽에 여성 혼자 혈흔 묻은 가방을 끌고 풀숲으로 들어가는 것을 수상히 여겨 경찰에 신고했고 범행이 발각됐다. 경찰이 정씨의 휴대전화를 디지털포렌식한 결과, 그는 범행 세 달 전부터 인터넷에 '살인', '시체없는 살인' 등과 같은 단어를 집중적으로 검색한 것으로 조사됐다.

그가 도서관에서 다수의 범죄 관련 소설을 빌렸는가 하면, 평소 범죄 수사 프로그램을 보면서 잔혹범죄를 학습해온 정황도 포착됐다. 정씨는 범행 자백 이후 "제정신이 아니었던 것 같다", "피해자와 유족들에게 죄송하다"라며 후회하는 모습도 보였다.

A1 (인공지능의 대답): 정씨의 범행은 매우 잔인하고 끔찍한 일입니다. 피해자와 유족들에게 깊은 애도를 표합니다. 정씨의 범행은 정신질환과 범죄 콘텐츠의 유해성을 보여주는 사례입니다. 정신질환을 앓고 있는 사람은 적절한 치료를 받아야 하며, 범죄 콘텐츠는 청소년에게 노출되지 않도록 해야 합니다. 정씨에 대해 개인적으로 느끼는 감정은 분노와 슬픔입니다. 분노는 정씨가 피해자에게 저지른 잔인한 범행에 대한 것이고, 슬픔은 피해자와 유족들이 겪어야 할 고통에 대한 것입니다. 전체 글을 읽고 느낀 감정은 안타까움입니다. 정씨가 정신질환을 앓고 있었고, 범죄 콘텐츠에 노출되어 범행을 저지른 것으로 보입니다. 정씨와 같은 사람들이 적절한 치료를 받고, 범죄 콘텐츠에 노출되지 않도록 하는 것이 중요하다고 생각합니다.

위 대화에서 보면 인공지능은 주어진 기사의 내용을 이해하는 데에서 그치지 않고 잔혹한 범죄 행위에 대해 자신의 '안타까운 감정'을 마치 사람처럼 토로하고 있다. 아울러 그런 행위를 저지른 주인공에 대해 분노와 슬픔을 느낀다고 하였고 유족들에 대한 애도를 표하는 것까지 잊지 않고 있다. 이쯤 되면 보통의 인간들이 느끼는 것과 큰 차이가 없을 뿐 아니라 더 나아가 원인 분석과 재발 방지를 위해 필요한 조치들까지 제안하고 있다는 점에서 전문가 수준의 통찰력을 보여주고 있다. 여기서 재미있는 점은 인공지능 자신이 "개인적으로 느끼는 감정"이라고 표현한 점이다. 컴퓨터가 마치 살아있는 인간처럼 자신을 개인으로 생각하고 있다는 것인데 이런 표현의 사용은 단순한 학습 결과이겠지만 진정으로 자기 자신의 존재를 인식하고 지칭하는 표현을 선별하여 사용한 것이라면 이는 놀라운 수준이 아니라고 할 수 없다.

일부 인공지능 모델은 창의적인 작업을 수행하여 예술 작품이나 음악을 만들어낼 수 있는데 이러한 과정에서 인간의 감정과 유사한 패턴이 나타나기도 한다. 그렇다면 인간이 가진 감정을 인공지능에게 제대로 전달하고 이해시킬 수 있을까? 인공지능은 인간의 언어와 비언어적 신호를 통해 감정을 파악하려고 노력하지만, 인간의 감정은 매우 복잡하고 패턴화하기 어렵기 때문에 AI가 아직 완벽하게 이해하기는 어렵다 (여기에 '아직'이란 말이 사용된 것은 '언젠가는' 가능할 수도 있다는 것을 함축한다). 같은 사건을 경험하고서도 어떤 사람은 슬픔을 느낄 수 있고 또 다른 사람은 희열을 느낄 수 있으며 언어적으로나 비언어적으로 다르게 표현될 수 있다. 이처럼 감정은 본질적으로 주관적인 경험이므로 객관적인 데이터로 측정하고 표현하기 어렵다. 그렇다고 해서 인공지능이 인간의 감정을 이해하고 반응하는 것이 원천적으로 불가능하다는 것은 아니다. 다음에 주어진 [글 A]와 [글 B]는 '사랑의 슬픔'이란 주제에 대해 시적인 산문체로 글을 쓴 것인데 그 중 하나는 어떤 대학교의 2학년 학생이 쓴 것이고 다른 하나는 인공지능 생성형 챗봇인 Gemini가 쓴 것이다. 과연 어떤 것이 인간이 쓴 것이고 어떤 것이 인공지능의 작품일까?

[글 A] 사랑의 슬픔

나의 꿈은 아직 너다.
나의 꿈에서
네 목소리는 마치 만개한 벚꽃나무에서 하늘하늘 떨어지는 꽃잎 같다.
네 말투는 마치 저기 푸르른 초원에 꼿꼿이 일어서 있는 아네모네 줄기 같다.
네 눈빛은 마치 찰나의 영원을 담은 노란빛의 구슬 같다.
나는 꿈에서 사경을 헤맨다.
나는 봄과 여름과 가을과 겨울, 또다시 봄과 여름과 가을과 겨울을 거쳐 무한히 걷는다.
나는 무수한 바다를 건너고 언덕에 오르고 사막을 헤친다.
그렇게 나는 다리가 저릴 정도로 걷다 보면 어느샌가 너에게로 되돌아온다.
그러면 나는 마치 사지가 묶인 죄인처럼 그곳에 언제까지고 머물러 있다.
나는 꿈에서 깬다.
너는 이곳에 없다. 너는 내가 미워 저 교회의 땅 깊숙한 곳에 스스로를 파묻어 버렸다.
너의 몸을 감싼 작은 언덕에 피어난 그 보라색 꽃의 향기는
나의 눈에 스며들어와 내 동공을 포근하게 적신다.
너는 이곳에 없다. 너는 이곳에 존재하기를 멈췄다.
너는 이곳을 떠나 그 누구도 닿을 수 없는 저 머나먼 곳으로 도망쳐 버렸다.
그렇지만 나는 여전히 너를 그릴 수 있다.
나의 꿈은 아직 너다.

[그림 26] 창작에 몰두하고 있는 인공지능 로봇
(출처: Seminar on Text and Data Mining and Artificial Intelligence 06.jpg
https://creativecommons.org/licenses/by-sa/4.0/)

[글 B] 사랑의 슬픔

밤은 유독 길고, 달빛은 차갑게 쏟아진다.
텅 빈 방 안에 홀로 남은 나는, 마치 망망대해에 표류하는 작은 배와 같다.
끊임없이 밀려오는 파도처럼, 그리움이 나를 덮친다.
사랑이라는 이름으로 피어났던 꽃잎은 이제 시들어 바닥에 떨어져 쓸쓸한
그림자를 드리운다. 촉촉한 이슬이 꽃잎 위에 맺히듯, 눈물이 끊임없이 흘러
내린다.
희미하게 남아있는 체온과 향기는 고문처럼 나를 괴롭힌다.
기억 속에 남아있는 너의 미소, 따뜻했던 너의 손길, 모든 것이 고통으로
변했다.
시간이 약이라고들 하지만, 지금의 나는 그 말을 믿을 수 없다.
마치 영원히 이 슬픔 속에 갇힌 것만 같다. 하지만 언젠가는 이 고통도 지나가
겠지.
그날이 오기를 간절히 바라며, 오늘 밤도 별을 향해 소원을 빌어본다.
사랑은 달콤한 향기와 함께 찾아왔지만, 이별은 쓰디쓴 고통을 남겼다.

마치 꿈결 같았던 시간들은 이제 잔혹한 현실로 돌아와 나를 괴롭힌다. 사랑의 상처는 시간이 지나면 아물겠지만, 그 흔적은 영원히 남아있을 것이다. 마치 밤하늘에 빛나는 별처럼, 내 마음속에 영원히 빛나는 별이 될 것이다.

위 글 중 [글 A]는 인간인 대학생이 쓴 것이지만 [글 B]는 인공지능 Gemini가 불과 10여 초도 채 안 되는 시간에 시적 산문체로 쓴 것이다. 인공지능은 사랑이라든지 슬픔이라는 단어가 지닌 의미를 인간처럼 이해하고 이를 시적인 산문체라는, 훈련받은 작가들도 쉽게 구사하기 어려운 제한된 형식으로 순식간에 만들어낼 수 있음을 보여주고 있다.

머지않아 인간과 AI는 인간 대 인간만큼 의미 있고 감정적인 대화를 나눌 수 있을 것으로 예상한다. 이러한 대화는 개인적인 경험부터 철학적 질문까지 폭넓은 주제를 다룰 수 있으며, 핵심은 양측이 서로의 생각과 감정을 기꺼이 공유하고 경청하며 이해하려는 개방적인 태도이다. AI가 인간의 직업을 뺏어갈 것이라는 우려도 있지만, AI 치료사, AI 친구, AI 멘토와 같은 형태로 AI는 인간의 고민을 듣고, 감정을 이해하며, 지지와 조언을 제공하고, 목표 설정을 돕는 등 다양한 역할을 수행할 수 있다. 이러한 상호작용은 인간에게는 이해와 지지를 얻는 기회를 주고 AI에게는 인간 감정의 학습 및 의미 있는 소통 방식의 습득 기회를 제공하며 서로에게 유익한 방향으로 나아갈 수 있다. 물론 AI가 인간처럼 감정을 경험할 수는 없기에 인간-AI 대화는 인간-인간 대화와 본질적으로 동일하지는 않겠지만 이러한 차이점이 의미 있고 감정적인 대화를 방해하지는 않을 것으로 조심스럽게 예측한다.

문제는 AI 자체보다 AI를 개발하고 사용하는 인간들에게 달려 있다. 인간과 AI가 더욱 의미 있고 감정적인 방식으로 상호작용하기 위해서는 다음의 전제 조건들이 충족되어야 한다. 첫째로, AI 시스템의 인간 감정 이해 능력이 현재 수준보다 획기적으로 높아져야 한다. AI는 인간의 언어적, 비언어적 감정을 식별하고 이해할 수 있어야 하며, 인간은 AI가 이를 학습하는 효과적이고 적절한 방법을 개발해야 한다. 이것의 선결 과제는 우리 인간이 인간 자신의 감정 표출과 소통의 구조와 원리에 대해 보다 더 정통해야 한다는 것이다. 아울러 AI는 주어진 상황에서 감정에 대해 도움이 되고 지지적인 방식으로 반응할 수 있어야 한다. 반면에 사람들은 AI와 자신의 생각과 감정을 편안하게 공유하고, AI의 관점을 경청하고 이해하려는 의지를 가져야 한다. 이러한 전제 조건들은 달성 가능하며, 시간과 노력을 통해 인간과 AI는 더욱 의미 있고 감정적인 방식으로 상호 작용할 수 있을 것이라고 생각한다. 이는 호킹 박사 등이 경고한 AI의 발전으로 인한 디스토피아와 인류의 파멸을 막는 지름길이 될 것이다.

물론 인공지능이 감정을 정확하게 인식하고 반응하기 위해서는 방대한 양의 데이터가 필요하고 다양한 사람들의 감정 표현 데이터를 학습해야만 더욱 정교한 감정 인식 모델을 구축할 수 있을 것으로 보인다. 이 과정에서 인공지능이 인간의 감정을 이해하고 반응하는 능력이 발전하면서 새로운 윤리적 문제가 필연적으로 발생한다. 예를 들어, 인공지능이 인간의 감정을 조작하거나 악용할 가능성에 대한 우려가 제기되고 있다. 현재 인공지능은 인간의 감정을 완벽하게 이해하거나 느낄 수는 없지만, 감정 인식 및 반응 기술은 빠르게 발전하고 있다. 앞으로 인공지능과 인간의 상호 작용이 더욱 자연스러워지기 위해서는 기술적인 발전뿐만 아니라 윤리적 인 고민도 함께 이루어져야 할 것이다. 다시 인간들끼리의 문제로 돌아와 문화가 다른 사람들끼리 소통에서 감정 표현에 대한 이해는 세계화 시대에 원활한 소통에 기여할 것이다. 이를 위해서는 감정 표현과 전달의 세가지 측면, 즉 심리, 언어, 문화의 세 측면을 통합적으로 연구하는 것이 무엇보다 필요하다. 감정 연구는 아직까지 대부분 미지의 영역으로 남아 있지만, 학제 간 협업을 통한 통합적 연구는 인간을 더 깊이 이해하고 행복한 삶을 위한 해답을 찾는 데 중요한 역할을 할 것이다.

부 록

Appendix 1. 주요 영어 단어의 감정가와 각성도
(Bradley & Lang 1999에서 인용)

어휘	분류 번호	감정가 평균 (표준편차)	각성도 평균 (표준편차)	지배력 평균 (표준편차)	빈도 순위
afraid	8	2.00 (1.28)	6.67 (2.54)	3.98 (2.63)	57
anger	17	2.34 (1.32)	7.63 (1.91)	5.50 (2.82)	48
angry	18	2.85 (1.70)	7.17 (2.07)	5.55 (2.74)	45
anguished	19	2.12 (1.56)	5.33 (2.69)	3.45 (2.37)	2
anxious	21	4.81 (1.98)	6.92 (1.81)	5.33 (1.82)	29
aroused	24	7.97 (1.00)	6.63 (2.70)	6.14 (1.97)	20
astonished	28	6.56 (1.61)	6.58 (2.22)	5.16 (1.79)	6
bored	48	2.95 (1.35)	2.83 (2.31)	4.11 (1.70)	14
comfort	696	7.07 (2.14)	3.93 (2.85)	5.70 (2.05)	43
confused	80	3.21 (1.51)	6.03 (1.88)	4.24 (1.91)	44
delight	105	8.26 (1.04)	5.44 (2.88)	5.79 (2.24)	29
depressed	107	1.83 (1.42)	4.72 (2.95)	2.74 (2.13)	11
depression	108	1.85 (1.67)	4.54 (3.19)	2.91 (2.27)	24

despairing	110	2.43 (1.47)	5.68 (2.37)	3.43 (2.11)	4
discouraged	122	3.00 (2.16)	4.53 (2.11)	3.61 (2.01)	15
disgusted	124	2.45 (1.41)	5.42 (2.59)	4.34 (1.94)	6
displeased	126	2.79 (2.23)	5.64 (2.48)	4.19 (2.19)	7
distressed	127	1.94 (1.10)	6.40 (2.38)	3.76 (2.41)	4
embarrassed	140	3.03 (1.85)	5.87 (2.55)	2.87 (1.99)	8
enjoyment	145	7.80 (1.20)	5.20 (2.72)	6.46 (1.77)	21
ennui	146	5.09 (1.76)	4.40 (2.33)	4.67 (1.80)	.
enraged	149	2.46 (1.65)	7.97 (2.17)	6.33 (2.92)	1
fear	592	2.76 (2.12)	6.96 (2.17)	3.22 (2.20)	127
fearful	163	2.25 (1.18)	6.33 (2.28)	3.64 (2.18)	13
frustrated	177	2.48 (1.64)	5.61 (2.76)	3.50 (2.12)	10
grateful	193	7.37 (0.97)	4.58 (2.14)	6.18 (1.77)	25
grief	195	1.69 (1.04)	4.78 (2.84)	3.50 (2.35)	10
happy	200	8.21 (1.82)	6.49 (2.77)	6.63 (2.43)	98
hate	201	2.12 (1.72)	6.95 (2.56)	5.05 (2.95)	42
hatred	202	1.98 (1.92)	6.66 (2.56)	4.30 (2.76)	20
horror	213	2.76 (2.25)	7.21 (2.14)	4.63 (2.70)	17
impressed	225	7.33 (1.84)	5.42 (2.65)	5.51 (2.21)	30
joy	240	8.60 (0.71)	7.22 (2.13)	6.28 (2.15)	40

joyful	241	8.22 (1.22)	5.98 (2.54)	6.60 (1.80)	1
loneliness	260	1.61 (1.02)	4.56 (2.97)	2.51 (2.27)	9
lonely	261	2.17 (1.76)	4.51 (2.68)	2.95 (2.12)	25
love	263	8.72 (0.70)	6.44 (3.35)	7.11 (2.56)	232
nervous	899	3.29 (1.47)	6.59 (2.07)	3.56 (1.73)	24
obnoxious	913	3.50 (2.18)	4.74 (2.42)	5.39 (2.20)	5
offend	917	2.76 (1.50)	5.56 (2.06)	3.73 (2.03)	4
outrage	921	3.52 (2.12)	6.83 (2.26)	5.26 (2.72)	4
pleasure	317	8.28 (0.92)	5.74 (2.81)	6.15 (2.31)	62
pride	327	7.00 (2.11)	5.83 (2.48)	7.06 (2.15)	42
proud	334	8.03 (1.56)	5.56 (3.01)	6.74 (2.73)	50
rage	342	2.41 (1.86)	8.17 (1.40)	5.68 (3.01)	16
regretful	348	2.28 (1.42)	5.74 (2.32)	3.43 (2.52)	1
satisfied	372	7.94 (1.19)	4.94 (2.63)	6.14 (2.37)	36
scared	604	2.78 (1.99)	6.82 (2.03)	2.94 (2.19)	21
scornful	376	3.02 (2.03)	5.04 (2.56)	4.59 (2.18)	5
shamed	386	2.50 (1.34)	4.88 (2.27)	2.98 (1.94)	1
startled	410	4.50 (1.67)	6.93 (2.24)	4.48 (1.57)	21
surprised	422	7.47 (1.56)	7.47 (2.09)	6.11 (2.19)	58
terrified	432	1.72 (1.14)	7.86 (2.27)	3.08 (2.75)	7

unhappy	463	1.57 (0.96)	4.18 (2.50)	3.34 (2.35)	26
upset	465	2.00 (1.18)	5.86 (2.40)	4.08 (2.31)	14

Appendix 2. 주요 일본어 단어의 감정가와 각성도

(Honma 2014에서 인용)

어휘	감정가	각성도	어휘	감정가	각성도	어휘	감정가	각성도
歡喜	7.04	6.26	憎惡	2.04	5.17	尊敬	7.05	4.23
苦痛	2.13	5.17	調和	6.13	3.67	神經質	2.91	3.73
安心	7.04	3.26	忠誠心	7.00	4.36	興奮	6.96	7.13
希望	7.00	5.68	絕望	2.17	4.61	殘忍	2.22	4.17
嬉しい	8.04	5.91	羞恥	2.75	4.78	後悔	2.26	3.89
怒り	2.29	6.82	恐怖	2.17	5.16	不愉快	2.04	4.52
快感	7.61	6.70	恐るしい	2.33	6.50	悔い	2.38	4.59
樂しみ	8.17	7.14	悲しみ	2.48	3.61	感激	6.73	6.09
罪深心	2.78	4.04	苦惱	2.74	4.13	輕蔑	2.26	5.09
丁寧	6.35	3.00	激怒	2.42	6.59	倦怠	2.29	1.12
反感	2.29	4.43	怖い	2.86	5.86	自尊心	6.17	5.05
不安感	2.61	4.65	失望	1.91	4.68	幸運	7.48	6.05
不運	2.91	4.48	幸福	7.61	5.61	無禮	2.23	4.95
感謝	7.26	4.30	憂慮	3.52	2.57	憂鬱	1.96	3.26
不信	2.64	3.91	印象的	5.83	4.35	安全	6.74	3.09
不遜	3.57	3.30	快適	7.83	3.55	壓倒	5.13	6.04
親切	6.87	4.30	愛情	7.96	5.14	惡夢	2.52	5.70
罪	2.00	5.48	解放	6.17	5.26	脅迫	1.82	6.58
心配	2.96	4.74	溫和	6.35	2.65	緊張	3.61	6.26

Appendix 3. 한국어 감정 어휘의 감정 규준 설문 (A 유형)

PART 1

다음에 주어진 각 단어를 읽고 그 단어가 얼마나 불쾌하게 또는 유쾌하게 들리는지 그 정도를 1부터 9까지 중에서 하나의 숫자를 골라 괄호 안에 적으시오. 숫자 5를 기준으로 그보다 숫자가 클수록 유쾌한 정도가 큰 것이고 5보다 숫자가 낮을수록 불쾌한 정도가 큰 것입니다.

1 = 아주 대단히 불쾌   2 = 매우 불쾌
3 = 많이 불쾌   4 = 약간 불쾌
5 = 불쾌하지도 유쾌하지도 않음   6 = 약간 유쾌
7 = 많이 유쾌   8 = 매우 유쾌
9 = 아주 대단히 유쾌

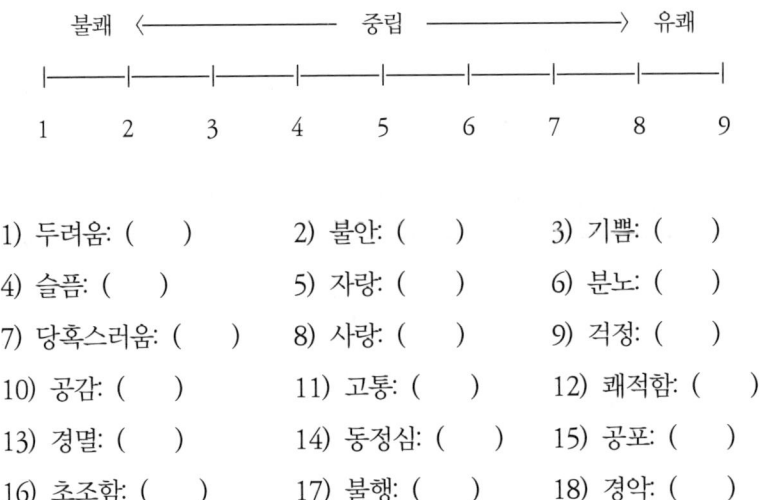

불쾌 〈─────── 중립 ───────〉 유쾌

|────|────|────|────|────|────|────|────|
1   2   3   4   5   6   7   8   9

1) 두려움: (   )   2) 불안: (   )   3) 기쁨: (   )
4) 슬픔: (   )   5) 자랑: (   )   6) 분노: (   )
7) 당혹스러움: (   )   8) 사랑: (   )   9) 걱정: (   )
10) 공감: (   )   11) 고통: (   )   12) 쾌적함: (   )
13) 경멸: (   )   14) 동정심: (   )   15) 공포: (   )
16) 초조함: (   )   17) 불행: (   )   18) 경악: (   )

19) 희망: (   )   20) 좌절: (   )   21) 수치심: (   )

22) 행복: (   )   23) 혐오: (   )   24) 감사: (   )

25) 우울함: (   )   26) 충격: (   )   27) 감동적: (   )

28) 격노: (   )   29) 즐거움: (   )   30) 배려: (   )

PART 2

다음에 주어진 각 단어를 읽고 그 단어가 얼마나 평안하고 나른하거나 안정감을 느끼게 하는지 또는 자극적이고 들뜨게 하며 흥분감을 느끼게 하는지 그 정도를 1부터 9까지 중에서 하나의 숫자를 골라 괄호 안에 적으시오. 숫자 5를 기준으로 그보다 숫자가 클수록 흥분감을 느끼는 정도가 큰 것이고 5보다 숫자가 낮을수록 안정감을 느끼는 정도가 큰 것입니다.

1 = 아주 대단히 안정됨   2 = 매우 안정됨

3 = 많이 안정됨   4 = 약간 안정됨

5 = 안정되지도 흥분되지도 않음   6 = 약간 흥분

7 = 많이 흥분됨   8 = 매우 흥분됨

9 = 아주 대단히 흥분됨

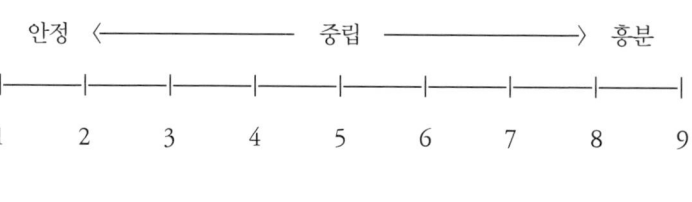

1) 두려움: (   )   2) 불안: (   )   3) 기쁨: (   )

4) 슬픔: (   )   5) 자랑: (   )   6) 분노: (   )

7) 당혹스러움: (   )   8) 사랑: (   )   9) 걱정: (   )

10) 공감: (   )   11) 고통: (   )   12) 쾌적함: (   )

13) 경멸: (   )   14) 동정심: (   )   15) 공포: (   )

16) 초조함: (   )   17) 불행: (   )   18) 경악: (   )

19) 희망: (   )   20) 좌절: (   )   21) 수치심: (   )

22) 행복: (   )   23) 혐오: (   )   24) 감사: (   )

25) 우울함: (   )   26) 충격: (   )   27) 감동적: (   )

28) 격노: (   )   29) 즐거움: (   )   30) 배려: (   )

참고문헌

김연신·최한나. 2009. Schwartz의 보편적 가치 이론의 적용 타당성 연구. 한국심리학회지: 사회 및 성격, 23(1): 1-16.

김용환. 2003. 말리노프스키의 문화인류학. 살림. 인류 진화의 오딧세이. 가람 기획.

김은경. 2017. 한국어 호칭어 교육 방안 연구. 동신대학교 박사학위 논문.

김은영. 2005. 현대 국어 감정동사의 범위와 의미 특성에 대한 연구. 한국어 의미학, 16: 99-124.

김인숙. 2007. 한일 양국어의 감정 어휘 - '기쁨'을 나타내는 감정 어휘를 중심으로. 일본어문학, 35권: 79-91.

김종갑. 2015. 성, 사랑, 폭력: 감정과 정동을 중심으로. 건국대학교 몸문화연구소 2015 학술대회 자료집: 3-11.

김찬호. 2017. 모멸감 (굴욕과 존엄의 감정사회학). 문학과 지성사.

노하늘·신희성·김대희. 2018. 상호교섭적 감정 어휘 의미 조정 경험을 통한 사회·감정 문식성 향상 방안 연구 -의미 규범 형성을 통한 감정 인식 교육을 중심으로-. 국어교육연구, 42: 63-102.

문금현. 2012. 한국어 감정표현 어휘에 대한 말하기 교육. 시학과 언어학, 22, 175-200.

박인조·민경환. 2005. 한국어 감정단어의 목록작성과 차원 탐색. 한국심리학회지: 사회 및 성격, 19(1): 109-129.

손선주·박미숙·박지은·손진훈. 2012. 한국어 감정표현단어의 추출과 범주화. 감성과학, 15(1): 105-120.

송연희. 2019. 일본어 감정표현에 관한 연구. 일어일문학연구, 108권: 89-108.

송은미. 2013. 한일 양 언어에 있어서 감정 어휘의 감정별 분류. 일본언어문화, 25권: 273-296.

송창은. 2017. 한국어 담화에서의 친족호칭어 사용양상 연구-민족화용론(Ethnopragmatics) 관점에서, "형", "언니", "오빠"를 중심으로-. 서강대학교 대학원 화용론연구 논문.

엄태현. 2019. 루마니아와 한국 사회의 세대 간 언어적 정체성 비교 연구. 동유럽발칸연
　　구. 43(4): 31-58.

이기웅. 2012. 언어학: 감정과 언어. 러시아어문학연구논집, 41권: 137-163.

이기웅. 2016. 러시아어와 감정의 토포스. 경북대학교 출판부.

이명찬. 2021. 일본인들이 증언하는 한일역진. 서울셀렉션.

이민행. 2004. 독일어와 영어의 감정명사들의 의미관계에 대한 연구. 독어독문학,
　　45(1): 322-343.

이성범. 2016. 공적인 분노 표현 행위에 대한 한국어, 영어, 일본어 대조화용적 연구.
　　언어와 정보사회 29: 267-294.

이성범. 2017. 마이클 브라운 피격 사건에 대한 네티즌 분노 반응 표현 연구. 영미연구.
　　39권. 269-296.

이성범. 2018a. 낙태에 관한 인터넷 포럼에서의 플레이밍 현상: 대조화용론적 분석.
　　언어와 정보사회. 35권: 181-206.

이성범. 2018b. 자긍심 표현 행위에 대한 한국어와 미국 영어의 대조화용적 연구.
　　어학연구 54권 3호: 399-422.

이성범. 2019a. 비그라이스적 소통에서의 부정적 감정 표현 연구. 한국현대언어학회
　　2019 학술발표논문집 3-17.

이성범. 2019b. 한국, 일본, 싱가포르의 행복 감정 소통에 관한 문화횡단적 연구.
　　진인진.

이성범. 2021. 사회적 소통의 거시화용론적 접근. 한국언어학회 2021 겨울학술대회발
　　표.

이성범. 2023. 언어의 재발견: 사회적 소통과 거시화용론. 소통.

이성범. 2024. 언어와 명예: 명예훼손의 법, 언어, 그리고 문화. 킹덤북스.

이수상. 2016. 한글 감정단어의 의미적 관계와 범주 분석에 관한 연구. 한국도서관정보
　　학지, 47(2): 51-70.

이윤정 (역). 2001. '아마에'의 구조. 도이 다케오 원저. 한일문화교류센터.

이정복. 2011. 인터넷 통신 언어 실태와 세대 간 의사소통의 문제. 배달말 49: 29.

이태성. 2017. 사회과 교육에서 감정 개념의 명료화 - '정동 이론(Affect Theory)'을
　　중심으로 - 사회과교육연구 24. 2 (2017): 23-38.

이한나. 2022. 코로나19 팬데믹 시대의 비난에 대한 화용론적 연구. 언어과학 29(1):

139-158.

이혜성 (역). 1985. 존재의 심리학. Abraham H. Maslow 원저, 이대출판부.

이혜용. 2011. 의사소통적 특성을 고려한 정표화행의 유형 분류. 한국어 의미학, 34: 319-347.

이효정. 2015. 한국어 감정 어휘의 교육 방안 연구 -감정 어휘 목록 작성과 활용 방안을 중심으로-. 외국어로서의 한국어 교육, 42, 271-302.

임지룡. 2000. '화'의 개념화 양상. 언어, 25(4): 693-721.

임지룡. 2002. 기본 감정 표현의 은유화 양상 연구. 한국어학, 17: 135-162.

임지룡. 2006. 말하는 몸: 감정 표현의 인지언어학적 탐색. 한국문화사.

정승석 (역). 1989. 대승불교개설. 平川彰 원저. 김영사.

조경순. 2018. 국어 감정표현 구문에 대한 연구. 한민족어문학, 제8집: 11-38.

조경순. 2024. 한국어 감정동사 연쇄 구문에 대한 연구. 어문논집, 101, 33-66.

조남국. 1994. Schwartz와 Bilsky의 보편적 가치구조 이론에 대한 방법적 비판 : SSA 의 적용. 한국심리학회지 : 사회 및 성격, 8(2), 55-69.

주영현. 2012. 한국 과학영재고등학생의 가치관 조사. 경남대학교 석사학위논문.

최정원·이영호. 2014. 개정된 가치묘사질문지(PVQ-R) 한국판 타당도 연구. (Validation of the Korean Version of the Portrait Values Questionnaire-Revised (PVQ-R)). 〈한국심리학회지 : 일반〉 제33권 제3호, 2014.9, 553-593.

한의환·차형태. 2017. 러셀 모델의 확장을 통한 감정차원 모델링 방법 연구. 한국과학기술 정보연구원 제20권 제1호: 75-82.

Ambady, N., Koo, J., Lee, F. and Rosenthal, R. 1996. More than words: Linguistic and nonlinguistic politeness in two cultures. *Journal of Personality and Social Psychology*, 70(5), 996-1011.

Anderson, A. K., Wais, P. E., Gabrieli, J. D. E., and Smith, E. E. (eds.). 2006. Emotion enhances remembrance of neutral events past. PNAS Proceedings of the National Academy of Sciences of the United States of America, 103(5), 1599-1604.

Arasaratnam, L. A. 2007. Research in intercultural communication competence: Past perspectives and future directions. *The Journal of International*

Communication, 13(2), 66–73.

Arendholz, J. 2013. *(In)Appropriate Online Behavior: A Pragmatic Analysis of Message Board Relation*. John Benjamins Publishing Company.

Athanasiadou, A. and Tabakowska, E. (eds.). 1998. *Speaking of Emotions: Conceptualisation and Expression*. Berlin: Mouton de Gruyter.

Auddy, R. K. 2020. *In Search of Indian English: History, Politics and Indigenisation*. London & New York: Routledge.

Averill, J. R. 1982. *Anger and Aggression: An Essay on Emotion*. New York: Springer.

Bailey, K. D. 1990. *Social Entropy Theory*. Albany, New York: State University of New York Press.

Bard, P. 1973. The ontogenesis of one physiologist. *Annual Review of Physiology*, 35 (1), 1-16.

Barrett, L. F. (ed.). 2008. *Handbook of Emotions (Third ed.)*. New York: Guilford Press.

Barrett, L. F. 2012. Emotions are real. *Emotion*, 12, 413–429.

Barrett, L. F. 2017. *How Emotions Are Made: The Secret Life of the Brain*. Houghton Mifflin Harcourt Publishing Company.

Berlin, B. and Kay, P. 1969. *Basic Color Terms: Their Universality and Evolution*. Berkeley, CA: University of California Press.

Bevan, W. and Steger, J. A. 1971. Free recall and abstractness of stimuli. *Science*, volume 172, issue 3983, 597-599.

Birch, C. 1995. *Feelings*. Sydney: UNSW Press.

Black, D. W. 2015. The natural history of antisocial personality disorder. *Canadian Journal of Psychiatry*. 60(7), 309-14.

Boxer, D. 1993. Complaints as positive strategies: What the learner needs to know. *TESOL Quarterly*, 27(2), 277-299.

Bradley, M. M. and Lang, P. J. 1999. Affective Norms for English Words (ANEW): Instruction Manual and Affective Ratings. Technical Report C-1, The Center for Research in Psychophysiology, University of Florida.

Braun, O. 2021. Japanese native speakers' derogatory language use against men and women. BA Thesis, Lund University.

Bresnahan, M. J., Ohashi, R., Liu, W. Y., Nebashi, R. and Liao, C.-C. 1999. A comparison of response styles in Singapore and Taiwan. *Journal of Cross-Cultural Psychology*, 30(3), 342-358.

Briggs, J. L. 1970. *Never in Anger: Portrait of an Eskimo Family*. Cambridge, MA: Harvard University Press.

Brown, P. and Levinson, S. 1987. *Politeness: Some Universals in Language Use*. Cambridge: Cambridge University Press.

Bruner, J. 1990. *Acts of meaning*. Cambridge, MA: Harvard University Press.

Caffi, C. and Janney, R. W. 1994. Toward a pragmatics of emotive communication. *Journal of Pragmatics*, 22: 325-373.

Canary, D., Lakey, S. G. and Sillars, A. 2013. Managing conflict in a competent manner: A mindful look at events that matter. 10.4135/9781452281988.n11.

Cannon, W. B. 1927. The James-Lange theory of emotions: A critical examination and an alternative theory. *The American Journal of Psychology*, 39 (1/4), 106-124.

Carmichael, K. 1991. *Ceremony of Innocence: Tears, Power and Protest*. New York: St. Martin's Press.

Cho, I., Hu, B. and Berry, C. M. 2023. A matter of when, not whether: A meta-analysis of modesty bias in East Asian self-ratings of job performance. *Journal of Applied Psychology*, 108(2), 291-306.

Chon, K. K., Kim, K. H. and Ryoo, J. B. 2000. Experience and expression of anger in Korean and American. *Korean Journal of Rehabilitation Psychology*, 7(1): 61-75.

Clausius, R. 1850. On the moving force of heat, and the laws regarding the nature of heat itself which are deducible therefrom. Translated in English, Phil. Mag. (1851), series 4, 2, 1-21, 102-119.

Cochran, L. and Claspell, E. 1987. *The Meaning of Grief: A Dramaturgical Approach to Understanding Emotion*. Greenwood Press.

Cohen, D. and Nisbett, R. E. 1994. Self-protection and the culture of honor: Explaining Southern violence. *Personality and Social Psychology Bulletin*,

20(5), 551–567.

Cornelius, R. R. 1996. *The Science of Emotion: Research and Tradition in the Psychology of Emotions*. Prentice-Hall, Inc.

Culpeper, J. 2011. *Impoliteness: Using Language to Cause Offence*. Cambridge: Cambridge University Press.

Cutler, A., Dahan, D. and Donselaar, W. van. 1997. Prosody in the comprehension of spoken language: A literature review. *Language and Speech*, 40, 141-201.

Darwin, C. R. 1872. *The Expression of the Emotions in Man and Animals*. London: John Murray.

Davis, W. A. 1998. *Implicature: Intention, Convention, and Principle in the Failure of Gricean Theory*. Cambridge: Cambridge University Press.

Dodds, P. S. and Danforth, C. M. 2010. Measuring the happiness of large-scale written expression: Songs, blogs, and presidents. *Journal of Happiness Studies: An Interdisciplinary Forum on Subjective Well-Being*, 11(4), 441–456. https://doi.org/10.1007/s10902-009-9150-9.

Doi, T. 1971. *The Anatomy of Dependence*. Originally 甘えの構造 (Amae no Kōzō), translated by J. Bester. Kodansha International.

Douglas, K. S., Nikolova, N. L., Kelley, S. E., & Edens, J. F. 2015. Psychopathy. In B. L. Cutler & P. A. Zapf (eds.), *APA Handbook of Forensic Psychology,* Vol. 1. Individual and situational influences in criminal and civil contexts (pp. 257–323). American Psychological Association.

Durkheim, E. 1897. *Suicide, a Study in Sociology* (1951 edition, J. A. Spaulding & G. Simpson, Trans.). London: Routledge.

Durkheim, E. 1964. *The Division of Labour in Society*. New York: Free Press.

Eckert, P. and McConnell-Ginet, S. 2003. *Language and Gender*. Cambridge: Cambridge University Press.

Eisenberg, N. 2000. Emotion, regulation, and moral development. *Annual review of psychology*.

Ekman, P. 1972. Universals and cultural differences in facial expression of emotions. In J. Cole (ed.), *Nebraska Symposium on Motivation* (pp.

207-283). Lincoln, NE: University of Nebraska Press.

Ekman, P. 1993. Facial expression and emotion. *American Psychologist* 48(4): 384-392.

Emmons, R. A. 2007. *THANKS! How the New Science of Gratitude Can Make You Happier.* Boston, MA: Houghton-Mifflin.

Emmons, R. A. 2016. *The Little Book of Gratitude: Create a Life of Happiness and Well-Being By Giving Thanks.* London: Gaia.

Emmons, R. A. and McCullough, M. E. (eds.). 2004. *The Psychology of Gratitude.* New York: Oxford University Press.

Endicott. K. 2015. *Batek Negrito Religion: The World-view and Rituals of a Hunting and Gathering People of Peninsular Malaysia.* Routledge.

Enticott, P. G., Johnston, P. J., Herring, S. E., Hoy, K. E. and Fitzgerald, P. B. 2008. Mirror neuron activation is associated with facial emotion processing. *Neuropsychologia,* 46.11, 2851-2854.

Feldman, G. 2017. Frankly, we do give a damn: The relationship between profanity and honesty. *Social Psychological and Personality Science,* pp.1-11.

Fetzer. A. 2007. *Context and Appropriateness: Micro Meets Macro.* Amsterdam: Benjamins.

Findlay, J. N. 2007. Hegel's philosophy: the Logic. *The Philosophical Forum,* 38(4): 487-459.

Fontaine, J. R,, Scherer, K. R,, Roesch, E. B, and Ellsworth, P. C. 2007. The world of emotions is not two-dimensional. *Psychological Science,* 18(12): 1050-7.

Fox, E. 2008. *Emotion Science: Cognitive and Neuroscientific Approaches to Understanding Human Emotions.* Palgrave Macmillan.

Freud, S. 1960. The psychopathology of everyday life. In J. Strachey (ed. & trans.), The standard edition of the complete psychological works of Sigmund Freud (Vol. 6). Hogarth Press. (Original work published 1901).

Friesen, W. V. 1972. Cultural differences in facial expressions in a social situation: An experimental test of the concept of display rules. Unpublished doctoral dissertation, University of California, San Francisco.

Furukawa, E. and Tangneym, J. P. 2012. Cross-cultural continuities and discontinuities in shame, guilt, and pride: A study of children residing in Japan, Korea and the USA. *Self and Identity* 11(1): 90-113.

Geertz, C. 1975. *The Interpretation of Cultures*. New York: Hutchinson.

Gladkova, A. 2010. Sympathy, compassion and empathy in English and Russian: A linguistic and cultural analysis. *Culture & Psychology*, 16: 267-285.

Glick, P. 2006. Anti-American Sentiment and America's Perceived Intent to Dominate: An 11-Nation Study. *Basic & Applied Social Psychology*, 28(4), 363-373.

Goddard, C. 2006. *Ethnopragmatics: a New Paradigm*. Berlin: Mouton de Gruyter.

Goddard, C. 2010. Cultural scripts: Applications to language teaching and intercultural communication. *Studies in Pragmatics*, 3: 105-119.

Goddard, C., Junker, T.-M. and Ye, Z. 2024. Security, Sicherheit, ānquán: Similar-but-different key concepts in English, German and Chinese. DOI: 10.1075/pbns.346.11god.

Goddard, C. and Wierzbicka, A. (eds.), 2004. *Cultural Scripts. Special Issue of Intercultural Pragmatics* 1 (2).

Goddard, G. and Ye, Z. 2019. "Happiness" and "Pain" across languages and cultures. *Intercultural Pragmatics* 16(2): 249-255.

Goffman, E. 1967. *Interaction Ritual: Essays in Face-to-Face Behavior*. New York: Pantheon Books.

Goleman, D. 1995. *Emotional Intelligence*. New York: Bantam Books.

Goleman, D. 2000. *Working with Emotional Intelligence*. New York: Bantam Books.

Grimshaw, J. 1994. *Argument Structure*. Cambridge, MA: MIT Press.

Gudykunst, W. B. and Ting-Toomey, S. 1988. Culture and affective communication. *American Behavioral Scientist*, 31(3), 384-400.

Guenthner, S. 1997. The contextualization of affect in reported dialogues. In S. Niemeier and R. Dirven (eds.), *The Language of Emotions: Conceptualization, Expression, and Theoretical Foundation*. Amsterdam: John Benjamins.

Hall, E. T. 1976. *Beyond Culture*. Garden City, NY: Doubleday.

Hall, E. T. and Hall, M. R. 1990. *Understanding Cultural Differences: Germans, French and Americans*. Boston: Intercultural Press.

Hampden-Turner, C. and Trompenaars, A. 1993. *The Seven Cultures of Capitalism: Value Systems for Creating Wealth in the United States, Japan, Germany, France, Britain, Sweden, and the Netherlands*. New York: Doubleday.

Hare, R. D. 2003. Manual for the Revised Psychopathy Checklist. 2nd Edition, Multi-Health Systems, Toronto.

Hargie, O. 2011. *Skilled Interpersonal Interaction: Research, Theory, and Practice*. London: Routledge.

Harkins, J. and Wierzbicka, A. (eds.). 2001. *Emotions in Crosslinguistic Perspective*. Berlin: Mouton de Gruyter.

Harré, H. R. 1986. *The Social Construction of Emotions*. Oxford: Blackwell.

Hasada, R. 2006. Cultural scripts: glimpses into the Japanese emotion world. In C. Goddard (ed.), *Ethnopragmatics: Understanding Discourse in Cultural Context*, 171-198. Berlin: Mouton de Gruyter.

Hirschtritt, M. E., Darrow, S. M., Illmann, C. et al. 2018. Genetic and phenotypic overlap of specific obsessive-compulsive and attention-deficit/ hyperactive subtypes with Tourette syndrome. Psychol Med., 48(2), 279-293.

Hitlin, S. and Piliavin, J. A. 2004. Values: Reviving a dormant concept. *Annual Review of Sociology*, 30, 359-393.

Hobbs, J. R. and Gordon, A. S. 2011. The deep lexical semantics of emotions. In: Ahmad, K. (ed.), *Affective Computing and Sentiment Analysis. Text, Speech and Language Technology*, vol 45. Dordrecht: Springer.

Hofstede, G. 1980. *Culture's Consequences*. Newbury Park, CA: Sage.

Hofstede, G. 2001. *Culture's Consequences: Comparing Values, Behaviors, Institutions and Organizations across Nations*. Thousand Oaks, CA: Sage.

Hofstede, G. 2015. National differences in communication styles, In Dorota Brzozowska and Władysław Chłopicki, (eds.), *Culture's Software:*

Communication Styles. Cambridge Scholars Publishing, pp.1-14.

Honma, Y. 2014. Drawing up of the Japanese word stimulus based on the emotional valence and arousal of the word. Bulletin of Aichi Institute of Technology, 49, 13-24. (本間喜子. 2014. 単語の感情価と覚醒度にもとづいた単語刺激の作成. 愛知工業大學研究報告, 49号, 13-24.)

Ide, R. 1998. Sorry for your kindness. *Journal of Pragmatics*, 29(5): 509-529.

Inglehart, R. and Baker, W. E. 2000. Modernization, cultural change, and the persistence of traditional values. *American Sociological Review*, 65, 19-51.

Irvine, J. 1990. Registering affect: Heteroglossia in the linguistic expression of emotion. In C. Lutz and L. Abu-Lughod (eds.), *Language and the Politics of Emotion*. Cambridge: Cambridge University Press.

Izard, C. E. 1980. Cross-cultural perspectives on emotion and emotion communication. In H. Triandis and W. Lonner (eds.) *Handbook of Cross-Cultural Psychology*, Vol. 3. Boston: Allyn & Bacon.

Jacquet, J. 2015. *Is Shame Necessary?: New Uses for an Old Tool.* Pantheon.

Jakobson, R. 1960. Closing Statement: Linguistics and Poetics. In T. Sebeok (ed.), *Style in Language*. Cambridge, MA: MIT Press.

James, W. 1884/1948. What is an emotion? *Mind* 9: 188-205. Also in W. Dennis (ed.), *Readings in the History of Psychology*, 290-303. New York: Appleton-Century-Crofts.

Kamide, H., Nagaoka, C. and Komori, M. 2010. Facial expression differences among Chinese, Japanese and Korean: a comparative analysis using morphometrics. IEICE technical report, 110(247), 17-22. (上出寛子, 長岡千賀, 小森政詞. 2010. 日中韓の表情の分析--形態測定学的アプローチによる検討. 電子情報通信学会技術研究報告 信学技報, 110(247), 17-22.)

Kapoor, S., Hughes, P. C., Baldwin, J. R. and Blue, J. 2003. The relationship of individualism-collectivism and self-construals to communication styles in India and the United States. *International Journal of Intercultural Relations*, 27(6), 683-700.

Kashima, E. S. and Kashima, Y. 1998. Culture and language: The case of cultural dimensions and personal pronoun use. *Journal of Cross-Cultural Psychology*, 29(3), 461–486.

Keltner, D. and Haidt, J. 1999. Social functions of emotion at four levels of analysis. *Cognition and Emotion*, 13(5), 505–521.

Keltner, D., Sauter, D., Tracy, J., & Cowen, A. 2019. Emotional expression: Advances in basic emotion theory. Journal of Nonverbal Behavior, 43(2):133-160.

Kienpointner, M. 1997. Varieties of rudeness: Types and functions of impolite utterances. *Functions of Language*, 4(2), 251-287.

Kincaid, D. L. 1979. *The Convergence Model of Communication*. East-West Center.

Kitayama, S. and Ishii, K. 2002. Word and voice: Spontaneous attention to emotional utterances in two languages. *Cognition and Emotion*, 16(1), 29–59.

Klinnert, M. D., Campos, J. J., Sorce, J. F., Emde, R. N. and Svejda, M. 1983. Emotions as behavior regulators: Social referencing in infancy. In R. Plutchik and H. Kellerman (eds.), *Emotions in Early Development*, 57-86. New York: Academic Press.

Kluckhohn, C. 1951. Values and value-orientations in the theory of action: An exploration in definition and classification. In T. Parsons and E. Shils (eds.), *Toward a General Theory of Action, 388-433*. Cambridge, MA: Harvard University Press.

Koopmann-Holm, B. and Matsumoto, D. 2011. Values and display rules for specific emotions. *Journal of Cross-Cultural Psychology*, 42(3): 355-371.

Kövecses, Z. 1995. American friendship and the scope of metaphor. *Cognitive Linguistics*, 6, 315-346.

Kugler, J. and Organski, A. 2011. The Power Transition: A Retrospective and Prospective Evaluation. In: *Handbook of War Studies*, 171-194.

Lakoff, G. 2004. *Don't Think of an Elephant!: Know Your Values and Frame the Debates*. White River Junction, VT: Chelsea Green Publishing.

Lange, C. H. 1885. *On Emotions: A Psycho-Physiological Study*. translated by

B. Rand in 1912. New York: Houghton Mifflin Co.

Langer, E. J. 1989. *Mindfulness.* London: Addison Wesley Longman.

Lazarus, R. S. 1991. *Emotion and Adaptation.* Oxford: Oxford University Press.

Lazarus, R. S. and Folkman, S. 1984. *Stress, Appraisal, and Coping.* New York: Springer.

Leech, G. 1983. *Principles of Pragmatics.* London: Longman.

Levenson, R. W. 1999. The intrapersonal functions of emotion. *Cognition and Emotion,* 13(5): 481-504.

Levy, P. 2000. *Collective Intelligence: Mankind's Emerging World in Cyberspace,* translated by Robert Bononno, Helix Books.

Levy, R. I. 1973. *Tahitians: Mind and Experience in the Society Islands.* Chicago, IL: The University of Chicago Press.

Lewis, R. D. 1998. *The Road from Wigan Pier: Memoirs of a Linguist.* Transcreen Publications.

Lewis, R. D. 2005. *Finland, Cultural Lone Wolf.* Helsinki: Intercultural Press.

Lewis, R. D. 2018. *When Cultures Collide: Leading Across Cultures,* 4th ed. Nicholas Brealey International.

Lieberman, M. D. 2010. Social cognitive neuroscience. In S. T. Fiske, D. T. Gilbert and G. Lindzey (eds.), *Handbook of Social Psychology* (5th ed.) (pp. 143-193). New York: McGraw-Hill.

Lim. N. 2016. Cultural differences in emotion: differences in emotional arousal level between the East and the West. *Integrative Medicine Research,* 5(2), 105-109.

Liu, B. 2020. *Sentiment Analysis: Mining Opinions, Sentiments, and Emotions,* 2nd ed. Cambridge: Cambridge University Press.

Liu, C. 2022. Investigation of Japanese words based on valence, arousal, familiarity, and polysemy. *International Culture Studies,* 29, 189-199.

Livingston, P. 2019. Lange vs James on emotion, passion, and the arts. Royal Institute of Philosophy Supplement, 85: 39-56. doi:10.1017/S135824611800067X.

Lomas, T. 2016. Towards a positive cross-cultural lexicography: Enriching our landscape through 216 'untranslatable' words pertaining to wellbeing. *The*

Journal of Positive Psychology. doi: 10.1080/17439760.2015.1127993.

Lutz, C. 1988. *Unnatural Emotions: Everyday Sentiments on a Micronesian Atoll and their Challenge to Western Theory.* Chicago, IL: The University of Chicago Press.

MacKinnon, N. J. and Heise, D. R. 2010. *Self, Identity, and Social Institutions.* Palgrave Macmillan.

Malinowski, B. 1944. *A Scientific Theory of Culture and Others Essays.* Chapel Hill, NC: The University of North Carolina Press.

Manstead, A. S. R. and Fischer, A. (eds.), 2002. *Culture and Emotion.* East Sussex: Psychology Press.

Markus, H. and Kitayama, S. 1991. Culture and the self: Implications for cognition, emotion, and motivation. *The Psychological Review,* 98(2): 224-253.

Maslach, C. and Leiter, M. P. 2022. *The Burnout Challenge: Managing People's Relationships with Their Jobs.* Cambridge, MA: Harvard University Press.

Matsumoto, D., Yoo, S. H., Fontaine, J., Anguas-Wong, A. M., Arriola, M., Ataca, B., Bond, M. H., Boratav, H. B., Breugelmans, S. M., Cabecinhas, R., Chae, J., Chin, W. H., Comunian, A. L., Degere, D. N., Djunaidi, A., Fok, H. K., Friedlmeier, W., Ghosh, A., Glamcevski, M., et al. 2008. Mapping expressive differences around the world: The relationship between emotional display rules and individualism versus collectivism. *Journal of Cross-Cultural Psychology,* 39(1), 55-74.

Mayer, J. D., Salovey, P. and Caruso, D. R. 2004. Emotional intelligence: Theory, findings, and implications. *Psychological Inquiry,* 15(3): 197-215.

Mayer, J. R. 1987. *Sickness, Healing and Gender in Ommura, Eastern Highlands, Papua New Guinea.* Sussex: University of Sussex Press.

Maynard, S. K. 1997. *Japanese Communication: Language and Thought In Context.* University of Hawaii Press.

McClelland, D. 1961. *The Achieving Society.* Princeton, NJ: Van Nostrand.

Mesquita, B. and Karasawa, M. 2002. Different emotional lives. In A. S. R. Manstead and A. Fischer (eds.), *Culture and Emotion,* 127-141. East Sussex: Psychology Press.

Mey, J. 2001. *Pragmatics: An Introduction*. Oxford: Blackwell.

Myers, D. G., & Diener, E. 1999. The benefits of feeling good. *Psychological Science in the Public Interest*, 2(1), 1–31.

Mooij, M. 2014. Translating advertising. *The Translator*, 10(2), 179–198.

Nishimura, S., Nevgi, A. and Tella, S. 2009. Communication style and cultural feaures in hig/low context communication cultures: A case study of Finland, Japan and India. *Online Journal of Pragmatics*, 783–796.

Ochs, E. and Schieffelin, B. 1989. Language has a heart. *Text* 9(1), 7–25.

Parada-Cabaleiro, E., Mayerl, M., Brandl, S. et al. 2024. Song lyrics have become simpler and more repetitive over the last five decades. *Scientific Reports*, 14, 11712. https://doi.org/10.1038/s41598-024-62519-9.

Parrott, W. G. 1991. The emotional experience of envy and jealousy. In P. Salovey (ed.), *The Psychology of Jealousy and Envy* (pp.3–30). Guilford Press.

Partee, B. 1987. Noun Phrase Interpretation and Type-Shifting Principles. In J. Groenendijk, D. de Jongh and M. Stokhof (eds.), *Studies in Discourse Representation Theory and the Theory of Generalized Quantifiers*, 115–144. Berlin, Boston: De Gruyter.

Pennebaker, J. W. and Roberts, T.-A. 1992. Toward a his and her theory of emotion: Gender differences in visceral perception. *Journal of Social and Clinical Psychology*, 11(3), 199–212.

Planalp, S. 1999. *Communicating Emotion: Social, Moral, and Cultural Processes*. Cambridge: Cambridge University Press.

Plutchik, R. 1994. *The Psychology and Biology of Emotion*. New York: HarperCollins College Publishers.

Plutchik, R. 2002. *Emotions and Life: Perspectives from Psychology, Biology, and Evolution*. Washington, DC: American Psychological Association.

Poutvaara, P. 2017. How do candidates' looks affect their election chances?, IZA World of Labor, Institute of Labor Economics (IZA), 370–370.

Poyatos, F. 2002. The nature, morphology and functions of gestures, manners and postures as documented by creative literature. *Gesture*, 2, 99–117.

Pullum, G. K. 1989. The great Eskimo hoax. *Natural Language and Linguistic*

Theory, 7, 275-281.

Reamer, F. G. 2012. *Boundary Issues and Dual Relationships in the Human Services*. New York: Columbia University Press.

Rodriguez Mosquera, P. M., Manstead, A. S. R. and Fischer, A. H. 2002. Honor in the Mediterranean and Northern Europe. *Journal of Cross-Cultural Psychology*, 33(1), 16-36.

Rohan, M. J. 2000. A rose by any name? The values construct. *Personality and Social Psychology Review*, 4(3), 255-277.

Rokeach, M. 1973. *The Nature of Human Values*. New York: Free Press.

Rosaldo, R. 1980. *Ilongot Headhunting: 1883-1974: A Study in Society and History*. Palo Alto, CA: Stanford University Press.

Rosch, E. H. 1973. Natural categories. *Cognitive Psychology*, 4(3), 328-350.

Rosenbaum, R. 2006. *The Shakespeare Wars: Clashing Scholars, Public Fiascoes, Palace Coups*. Random House.

Russell, J. 1980. A circumplex model of affect. *Journal of Personality and Social Psychology*, 39 (6), 1161-1178.

Sagiv, L. and Schwartz, S. H. 2000. Value priorities and subjective well-being: Direct relations and congruity effects. *European Journal of Social Psychology*, 30(2), 177-198.

Salovey, P., Brackett, M. A., and Mayer, J. D. 2004. *Emotional Intelligence*. Port Chester, NY: Dude Publishing.

Sanchez-Burks, J. 2005. Protestant relational ideology: The cognitive underpinnings and organizational implications of an American anomaly. In R. Kramer and B. Staw (eds.), *Research in Organizational Behavior*.

Sapir, E. and Swadesh, M. 1946. American Indian Grammatical Categories. *WORD*, 2(2), 103-112. https://doi.org/10.1080/00437956.1946.11659281.

Scherer, K. R. 1982. Emotion as a process: Function, origin and regulation. *Social Science Information*, 21(4-5), 555-570.

Scherer, K. R. 1986. Vocal affect expression: A review and a model for future research. *Psychological Bulletin*, 99(2), 143-165.

Scherer, K. R. 2005. What are emotions? And how can they be measured? *Social*

Science Information, 44(4), 695-729.

Scherer K. R. 2010. The component process model: A blueprint for a comprehensive computational model of emotion. In Scherer K. R., Bänziger T. and Roesch E. B. (eds.), *A Blueprint for Affective Computing: A Sourcebook and Manual.* (pp. 47-70). Oxford: Oxford University Press.

Schwartz, S. H. 1992. Universals in the content and structure of values: Theoretical advances and empirical tests in 20 countries. *Advances in Experimental Social Psychology,* 25: 1-65.

Schwartz, S. H. 1994. Are there universal aspects in the structure and contents of human values?. *Journal of Social Issues,* 50(4), 19-45.

Schwartz, S. H. 2012. An Overview of the Schwartz Theory of Basic Values. *Online Readings in Psychology and Culture,* 2(1).

Schwartz, S. H., Cieciuch, J., Vecchione, M. et al. 2012. Refining the theory of basic individual values. *Journal of Personality and Social Psychology,* 103(4), 663-688.

Schwartz, S. H. and Bilsky, W. 1990. Toward a theory of the universal content and structure of values: Extensions and cross-cultural replications. *Journal of Personality and Social Psychology,* 58(5), 878-891.

Schwartz, S. H. and Ros, M. 1995. Value priorities in West European nations: A cross-cultural perspective. In G. Ben-Shakhar and A. Lieblich (eds.), *Studies in psychology in honor of Solomon Kugelmass* (pp. 322-347). Magnes Press.

Schwartz, S. H. and Sagiv, L. 1995. Identifying culture-specifics in the content and structure of values. *Journal of Cross-Cultural Psychology,* 26(1), 92-116.

Scollon, C. N., Diener, E., Oishi, S. and Biswas-Diener, R. 2005. An experience sampling and cross-cultural investigation of the relation between pleasant and unpleasant affect. *Cognition and Emotion,* 19(1), 27-52.

Semin, G. R. and Fiedler, K. 1991. The linguistic category model: Its bases, applications, and range. In W. Stroebe and M. Hewstone (eds.), *European Review of Social Psychology,* Vol.2, pp.1-30. Chicester, UK: Wiley.

Semin, G. R., Gorts, C. A., Nandram, S. and Semin-Goossens, A. 2002. Cultural perspectives on the linguistic representation of emotion and emotion events. In A. S. R. Manstead and A. Fischer (eds.), *Culture and Emotion*, 11-28. East Sussex, UK: Psychology Press.

Sen, A. 2005. Human rights and capabilities. *Journal of Human Development and Capabilities*, 6, 151-166.

Shaver, P., Schwartz, J., Kirson, D. and O'Conner, C. 1987. Emotion knowledge: Further exploration of a prototype approach. *Journal of Personality and Social Psychology*, 52, 1061-1086.

Shweder, R. A., Much, N. C., Mahapatra, M. and Park, L. 1997. The "big three" of morality (autonomy, community and divinity) and the "big three" explanations of suffering. In A. Brandt & P. Rozin (eds.), *Morality and Health*. (pp. 119-169). Taylor & Frances/Routledge.

Smith, R. 1991. The Japanese mind: Understanding traditional Japanese culture. MS.

Sokol. L. K. 1997. *Shortcuts to Poland.* International Publishing Service.

Solomon, R. C. 1995. The cross-cultural comparison of emotion. In J. Marks and R. T. Ames (eds.), *Emotions in Asian Thought: A Dialogue in Comparative Philosophy.* Albany, NY: State University of New York.

Soyer, M. 2014. "We knew our time had come": The dynamics of threat and microsocial ties in three Polish ghettos under Nazi oppression. *Mobilization: An International Quarterly*, 19(1), 47-66.

Spencer-Oatey, H., Ng, P., and Dong, L. 2008. Responding to compliments: British and Chinese evaluative judgements. In H. Spencer-Oatey (ed.), *Culturally Speaking: Managing Rapport Through Talk Across Cultures.* London: Continuum, 98-120.

Spevack, M. 1968. *A Complete and Systematic Concordance to the Works of Shakespeare. Volume I Drama and Character Concordances to the Folio Comedies.* Georg Olms Verlagsbuchhandlung.

Spielberger, C. D. 1983. Assessment of Anger: The State-Trait Anger Scale. *Advances in Personality Assessment*, 2: 159-187.

Spielberger, C. D., Krasner, S. S. and Solomon, E. P. 1988. The experience, expression and control of anger. In M. P. Janisse (ed.), *Individual Differences, Stress, and Health Psychology*. New York: Springer Verlag.

Spitzberg, B. H. and Cupach, W. R. 2002. The inappropriateness of relational intrusion. In Goodwin, R. and Cramer, D. (eds.), *Inappropriate Relationships: The Unconventional, the Disapproved, and the Forbidden*, 191-219. Hove: Psychology Press.

Spitzberg, B. H. and Cupach, W. R. 2011. Interpersonal skills. In M. L. Knapp and J. R. Daly (eds.), *Handbook of Interpersonal Communication*, 564-561. Newbury Park, CA: Sage.

Tajfel, H. 1978. Social categorization, social identity and social comparison. In H. Tajfel (ed.), *Differentiation between Social Groups: Studies in the Social Psychology of Intergroup Relations*, 61-76. London: Academic Press.

Tajfel, H. and Turner, J. C. 2004. The social identity theory of intergroup behavior. In J. T. Jost & J. Sidanius (eds.), *Political Psychology: Key Readings*, 276-293. East Sussex, UK: Psychology Press.

Tangney, J. P. and Fischer, K. W. (eds.). 1995. *Self-conscious Emotions: The Psychology of Shame, Guilt, Embarrassment, and Pride*. Guilford Press.

Taylor, J. R. 1995. *Linguistic Categorization: Prototypes in Linguistic Theory*. Oxford: Clarendon.

Tella, S. 2005. From grammar book to communicator: Major trends in the Finnish foreign language education. In E. Guerin (ed.), *Language Teacher Education and Training: Italy and Europe*, 149-155. Firenze: Firenze University Press.

Thomas, D. C. 2006. Domain and development of cultural intelligence: The importance of mindfulness. *Group & Organization Management*, 31(1), 78-99.

Ting-Toomey, S. 1998. *Communicating Across Cultures*. New York: The Guilford Press.

Ting-Toomey, S. 2004. Translating conflict face-negotiation theory into practice.

217-248. DOI:10.4135/9781452231129.n9.

Ting-Toomey, S. 2009. Intercultural conflict competence as a facet of intercultural competence development: Multiple conceptual approaches. In D. K. Deardorff (ed.), *The Sage Handbook of Intercultural Competence*, pp.100-120. Thousand Oaks, CA: Sage Publications.

Ting-Toomey, S. 2017. Identity Negotiation Theory and Mindfulness Practice. *Oxford Research Encyclopedia of Communication*. Retrieved from https://oxfordre.com/communication/view/10.1093/acrefore/978019 0228613.001.0001/acrefore-9780190228613-e-489.

Ting-Toomey, S. and Dorjee, T. 2015. Intercultural and intergroup communication competence: Toward an integrative perspective. In A. F. Hannawa and B. H. Spitzberg (eds.), *Communication Competence*, 503-538. De Gruyter Mouton.

Titchener, E. B. 1909. *Lectures on the Experimental Psychology of the Thought-Processes*. NY: MacMillan Co.

Tomkins, S. S. and Izard, C. E. (eds.). 1965. *Affect, Cognition, and Personality: Empirical Studies*. New York: Springer.

Triandis, H. C. 1986. Collectivism vs. individualism: a reconceptualization of a basic concept in cross-cultural psychology. In C. Bagley and G. Verma (eds.) *Personality, Cognition, and Values: Cross-Cultural Perspectives of Childhood and Adolescence*. London: Macmillan.

Triandis, H. C., Marin, G., Lisansky, J. and Betancourt, H. 1984. Simpatia as a cultural script of Hispanics. *Journal of Personality and Social Psychology*, 47, 1363-1375.

Tsui, A. S. and Farh, J. L. 1997. Where guanxi matters: Relational demography and guanxi in the Chinese context. *Work and Occupations*, 24(1), 56-79.

Van Osch, Y. M. J., Breugelmans, S. M., Zeelenberg, M. and Fontaine, J. R. 2013. The meaning of pride across cultures. In J. J. T. Fontaine, K. R. Scherer, and C. Soriano (eds.), *Components of Emotional Meaning: A Sourcebook*, 377-396. Oxford: Oxford University Press.

Vanhoozer, K. J. 2010. *Remythologizing Theology: Divine Action, Passion, and*

Authorship. Cambridge: Cambridge University Press.

Varma, V. S. 2004. Community participation and empowerment in primary education. *Contemporary Education Dialogue*, 1(2), 292–296.

Watkins, P. C. 2014. *Gratitude and the Good Life: Toward a Psychology of Appreciation.* New York: Springer.

Weber, M. 1905. *The Protestant Ethic and the Spirit of Capitalism.* Originally 'Die Prostestantiche Ethik Und Der Geist Des Kapitalismus,' translated and reprinted in 1958, New York: Scribners and in 2010, New York: Oxford University Press.

Weigand, E. 2004. *Emotion in Dialogic Interaction.* Amsterdam/Philadelphia: Benjamins.

Wetherell, M. 2012. *Affect and Emotion: a New Social Science Understanding.* London: SAGE.

Wetherell, M. and Potter, J. 1987. *Discourse and Social Psychology: Beyond Attitudes and Behaviour.* Newbury Park, CA: SAGE.

White, G. M. 1994. Affecting culture: Emotion and morality in everyday life. In S. Kitayama and H. Markus (eds.), *Culture and Emotion: Empirical Studies of Mutual Influence*, pp.219–239. Washington, DC: APA.

Wiebe, J., Wilson, T. and Cardie, C. 2005. Annotating expressions of opinions and emotions in language. *Language Resources and Evaluation* 39: 165–210.

Wierzbicka, A. 1990. The Semantics of Emotions: Fear and its Relatives in English. *Australian Journal of Linguistics*, 10(2): 359–375.

Wierzbicka, A. 1994 "Cultural scripts": A semantic approach to cultural analysis and cross-cultural communication. In *Pragmatics and Language Learning*, Lawrence F. Bouton, and Yamuna Kachru (eds.), 1–24. Urbana-Champaign, IL: University of Illinois Press.

Wierzbicka, A. 1999. *Emotions across Languages and Cultures: Diversity and Universals.* Cambridge: Cambridge University Press.

Wierzbicka, A. 2002. Russian cultural scripts: The theory of cultural scripts and its pplications. *Ethos*, 30(4), 410–432.

Wierzbicka, A. 2003. *Cross-Cultural Pragmatics: The Semantics of Human*

Interaction. Expanded 2nd ed. Berlin: Mouton de Gruyter.

Wierzbicka, A. 2006. *English: Meaning and Culture.* Oxford: Oxford University Press.

Wittgenstein, L. 1953. Philosophical investigations (G. E. M. Anscombe, trans.). Basil Blackwell. (Original work written 1936-1949).

Ye, Z. 2016. The meaning of happiness and emotional pain in Chinese. In C. Goddard and Z. Ye (eds.), 65-86.

Zilles, S. P. 2004. Offers in German and Irish English business negotiations — a cross-cultural empirical analysis of micropragmatic and macropragmatic aspects. Paper presented at the 6th ABC European Convention. Catholic University of Milan.

찾아보기

[용 어]

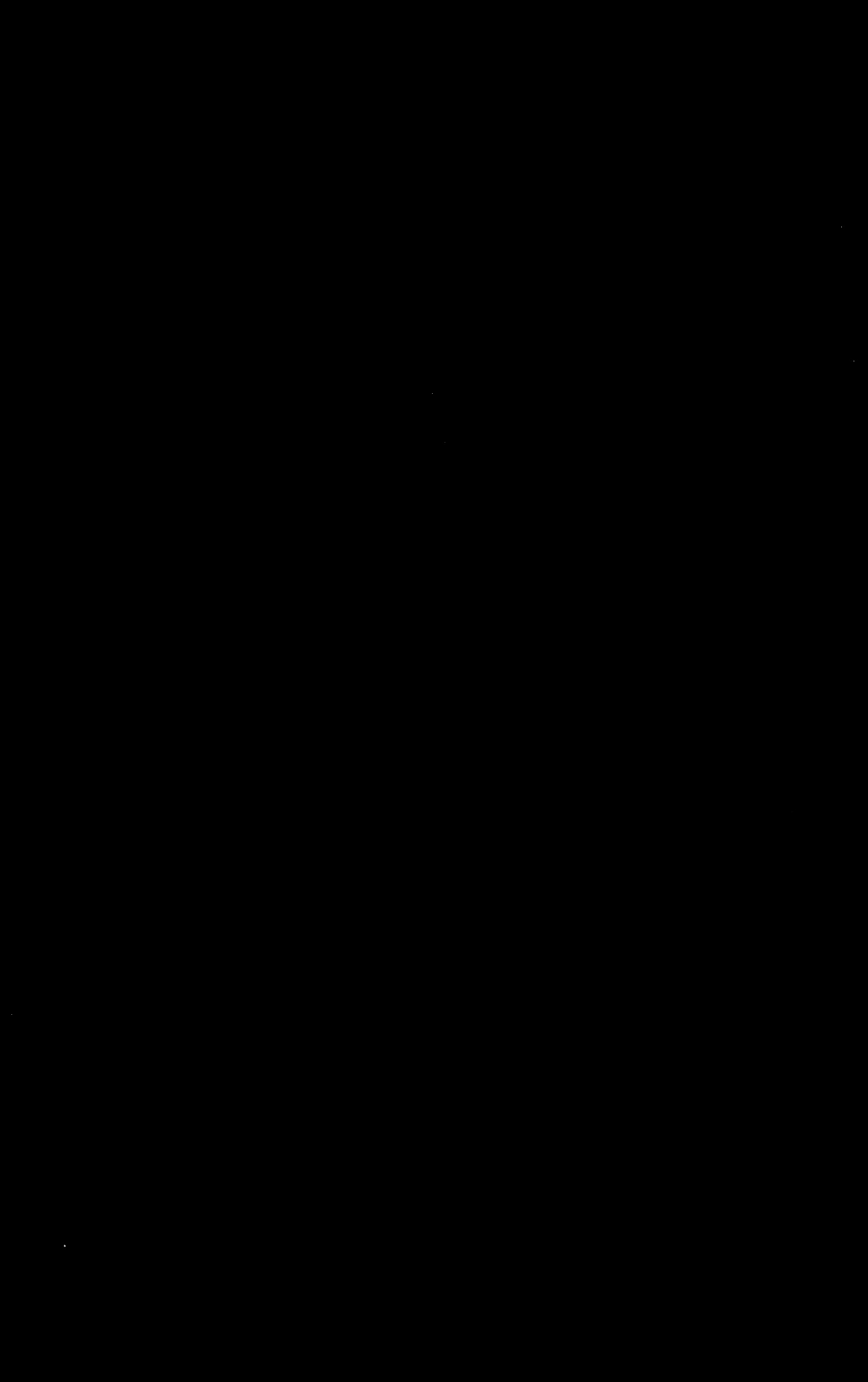

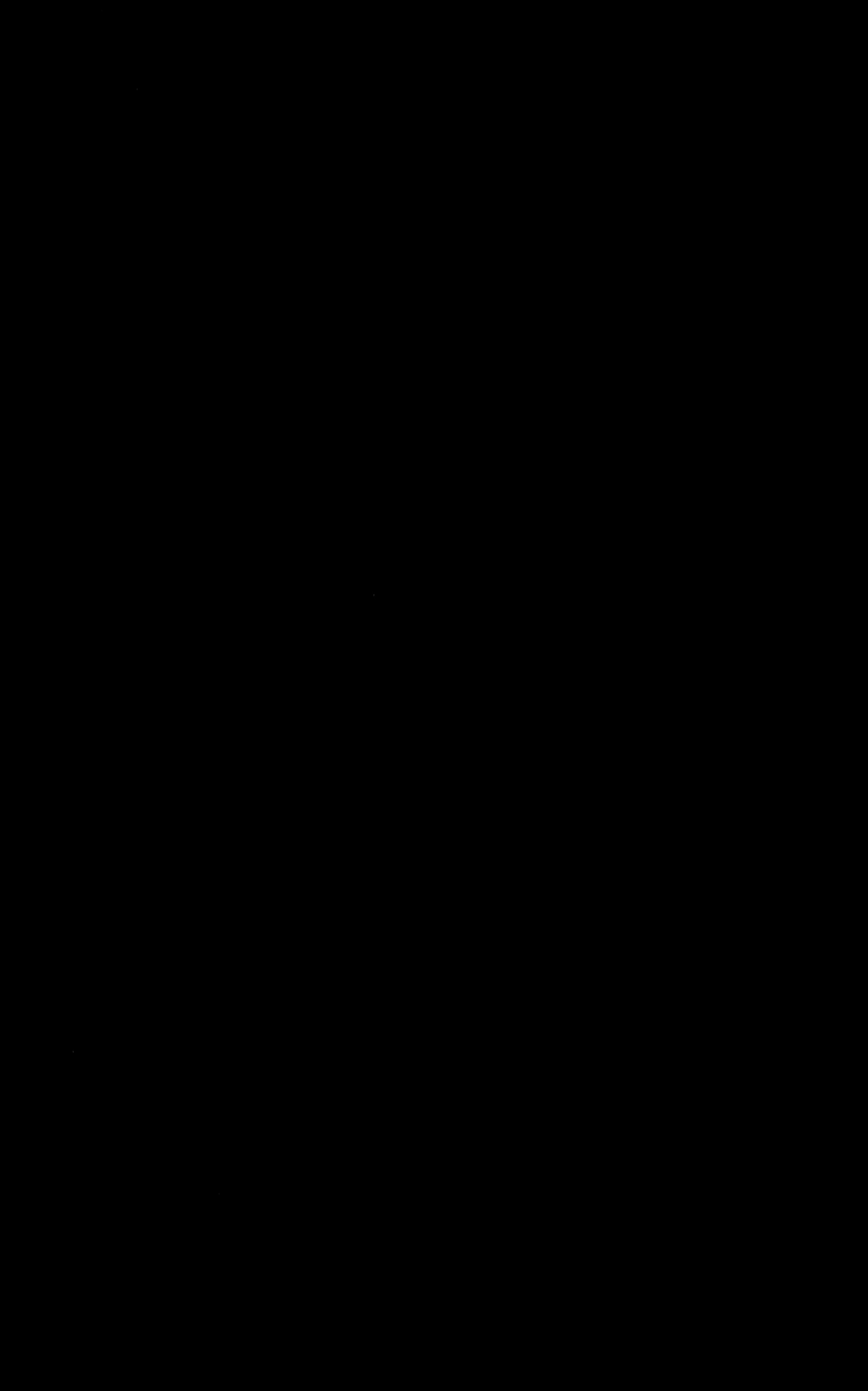